U0576575

总主编　李红权　朱宪

本卷主编　李红权　朱宪

近代蒙古文献大系

概览卷

◇ 第一册 ◇

中华书局

图书在版编目（CIP）数据

　　近代蒙古文献大系.概览卷/李红权,朱宪总主编;李红权,朱宪本卷主编. —北京:中华书局,2018.12
　　ISBN 978-7-101-13558-9

　　Ⅰ.近… Ⅱ.①李…②朱… Ⅲ.蒙古族-民族历史-中国-近代-文集 Ⅳ.K281.2-53

　　中国版本图书馆 CIP 数据核字（2018）第 255274 号

書　　　名　近代蒙古文献大系·概览卷（全八册）
總 主 編　李红权　朱　宪
本卷主編　李红权　朱　宪
責任編輯　张荣国
出版發行　中华书局
　　　　　　（北京市丰台区太平桥西里 38 号　100073）
　　　　　　http://www.zhbc.com.cn
　　　　　　E-mail:zhbc@zhbc.com.cn
印　　　刷　北京瑞古冠中印刷厂
版　　　次　2018 年 12 月北京第 1 版
　　　　　　2018 年 12 月北京第 1 次印刷
規　　　格　开本/880×1230 毫米　1/32
　　　　　　印张 143½　插页 16　字数 3650 千字
印　　　數　1-800 册
國際書號　ISBN 978-7-101-13558-9
定　　　價　780.00 元

本卷目录

前　言

第一册

第二册

第三册

第四册

第五册

第六册

第七册

第八册

目　录

前　言

　　《近代蒙古文献大系》（以下简称《大系》）是一部将 1833—1949 年百余年中，散见于各种期刊杂志、报纸文摘、回忆录，及各类公报中，关于蒙古的中文文献，进行分类编辑整理而成的史料集成，旨在全面系统地汇总近代蒙古文献，为研究近代蒙古历史提供可用的史料。

　　这里的"蒙古"一词，含义有二。一为地理含义的蒙古，即指蒙古高原。蒙古高原地域辽阔，物产丰富，自古就是多民族共同生活的家园。匈奴、鲜卑、柔然、突厥、回纥、契丹、蒙古、女真、满、回、达斡尔、鄂温克、鄂伦春等民族，均曾在此生息繁衍。二为民族含义的蒙古族。蒙古族居住和活动的区域，遍布于我国北部的内蒙古、黑龙江、吉林、辽宁、河北、陕西、宁夏、甘肃、青海、新疆等省区，及今蒙古国的广大地区。

　　自元至清，蒙古问题已经不是单纯的区域性问题，而是关系到中国乃至世界的全局性问题，是中国北部边疆最为重要的问题之一。鸦片战争以后，中华民族饱受内忧外患之苦，蒙古亦不例外，且有过之而无不及。为挽救危亡，包括蒙古民族在内的中华民族作了种种努力。本民族的自救尝试、帝国主义势力的侵略与宰割、内地移民的大量涌入，三者共同作用于这片广袤的土地之上，使得该地区的社会结构、阶级关系、行政建制、经济文化、社会面貌等，都发生了急剧的变化。

这种急剧的变化，自然引得各种各样的目光投向这里，各方出于不同的目的，对蒙古的关注和研究空前增加，这就为今天的我们提供了大量的史料。

道、咸以降，清政府与俄国勘界立约之事，时常发生。清廷使臣不谙边务，不明界域，交涉中每每失地，动辄千里。激于此，部分学者开始了对边疆史地的研究，产生了诸如《蒙古游牧记》、《蒙古志》、《朔方备乘》、《藩部要略》等著作。但其研究均以西部舆地为主，旨趣皆在讲求中俄边界交涉沿革，冀以挽救时艰，且由于体例的限制，涉及社会生活等领域的篇幅不多。

20 世纪以来，特别是辛亥革命后，随着民族危机的加深，国人对蒙古地区的研究活动呈现出蓬勃发展的态势，例如：

翻译外国文章。主要是将日本、俄国早期的关于蒙古的调查文章，翻译而揭载于报刊之上。

成立研究组织。赵守钰在重庆，马鹤天在榆林，顾颉刚在成都，分别成立了边疆学会，均以促进民族团结、考察边疆情形、研究建设方案为宗旨。

开展实地调查。政府部门、社会团体、民间组织、机构，以及名人学者等，纷纷前往，并撰写和出版了大量调查报告、考察日记、访古实录等。

创办刊物。内蒙地区仅在 1928 至 1937 年的短短 9 年时间内，就有约 90 种期刊问世。①

京、津、平、沪等地创办的边疆期刊，更是不胜枚举。

俄国很早就开始了对蒙古地区的研究。俄国政府不惜耗费巨资，数次派探险队深入蒙古地区进行实地调查，搜集了大量资料。

---

① 忒莫勒：《内蒙古近代报刊事业发展概述》，《内蒙古旧报刊考录》，远方出版社，2010 年。

　　日俄战争后，日本在中国构建了庞大的谍报机关网，用以收集情报。其间谍组织，遍布山海关、张家口、多伦、百灵庙、归绥、包头、额济纳旗，及凉州、西宁等处。① 日本政府还在东京外国语学校开设蒙古语文班，培养精通蒙古语文的人员，以作侵略的工具。所训练的"蒙古通"，不断出入蒙古地区，平日旅行、调查、测量工作极为紧张。② "常见日人乘坐汽车，出入蒙古草地，只凭地图与指南针，在此茫茫草海中，未尝下车一询土人，丝毫均未错误。"③

　　通过这些活动，日、俄等帝国主义势力对蒙古地区的了解，令国人自叹弗如。有人感慨："蒙汉本是一家人，我们一向的漠视这一家人，彼此不能了解的地方已很多，我们研究蒙古问题，反要在日文书籍中找材料。""一望近数十年来帝国主义者的调查工作和出版工作，好像水银泻地无孔不入的，真使得我们又痛恨又惭愧。"④

　　当时的报刊上，也登载了一些欧美人士对蒙古问题的评论和观感。

　　由以上所述，可知《大系》的文献来源，很是广泛。这些文献的体裁，有论述文、社论、论战、史抄、消息、报导、报告、通讯、调查、考察、旅行记、探险记、访谈、电文、计划、大纲、译文、日记、演讲、讲议、年鉴、诗歌、小说、散文、歌曲等，十分多样。文献涵盖的地方行政区划层级较为完整，大到整个内

---

　　① 黎小苏：《日本对于蒙古之间谍工作》，《边疆》1941 年 5 期。
　　② 谢再善：《日寇侵略蒙古阴谋的失败》，《塞风》1939 年 4、5 期合刊。
　　③ 锋：《"九一八"事变后日本对于蒙古之侵略》，《中国新论》1936 年 2 卷 8 期。
　　④ 顾颉刚等：《中国边疆学会丛书总序》，许崇灏：《漠南蒙古地理》，正中书局，1945 年。

外蒙古，黑龙江、吉林、辽宁、河北、宁夏、新疆、青海等省区，小到旗县村镇，均有所涉及。作者来自中外，身份各异。这些，都是《大系》史料丰富性的体现。

驳杂的内容，使这部《大系》有了近代蒙古"百科全书"的色彩，我们把这些文献分类分卷整理出版，想来当是研究者和爱好者所乐见的。

各篇文献的底本，因年代久远、印数有限、使用频繁、保存不善等诸多因素，流传稀少，加以馆藏分散、缺藏破损严重，我们虽然做了广泛搜罗、精心比对等等工作，仍不能实现影印出版的初衷。同时，多用繁体竖排，有许多文章没有标点，有标点者，既有"新式标点"，也有"句读"，但其"新式标点"，与今日标点规范仍有很大差距；且由于印刷技术的局限、出版节奏的变化、从业人员的专业水平等问题，原文中的错漏衍舛问题突出，这些，都会给读者的使用带来不便。为此，我们就花了很多时日和精力，把它进行了整理。

各卷的篇目，以发表的年、卷、期先后排序。发表年代相同的文章，不分卷者居前，分卷者居后。连载的文章，以第一期著录的年、卷、期、刊名为排序标准。多期合刊，按首起期数排序。年、卷、期相同者，以刊名、作者、篇名的拼音顺序排序。

重复发表而内容差别甚微的文章，取最先发表者，若文字改动较大，则兼收并存。

各篇之出处，标注于篇末。原刊的出版频率，或称"号"，或称"期"，今悉依其旧。若某刊，封面与内文，"期"与"号"杂称，以原刊封面为准。连载文章出处的著录，如 1911 年 2 卷 5—7 期，表明此文连续刊载在 2 卷 5 期、2 卷 6 期、2 卷 7 期上；2 卷 5、6 期，表明此文刊载在 2 卷 5 期、2 卷 6 期上；若是双期合刊，则标为"2 卷 5、6 期合刊"。

著述方式，用以下办法处理：1. 若原刊未标明著作方式，则统一加"撰"字。2. 若原刊有"著"、"作"等字样，则一仍其旧。3. 原刊没有标明作者和著述方式，但从通篇内容中可以知道的，按所述添加，如《西北考察团经过》，标题下说明这是"徐炳昶之报告"，用"徐炳昶报告"表示。4. 作者不详的文章，标为"作者不详"。5. 原刊在作者名字后出现"女士"、"先生"等字样的，予以保留。

在文字校勘上，以忠实于底本原貌为基本原则。1. 将异体字、俗体字，规范为简化字，有特殊含义者除外。2. "异形词"用字，不作改动，如"真象"、"真像"，予以保留。3. 对与今天用字不同的"专有名词"，不作改动。4. 对人名、地名等的音译用字，不作改动，如"乌生旗"，不改为"乌审旗"。

校勘符号使用如下：1. 正文中的（），皆为原有，并非整理者所加。2. 原刊缺字或漫漶无法识别之处，以□标识。3. 错字随文更正，改正字置于〔　〕内。4. 增补的脱字，置于＜　＞内。5. 衍文，置于［　］内。6. 疑有讹误者，以［？］标识。文义不通之处及其他疑难问题，以"整理者注"的方式加以说明。

各篇文献的作者，立场不同，身份各异，自然观点不一。特别是站在日伪立场上叙事者，其言辞之荒谬，逻辑之带有强盗性，至为明显。为保持资料的完整性，我们在按出版规范加以处理后，予以收录，请读者明鉴。

编者识

2018 年 9 月

蒙古调查记

[日] 奇峰　撰　　王泰镕　译

日本人号奇峰者，以官命至蒙古口，留二年余，游历各地，调查种种。日前《每日电报新闻》为揭载其函稿，读之深有所感，用译之，以告内地贤士大夫。

译者识

一　蒙古各旗

蒙古之位置，约自北纬三十度之黄河北岸起（当甘肃中卫县之西南），至五十二度十分之贝克穆河之北水源止，东经约自八十六度之斋桑湖东部起，至百二十七度之呼兰河与乌苏里江之合流止。更详言之，北倚阿尔泰山，而接西伯利亚，南循长城，而连中国本部之西甘肃及伊犁、东满洲。

蒙古全土，由行政上之区分，而为四部，曰内蒙古，曰外蒙古，曰青海蒙古，曰内属游牧蒙古。内蒙古与外蒙古之界限，以戈壁沙漠；青海蒙古横亘于甘肃之西南；内属游牧部，则因施政上之便宜，而区分之，散在各方，无一定之区域，与德川时代之天领无异，然王之散处各方者，非必皆小藩也，如察哈尔八旗之大者，亦在其内。蒙古各部之境界，多以山河为之，其沙漠中无境界标示之处者，则累石而为之，谓之"鄂极"。人口之总数有以为二百万者，有以为二百五十万者，要皆臆算，不确实也。现在各旗之数如左。

内蒙古	六盟	四十八王
外蒙古喀尔喀	四盟	八十三王
外蒙古杜尔伯特	二盟	十六王
土尔扈特	五盟	十二王
和硕特	一盟	三王

闻昨年缔结之日俄协约，有以外蒙古委之俄国之说。夫外蒙古占全〈面〉积三分之二，地至广也，若果以委之于俄，则全蒙之自由利权，殆为彼所独有矣。

二　蒙古纵贯铁道

此路即恰克图与张家口联结之路，长约四百里（日里一里，约中里六里许），为俄国经营蒙古之一大武器。数年以来，派测量队，以从事调查其沿途之要道，或假词教会而买收之；或贿赂于各王而买收之。线路中如恰克图、库伦之间，则取道于西南。有驿站十二，皆属鄂尔坤河流域，往往有河水泛滥之患，着手之始，所费至巨。此为架桥筑路之计画。

库伦高于海面四千尺许，地势倾斜，工事着手，想必不甚困难，由库伦以至张家口，土地平坦，一大沙漠，工事亦必容易。且沿途各属多水，夏季青草繁生，殆无沙漠之感。然至中国本部与蒙古境界附近之地，有山曰阴山者，支干蜿蜒，犬牙错杂，他日工事之最难者，其此地乎。

本铁道沿线中之都会重地，为恰克图、库伦、张家口三处。恰克图属于俄国，故中国自开买卖城，以相交易，界以木栅。其人口约一万三千内外，其地华人皆通俄语。行政上，或用俄律，或用汉律，其暧昧殆不堪言。

库伦为蒙古首都，活佛之驻所也。人口约五万，中多喇嘛僧。其地有俄国领事馆。西南十里许，有喀喇和林之故地，实昔日突厥酋长之故居也。

张家口之人口约五六万，英、美、德、法商人在其地者，多从事于砖茶、皮毛等之买卖。其贸易以白河解冰之期，与兽畜牧养之期为最繁盛。

此铁道竣工之后，所收得之利益，果能偿此工事费与维持费乎，则不可不于本铁道之价值上决之，顾以予所揣测，必为至难之事。近日清国自营之说，虽已见于各报，然我国决不以其收得之难，而遂弃置不顾。若果俄国经营此铁道，则我日本亦必由奉天或长春起，敷设一蒙古迂回铁道，借以均沾利益。试作一线，先由奉天起点，由奉天出赤峰，分为两线：一南回线，经喀喇沁、热河、多伦诺尔而至张家口；一北回线，自巴林、乌苏穆沁起，经海拉尔之南方，过小库伦，以达大库伦，此路视俄国之纵贯铁道较长，其工事费亦较多，收入亦较优。予信此铁道必有利军事及经济二方面，故一言以唤起识者之注意。

三 清廷对于蒙古之政策

北京政府对于蒙古之政策，恰与我德川幕府之对各藩相似。盖蒙古各盟，每年必上京一次，进献贡物，通常用羊与干酪二种，库伦之大喇嘛与各汗王，则称九白之礼，用白骆驼九头。其他各盟视领土之大小，以为多少，大者羊三头，小者一头。

中国历史，有因北狄之患而失国土者，使蒙古而富强，则必为清国之不利，无疑也。清国政府知其然也，故用彼之喇嘛教，以杀其发达之势。所谓喇嘛教者，各户除长男外，皆为喇嘛僧，僧徒禁娶妻，以防子孙之繁荣，且禁杀生物，勿使见此惨忍之象。然近日喇嘛僧之有力者，携妻同居之事，亦往往有之。

　　吾人苟闭目而思蒙古之景，则必有一萧条荒凉之野存焉。然此荒凉之野，非树木之不生，而烧山之例为之也（中国古时因防蒙兵袭击，于每年十月间尽焚其山木，使敌兵无所蔽。今则恐蒙古富强，将为不利，故仍焚之，以杀其富力。因此蒙古皆童山，风雨调和之功皆不能有，除牧畜外，他项农业无以发达，盖有由矣）。

　　北京政府虽尝订立至难之规则，以取缔蒙人，然固未能实行。其理藩部亦未有何种之设施，不过虚设一办事大臣，驻于库伦，以统辖各王已耳。各王于其藩内之政治，各自行使无上之权力，以故蒙人只知有本土王，而不知有大清国。然各王于北京政府之感情，则甚可异。彼等无教育之蒙王，一入北京，偶受优遇，遂以为无上之光荣，心悦诚服，醉生梦死，以有今日。然蒙人虽不知有大清国，而知有中国人，其故由于中国商人入彼疆土，恒欺诈土人，土人视之若蛇蝎，不敢与往来焉。

四　戈壁之大沙漠

　　戈壁云者，蒙古语"沙漠"之意义也。戈壁之沙漠云者，沙漠之沙漠之意义也，中国人呼之曰"瀚海"，余从习惯，仍呼曰"戈壁之沙漠"。

　　此沙漠地势甚平坦，一望无际，其中丘陵起伏，宛如大〔太〕平洋之孤岛。丘陵之内，虽间有盐湖、潴泽散在各处，然中央数百里，无一滴之细流。虽当夏雨淋漓之后，仅数时间，即已干爽，毫无痕迹。一年四季中，夏炎烈，冬严寒，虽在春秋时节，亦时有大风吹拂，砂石飞扬，草木为所拔去者有之。其雨水渟潴之低地，有一种硬草，高五六尺，质似铁线，能抗大风，为沙漠植物中之王云。

　　沙漠之东南部，砂土相混，宜耕作。其西南部，自阿拉善至罗布湖近旁一带，产赤色石，与琥珀相似，玲珑透明，日光映之，宛如美锦，为沙漠中之一异观。

　　蒙古之商业，以皮毛、砖茶为大宗。商人什伯相结，驱骆驼，携棚帐，挟长枪以自卫，风餐露宿，不以为苦。因其结队成群，故名曰"队商"。由张家口至库伦，为蒙古之本街道。沙漠中亦有驿站，有井水。沙漠中之鸟类，有沙雉、云雀、鸦鹊等。鸦之为物，无论何处，皆为害于人，而蒙地之鸦为尤甚，多数群集，加害于旅行者之兽畜或粮秣，以苦之。兽类则仅麋鹿、鼯鼠二种。游牧民之习惯，每当冬季严寒零点以下二三十度之时，往来沙漠，自南而北，自北而南，至四回以上。余闻此，不禁为之惊叹也。蒙古土人，今尚逐水草而居，未脱往昔之野蛮风习，牧畜之外，更无职业。土人之手工，大率就天然物质，少加工作，其稍精者，则皆出自留寓彼处之汉人之手。惟多伦诺尔地方，有铜铁制成之佛像与织物二种，织物中分绢布与毛毡，绢布出土默特地方，毛毡为羊毛或骆驼毛所制，以察哈尔地方所出为最。其妇女之制造业，则为黄油、酥酪二种，产额至巨，亦颇有名。

五　蒙古之物产

　　蒙人之业务，除牧畜外，殆无所事。故论蒙古之物产，自以牧畜为大宗，其他皆少数也。东部辽河沿岸，产禾黍极少，其他大麦、小麦、油麦、粟、硬米、蜀黍、豆、高粱、荞麦、葫芦等，皆有之。其中油麦、粟、硬米等，大率运销多伦诺尔地方。蔬菜则有白莱菔、马铃薯、蘑菇、瓜、茄子、葵、葱、韭、蒜等类，而以麻〈菇〉、葵为最著，其产额亦较多，且有运销中国本部者。

蒙古之东北部，产盐与罂粟二种。果物类则有桃、杏、李、枣、栗、白葡萄等。树木类则有松、柏、椿、桦、枞、柳等。花卉类则有金莲花、芍药、野蔷薇、翠雀、山丹、千佛头、凤仙、蜀葵、菊等，其品种虽多，而足以悦目者少，仅千佛头一种而已。兽类则有虎、豹、熊、狼、狐、兔、狸、獭鼠、栗鼠、军鼠、野马、野驴等，而以麋鹿、羚羊、山羊三种为最多。军鼠与通常之鼠异，其毛甚短，常栖息于穴中。兔则多于原野见之，土人捕获后，则以其肉输送于北京，为蒙古输出品之一。

家畜占蒙古物产之大部分，其中以牛、马、羊、骆驼等最占多数，骡马、驴马、豚等次之。土人豢养家畜，多则数十头，少或数头，饲养于栏中者，所在皆是。其尤脍炙人口者，为羊毛与骆驼毛，产额最多，为海外输出品之一，此等物品，悉运往张家口。其他兽皮则有虎、豹、狐、猞猁孙、貂鼠、银鼠、灰鼠等，称为美品。副于此者，有黄油、干酪。至于矿物，虽不能知其详，然由各所之矿山观之，则其矿脉之通于全土，可无疑也。然中国政府向禁采矿，所不禁者，惟铁而已。

金、银、铜、铁，多产于兴安岭、阿尔泰山脉，而沙金则出于古苏库尔湖之谷间，麦朵山亦产铁。煤之产于内蒙古者，质虽不佳，然较阿拉善山脉所出者为胜。土默特地方产有鱼儿石，楚库、敖嫩诸河畔，时有矿泉喷出，此皆曾经试验，确有效果者也。

六　蒙古之贸易

俄国与蒙古之陆路贸易，其始不过边境之商民任意为之而已。雍正五年，清廷简派大臣，划定疆界，以恰克图为互市场，是为正式的俄蒙通商之嚆矢。尔后边民贸易，皆集于此，货物山积，不一年，遂成都会，竟为俄蒙通商之中枢。其地贸易之状态，率皆以物换物（不用钱币），而各物之中，以金、银、砖茶、黄油、绸缎等占其多数，其最多者，尤推砖茶。自《天津条约》缔结以后，更开海路通商之局，其地贸易，始稍稍衰落。日俄战后，形势一变，颇有繁盛之象。至输入品，则以兽皮为大宗，织物、毛布、罗纱、金属制品、帽子，各种虽亦有之，然非蒙人之需要品，多转运于中国本部。又其地之贸易，终岁不休，而最繁盛之期，则在每年二月初旬，约三周，间或有延至四月者。

蒙古与中国本部之贸易，以库伦、张家口、多伦诺尔、赤峰四处为最盛。而四处之中，尤推张家口，其地人口约五六万人以上，即此可想见其繁富。至货物之由中国本部输入张家口者，则以砖茶为大宗，其他烟草、杂货亦不少。中国以此地为茶业贸易之中心，由此转运于恰克图、库伦及蒙古内地。以此之故，蒙人大半来此运货，以营生计。其运送期间，为早春与秋冬之交，皆使用骆驼以从事。自张家口至恰克图，一箱之输送金，约三两许，骆驼一头，可运四箱（约三百余斤），御者一人，可管骆驼四五十头。此外赤峰及多伦诺尔之交易，则皆畜类，秋冬之交，市面繁盛，无异张家口。

蒙人既以畜产为生活，则其畜类贸易之繁盛，亦当然之事也。闻每年输出额，无虑数百万头，可谓盛矣。

七　俄国之怀柔策

自来俄国之于蒙古，恒取威压政策，派探险队于各地，凡事悉以武力临之，因此而生种种之困难。近年以来，俄国始知此策之难行，遂翻然舍弃，而袭用北京政府之喇嘛教政策。闻现任驻清俄使赴任时，道经蒙古，曾以金宝分赠蒙王，多者值二千圆，大喇嘛处则值二万圆，其他钟表、望远镜等，不一而足，以新蒙人之耳目。且携东清语学校生徒之通蒙语者十四五名，托之于各王而去，从此此辈学生得在蒙古，调察内情，施其笼络之手段。恐他日左右蒙古王者，必此辈也。

北部蒙古与俄接壤，各王对于北京政府，无丝毫之恩爱，俄人以金品赠之，则深以为德。独土谢图汗王，气骨森森，表面似与俄国相善，实则欲利用之，非其他各王甘为俄国所玩弄者比也。

自来在蒙古之俄国商人，异常横暴，其购物也多有不与值者，近年改用怀柔政策，此等情事，亦遂绝无仅有。库伦地方，俄国之货币与清国之货币，两者并用，言语亦两国混用。而俄国式之食器、杂货等，大为蒙人所乐购。由此观之，可知俄国之势力，已深入蒙古内地，且有日益强固之势。闻俄国对于蒙古所投之机密费，每年多至四五百万圆以上，则他日之结果，自可想见。且近日商人与政府同力经营，自蒙古王公以及土人，几无不信赖俄罗斯矣。

八　内蒙古与日本

俄国势力之在蒙古内地，既如上所述矣。然彼以外蒙古为主，若内蒙古，则尚未深入也。虽然，德、法二国固已接踵而起矣。法之政策，欲于布教传道之方面，扩张其势力，故先学蒙语，刊行书物，设学校，以开发蒙人。蒙人先以北京政府施行喇嘛教政策之故，各户之中，惟长男得读书，法人因之，势益便利。闻法国之宣教师，有在蒙古二十年者，余曾遇之，真可佩也。德人则于商业政略之方面，以扩张其势力，其商人等争输入德国商品，以应蒙人之求。然其商品，仅表面上之美观，内容则极其粗陋，而无知之蒙古人，一闻外国品之名，则未有不欢迎者。

若我日本之于蒙古，则除一二官命视察员外，未有至彼土者，有之，亦仅能知各地之名称而已。今欲使蒙人知日本国势之强大，当广派医师，或卖药者，或理化学家，持蒙人所好之物，广为传播，俾日本之势力得以潜入彼土。往年德人于输入商品中，多携带石版之绘画，将德国二字之观念，深印于彼等之脑筋，彼等亦遂深信德国之果为强国也。予前在伯林，见有一蒙人，拾得日本小孩玩物中之石版绘者，斤斤宝贵之不已，此等无意味之物，彼尚以为新奇，则输入良品，使蒙人之心目中皆有日本二字之观念，诚今日之良法也。况日本之于蒙古，人种同，宗教亦同，较之德、法之经营，不尤易乎。盖宗教中之所谓喇嘛教者，为最幼稚之宗教，而耶教、回回教，则蒙人信者寥寥。若我以佛教宣播于彼地，想必易使之归依。现在蒙古中之外国宣教师，陷良民于罪狱者，已有数起，救此辈之责任，非在我佛教徒而谁？且普及佛教，不仅为我宗教上之必要，而尤足使蒙人得精神上之快乐者乎？要之，内蒙古在俄国势力圈外，不至生国际之冲突，德、法人之势力，亦非牢不可拔。其地质亦较他处为优，且与满洲有不可分之关系，正我邦人不可不经营之地也。

《东方杂志》（月刊）

上海商务印书馆东方杂志社

1908 年 5 卷 7 期

（朱宪　整理）

调查河套情形记

巨鹿李逢谦　稿

地　势

南北约百余里，东西六七百里，宽平如砥，坡侧绝少，间有沙滩起伏，不过数里，无甚大者。

水　利

南襟黄河，开渠灌溉，泻水多归五家河，故水大而不涝。此河系黄河旧道，西自镇北口与新黄河分支，北而东，经阴山之麓，抵包头，西与新黄河合。山麓一带，西半多用山水灌溉，东半则用五家河之泻水，故自河阳以达山阳，皆宜水利。现在可灌之田，约三分之一，有人耕种者，不过十分之一。

土　性

上〔土〕系红胶，俗名淤土。间有白壤，三伏灌之以水，翌年春期解冻，土脉松活，不耕可以下种，俗所云泛土也。

居 民

蒙汉杂处，蒙人约有三分之一。汉人多由山、陕之河曲、府谷，甘省之宁夏移来，并无土人。计方百里内，不过百人，往往十数里或数十里，始成一村落，而村皆两三家凑成，人烟繁盛之区绝少。

风 俗

人性柔懦懒惰，不事生产，秽恶不讲卫生，专尚口腹，不事积蓄，男女多中鸦片之毒。蒙人虽无吸鸦片者，而迷信过深。兄弟三四人者，仅留一人延宗祀，其他均为僧人。盗贼绝迹，不欺远人，而内地人来此者，往往恃强专横，人皆畏敬之。

交 通

水路沿黄河向西，可抵宁夏，东抵河曲、府谷。就中以包头为最大商埠，其他之和合源、隆兴长、彦安河、邓口，皆属贸易之场。陆路无甚交通之处。

生 产

植物，则谷类全生，树木绝少。药类以黄芩、黄蓍、甘草、豆根为大宗。动物，则家畜均有。野兽，以黄羊、青羊、狐、兔、野鸡为最多，狼与鹿，时有而不多见。矿物，盐、碱最富，而碱尤佳。

政　治

按蒙古之区划，后套分为两段，为达拉、杭锦二部所统辖。设有蒙官，专司蒙人交涉。近来垦务施行，多汉人移住，国家特于西包头、隆兴长、大舌台设立巡检，以司汉人交涉。

国家垦务政策

派有钦差，驻归化城，管理报垦之地。现在报垦之地，系杭锦地二千四百顷，国家实以若干银购之，修理渠道，转卖于各花户，乌拉道堡二分子、和合源、阿善、天吉太、强家油房诸处皆属之。各设局所，派委专司其事。达拉之地，亦名报垦，实则租而不卖，垦务局为之整理渠道，每年交蒙王租银六两，再转租于各花户，则每顷三四十两不等。协成、祥太魁、缠金、槐莫、割舌、隆兴长、大宣公各设局所，皆属此部。

蒙古垦务政策

蒙人以地若干顷包给汉人，每顷每年租银八两，开渠修坝，再转租于各花户，每顷二三四十两不等，此即所谓商人也。自咸、同年间，甄姓者创为此举，缠金渠道，皆此人所修。汉人之业此者甚多，近来顺德府之王进财子，亦业此而获大利者也。

垦章改革

咸、同以来，种地者皆系商人租放，其租价名为银若干两，实则粟布、杂货，皆可交代。自二十七年，国家设立垦务局，始有官放之地，租价非银不可，以此花户颇形拮据。今年又改新章，兼收粟布，而租地花户骤增。

牧　畜

牛、羊、马、骆驼为最多，羊之生息，每二年三头，牛、马则每年各一，驼三年两匹。羊之价值，四岁者二两上下，马与驼当年即可卖银十余两，牛当年可得银五六两。皆不自备草料，雇蒙人为之司牧，羊许剪毛，牛许挤奶，皆不须工价。驼与马每匹每年，须工资稷子二斗，他无甚花费。此处农家，以牧养为最便宜，工省而利巨也。

工　艺

工艺甚劣而价甚昂。工人多嗜鸦片，作工极少。故本地包工不计日价，比吾家约贵一倍。

商　业

以烧酒为上上，榨油、碾磨次之，或以洋烟、粟布、砖茶、水烟，春期放帐，夏秋之交收帐，约得利一倍。本地人多乐于使债，无经济上之计算也。蒙人尤甚，放帐于蒙人，可利上增利，往往隔十数年而讨债如故。内地之人，有以绸缎、古玩、烧酒之类，专与蒙人交易者，是谓蒙古买卖，蒙人以牲畜、皮毛为交易之品，得利之大，不可逆料。后套烧酒者仅一家，设在隆兴长，系钦差所立，其利甚大。稷子平常价值每石一两六七钱，麦子三四两，稷每石可得烧酒七八十斤，每斤平常值银八九分，每日可制酒百余斤，须工夫五六人，燃料皆用本地红柳、红柴等物，无须钱买，约以酒三十斤之价，工料资本，足可相抵。每日可得利银四两五钱左右，且销路甚畅，不用出售。而以牲口、粟米、茶烟易酒者，尤踵门不绝，盖蒙人有嗜酒之特性。近日之酒，多自包头运来，相隔数百里，酒劣而价昂，尚争购也。

农　业

买地之手续

无论何时，皆可向局中挂号，指定某处地若干顷，俟丈量后，发给永远为业票纸，当交银二成，夏期二成，秋后二成，来年交四成。买熟地，则当年即可收租。若买生荒，当年交四成，来年六成。然此处买生荒者绝少，恐其不能得水也。刻下以天吉太、强家油房两处之地为最佳。上地每顷银百两，上中九十五两，中地九十两，中下八十五两，下地八十两。丈地之法，无论若干顷，先以长宽总计，内有沙岗、房屋、道路、渠堰，不堪耕种者，约略除去，买地者以此多得便宜。平常买地一顷，约得实地一顷三四十亩。常年花费，则渠费、国课，共银七两上下。渠道归局中经理，若地有不可灌溉之年，不交渠费。

租地之手续

先向局中挂号，发给若干顷票纸，秋麦〔夏〕两期分丈，按苗之优劣，分地为四等，秋后收租。上地每顷，若交麦子则十一石，交菀豆则十八石，交谷子则二十八石，交稷子则二十三石。中地每顷，交麦子则八石，菀豆则十三石，稷子则十七石，谷子则二十石。下地每顷，交麦子则六石，菀豆则十石，稷子则十三石，谷子则十六石。下下地每顷，交麦子则四石，菀豆则六石，稷子则八石，谷子则十石，皆不须现银，倘挂号而不可耕种，及种而无苗，皆不交租。

开地工资

生荒多产至吉草，此草系草本，形似麦楷〔秸〕而较硬，可以编笆、捆帚、打帘，为最有用之品。其他木本者，为红柳、红柴、虾蟆楼，皆燃料也。他种甚少。每开一顷，约须工人十余，每工须银约一钱上下。至整理渠堰，须工多少，不可预计，惟视地势何如耳。

种地资本

生荒若种夏田，即清明、谷雨间，种麦子、洋烟、胡麻、大小菀豆之类是也，皆可不犁而下种。若种秋田，即立夏以后种谷子、黍稷之类是也，或夏至种荞麦，皆须先犁而后下种，谷子不犁亦可。一切耕种，麦子每顷须五石上下，胡麻须石余，其他各种，须种不多，亦不甚贵。生荒大概不锄，熟荒有草则锄，然须工甚少。

收获工资

收获之日，所雇短工，收某种禾稼，即以某种粮抵工资。每割洋烟一日，给烟土七八钱，其他谷类，按亩计算，每亩约给两升半上下即可。大暑前后收夏田，白露前后收秋田。

通年计算

每顷须常工一名，工银二十两上下，每日三餐，皆用稷米，约须七合。朔望午餐用白面。牲口一头，每年须草料银七八两。通盘筹算，每顷约须银四十两上下，然此惟买地为然，若系租地，则每顷须银七八十两上下，此常年费用也。若创始之年，则买牲口，牛每头须银十五六两，马每匹须银二十两上下；置器具，则犁耙、绳索，自包头运来，较吾乡约贵四分之一；修房屋，每间须银十两上下。

收获多少

按平均年限计算，洋烟每亩约得七八十两，胡麻每顷约得四十石上下，其他谷类，每顷约得七八十石。

粮食销售

销路之畅否，不关后套之丰歉，惟视阴山前后一带收获何如。盖彼处地面辽阔，不得水利，雨泽稀少，十年九歉之地也。然值丰收，则粮价即贱，倘仅后套丰收，粮价不至跌落，行销亦广。平常价值，洋烟每两二三钱，麦子每石三四两，胡麻每石二三两，黍稷、谷子每石一两六七钱。

平均利益

买地每顷，除工资日用外，至好当得利银二百余两，平常亦可得百余两。租地每顷每年至好当得百余两，平常亦可得五六十两。此系统筹以上各节，约略计之，其确当与否，尽人皆可推算。后套歉岁绝少，惟值阴山前后丰收之时，则粮价落而销路滞，恐有赔累之虞。据现在调查农业上之利益，不过尔尔，若兼牧畜、营商，尚不敢骤言其利益也。

《东方杂志》（月刊）

上海商务印书馆东方杂志社

1908 年 5 卷 7 期

（朱宪　整理）

多伦诺尔记

[日] 剑虹生　著　　《岭东日报》　译

绪　言

斛律金讴曰："天苍苍，野茫茫，风吹草低见牛羊。"游蒙古者，何人不生此感乎。由来塞外之地，渺茫无际，薰风吹青草而扬绿波，洋洋乎，如望青海原焉。我初共惊宇宙之玄玄无穷，不觉何物宿于神秘之身。

驻马原头，恣其感兴，不知日之移。天则苍苍，见白云之静舞，地则茫茫，草色青青，如步绿茵之上。加以放牧山野数千之马、牛、羊，悠悠然，有卧者，有鸣者，或为饮者，食者，立者，驱者，千差万别，腾骧飞跳之状，真旷原中之奇观也。琳琅光耀，虽有画工，恐难极其妙矣。

时候忽间，风拂穹窿，黑云卷地而来，电光闪闪，雷鸣撼天地，沛然下雨，壮快无比。须臾，雨收云散，太阳益增其光，天空愈高，满目天地，悉归于清净，实大陆之风景也。

余游多伦诺尔，盖在昨夏月之先。余当四月半，出帆于神户港，直抵天津上陆，次到北京，决策上蒙古旅行之途，由是吊万里之长城，暂驻足于张家口。此地当蒙古咽喉，以其为枢要地，遂从事种种调查，终更改旅装前进，越张家口关门，层层山岳，

迫其左右，磊块之岩石，横于道畔，人家散布于处处，尚见穴居
之土民。既而达汗那鲁巴之高原，遥踞岩上，顾其后面，眼界顿
开，远山模糊如烟，近山淡淡，在指呼之间，峦嶂相连处，一起
一伏，如波浪之上下。昔者，勇悍之蒙族，尝由此地望中国之形
势，雄心勃勃不能禁，屡执剑戟，蜂起其处，则其山河之伟大
亦宜。

自是地皆平坦，沿道人家渐疏，方盛夏而气如阳春，不知名之
草花，白白红红，婵媚乱开，令人起游一大花园之思。蒙人之住
其间者不少，汉人则专从事开垦，植荞麦、燕麦、马铃薯，旁营
牧畜，地味必不硗确，以是开垦事业，年增日盛。

虽有中国人之旅舍，而不洁弥甚，因臭虫夜袭之故，多不得安
眠，反不如寝于户外之安。夜半梦醒，弦月皓皓，高照于枕头，
得不生游子多少之感乎。

夏间无由求肉，所得野菜而已，韭、蒜之外，无一他菜，仅得
一碗之面，聊以疗饥。中国内地之旅行，盖非我邦人之想像所及
者矣。

余费一周间，提其瘦躯，在多伦诺尔，投阿嘉活佛之寺院，此
余所以有多伦诺尔之记也。滞留约一月，访官衙，谒商家，晋接
多人，成为精细之调查。中国人之僻〔癖〕习，不以其实告，大
半由己之观察所得，以见视察中国之亦非易事也。以下诸则，记
述其概要如左。

沿革及其地位

就多伦诺尔之沿革，可征于文献者，邈哉末由知已。然其萌芽
远见于辽代。近当康熙帝之征噶尔丹，曾驻跸其地，将会蒙古诸
藩，振其威武，自是以来，渐为著名之都市。康熙帝，炯眼卓拔，

用笼络手段，优待喇嘛教，买蒙古之欢心，今称旧庙之汇宗寺，实为帝所敕建，及雍正帝，复投巨资，创立善因寺，是为新庙。

新旧两庙，巍然对峙，真边境之伟观。是以喇嘛庙之名，播于远近，商贾踵集，土地益盛，成巨然一大都市。雍正之时，始设理事同知，以治词讼。及光绪八年，改称抚民同知，以至今日。

试按地图，此地位今直隶省最北部，为口北三厅之一，属宣化府。其疆域，东隔一百里，界承德府辖地；西五百二十里，接察哈尔正黄旗；南二百二十里，交于独石厅；北二百里，与蒙古阿霸陔、札萨克旗邻；东西广六百二十里，南北亘四百四十里，朔陲〔漠〕关隘，为其重镇，历古今不变。其市场为察哈尔正蓝旗下，东西长四里，南北二里，周十三里余，河流沿市场，东北近对新旧喇嘛庙，户千五百六十七，口约二万，内有回教徒三千人，而居住者，汉人而已，蒙人绝无住市场者。其道路不规则，凹凸甚，泥泞欲没车轴，污秽不洁，于夏间为甚。

此地重要之官衙，有抚民同知、协镇都督府等，又设巡警局，当市场警卫之任。

寺庙则新旧喇嘛庙之外，有城隍庙、灵佑宫、兴隆寺、伏魔宫、三官庙、关帝庙、山神庙等，别有回教三寺庙。以寺庙之多，亦可证土地之殷富。

气候酷寒酷热，冬季日长，春季之候最短。自十月至翌年三月间多降雪，五月间多雨，气候甚变化。虽盛夏中，常降雹，不以为奇，余滞留中，屡见之，辄为惊异。

官　衙

就重要之官衙，记其二三。

抚民同知　属宣化口北道，为三厅之一，即称多伦诺尔厅，旧为理事同知，至光绪八年，改今名。现官是者，为王锡光，服职于直隶省，凡任十五处，握一切行政权，收各种征税。

（一）多伦分司。其建置在抚民同知之前，与理事同知同时。当时理事同知专管旗民，多伦分司则治汉人。光绪八年以后，分司单司监狱事务，自是属于抚民同知之配下。多伦分司之监狱，目下囚八十九名。其犯以强盗为多，习艺所附属之，于近三年前开设。余尝参观其监狱作业局，有囚徒五六名，从事马车之制造。突一囚向余频诉其蒙冤不止，言之愤愤，且近于滑稽，地方行政之腐败，盖思过半矣。

（二）巡警总局。为抚民同知所辖，于去年四月开设，置巡丁四十名，分南北两街，当市场警察之任。教习一人，以曾游历日本，接余甚欢。此外有捕盗营，与衙门无别，其事务，皆取于抚民厅内。

（三）牛痘局。为旧年开设，已经四五月，仅种痘四五名，开明之度，亦可察矣。

（四）斗局。

（五）皮局。

（六）马局。

（七）杂货局。为付各种征税，其方法颇为致密，税金额亦决不少。是等员役，每十日间交代，不能长居其局，所以防贿赂之弊也。然果能保其公正与否，殊不能令人无疑。余就各局问其税额，悉以记录被前员役持去及不明为答。有一人语余曰："年出五万两以上。"余考其每日市场上买卖之马、牛、羊群，所税已可达以上之数，况尚有茶、酒、鸦片及其他杂货乎。

协镇都督府　所谓兵营，为备朔漠之急变，于光绪七年开设，属于宣化府提督二协镇中之一，统率绿营三营、练军一营。绿营每营定额步队四百名，总数千二百名。然绿营兵实不足用。庚子后，国用缺乏，且欲改良兵制，加以淘汰，目下不过七百有十名而已。练军者，为马队，由宣化府分驻此地，以五哨百六十名为一营。绿营官制，分协、镇、都司、守备、千总、把总、经制额外七级，协、镇年俸八百两，最下级者，四十三两，光绪二十七年以后，仅给三分之一，其俸薄，殊可怜。都司、守备二衙，在于市内，其他则分布各地冲要之处。各兵无带剑者，枪用五响，无单响者，或有最旧式之枪，亦不一定。

木植局　距此地东北六十里，名围场地，有郁苍之大森林焉。日役人伐采之，一经热河而送于天津，一运输当地，鬻之于市，其额岁不下五十万两，为一种官业，属于直隶总督。余始来此地，惊其家屋建筑宏壮，木材之丰富，今始得明其真相。以今日之力，伐尽全森林，可供五十年之用，其种类为杨、榆、松、桦，木材之大，实为可惊。人虽多识鸭绿江沿岸之森林，然尚少知围场之森林者，余故特记之。

筹款局　隶于保定总局，征税之种类，为酒、烟、鸦片土，若漏税，则于其逆旅，罚税则五十倍，货主则科三十倍，每年征税，约三千两至五千两。

筹饷局　归张家口驻扎察哈尔都统管理，课买卖牲畜之税，无落地税，就买卖已成者征之，其最盛时期，在于七、八、九三月，去年曾达至七千两。

盐厘局　同归都统管辖，征输入盐税。其地称盐房者，共七家，为一种官许事业，其他皆不得营此。盐产地距此地北千余里，由河路阁儿盐湖采掘，全归商人之经营，税额二千两乃至三千两。

以上皆就其重要而记述之，可知其征税之酷猛于虎也。

学　堂

边陬之地，教育别无可观，仅有高等小学堂一、蒙养学堂二，均为抚民府所属。高等小学堂，创立于今三年前，现在生徒二十五名，皆以官费支给。学科为修身、经学、格致、算术、地理、历史、习字、作文、图画、体操，共十科，学龄无一定，自十四五岁起，有至二十五六岁者。蒙养学堂，为日本寻常小学程度，与不完全之寺小屋教育无大差。蒙养学堂，规定五年卒业，进于小学堂，惟富豪子弟，则耻入学堂，多聘教员在己宅受学。此外则有回回教徒私设之蒙养学堂，定章他教徒子弟不得入，可见其团结之强也。

吾人所最注意者，学堂之规则及教科书类，一皆取法于我日本之教育制度，大足强吾人之意，更进一步，使日本势力及于清国之全体，决可信其不难也。然则吾人对于中国教育而深注意者，诚今日之急务也。

商　业

多伦诺尔之市镇，商业由此而荣，不由此而衰，而所以致今日者，则实为有蒙人之故。蒙人距此地至远，以何而能荣商业乎？非因商业而至多伦诺尔，则蒙民之不远数百里而来集此地者，抑亦有他原因存焉。其原因则以巍然喇嘛庙之存在。喇嘛教，固蒙人之所信仰，而喇嘛庙即喇嘛教之中心。彼等亲诣喇嘛庙而谒活佛，捧〔奉〕其财产，以寻人生归趣，为无上之快乐。多伦诺尔之所以有今日者，即在于此。

蒙人生长旷野，自牧畜马、牛、羊外，实为不知耕织之蛮民，虽妇人，亦与男子伍，跨马驰驱原野，终日以事畜牧，不顾家政。至于日常不可缺之生活，如饮食（面、烧酒等）、衣服、器具之类，无不仰之中国人。蒙人之财产，为马、牛、羊，而是等马、牛、羊，直变为彼之饮食、衣服、器具。蒙人之诣喇嘛庙也，必挟是等牲畜，以来鬻于市上，就其归途，购求彼等嗜好之物品，于其间独占利益者，则中国商人是也。

蒙古各藩王侯，亦来谒活佛，多赍金银供养众僧，以此遂使市街得臻繁盛。且其市街之地位，远至库伦，近入东蒙古，当中蒙贸易之冲，欲观将来蒙古贸易之发展，无过于此地也。

熟察商业状态，如左所列。其贸易之活泼，虽乏商业之经验，亦未可侮，中国人定于岁时自行进商于蒙古之地，携带马、牛、羊，及互市之杂货，以鬻于土民，中国商于此，可得二重之利益，即一方抬其杂货而卖，一方得转卖马、牛、羊之利。彼等不能不推为勇敢勤勉之国民。其见利之炯眼，亦有可惊者。以此一事，可察蒙古行商之利益。然欲直接蒙古行商，不能不解蒙古语，不宜止恃雇入能蒙古语之中国人。而营商清国内地，所不可不究心者，则尤为货币一事。内地各处银，异质异秤，猥以品量不同，当交易时，甚招损耗，今就其地之商业机关而略说之。

货币　此地之通货，为银块、银圆、老钱（一厘钱）、钱票之四种，至铜钱则尚未使用。银块为五十两及五两二种，其间不免有多少之轻重。其银质则为松江银（九八银），俗称喇嘛庙银，各地市场皆喜用之。

银圆之种类，中以德意志银为最贵，小银货则全不使用。老钱，所谓一厘有孔之钱，使用与张家口同，以七十八文作一百文，较之张家口以九十六文作一百文者，每百文可得一十八文之利益，故于张家口换老钱银百两，携来此地，可赢得十四五两，此实为清国通货之不可思议者。钱票发行于各钱庄，有一吊文、二吊文及二吊五百文各种。一吊文当老钱七百八十文，每银一两当一吊三百文。汇票庄，为各地承办汇兑之枢纽。汇兑费，时价不定，通例千两费，由最低额二十两，至最高额六十两。此地承办天津直接汇兑，及为北京代理者，又取扱一般之预金，千两以下，不付息，其对于千两以上，最多额一期（三月）二十两。营此等业者有七家，其内四家为张家口之分支。

钱铺　专发行钱票，出入交换，以补市中之银根，其外则由汇票庄借出，贷付于一般之商家，息每月一分（每千两，息十两），一期（三月）合三十两。又从事于银块之熔铸。

当铺　即为日本质屋营业，其资本则较裕。利息一月三分，期限十八月，不许延日。其招牌为"缓急相通"，大字揭于外，望之可见。

此外有粮店、盐店、茶庄、口庄、关东庄，就中关东庄，为中国人由盛京省锦州、朝阳府等，来集此地设店。其营业为卤虾、油、酱瓜、靴底、斜皮、茶、梭布等之关东产，口庄远自库伦、恰克图，输入象〔橡〕皮、牛皮、回绒、哈罗等，来此贩卖。彼等不远千里，从事商业，其勇气洵可感也。

其他有四五所洋行，最古者，为英商之新泰兴，于四十年前来此，从事收买羊毛，名称洋行，实为中国人之营业，不过假外人之名义，使用三联单，免各地之通行税而已。羊毛岁产约二百万斤，其质不良，价格亦不一定。

要之，当地之商业，不拘僻远，其比较为完备，就中如杂货多输入德意志品，以其价廉，为土人所喜用，日本人尚未着眼于此地，甚遗憾也。

《东方杂志》（月刊）

上海商务印书馆东方杂志社

1908 年 5 卷 10 期

（李红权　整理）

蒙古谈

译日本《太平洋》

杨志洵　译

　　蒙古人民，逐水草而居，除市场及都会若干处所以外，无村落，亦无道路，惟张家口经库伦至买卖城一路，系俄人邮递之驿，每相隔八里或十里、十三里，则有一驿，除此邮递一路以外，平沙万里，绝无人烟。库伦系喇嘛教主所居，故成大市，人口五万，其四万为喇嘛教士，又其一万，则商、工、牧也。库伦之西三十里，地名和林，在昔为元代之天都，今已阒其无人，并无草木。内蒙古第一大市，为翁牛之赤峰，有户一千五百，人口二万余，大半系内地之民移居至此，其次如郑家屯、洮南府、农安县，皆系移民所居。郑家屯之大豆、农安县之农业，近年皆异常旺盛，洮南府当夏季之时，移居之人，至十万以上。

　　蒙古地方面积，比于日本，殆加七倍，而人口散居此大面积之中者，不过三百万，移居之民数，在七十万以上，居其四分之一。

　　蒙古内地所销洋货，来自日本者居多，如火柴、米、海参、海虾、砂糖、药料、玻璃镜及其余杂货等。其市价米每斗四圆，海虾大者每斤一圆，小者每斤四毫，砂糖每色〔包〕九圆半或十二圆余，海参每斤一圆一毫，但此等日本货物，只散布内蒙古各地，外蒙古则绝无日货，凡皆依中国商人及俄商之手而输入之者也。

　　中国人民经商于其地者，除郑家屯、洮南府等地人口稠密，市场与内地无殊，其余各地，则联成商团，携带帐幕，以事贸迁，与昔时埃及之行商相若，其交易也以物易物。俄人经商其地者，以库伦及赤峰为主，此外各地，亦无其踪迹也。

蒙古人所深信者，大抵喇嘛教也。然东方西比利亚之耶克特人，满蒙境内之索伦人、达瑚尔人、瓦尔喀人及蒙古内地之中国殖民，其所信仰，与蒙人殊。盖另所谓萨满教者，系目莲上人之弟子日持所创，其形式与沙门相同，以祈祷愈病及豫言福祸为其宗派，介乎佛教、道教之间。亦谓生有过恶，则堕地狱，又谓梦寐之间，虚魂则离其躯壳，若迷惑不归，或能凭托于他人之躯，遇魔则肉体死，故尚祈祷。祈祷之式，以跳以踊，名曰跳神。

其食物纯系牛乳及肉类，无谷物、蔬菜。游其地或数日不能得水，又不识制酱酸之术，除盐以外，无复他物可佐烹调者矣。

《商务官报》（旬刊）

北京农工商部商务官报局

1909 年 30 期

（朱宪　整理）

赤峰州调查记

赵允元　撰

境　界

　　南至杜粟子沟，接平泉州界，距州治六十里；北至巴林桥，接林西县界，距州治二百六十里，南北相距三百二十里；东至老哈河，接建平县界，距州治一百二十里；西至柴火峦子，接围场厅界，距州治一百五十里，东西相距二百七十里；西北至启布求，接围场厅界，一百八十里，截长补短，约合全境面积七万五千七百方里。

山　岭

　　红山，在州治东北五里。

　　鄂博山，在州南十里，与红山对峙，蒙古以为望祀之所，故名。

　　乌兰布通山，在州属翁牛特右翼东十五里。

　　伊克布祜图尔山，在州属翁牛特右翼东四十里。

　　巴噶布图尔山，在州属翁牛特右翼东五十里。

　　布祜图山，汉名白鹿山，在州属翁牛特右翼东七十里。

布当华山，亦名大华山，在州属翁牛特右翼东九十里。

札喇山，汉名峭山，在州属翁牛特右翼东九十五里。

乌纳格图山，汉名屋狐山，在州属翁牛特右翼东一百二十里。

华和博图山，在州属翁牛特右翼东南四十里。

阿里衮察克察罕陀罗海山，在州属翁牛特右翼东南八十里（察此与平泉州之阿里衮察克察罕陀罗海山别）。

齐巴噶山，汉名枣山，在州属翁牛特右翼东南一百里。

古尔班陀罗海山，在州属翁牛特右翼南二十里。

遮盖山，亦名阿山，在州属翁牛特右翼南三十余里。入山十余里有洞，宽不及二丈，高一丈余，土人称为大碾子洞，中有石佛像及阿难伽叶像，其两崖石壁上，亦俱凿成佛像，有"金皇统三年刘子初撰遮盖山灵峰院千佛洞碑"。

都尔伯勒津山，汉名方山，在州属翁牛特右翼东北二十里（案此与平泉州之方山别）。

伊玛图山，汉名獖羊山，在州属翁牛特右翼东北三十里。又左翼东南一百里，有伊玛图山，亦名獖羊山（案此与平泉州之獖羊山别）。

巴噶喀喇山，汉名小黑山，在州属翁牛特右翼东北四十里。

拜斯哈勒山，汉名恩德山，在州属翁牛特东北四十五里。

布尔克尔图山，在州属翁牛特右翼东北五十里。

鄂尔绰克山，在州属翁牛特右翼东北六十里。又左翼西南八十余里，亦有鄂尔绰克山。

鸡冠山，在州属东北四十里，山石赭色，望若鸡冠，故名。又州境大庙之南，亦有鸡冠山，下有龙潭，冬夏不竭。

丫髻山，在州属东北一百六十里。

汉乌兰山，在州属东北二百里乌丹城之左。

伊克纳喇苏台山，汉名大松山，在州属翁牛特左翼南二十里。

札固图察罕陀罗海山，在州属翁牛特左翼南五十里。

阿多固泌山，在州属翁牛特左翼西南八十里。

布敦山，在州属翁牛特左翼西三十里。

巴尔哈岱山，在州属翁牛特左翼西四十里。

萨喇纳台喀喇山，汉名山丹山，在州属翁牛特左翼西一百三十里。

古尔班图勒噶山，在州属翁牛特左翼西北七十里。又左翼北三十里，亦有古尔班图勒噶山。

翁格绰尔山，在州属翁牛特左翼西北一百三十里。

翁衮山，汉名神山，在州属翁牛特左翼西北一百四十里（案此与平泉州属之神山别）。

蒐济山，在州属翁牛特左翼西北一百五十里。

布尔噶苏台山，汉名柳山，在州属翁牛特左翼西北一百五十余里。

哈达图山，在州属翁牛特左翼北三十里。

布静衣克山，汉名兔麑山，在州属翁牛特左翼东北四十里。

河　流

英金河，在州北，源出围场内都呼岱山，会诸小水东南流，出英格栅，亦名英格河。经都呼岱山，入州属西北翁牛特境，东南流一百四十里，会锡尔哈河，又东流八十里，经察罕陀罗海之东，入建平县境，与老哈河会，东流入黄河。

奇布楚河，在州属翁牛特右翼最西北境，源出围场北界海喇堪达己罕之东，初名奇布楚色钦，东南流，沿围场之东北界，至奇布楚沟栅，入英金河。

锡尔哈河，源出围场内，会诸小水北流，出纳林锡尔哈栅，入平泉州西北喀喇沁右翼境，东北流经州属翁牛特右翼境，又东北入英金河。

乌拉岱河，源出围场内，会诸小水东流，出乌拉岱栅，入州属西北翁牛特右翼境，东会锡尔哈河。

卓索河，源出州属翁牛特右翼西境，东流会锡尔哈河。

锡伯河，源出平泉州属喀喇沁右翼西一百余里察罕陀罗海山之东，东流经右翼旗之南，又东北入翁牛特右翼境，会锡尔哈河。

哈尔吉河，源出平泉州属喀喇沁右翼南四十五里，会锡伯河。

潢河，在州治北二百余里，亦名涅水，蒙古名锡喇穆楞，自克什克腾界发源，东流入州北巴林旗界，入州属翁牛特左翼北境，又东南经朝阳府属喀尔喀左翼界，与老河会，为大辽水之西一源。

老河，在州东南隅，由平泉州发源，北流入州境，经翁牛特左翼南境，入建平县界。

伯尔克河，在州西北境，汉名落马河，源出州属翁牛特右翼北境，东南流经布尔克尔图山，又东入老河。

建　置

州署，在乌兰哈达，乾隆三十九年，由平泉州析置乌兰哈达厅，厅治即于是年建。乾隆四十三年改县，光绪三十四年改为直隶州。

分州署，在公主陵西十里大庙，嘉庆十七年建县丞署，光绪三十四年改为分州，距州街一百四十里。

吏目署，在州署西，乾隆二十三年建。巡检署，光绪三十四年改为吏目。

税署，在州署东，乾隆十三年设，由理藩院差员理乌兰哈达税务司，嘉庆十五年隶都统，光绪二十九年由热河派员征收。

　　赤峰营，在署南五十里，嘉庆十六年设都统司一员，中军千总
一员。

　　哈拉木头汛，在州属东七十里，嘉庆十六年设千总一员。

　　四道沟汛，在州属北六十里，嘉庆十六年设千总一员。

　　音只嘎梁汛，在州属北九十里，嘉庆十六年设千总一员。

　　乌兰哈达捕盗营，在州属西，乾隆二十一年设千总一员，隶直
隶督标。

民　　事

　　土田有肥有瘠，有水有旱，大抵皆五谷相宜。惟小麦不宜于秋
种，因地势高燥，气候偏寒，经冬麦苗冻枯，来春不能腹〔复〕
生。凡种麦之家，均系春种秋收，仅获一次之利。地居沙漠，膏
沃最少，以西北为最，东次之，南又次之，除杜家地、常义隆、
木头沟、兴隆庄、初头、朗山、西营子、十大分、步步屯、炮十
营子各处间有水田外，一望平沙，土脉瘠薄，大抵农家者流，无
论地之美恶，皆锢蔽旧习。兼以地势高燥，气候偏寒，五谷发生
较迟，不知酌土宜，觅新种，择肥料，改用新法。现在新政繁兴，
警察、学堂、自治各费用，半由地亩公捐。租差亦日日增加，丰
稔之年，入不敷出者尚有，一遇凶荒水旱，天灾流行，良善者，
姑置勿论，强悍之辈，素无恒产，焉知不铤而走险，此亦地方之
隐忧也。

庐　　舍

　　本州东西街六条，长者六里，短者四里。商家住瓦房，居十分
之九，偏僻陋巷间有土房数十处，乡间除四汛、衙署、各烧户外，

其余各村各庄，有瓦屋者寥寥。至于草房，更属罕见，因地多沙漠，经春则狂风似虎，终日阴霾，摇撼树木，飞扬沙石，亦数见不一，见〔且〕以草庐，而当此暴风，势必倾折毁伤，所以各乡修造房屋，以土坯为墙垣，以秫秸为席，椽上覆泥涂，以避风雨，亦征节俭之风，惜乎不透空气，不近光线，亦卫生之一大缺点。当此民情顽固，风气未开，此事固无足深责。所可异者，各乡坟墓，接连阳宅者最多，或左或右，或前或后，迎门者尚少，远在二三里之遥，近则数武，年远之墓，周围有杨柳数株，无树之墓，一望而知为新建，并不侵占膏壤，此亦村落疏阔、户口稀少之故耳。若内地人稠地窄，阴阳二宅，占去良田大半，于国计民生，大受影响。

林　业

树艺之学问，向来无人讲求。高厚之地，一览无余，惟年久村庄，卑湿郊野，尚有许多树木，然所有者不过杨、柳、榆、槐而已。若松，若柏，若杉，若桐，若栗、桑、椿、榆，此乃冷带能生之品，遍察各处，仅见小松数株，余则无一有者。近数年来，距街稍近之园户，种植果树，颇见发达。桃、李、梨、杏、槟子、海棠、葡萄、樱桃之类，熟时出售，年年获利不薄。夫人有利则进，无利则退，古今之通情也。人见种树较种田稍丰，争相则效，树艺之进步，尚未可限量。前此设林业公司招股集资，皆退缩不前，经绅董苦口劝导，集股五千余吊，种树十三万余株，当时有愿贱售股票者，有情甘送人者，今见树有生机，皆欣欣向荣，前日之思想，至此为之一变。有林业之责者，苟认真保护，勿使作践，管子十年之计，当复见于今矣。

盖 藏

本街盖藏之粮，以粮店、粮铺、烧户为最。粮店之囤积，均系本街、锦州、易州、遵化、滦州、乐亭、朝阳、平泉、建昌之富商大贾，来赤坐囤购买。现在粮店之家，所有各处堆积，共计千五百余石。本街粮铺三十余家，大小不齐，所存粮石又多寡不等，通盘核算，约计三千石左右，粮铺之粮，除白面外运，余归本地市销。烧户十七家，所预备烧粮共计五千余石，通共盖藏之粮，约九千余石，若四乡豪富大家所有之粮，有五六百石者，有一二百石者，有三五十石者，纵不能遍查详实，大概存粮之家，约三百家有奇。此三百家内，当青黄不接之时，将盖藏之粮，不掺糠核，不缩斗斛，仿照常价出售者，不过十分之一。操奇计赢、谋人土地、霸人房产者，指不胜数。边地荒徼，久不进化，为富不仁，往往然也。

工 作

五行，百产之精，利用民生，赖制作，而后可以成器，此工作之所由来也。赤峰地连沙漠，文献无征，开化未免较迟，所有精致器皿、工巧物品，均非本地出产，皆自天津、北京运转而来。本地工作，不过铜、铁、银、砖、木、石及绒毡、毛毯之类，墨守师传，毕生莫改，胶执成法，百折不回。今五洲万国，崇尚工艺，专门之学，精益求精，人巧极，几天工错矣。中国于工艺一事，不屑讲求，所作器物，大抵依样葫芦，沿袭旧式，微独不能效欧美，即汉唐之后，若五代之纸墨、宋之锦绮、明之铜炉，今人亦不能为，所谓操刀引绳之辈，第以供人之奴役，受人之鄙夷也，亦无足怪。

渔　樵

渔业之利，中国向不讲求，近则沿江沿海，及滨临大河之处，设渔业公司，以辟利源。赤峰境内之河，所产鱼类无多，大者仅尺余，小者五六寸，然肥美适口，耐人寻味。至于樵，非深山大壑，草木畅茂，荆棘丛生，不足以资削伐。查本州四境之内，虽有石山、土山、土石参半之山，要皆童岩秃丘，濯濯之形，不足以壮观瞻。纵斧应手，奈无薪可析何。间有以樵采为生者，手执竹巴〔笆〕，肩横木担，腰裹干粮，足踏草鞋，鸡鸣而往，三五成群，搜剔土山旷野、草莱荒芜者，薄言拾之；一遇风雪严寒，焚茅向火，烧饼充饥，午后荷担归家；次日赴街市卖，换钱籴米，赡养身家，劳矣，苦矣，有令人想像不置者。

畜　牧

生财之道凡三：曰商，曰工，曰农。商、工勿论矣，若农，则种种利益，不胜枚举，畜牧亦农业之先务也。赤峰幅员辽阔，西有木兰围场之辟，北有开鲁、林西之属，南有煤窑、金矿之利，东有老河之堑，田肥美，民殷富。荒山旷土，余地闲村，丰草芊绵，以养牺牲，美哉斯土，所谓天造地设之牧场也。凡畜牧之家，以马、牛、羊三者为最，骆驼、驴、骡，其细已甚，不足数矣。三者之中，畜马有三五百匹者，牛次之，羊又次之。羊至春初，掠绒剪毛，牛马至秋后，择老者、疲者而售之，历年获利颇厚。所惜者，拘泥旧习，不思变通，一旦天灾流行，倒毙累累，耗矣奈何。假令下矢脐有法①，而驹则不夭，调水草有药，而牲则不病，行见博硕肥腯，日形繁滋，收利当不止三倍。勿谓沿边牧场无关利薮，天下事，要在人为耳。

商　事

赤峰者，口外最繁盛之贸易场也。本街大小铺户，不下六百余家，除滋票庄、钱当、烧锅、粮店，不售杂货，若杂货铺、闻货店①，所有一概货物外，洋货多，本国货少。洋货若斜纹布、洋大线、花羽缎、煤油、火柴、烟卷、香水、胰子、钟表、蝙伞、药料、陶磁等物，历年本街之富商大贾，赴烟台、天津购办，一切烟台货，由民船发乐亭，再转陆脚；天津货，有火车发偏凉汀，然后或驮或车，运至本地。此洋货之来路也。若本国之货，库缎、摹本、洋绉、官纱、花罗、宁绸、鞋靴、领帽、绣花、文具，则来自北京，燕窝、鱼翅、骨肚、海参、江瑶柱、绵花、纸张、红白糖，来自天津者半，锦州者亦半，他若获鹿之铁器、祁州之药材、饶阳之线货、周村之板绫、新集之大布、台营之估衣，群材毕至，珍奇咸集。以上输入之货，本铺收贮以后，小户乃零星出卖，巨商则连发代售。运销之地，西有大庙、老府、围场，北有官地乌丹城、经棚，南有瓦房、小城子、公爷府，东有哈尔道口、小河沿，销路畅旺，以乌丹城为最盛。是地也，距州一百八十里，北接三旗，日与蒙古交易。至于本地之物产，以粮石、麻油、羊毛、烟叶、皮张为大宗，其次为牛、马、猪、羊、毡鞋、毡帽、毛球，又其次为线麻、蘑菇、瓜仁、芥花、莱菔子。各土产输出

---

① 原文如此。——整理者注
① 原文如此。——整理者注

之处，粮石若小米、小麦，则运销热河、皇姑屯、建昌、朝阳、乾沟、平原，至下板城上船，顺滦河，进潘家口；麻油、蘑菇、莱菔子、生谷子、皮猪，则运销北京；羊毛、山羊皮、线麻、猪鬃，则运销天津；牛、羊、马匹，则运销燕郊夏店；牛、马、狐狸、猞猁、狼、獾、獭、狸、熊、鹿各皮，则运销锦州；毡鞋、毡帽，则运销沈阳、新城、三姓、宽城子；烟叶之出产，每年约一百万左右，销路最广，乌丹城、林西、开鲁各属，足销大半；余并芥花、瓜仁，则运销平建〔津〕、京东；绒毡、毛毡、绒毯、毛毯，为本州特别之物，运销原无定所，任人购买而已。

　　夫赤峰土地之广，生殖之饶，户口之繁，商贸之盛，宜如何日见扩充，时形发达，蒸蒸气象，不可向迩。无奈贸易之流，多半山西、陕西、山东、河南、京南、京东之人，群居杂处，互相往来，别户分门，各执意见，有忌嫉之才，无竞争之志；有倾轧之风，无维持之义；有垄断之私，无均沾之利；有苟且之习，无鼓舞之气。不讲团体，不解合群，独木不可以支高堂，徒手不可以从两狼，孑身不可以斗众强，如悬物然，有操刀而绝其维者，人得而见之，群蠹窟啮，其中积岁累旬，垂垂坠地，人不得而见之，赤峰之商情，何以异此。今日者，欲挽回积习，振兴市面，必自改良商会始。自去岁创办商会以来，即旧有之公所，更名商会，以当时之乡约，推为总理，商会之价值，不待智者而知矣。夫赤峰之东西公所，当初为应酬官吏、供给差徭而设，此中经理之人，名为乡约，皆烧当、杂货各铺之执事者，年年轮流应值，每日不轮〔论〕有事无事，风雨不误，希图饮食丰美，醉饱之后，大开赌博之场，曾经前任张公抄赌，李公盘账，均有卷可查。近则赌风虽息，以如此之乡约，领袖商会，可谓之江东无人矣。去冬复投票选举总理、副总理，特乡约霸持，不容外人入幕，恐泄露秘密，将来之利益不能久享，被选者乃知难而退。苟得其人，从新提倡，不遗余力，因时因地，重定规章，演说以开通之，立法以整齐之，尽情以联络之，和衷共济，力求进步，十年而后，利权岂有限哉。

《地学杂志》（月刊）
北平中国地学会
1910 年 1 卷 2、4 期
（朱宪　整理）

呼伦贝尔疆域沿革（节录）

作者不详

建设时代

内兴安岭北数千里大陆，五六万蒙族，惟呼伦一城，为蒙古之交易场。是以调查蒙古，不能不先调查呼伦贝尔。在国初时，无所谓呼伦贝尔也，蒙古各部落，惟煮肉而食，割皮而衣，东牧西猎，亦无酋长统辖。及雍正二年，始派将军珠尔海招服，已将内蒙古编成八旗，外蒙古各族，亦编旗造册，派佐领为旗长。嗣后，蒙古风气渐开，所用茶、米、布、货等件，越兴安岭之险，至齐齐哈尔交易，往来艰难。是以各旗总管，量地势度，勘得敏河左岸，地土膏腴，可以耕种，形势便利，可以建城，水草繁多，树木丛厚，禽兽鳞介繁昌，于是筑土房数间，招山西人行商，为蒙古之会集地。因是地介居于呼伦湖、贝尔湖两湖之间，故名曰呼伦贝尔。然集此交易者，皆内蒙古各旗，若外蒙古，则仍游猎打牲，无需贸易也。及咸丰年间，俄人西略政策，为英、法所阻，遂弃欧入亚，越外兴安岭而南下，蒙古稍惧侵逼，乃奏明在呼伦设总管衙门一所，因衙署近海拉尔河，故又名曰海拉尔。每岁四五月间，各旗丁齐集，作跑马戏，借此操练，且因以放领催、马甲之缺焉。衙门内设左右两司印务处，银库、军械库差员，皆索伦人，并无一汉人在内。上年创行新政，改设兵备道与呼伦直隶厅，将蒙古衙门，改为蒙旗股。然道、厅两署，只有经理市面之权，若蒙古种人，仍归蒙旗股与各总管，谓为有官无民，亦无不可。今署兵备道宋友梅观察，经营蒙古，未见有如何良好之政策。此呼伦贝尔城沿革之大略也。

各蒙古族类

索伦族，凡十六旗、两翼，内兴安岭东北之蒙古，惟索伦族为巨族，平河南捻匪时，曾挑索伦兵前往，是以此族风气稍开。南至喀尔喀库勒，北至喀拉布尔霍，西至索岳尔齐山根，山〔东〕至齐普器儿，皆索伦之游牧场也。今呼伦城蒙旗股差事，多索伦人。

陈巴尔虎族，凡六旗、一佐。此族昔日在木兰围场游牧，今迁至新〔兴〕安岭北迤东一带，冬日沿海拉尔河上游，夏日沿河下游。与索伦人性精〔情〕相近，而言语稍异。俗不敬喇嘛。近来风气渐开，有青年子弟十余名，在呼伦小学堂习汉文，有聪敏者。蒙古进步之希望，或在此族也。

新巴尔虎族，凡四旗、一佐，外蒙古也。昔日在外兴安岭北麓游牧，自嘉庆年间，渐向南来，遂成部落。因其言语，与陈巴尔虎相通，故名巴尔虎，新编入旗，故曰新巴尔虎。后迁至敏河两岸，逐水草游牧。俗敬喇嘛，托生命于佛。故陈巴尔虎因宗教相异，与之水火，视伪〔为〕蛮族云。

布莱雅族，凡二十四旗、六佐、两翼，今已有十三旗隶俄籍矣。俄语云阿白拉子，乃新巴尔虎分支也。昔日在俄罗斯沿边路儿奇答河两岸游牧，咸丰年间，俄人伸足东亚，此族被逼，其不欲从俄者，遂东迁于呼伦湖左近游牧。今所余各旗，亦渐有北倚之势矣。外蒙古，惟此族人多，然已从俄，亦无如何矣。

　　乌鲁都族，旗、佐未详。言语与索伦、巴尔虎不通，惟与布莱雅族相近。昔日在喀尔喀境游牧，今则迁至贝尔湖西北。此族性格愚鲁，身躯强健，其别支在外兴安岭者，已隶俄籍，即俄语之古鲁金子。

　　达虎尔族，凡四旗、一佐。昔日在东布特哈北境游牧，今迁至兴安岭山脚一带大陆，就水草居。此族与陈巴尔虎相似，亦蒙古中得风气之先者。其妇女有保存小孩之性质，是以人口日增。且善于游牧，在蒙古中颇称富足。余曾至一毡室，有马二万匹之谱。

　　鄂伦春族，又名奇里，一佐领所辖。生在外兴安岭山阳树木深林之内，不解游牧，只倚打牲度日。此族从古未迁移他处，迁移则不服水土，亦异事也。食肉衣皮，未知布、米为何物。所居大山、密林，见汉人则以枪相待，人未敢入，彼亦不出，未知所居外有世界也。然有步及猛兽之勇，且无嗜好，若以练步队，必甲全球，从我者，名奇里介子。

　　札萨图克族，乃哈萨克之分支也。在呼伦湖西南一带游牧，言语自成一种，与别蒙古不通。有打牲者，有游牧者。在讷耳古司河以北者，均隶俄籍，以南者，犹属中国。其从俄之喇嘛，时至呼伦，尚称中国为佛国，有依依之思。

　　以上各族类，皆系确实之调查。现在统分十七旗，内蒙古八旗，外蒙古八旗，鄂伦春一旗。除鄂伦春外，其他之十六旗，设五总管。时住呼伦者，名胜安，其余四总管，亦无居室，帅其旗丁，逐水草游牧，一年不能见一面也。若总管以下者，莫有名册可考，更不知其为何如人也。

《地学杂志》（月刊）

北平中国地学会

1910 年 1 卷 8 期

（朱宪　整理）

东四盟蒙古实纪

吴禄贞　撰

　　此篇为吴禄贞绶卿先生前此游历蒙古时，将所作举凡蒙古历史地理、风俗习惯及其利源等，无不考查精确，而于马政尤详，足资学者参考。先生为民国先烈，言论丰采，向为吾人钦佩。其著作颇难多觏，兹得之于江苏吴寄荃君家，殊可宝贵，惜稿轶不全，大属憾事，因函备录原文，不为增损一字，以存先生之真焉。

编者谨识

　　东西〔四〕盟蒙古各部辖境，古辽、金旧地也。辽、金之得以蹂躏中原，雄踞黄河以北，实维形势利便之原因。清朝入关定鼎，亦惟科尔沁等疏附奔走于前，喀喇沁等向导内应于后，其行军之迹，至今犹彰。是则东蒙古之关系于内地，就历史上观之，讵不重大哉。况自两邻交哄，划宽城子南北路线为界，经营竞争，咸注目于内蒙古一带。侦探之足迹，外交之手段，几乎无微不至，而蒙古首王公，下迄箭丁，咸茫然无知觉，其黠者，且贪小利，而忘大祸。禄贞游历各旗，耳目所及，辄为寒心，因撮其大略，以见腐败之病根，使施钺〔针〕砭者，得以藉手焉。

一　蒙古之制度

　　内蒙古自天命朝陆续归附后，世守牧地，轮班朝贡。分哲里木、卓索图、昭乌达、锡林郭勒等盟，共四十九旗。各旗设扎萨克，以王公、塔布囊、头等台吉为之，各盟设盟长、副盟长、帮办、盟务备兵、理藩院侍郎等职，小事则扎萨克自理，大事则听命于盟长。三年一会盟，由理藩院奏请，命大员莅盟，大小相维，内外交用，颇有德意志联邦制度。自嘉庆后，盟会既废，各王公，非婚姻不相往来，其民人往往因樵采细故，结讼不休（己〔巴〕林与乌珠穆沁在〔左〕旗，入山伐木，以为越界盗木），于是各旗之团体解，而各王公夜郎自大，俨然王制（堂中暖阁如宝座，坐褥用行龙，穹庐之柱雕漆蟠蛇状，元旦受朝贺，如升殿仪注），设官职、断狱讼、收租税，各旗办法参差，与内地迥别。今将其官制、租税、狱讼分列于左。

官制　扎萨克以下，设协理二员或三员（秩二品，受命于朝，由本旗贵〔责〕旗内选充，扎萨克年班入都，则协理代掌旗务。如科尔沁左翼中旗，利立幼主，协理可久享权利。郭尔罗斯后旗，因案革职，其开荒地价，将军可与协理分入私囊），梅伦章京（即和硕）二员或一员（秩正三品或二品，视王之爵秩为差，掌全旗事务，俗称丞相，以下均由扎萨克自行黜陟），扎兰章京二员或四员（佐治全旗事务），每箭各设索木章京一员，坤都副之，视箭之多寡为准（掌地方事宜）。下此则笔切齐，或有定员，或无定员（掌书写文件）。此外，尚有管印管兵之梅伦，管印管兵之扎兰，管兵之笔切齐。昭乌达、草〔卓〕索图盟各旗则设专员，锡林郭勒、哲里木盟各旗则为兼差，又有大宗正（即木坤大）、小宗正（即打吗拉），或十二员，或六员，以台吉、搭〔塔〕布囊为之（掌本旗谱系，凡袭爵等事隶焉）。又有包衣章京，设长史头二三等、护冲〔卫〕五六七品、典仪等，有定员，视爵秩之尊卑为差，下此闲散当差，或有定数，或无定数，无薪俸，奔走扎萨克府而已。长史出入王府，权甚重，或升作梅伦护卫，或以还俗之喇嘛为之。典仪或掌官仓，或掌盐池，均系奴隶出身，法其政之紊乱有如此者。

租税　旧制，每一箭丁给地十五晌，近则在府当差者，由扎萨克指给地亩，概不收税。其转租与汉民者，或每顷纳本色一石二斗，山坡减半；或每天（蒙人不知亩法，以一牛、两马所耕，一日之力为一天，约十亩至十二亩）纳钱二百或百二十，或每顷三十六千（即大钱十八千）。此喀喇沁、敖汉、奈曼、克什克腾、土默特、翁牛特各旗之情形也。至科尔沁六旗、扎赖〔赉〕特、杜尔伯特、郭尔罗斯前后旗，均每晌（约十二亩）四百二十文（即大刃二百十文）。此外尚有小差费，每亩自百余文至十余文不等，均视家道之肥瘠。又有牌费、换牌费、烧炭费、木植税（每六套大车一百文，小车减半）、盐税（每车三）。收〔牧〕畜部落（如嵩〔浩〕齐特、乌珠穆沁、扎鲁特等旗），不知种植，则征牛马税，每百头，抽二或三。商税，则近时辽源河运开埠，以十分之三分拨。博王、达尔汉两旗至扎萨克入京，一切费用，均征诸民间。

刑法　卓索图、昭乌达两盟毗连内地，改设郡县，蒙汉杂处。凡汉人与蒙人诉讼，例由地方官判断，而府县官不谙蒙语，偏袒汉人，蒙民多延不到案，故汉人转就近向蒙旗控诉。听讼时，中设扎萨克座，左右设协理、梅伦各座，诉讼者匍匐于下，亦有笞责、羁押诸刑禁，甚或庚死禁所（无监狱，只黑屋）。至乌珠穆沁各旗，地近外蒙古，风气古朴，口说无文牍，故讼事綦少，刑网亦疏。至科尔沁各旗，则沾染东省习气，非刑綦多，有拶子、木钩子等刑，甚有毙于非命者。

二　蒙古之宗教

蒙民崇信黄教，深入骨髓，故每家三丁，必有一人或二人为喇嘛。各旗皆有活佛，甚有一旗而四活佛者，一庙而两活佛者。聚讼理藩院，致以金瓶掣签，积久弊生，掣签亦可贿得，而愚蒙皈依，仍视为神圣不可犯，今举其迷信及内容如左：

迷信　蒙人信佛，自黄童以迄白叟，弥不崇拜，妇女晚年均剃度如尼。凡一切患难、幸福，皆委心于佛。若有患难，即为佛遣，患病不延医，请喇嘛诵经；不治，则跳鬼；再不治，则布施财产中马、奴婢，以为祈祷，甚至舍身为佛前供奉（乌珠穆沁右旗有人顶冒香炉）。死则亲友以嘈经为赙，葬则以嘈经为资冥福。其未经鸟兽啄食者，则嘈经为祈忏悔罪愆（蒙人以鸟兽不食，如入地狱，为极大罪恶），必待饥鹰略尝一脔，嘈始已。若有幸事，亦嘈经以谢佛佑；家中平顺，必嘈太平经。嫁娶之先，必嘈经以祷告。凡扎萨克驻处，必有大庙，几无日不嘈经，即中资之家，亦必二三月诵小经一次，延喇嘛一二人，三年诵藏经一次，三日或五七日，喇嘛之数，必十人以上（以贫富计），亲朋咸聚听经，否则非笑随之。每年须赴大庙或活佛庙磕头，不远千里而往。富人或至西藏，往时必纳香火资。达赖喇嘛之待遇，以银币之多寡为差。大库伦之达赖喇嘛，亦一锡号之胡图克图也。磕头之盛，春秋拥塞于门，常人不得入活佛室，守候于二门外。若活佛不出，则迟之明后日，即四五日，亦无怨言，反自咎己心之不诚。若活佛出，被其抚摩，或足蹴所及，不啻已登天堂。若坐板舆而出，侍者手持佛杖（棒长丈许，上镂龙头，裹以丝绸）随诸其后，佛遇〔过〕处，蒙众罗拜于地，活佛端坐不动，侍者将佛杖乱击，其绸帕中额者，则欣欣然有喜色，否则有戚容。活佛既过，荷筐收布施银者至矣。若乘车时，群恐龙杖不中，不得消其罪戾，则以哈达铺道，被轮辐曳过，急捧而顶礼，亦为荣幸云。蒙人项下多挂小佛，是为护身佛。中携念佛珠，行坐时，口默诵，手微捻，状似颠痴。晨起，盥洗毕，即以小香炉焚香寸许，又微糁香末置几上，趺〔跌〕坐展小经卷，低声默诵三数次毕，以绢色〔包〕裹置佛前，口中仍隐隐不辍，两目似开仍合，约数十分钟，日以为常。贫人无暇念经，方以为憾事云。喇嘛之等级及服饰，胡图克图共分三种：一世袭如小库伦（即多伦诺尔）之喇嘛；一敕授如大库伦之达赖喇嘛，来自西藏，兀留信物，持此信物，遍访西藏及青海一带，不论久暂，以访得为度。访时，先求西藏大活佛指示方向，随其所指，捕风捉影而为之，至访得时，必二三岁小孩子，能预言"有访我者至"，并详述前生信物，于是膜拜，迎归至该部落，由旗主申报，理藩院具奏而敕授，是为敕授之活佛；一本地活佛（蒙名土不那），无封号而自尊，以邀愚蒙之崇奉者。胡图克图以下，达赖喇嘛一人，总理庙务，禀承佛意。副者三四人不等，暖帽无纬，凉帽如笠，而黄色均缀红顶，可擅作威福。再次名威灵喇嘛一人，副者无定数。再次则苏拉喇嘛，供专走服役，其职位较崇者，帽平顶，圆形，披散黄绒；其平常者，均如秋帽，惟顶作黄色，衣服则黄、紫二色；其富者，马褂、外套皆黄缎，履官靴。

喇嘛之丰富　近边一带，多置田产。喀喇沁、敖漠〔汉〕旗内之庙，远置不动产，于扎萨图、郭尔罗斯等旗木〔未〕开垦之区，则以牧畜为富，操作多佣工任之，或放债于王公，而责其每月六分之息。其来源，均由布施而得。而僻处之销路不广，故岁有余积，不利济，不贸易（近边者，略托人贸易），皆窖藏于地，秘不示人。

喇嘛之繁盛　各旗必有大庙，一旗或四五大庙，小庙无算。大庙之喇嘛，多或七百人，少或四百人，大约一旗总在千数以外，居男子四分之一。其出家为喇嘛，家中资财，仍得十之三四，或贫无产，则以衣食周济之，亦有家贫而喇嘛富者，则以庙中资财周给之。且一入僧籍，可免差徭，故剃度日多云。

三　蒙古之人民

蒙古之人民，约分三种：一、喇嘛最多数；二、台吉及塔布囊，有权力，或无权力；三、箭丁。除喇嘛已评外，列如左。

台吉皆元裔，最为贵族。其次为塔布囊，为元贵戚之裔。头等台吉，秩二品，次则三品，最下为四品，即襁褓中，亦皆为四品秩。塔布囊，略杀之，每岁均轮班入京，因贵族故，长为协理、梅伦、扎兰，富者家中奴婢三四百户，牧畜数千头；其贫者，亦有奴婢三四户，终身为其工作，除衣食居宿外，无工值矣。

箭丁　旧例，会盟必严审箭丁，此次会盟，绝无一旗申报实数者，盖等于保甲门牌，视为具文。一则在扎萨克处当差无定数，因之协理以下及闲散王公，均有私奴，亦无定数。私奴之家，又有私奴，私奴愈多，箭丁愈少，故每箭一百五十丁，迄无一旗足额者。

四　蒙古之风俗

近内地一带，颇沾染汉人习气，风俗均仿内地情形。近东省多采满洲制度，而聘嫁皆须银块（即五十两之宝），自三四块至十余块不等。近外蒙古一带，则守其旧有之习惯法。今略举其婚嫁、丧葬，以见一班〔斑〕。

婚姻　问名纳采，无聘物，以家之贫富，定牛马之多寡，牛羊之数，以九为起点，自一九以至五六九，至多不得过八十一头，取九九长寿之意。极贫不能具九数，则尚奇数，自一头至五七头不等，与内地对偶之意绝异。亲迎之前，婿穿方马挂〔褂〕，戴红缨帽，履官靴，腰缠白带，执弧矢，骑马而往。凡亲朋随诸其后，必招一台吉，以壮观瞻，鼓乐繁简，以同往人之多少为率，多或百数十人，少必十余人，至坤宅，佯作闭门不纳状，必俟亲朋再四说项，而后延入。入则婿以哈达谒外舅姑，外舅姑尊之上座，烹全羊、进奶酒，宾朋醵饮极欢。宿一夕，先归，翌晨，坤宅送女。富以毡车，贫以大车加柳条筐，招亲朋沿途皆往，至乾宅，亦如阖门状，必俟亲朋再四说项，而后延入行礼。中座生火一盆，夫妇先向之拜，次及翁姑，登堂不交拜，入房不合卺，饭后则与戚友为礼，或送哈达，或送布烟袋。送亲者，乾宅飨以酒食，信宿而去。其母则居十数日而返，临行必哭。赠嫁之物，极单简，无妆奁，无箱笼，无衾绸，衣服随身而已。富者赠以车辆、牲畜，略备四时衣履，并有媵、奴婢者。新妇之装束，不异常人，惟衣履略易鲜洁而已。未婚之女，均辫发根束红绳，长寸许，至嫁日，亦如之，成婚后始梳髻高盘。贺仪以贫富论，大以赠牛马为厚仪，平常则羊数头、银数两、布一匹。而平时无男女之嫌，交际极自由，父母、丈夫知之，亦毫不呵责。客至，男女杂坐，调笑戏谑无界限，故不知贞节，尚天然人群世界焉。

丧葬　蒙古无棺椁衣衾，富者以木板制方柜，锐其上，着常服，缠以白布，坐尸于中；贫者以柳编筐，裸体或略蔽以布，纳诸筐中。富而贵，择地作坟，砌以砖，颇草率（扎萨克或筑以小屋，周围不露气）。富而不贵者，则浮土掩之（乌珠穆沁则不许入土，即王公，亦浮厝。相传埋诸土中，则触怒龙王，有伤牲畜）。至贫则以牛马车疾驰荒野，俟其颠扑至地，即为安身之所，三日后视之，已为鸟兽攫食，则以为生前无罪慝所致，否则子孙有戚容，大有上古委诸沟壑、死欲速朽之遗意。既无供献，又无灵床，节序亦无祭奠，此通例也。至火葬一法，则惟大富贵始行之。当请喇嘛诵经毕，洁其尸，缠以棉布，涂以黄油，筑砖于葬所，架以干柴，乘尸于内，投以烈火，炽为灰烬，检其遗烬，送入五台山。非献多金，山僧不纳，云亲友吊唁，亦有财襚。富者，或赠牛、马、羊及布匹，较婚礼略减。至寻常交际，则递一哈达，无论贫富，均须延喇嘛诵经。富者酬以牲畜、金帛，即贫者，亦答以一羊，最富者，则于全部之活佛处，各献一牛，以资佛法护庇。

祭祀　凡门首或院中树木，或蒙古包木栅以内，必悬布旌，多白色，亦有红色。旌长方形，间有方角形，大小不等，密书经卷，皆蒙字，倩喇嘛书之。家中必供四五龛，近东省及沿边，并有关帝画相。富家佛像，以金银制造，面〔而〕以铜质镀金者为多，贫者泥制，或画相。其供佛之处，多在室西隅，随大门为向（木龛华朴不等）。供奉无长物，净水五杯，或炒米五碗，均以红白铜制，略大于酒卮，形亦似之，惟杯口稍匾厚。香炉一，素香一柱，以杯盛牛油灯，颇有供旧磁及洋磁花瓶者。凡供佛之室，中必置火一盆，长明不断，蒙者无洁净处，惟供佛屋略整洁耳。鄂博随在皆有，或一屯子共之，或数屯子共之，亦有一家私有者。石山多垒石为之，沙漠中以柳条为之，其形圆，其顶尖，巅立方角，蒙经旗其上，下则埋哈达一方，粮食五种，银数钱，每年必一祭。其祭之先，宰牛羊，请喇嘛念经，附近居民皆礼拜之，分其馂余而食，罢争以角力，胜者有贵赏，由主祭者颁之，平时望见鄂博，必下马膜拜。

交际　蒙人之交际礼节：一递哈达，二递烟壶，三请安，四装烟。哈达以白帛或蓝绸为之。其长短不一，长约一尺五寸，或一尺二寸，两端有拔丝，约半寸许，其长短，均视受者分级而定。如长三尺，非王前或佛前，不敢滥用。烟壶递于见面时，平等交相递送，彼此均双手高举，或双手略低，鞠躬相易，各举向鼻端一嗅，互相璧返，一如递状。尊长向卑幼，则微欠身，以右手授之，卑幼以两手接，以一足跪，敬谨领受，捧举鼻端一嗅，仍如接壶状，还纳之。尊长纳壶如前状，卑幼向尊长则反是。若王前，则双足跪，双手举，王上坐，身略俯，受之一嗅，而授之不答。递者礼毕，无一言而退。素不相识者，仅递烟壶，不复请安。若见尊长，则两次请安。若有递烟壶之资格，则仍递如上状。

蒙人无论男女，必斜插旱烟袋于左胁，挂火镰、荷包于后腰（荷包上系布一方，或绸一方，色红绿）。晤面时，行其应用之礼节，或请安，或递烟壶，再行装烟，用客之烟袋，纳诸主之荷包，装烟燃火后，以布拭烟嘴，用双手或右手送诸客（累分等级），客受之，亦如法还之，老少尊卑，累分先后，若平等，则互换云。

五　蒙人之生计

蒙人本系图腾社会，沿边墙一带汉人，出关开垦，日多一日。蒙人习见，遂知出租之利少、自种之利多，遂由牧畜时代，进为耕稼时代。如近设州县各旗，皆农重于牧，操作一如汉人，惟坚忍耐苦略逊，稍有余地，则招佃镑青，至中等家，食则不自劳力矣。其附近郡县各旗，老哈河以南，牧农并重，惟所种满撒子地，不耘不锄，不加肥料，岁一易地，而由〔出〕力少，收效丰。亦因蒙旗地广人稀，牛马粪料、草根腐叶，积久生肥，化瘠士〔土〕为沃坏〔壤〕。况三四年，始一耕种，地力不尽，收获自易，新开之地，尤为美产。如洮南所属三县，汉人之外，颇有喀喇沁、敖汉、奈曼等旗人移民耕种。惟气候不齐，离海面愈高远者，早晚寒，中午骤热，崇山阴暗，日光不照，四月始解冻，八月即下雪，则绝无农业，纯以畜牧为生矣。如浩齐持〔特〕、乌珠穆沁等旗，早晚与正午相差四五十度为常，平时西北风较多，地气寒冷，全恃日力，入冬，井水亦冻，春间尚以雪充饮料，取水之难，概可想见。故蒙古之生活，春、夏、秋，日一猎，骑马持长竿，竿末缀以铜镯，追逐猫〔狐〕兔，百发百中，归则麋聚而食。狐最狡，难获，获必上献。狼、鹿则须集多人，始可弋获，虎、豹近亦稀少。冬则扃户，闲嬉而已。

六　蒙人之牧畜

草地不事耕种，则无疆界之分，任意游牧。择水草之肥，支棚以居，持竿而逐，一二日察视一度，清查数目。且牲畜均恋群，无奔逸，且按户有家畜，无攘窃之患，即有攘窃，亦一索而得，故余无他事。啮草卧冈，顺任自然。牧马之法，常在杜〔牡〕马上执长竿，牧杖以驱逐群畜，其距离稍远，或险峻不能到之处，则于杖端曲处置小石，时抛放之，以制群畜之踪〔纵〕逸，故一人能牧数百者。如至傍晚，或雷雨时，妇女亦如男子，驰马而往，加助其夫之不及云。牧畜之盛，推乌珠穆沁为巨擘。牛最肥持〔特〕，马亦善奔驰，羊则供食品，驼则供营运（冬亦宰食，牲〔性〕最御冷）。浩齐特、扎噜〔鲁〕特稍次之，科尔沁左右翼又次之。其逼近战线者，牲畜多被两战国强购殆尽，价值腾贵，影响于千里以近。大率三年前，牛马三十两者，价至七八十两，羊二三两，价至七两，加以铁路既通，贩运自易，故价值不易减。其富者，马三千，牛亦等是，羊万余头，驼五百余匹。贫者为人牧，不给工值，阖家食其乳，亦可宰食其少数。其种满撒子地者，亦可任意耕犁，其以盐易米、布者，亦可任意牵驾，惟驹犊则仍归其主。其孳生之数，游牧百可生十之六，除食去十之二，尚可岁赢〔赢〕十之四。惜不知驯服调教，故野性未驯，甲户所牧，即不能为乙户所牧，且不知选种合种，故不及高〈加〉索之雄骏。夏热患疫，冬多倒毙，冬寒驱诸谷中，雪深五尺，无草可食，亦多饿毙，且饥寒力乏，亦有为狼所狙食者。

马政附

蒙古马匹，素称天闲良骥。索伦马政，屡奏奇功，加以蒙地以牧畜为生，马匹又占牧畜中之大部分。数十年前，牧养极为繁盛，近沿边一带，渐次开垦，牧地渐少，马政遂因之日颓，即从前产马名区，如哲哩木一盟，亦因开放荒地，马匹日见短绌，且其形相，不及从前之俊伟，身躯亦不及从前之高超，而坚忍耐劳之性质，亦遂与从前大相径庭，而惟乌珠穆沁及喀尔喀左翼之马，则尚无退步云。

马匹日劣之原因　哲哩木盟于三十年前所产之马，与乌珠穆沁不相上下，今则优劣悬殊，望尘莫及。所以递衰之故，有四〔七〕大原因。

一、光绪初年，瘟疫盛行。凡牧马三五百头之家，存者十不逮一，千数之家，存者十之一二而已。其幸而不死者，身躯亦非常尫弱。

一、十六七年间，秋遇瘟疠，冬苦大雪，气候不调，而马群孳生上，又受一大创。

一、五年以前，冬令复大雪，草地皆为雪压，无处放青。因食料断绝而致馑死者，又往往而有。

一、近三年来，天时苦旱，空气干燥，泉源俱枯。因饮水不足，遂就疲败，且多有渴死者，以是马匹有消而无长。

一、日俄开衅，军马多购于东蒙一带，所购者，皆极佳马。闻日所购者，约三万余头，俄十倍之。躯高体壮之马，皆为购去，是又努〔驽〕种之一原因。禄贞曰："尚有因。"

一、由于不择种马。种马、御马既多，精力已竭，故所生，绝无佳种。

一、由于不知配合。种马、骒马，无论大小老弱，听其自便，不知选种，故孳生难期发达。

马格　东西扎鲁特北部地方，多小山，草茂水清，气候调和。而马匹之繁殖亦盛，良马尚多，虽不及乌珠穆沁，然较之奈曼及扎鲁特之南部，则占优胜地位矣。惜马格均不甚佳妙。其身躯之最高者，不逾四尺，却性能耐劳，若论毛片，则白者居其半，栗色次之，黑斑等色只十之一二而已。若奈曼等处所产之颠马，最善走，蒙古恒宝视之，故价亦倍昂。

牧马　牧马之家，每牧童一人，约牧马二百匹左右，专经理饮水、清检数目及照料媾交数事。夏秋两季，悉放诸深山，任其自觅刍秣。一入冬春之时，青草既枯，不足以供游牧，且天气严寒，牧童、马匹，均不能耐，则挈回近舍之区，俾资喂养，而便照料，每岁率以为常也。又凡游牧之山谷，必度溪泉之地，以供饮啜，若溪泉不易觅，则别择沙陀，开凿折地以济之，故天稍干旱，即已病渴。此又牧养之难得其宜者也。

游牝之期　马匹游牝，古时必于春令，且须俟三年，始举行一次，所以厚力强种也。今询之该部游牝之期，约在立秋、秋分之间，每年仅一度，秋风而产，马之疏密，则因马匹而差异，故产马之期，一年一次者居多，三年两次者，居十之三四，二年一次者，居十之一二，三年一次者，则寥寥无闻。此马种之所以日即于衰弱也。

妊娠之期　妊娠时日，亦因马匹而有差异。大都以八个月为满足，时日愈久，则马躯愈壮。近考之牧马之家，其产期总在七个月或八个月者居多，极少者，亦须七月。盖过少则不能育也。且壮马下驹，自四岁至十八九岁止，而所产之马，则因母马之年岁、身躯而差异。若母马至八岁以下，妊娠之期，率在七个月，罕有满足者，故所产之马多尪弱。若母马至十四五岁以后，时日即能满足，而所产者，亦难膘壮。其最好之驹，乃母马由八岁至十三岁时所产者也。

种马 牧群牡马，亦因身躯而有区别，多者约二十头，次者十五左右，再次者十头。布种年限，从五岁起，至十五六岁止，过此以往，则自行蠲除。且凡为前马所购〔媾〕者，他马不得再通焉。如他马或有乱群之事，则前马必归啮踶竞斗，以胜负决牝马之所归，故牧者，常注意其靡乱而监督之。

马匹之优劣 蒙古之马，以阿鲁科尔沁、乌珠穆沁、喀尔喀左翼为上，巴林、达尔□□□□等次之，敖汉、奈曼、土默特旗则又次之，所产之数，亦如之。其所以然者，厥有三端。

一、泉源 饮水之优劣，与体质之大小，又有差异，故乏水源之处，马匹往往瘦劣，不仅有害卫生。盖水浊，则地瘠，地瘠，则草木不茂也。

一、草 马匹之在蒙古，他无喂养，四季皆纵放山中，以草为养命之源。冬季草枯则马瘠，夏季草盛则马肥。而草之多少、优劣，亦因气候、地质而差异。若寒暑不时，荣枯无定，而马乃受直接之影响。

一、地气 地气良否，亦随经纬而有区别，然亦可转移。故山水兼有之处，气候常顺，而地质亦常厚焉。

马瘟之原因 寒暑顺时，虽极寒热，均不足为马患，或于三月下雪，伏天骤冷，因寒暑而冻毙者有之，因伏天而发瘟者有之，亦有雪深草蔽，因而饿死者。

产后之损失 牝马孕时，不善滋卫，产时，不加经纪，产后，亦无调养。大抵产于牧地，阅二小时，小马即能起立移步，二三日，即令走，半月后，即令跑。稍不经意，雏马往往为狼所餐，而母马倒斃□事，二十中，约有一二，此其不善经营之故。

马群　马群有大小之差，以一人计之，约牧五百头。牧者惟日检点一过，不知经纪，无马厩，又无马医，夜则暴露，昼则奔放，病则不加疗治，听其自生自灭，是以伤亡日众，马种随之而劣，身躯亦因之而短也。

马价　三年以前，马价颇低，极好之马，亦只四五十两。其次者，自三十至二十不等。今因外国采买甚夥，价值倍昂，形体稍可观者，即需七十金以外，次亦须五十金左右。若三十金以下，虽极劣之马，亦不肯售也。其善走者，即为有特出之能，购价动以数百金计。闻去岁库伦购马行市，自七八百金以至四五百金者，颇为不少，其稍能壮观者，盖亦不下二百金左右云。

马市　达尔汉之西偏，喀尔喀左翼，奈曼□□□□□所有马匹，大半由马贩赴郑家屯及库伦两处销售，又有定期交易，谓之赶集。如库伦地方，则由七月十五至八月十五日为集期，若郑家屯、洮南府、布奎、赤峰、乌丹城等处，则终年不断也。

七　蒙人之交易

蒙人不知经商，故不知储蓄，耕种之所获，牲畜之所赢，只以谋一家之温饱而已。即出其所余，补其不足，大率以物易物，尚不知银币流通之妙用。至承德、朝阳及昌图、洮南、新民、肇州诸辖境，蒙与汉习，知用银块、银元，及日本之手票，俄人之羌帖，故输入、输出货物，通利至郡县，稍远者，不过南至赤峰、乌丹，东至辽源州，西至多伦诺尔，其输出货，大率以牲畜为主，皮张次之，骨角、绒毛又次之，盐、碱、硝又次之，药材、蘑菇，则均汉人为之采运。输入货，以布匹为主，砖茶次之，粮食次之，绸缎、杂货又次之。近时洋货亦畅销，亦以美之布匹为大宗。日货则琐屑均合用，俄货则富贵家始用之。

其不知贸易之道，其故有六。一则素性愚昧，绝不知商术。二则银价铜币之参差，徒滋通事上下其手，反不如以货易货之直捷了当。三则言语不通，不知市价之低昂，惟恃通事为护符。四有资本而不敢营运，恐王公以上艳其富名，反多需索，惟喇嘛略有营运，然亦盘剥其本部上下而已。五受汉人之愚弄，常有锦、义、赤、库等处及毗连一带之奸商，邀蒙共经商业，而蒙人出资本，不敢张扬。每年结帐一次，第一年无论盈亏，辄言获利以绐之，借求益其资本，次年则不损不益，再次年则告以亏折赔垫〔垫〕，不数年，本利皆归乌有，而蒙人亦无如何。因此，虽有窖藏，不敢下投资本。六则交通不便，如浩齐特、乌珠穆沁盐池，每年除本盐不给值外，输至赤峰、多伦诺尔等处，约二万余车，蒙人亦视为利薮，而汉人颇有致巨富者，即通事，亦多白手而至小康。蒙人并无因此致富者，不过易炒米、布匹、砖茶归耳。推原其故，两处商场均距盐池千余里，中无旅店，虽地均平坦（略有山坝，不甚大），而沿途无食物，蒙人逐水草，而尖宿无棚帐，卧于车下，其性〔牲〕畜之喂料，则随处可食。平时之饮食，则凉水、炒米外，无长物，御者驱十余车，无牵工，故易物而归，已欣欣然，谓大获利。若以汉人为之，靡不亏折，且汉人亦有驾车、支棚载货物入部落以贸利者，大率以布一匹（值一方二百），易牛一犊，仍归原主喂养行用，至四年后，牛已长大，汉人始运至关东，可售四五十两，而蒙反以得其湩乳寄养为得计，亦可哂已。

八　蒙人之愚顽

以上种种现象，推原其故，实惟愚顽。其所以至此者，有由来矣。

一、无教育　蒙人曾读汉人书者，亦颇有通籍入仕版者，而弹冠以迄挂车，往往足〈不〉履本籍（即王公久在京当差者，不能全作蒙语）。其在本旗下等社会者，千不得一，即各府中所称翻译者，能通粗浅公事，已为特色。读蒙书者，亦属寥寥。惟喀喇沁右旗设有崇正小学堂（额三十六名）、守正武备学堂（额三十名）、毓正女学堂（额二十六名），中旗镇国公亦拟仿办，尚未举行。其余各旗均不知学堂为何物，锡林郭勒多有延喀喇沁教蒙书者，然沿查〔途〕考察富家大族，绝不闻庭院弦诵之声，惟喇嘛习经，须识蒙字，故大庙中常有蒙师教授，大家世族欲识字者，多附学焉，亦志在知字义、能书写而已，若道德伦常、声光化电，则未梦想。

二、无功名之奖励　内地人所以劬苦致功者，求进身阶耳。蒙人之功名，既不以此进，又无特别优待，读书与不读书等，有财产保存，终身无饥馁，足矣。至到府当差，固有乐此不疲者，亦有脱身不得者。近时喀喇沁学堂出身，多以功名为奖励。学生视一顶戴，亦以为荣，他旗尚无之。故疏懒成性，得过且过之积习日深，而进取竞争之念日少，于是蠢如鹿豕矣。

三、无文学之习惯　蒙古游牧，素无文化，尚武成习，国家既无奖励，本旗主又不知提倡，旁人又不知重视，故有好马，人皆艳称之，有快枪，人争购之。至于文学一道，则绝无仅有，台吉、梅伦等家，略藏数卷经典而已。

四、黄教之流毒　清朝以黄教笼络蒙古，固足以化残忍强悍之气，法至善也。而其流毒，亦遂成一迷信之世界，不求今世之发达，而觅来生之幸福；不务人事之振兴，而恃天心之默佑，国运既见江河日下，人心渐成槁木死灰，致使成吉思汗之遗风，烟消而火灭。

九　蒙人之性质

愚顽如此，而其原质固纯净，有可导之资格如下：

一、有刚健之性质　蒙古踞兴安之山脉，故其人种颛干高大，丰颧广颡，日习骑射（马多不施鞍辔，十龄童子驰马如飞）。伏处丛莽深箐之中，狙伺鮭鮏鱇鱇以为食，有事则赛马、躚〔掼〕跤以为乐。又以地畏苦寒，大地旅生鲞少，故能耐劳苦。其所处所食之境，内地人不堪其苦，反甘之如饴，故能炼出刚固不挠之精神。从龙之军，各旗皆著殊勋，即洪杨之役，僧王亦以马队能战闻，此往事可证也。

二、有服从之性质　军纪严肃，首重服从。蒙人之视其长官，皆尊若帝天。其见扎萨克，皆屈双足。有大典礼，则膝行而前。各旗之视盟主，如州县之仰督抚，其命令，无敢违，其中非有刑罚爵赏之羁勒也，而其从服役也，如是不善用之，则成如〔奴〕隶，善用之，则可手臂之从心。

三、有信实之性质　蒙古无书契，无文牍。其诉讼也，以口相述，上官断之，不留底稿，而亦无翻案。汉人之与蒙人交易也，汉赊物于蒙，不立券，仅于簿上书蒙文数目，至期无爽约。其以牲马质物也，指骡马之腹以为货，四五年后，取之如携。若有死伤，由原主指他畜赔还，如实贫困，则汉人亦焚券不速，故货郎均数十年往还，如戚友。台吉之家，倩汉人为打毡织毯，必俟秋稼登场，而后给价，至期无弗给者。可见塞外质直之风，由于天性未漓，若近边一带，则狡诈骄侈，畏事苟安。善则欺之，恶则摧之，外懦内悍，此亦智识日开，人心日薄，正负相生，天演使然也。

十　蒙古之医术

蒙古初□，茹毛饮血之习，宫室衣服，无其观念，面目黧黑，有终身不知沐浴者，胸怀木碗，腰系刀箸，食毕，以舌舔〔舔〕之，衣袖拭之，仍藏诸胸部。穹庐毡〔膻〕腥之气触鼻，宰牛马不洗，饮哈□之水，与牛马溺同味。小儿初生，以雪洗之。席地而坐，穴居而处，终日扪虱而谈，即王公，亦有之。其所居处之现象，直不知有卫生矣，遑论乎医术。沿边各旗，颇有药店，然皆采办，以运祁州者居多，其供本旗之日用者绝少。如有疾病，多延喇嘛诊治，或针灸，或施丸散，种痘，均尚旧法，不种牛痘。然科尔沁左翼中旗之良各屯痘师，家道小康，至弃喇嘛不为，可见指运之佳。至兽医，则各庙喇嘛均有擅长刀圭之术，亦有起死回生者，惜知其术而不知其理，由于无学问故也。

十一　蒙古之兵队

旧例，全旗之丁皆为兵，故比索木、坤都皆治箭丁，木兰秋狝，蒙古兵皆随围行猎。自洪杨兵起，僧王率兵内剿，遂定每盟备兵千名之制，故扎萨有备兵之称。近因庚子之变，胡匪内沸，各旗均练马队，如团练之制。闻按当差之例，并不优给饷糈，故人格极疲弱，习气甚重，且有犯烟癖者，不过借充仪仗，壮观瞻而已。器械亦不齐整，枪或前膛、后膛，近年有向天津洋行采买，或向哈尔滨洋行，又有喇嘛为之转贩，价值较昂，而不知操练。其郭尔罗斯、扎萨图、达不罕各旗，颇似黑省兵队；其敖汉、翁牛特，颇有内地防营气象；喀喇沁兵队，能拒胡匪。现设武备学堂，原议每八十名为一班，一班卒业退伍，仍习农工商旧业，再练一班，仿常备军制度，务使后日全旗皆兵，法至善也。而临视学堂，学员不足额，且察其形式精神，去北洋远甚。台吉各家，均壁悬枪械，然皆百余年老物，木干，以火绳放之，其新置项下，亦多木干旧式（辽源州有修制木枪店），只足以供游猎，不足以御胡匪也。喇嘛或藏有新式枪械，均秘不示人。马队之马，不知训练，即刍豢，亦似不足，随地放青，若不甚措意。总之，蒙古可谓全无兵制云云。

口外兵队

蒙古宾服，古北口防御暂疏，而兵事亦随之废弛。自庚子年，因胡匪由东三省西入蒙古朝阳、小库伦、赤峰、平泉等处，于是北洋始派巡防马队五营、步兵三营驻扎朝阳，分防于建昌、建平、东土默特一带，上下约二千，以分驻，兵力单弱，颇为贼苦，因添派马军帮助。日俄开衅，辽东中立，又使马军驻朝阳、建昌、平泉等处，以防守中立，地面稍清〔靖〕，若有马贼，则就近征剿。惟纪令不严，贼兵混一，从此起矣。赤峰县一带，贼匪猖獗，〔又〕热河都统招集马队三营、步队二营，分防平泉、赤峰、围场、乌丹城一带，是为盛字军。赤峰县又自练义胜一营，分半驻乌丹。其形式在商团、客军之间，惟各军不相统属，往往邻国为鋈，苟且偷安，贼匪洞见，一方猖獗益甚。且新招军队，良莠不齐，操防亦疏，〈难〉保无有勾通贼匪者。惟尹得胜军号能打队，贼稍畏之，此则差务〔胜〕一筹耳。

东方之马贼

一、马贼之起原　咸、同间，洪杨作，而马贼遂乘机蜂起于边外。迨洪杨事平，捻焰复炽。加以英、法两国突起争端，进兵京、津，海防倍亟，斯又国家多事之秋，未暇兼顾，以故马贼日益滋蔓，浸至阔步横行，目无法纪焉。

二、马贼之沿革　同治末年，盛京将军崇实，整饬吏治，招练客勇，专以剿除大东沟及边外各巨匪为主义，北伐东征，颇著成效，于是巨贼渐次就戮，满洲地方稍稍肃清矣。光绪初年，立辽南、辽北二里屯兵之制，严旅顺之锁钥，整奉天之劲旅，此间马贼亦屡起而屡灭。甲午之役，军队杂集，和议告成，当时在吉林招练之勇，及外来客勇，如湘军、淮军、豫军、毅军，以迄于回回军、蒙古军，逐渐遣散，其狡野者，遂挟兵器以走。此类散兵游勇，所在皆是，久则相聚成群，大肆劫夺，由是而马贼日甚一日。继之以俄人修筑东清铁道之招工，而流氓聚集者，又及数万人。其通事之虐待、工头之扣剥，穷苦小民，虽日极劳瘁，不得衣食，相率而投马贼。庚子拳匪之乱，与俄人战于辽南，招募之勇，几及十万，溃败以后，又投马贼，蹂躏于敖汉各旗。各旗兵弱，不能自卫，图什业图戕主之变，实外借马贼之势。蒙古无赖，大半混入，惟喀喇沁尚能一战，稍称完善。日俄失和，两国皆利用马贼，日本且借以得力，而马贼之势焰愈张。现奉天军队，虽曰官兵，然除所管辖区域以外，仍屡扰民间，且为辽西诸贼群之巢穴。

三、马贼之枪械　马贼枪械，皆最新式。北境皆俄枪，南边皆日枪。俄枪系战争时所掠，日枪则招募时所发，亦有随时购买而得者。现满洲及外七厅一带地方，不但胡匪有新枪械，即稍可生活之家，亦莫不争出重金购之以自卫，是以匪类日多，而愈难平靖。盖民有枪即匪，匪去枪即民，民与匪固无办〔辨〕别也。

四、马贼之出处　马贼之出处，以土著为最多，外来之流匪次之。土著如奉天省之海城、皮子窝、庄河、新民府、宁远、辽源州、伊通州、朝阳镇、小库伦，吉林省之长春府、松花江一带，敖汉旗之下洼、奈曼旗之南境等处皆是。外省则山东之曹州、沂州、登州，直隶之沧州、天津及河南省，人亦不少。惟土著之马贼，汉民多，旗民少，蒙部之马贼，则蒙汉强半，甚至有本地团练出而为贼，王府官吏，坐地分赃，台吉、喇嘛充当贼酋者。

五、马贼伏在之地方　马贼伏匿，大抵在殷庶繁华之区，以四出任意剽掠。及与多少贼群有关系之地方，今历举如左：

属关东州管辖地方：

旅顺口之放厌沟上下	山东人及天津人
大连市小冈子附近	
金州城东皮子窝一带	庄河、孤山、大东沟人
金州城北四十里堡一带	土人

属于奉天省所管辖者：

复州城东一带	岫岩
大孤山	庄河
大东沟	通化
怀仁	新民屯
十三站（以下四区在锦州、营口间）	双台子
杜家台	小白河
田庄台	虹螺山
胡家窝棚	由锦州至广宁地方
小黑山	由广宁至新民屯地方
奉天西路	由马三家至新民屯地方
奉天北路	由驿路至干婆岭地方
铁岭北	大团场之药赫站一带
开原北	法库门、郑家屯地方
吉林所辖	宽城子、伊通州、团林子
直隶所辖	外七厅等处

六、马贼之业态　马贼分为二，即大贼、小贼是也。大贼部

下，常有千百成群，其行凶之方法，自与小贼不同，今先举其重大者数端：

（一）借保护贼害之义名，征收该地方人民所定之金额。

（二）对于若干豪富之家，用前项同一之手段，以约束之，而征收其财物。

（三）设镖局（即保险贼害业），对于途上货物之多少，而征收其保险之价值。

（四）对于无镖局保险之货物，而行掠夺之举动，或掠夺不与联络之镖局所保之货物。

（五）无论对于本国，或俄国，时常急袭其护送之群兵，而夺掠其护卫之财物，如金钱、枪械、弹药之类。

七、马贼之动静及自卫策　马贼举动，轻快迅速，藏身最固，莫能追探其踪迹。彼等自家动静，即附近土人，亦均噤不敢语。万一漏泄，则必寻仇报复，处以诸般惨酷之严刑。有坐大车云云者，即烧红铁板，以炮烙其臀部；穿绒坎肩者，乃以烙铁烧其胸背也；如掳人被杀，则谓撕票；种种酷刑，不一而足。而彼等反多设眼线，专侦探官府之举动，兵勇之一进一退，如在其掌上，又巧与官府中人交通，探其真实内容，以为自卫之道。官场如行捕拿，彼等早已闻风远扬，如云行电闪，官府已莫可如何。若百姓，则畏之如虎，凡百要求，无不立应，惟恐稍触其怒。以故马贼之势，日益猖獗，甚至乳哺婴儿，一闻红胡子之名，啼声顿止，其凶势可以想见。

八、中国对于马贼之方策　中国对于马贼之方策，不外二途，曰攻伐剿捕，曰利用马贼。攻伐之策，必视乎时与人，而后有济。往往有刚迈军官，极力主张剿除，贼势稍挫，即已报功。但兵力一弛，而贼势又起。盖马贼在近边一带，巢穴滋多，根深蒂固。如举扇耕蝇，甫非〔飞〕复集，兵力亦有时而穷，乃不得不移攻剿之方针，而为利用之策。故有胡匪处所之官吏，或暗中通款，或外示抚绥，或收纳其桀骜之酋长，授以偏裨官秩，借之防御外寇，驾驭群贼，只以无事为幸而已。近日俄之战，亦皆指挥马贼为之效用，日人且颇得其力，此又其彰明较著者也。

十二　蒙古之家庭（并嗜好）

夫妇之伦　昔费孙云，蛮夷以牝牡之合为天赋与生俱有者，故一群之中，无孤愤〔偾〕之男，无寡居之女。男子于所婚之女子同妻，行者皆其妻，女子于所嫁之男子同夫，行者皆其夫。而独于再醮之妇，不得在夫家，改嫁必还至母家而后可。寡嫠之妇，叔可使嫂治床，伯不可使娣当夕，则又恶于礼中之礼也。室中对设长炕，全家坐卧于上，即客至，亦招之同榻。而父子舅姑之间，亦颇有礼节。晨起，诸妇女群挤牛羊乳酪，受〔授〕诸冢妇，冢妇与冢子长跪献诸舅姑，食已，始群食。有贵客至，则先贵客而后家长。如有大典礼，则长者上坐，子妇亲刲牛羊，或捧牛茶，或捧奶酒，次第食已，始酽饮。若有死丧，亦哭泣，无丧服，以去帽结百日为制。惟扎萨克薨，则协理以下，均不剃头百日。

主奴之制　方部落之为射猎也，往往以食少而出于战，战而人相食者有之矣（出乌珠穆沁，为索伦界，去图什业图界西北三百余里，有鱼皮鞑子，专生食人，男女皆骑而觅食。无庐帐，终日露宿。生子则缚诸树，往往隔数日忆之而哺以乳，或迷不知其处，或久为鸟兽撄〔攫〕去矣）。已而进为游牧，则种人之生事稍舒，固无取于相食，而斯时之力役为最亟，则系垒而奴隶之，使终身为其服役，豢扰禽兽。或斥其余畜，以贷贫户，使击殺〔榖〕之乳，而纳其羔犊以为租。主家岁时巡行部中，以察其群之息耗，且薄受奴隶家之供养，或指偏屋为居住，以婢配奴，出则臂鹰牵犬，奔走随从，入则磨面捅潭，制饮食以为常。且所生之子孙，永远不脱奴隶，其女子必俟主人选用，不用，而后俟主命之指配。

嗜好　射飞逐走，性命以之，每于丛林灌莽之中，迹禽兽之所往，虽冒至险，历甚劳，必捕获。以其劳苦，故见猎辄心喜，击鲜辄指动，而肉食常不辍，至演进民才，畜用日著。知潭所以止渴也，于是有奶茶（以新鲜之奶，和之以茶，为夏日之饮，冬则无之，以草枯牛瘦，鲜奶较少）、酸奶子（以新鲜之奶，和之以水，俟其微发酵，略带〈酸〉味，视为美品，且云夏饮可以却〔祛〕热）、奶酒（以作奶豆腐所废之浆覆之，俟其酵霉之变其性，蒸之于铁锅，以投其精华，涂之以牛粪，使闭其气味，俟流出蒸汽，即为酒。其味酸，饮之有味，薄能醉人，惟不克耐久云）等以供饮料，制奶油（挤奶出，盛之于器，使静，约一时许，浮面生油，取出，摅以布囊，使净，而后煎以文火，使色黄如蜡。其佳者，不亚洋品）、奶豆腐（奶油既去，再熬其下沉如豆腐汁者，煎既热，盛木，使成方块，大如砖，即以花纹切作长条，或小方块如糕。烤而食，味淡略酸，若和以糖，亦可食。再以浓茶调之，以淡盐和之，则化为流质，饮之甚耐饥）、奶果子（以面和乳调匀，掺糖，制成糕形，以黄油炸之，或以奶油和糖面，制成点心）等，以充食品，此皆富贵家无上食品也。若中人之家，则专以羊肉充饥，以羊汁解渴。至牛与驼，则定日月而择杀。近时，畜价日昂，即牛羊，亦不常宰割，多以糜子、炒米果腹而已（食糜子、炒米法，不烹，浇以浓茶，或仍〔奶〕茶，富者加奶豆腐、奶油，贫者则仅奶茶及盐而已，行旅或浇以冷水）。至水族之物，及鸡鹜等，则视为不洁之物，绝不沾唇云。

十三　蒙古王公及官员对于人民之虐政

未开化之区，固纯以专制手段为政策，故王公对于官员，官员对于人民，均有绝大之等级也。于是，层层压制，自相鱼肉，而平民之不自由可慨已。

王公对于官员　王公深居简出，万事均委诸协理、梅伦，而利权常握诸一人，凡仕于蒙朝者，均无薪俸，而其体制，俨然君臣。协理均贵族，虽以叔父之尊，亦下等臣僚，升殿则拜跪如仪。梅伦以下，则随意黜陟，或不革职，而即圈禁刑讯。闻科尔沁左翼中旗之扎萨克，其被杀原因，实由贪酷所致。梅伦以下等员，遇事需索贿赂，此各部落常例也。该亲王闻某某员私囊颇充裕，则监之于后。衙门责其脏私不与，则以拶子、木钩子等刑投之，献既足额，则复其位，视事如常，仍任其出外需索，往往有致死者。庚子事起，各旗鼎沸，该亲王知事不谐，逃至大庙，而肘腋之下，皆仇人，被所杀之子二人手缚之，数其罪恶，自表复仇，枪杀之，并戕其所爱之侧福晋，后以自环。闻近犹聚讼不休，若为该亲王大正典刑，则全体必大起风潮。可见上下感情之恶，向使未种前因，安收此恶果哉。

官员对于民人　酋长既如是其压制，上行下效，必捷如影响，民人之财产，可任意取携，故财产上有被人诓骗者，不敢声诉，被官长知其富，诛求更无厌。喀喇沁各旗之翘楚也，而至扎萨图及图什业图，问之辄以避当差对。而该旗主派员，岁时责其租税（按蒙例，不当差，则须纳费）。闻近禀请添设索木章京，若不善用之，徒资利薮耳。科尔沁各旗蒙汉贸易较热，间有丧廉鲜耻之事，长官闻之，则絷其男女，荷以枷，俟欲壑既填，而后释放。博王之庄头，管地五百顷，而家中之房屋，等于烧锅当铺，出则衣服都丽，與马轻捷，其来源可想见矣。总之，蒙旗以威严为主眼，故其民多穷苦，大有敢怒而不敢言之貌，如得循吏抚绥之，皆可用以御外侮。

十四　蒙汉之畛域

蒙民之对于本部既如此，而汉人之移住者，则对于蒙主与对州县，则成反比例，何以故？口外州县既无地丁钱粮之平余，津贴亦少（每月大率四百金），则不得〈不〉多取陋规。如春秋点卯费（平均每乡百七十千）、乡约充当费（每次十千）、乡约告退费（每次二三十千）、乡约房规（每卯十千）、烧锅卯规（每年八十七千）、春秋查池（每次十余千）、节寿（每次三十千）、当规（每年五十千）、审秋费（每乡二十八千五百）、送谕帖及零星费（岁约百千）。东省税目尤繁，车捐（每日一角）、土捐（每亩八钱）、斗秤局、牛马税局尤滋弊窦。黑省善后局，每岁可得百七十万两。呼兰一局，岁在十万金，以外无非取诸民间，较之蒙旗，仅收地租，大相悬殊。其爱戴蒙王，实有为丛殴〔驱〕爵者，而蒙民与汉民，则畛域甚严，婚姻可私行自由，而蒙妇所生子女，必归蒙籍。诉讼则诉诸州县，左袒汉民，诉诸蒙旗，左袒蒙民。如所设州县之地及镇市，必街内皆汉民，街外皆蒙民，巴林桥跨锡喇木伦（锡喇，译言"黄"；木伦，译言"河"），河南之游牧，不得越河，若渡河，则牲畜且议罚。近时新开之地，蒙民辄谓夺其牧场，且虑胡匪侵入（其实台吉、喇嘛为胡匪头目甚夥）。黑省庆山所放荒地，凡蒙民所种满撒子地，及所开之井、所种之树，一律圈入，只留房屋，门外即为他人之产，不得不迁移，与从前所办荒政绝异（按旧例，凡蒙人所种熟地，许本人自领，房屋以外，留一方里给原主，亦可出卖），较汉屯之在俄境者，尤为酷虐，故蒙情极为痛恨。闻旗内有人向郭尔罗斯盟长呈诉，求代递理藩院，程将军闻风，着旗主交出具呈之人严惩，盟长遂不敢伸理，因之移怨于开荒，而肥美之地，如巴林、□□、达尔罕之西北部，及辽河之上流两岸、图什业图全部，或全未开放，或开放无几，皆不善经理之罪也。而二十七年之汉蒙交讧，因嫌疑而被伤性命财产，不计其数，实可惨焉。其所以致此者，其故有二。

一、官场之积威　国家之礼遇蒙古也，荣之以亲王俸银（每岁共十四万一千一百两）、俸缎（每岁共二千四百八十三匹），宠之以内廷行走，恩在渥厚也。而所设州县，视之不及一绅士。若有嫌疑之讼事，协理以下，即可絷诸羁押，故畏之如阎罗。若将军、都统，则扎萨克亦不得望见颜色。见候补道，主人上坐，王公旁坐，一语不合，即呵斥之。此东省之通例也。黑龙江将军以曾奏参郭尔罗斯公，故各旗咸憾之切骨，而俄人方噢咻之，若不变计，窃恐驱迫，而为他族所用矣。喀喇沁王拟通电线，由赤峰至朝阳，经喀喇沁府，因某都统顽固，未之与商，径呈北洋，已派人测量，势将开办。某都统谓，某王不过一绅士，何得干预外事，终阻之，可见压制之无理。

一、蒙汉之优劣　汉人之出关者，其初不过无业游民耳，初非有殖民思想，而愈聚愈多，所在成都邑。其中人种，以山东为最多数（沿海各府之人），直隶次之（永平府人为多，保定间有之），山西又次之。农而兼商。蒙人种地，其初不过镪青，既而蒙愚汉智，蒙惰汉勤，蒙奢汉俭，遂宾而为主。有贴偿烂价等名目。商则初负担，继立市廛，后遂设烧锅、当铺（蒙人嗜酒，故酒业最得利），或设旅店，兼收贩杂粮，住宿盐车，交换皮张，工艺则为之营造房屋，修建庙宇，熔塑佛像，制作舆服，编织氇毡，苦力所得，即可自立。蒙人见汉人日富，由妬〔妒〕生憾，不自咎其终日游嬉，不知操作也，而怨汉人日逼处此，相形见绌，于是视汉人为目中钉，而种族之见愈深矣。

十五　蒙古之富

以无意识、无学问、无经济之汉民，无国家之资本，徒手而往，满载而归，积久而立家室，长子孙，拥数百顷膏腴之地，权数十万资本之利，毂击肩摩，不可胜计，则蒙古之富可知已。矧以国家之大力，佐之以新智识、新学问之人，其程度何可限量耶。蒙古之岁出入，从无报告之书。以牲畜为财产，各旗亦不自知其总核之数。而如乌珠穆沁、阿巴噶纳尔、阿巴哈、浩齐特等旗，向所称沙漠不毛之地、不能耕稼者，而牧畜蕃茂，因之牲畜蕃殖，加以其人民巧于古来惯习经验之法，一人能放牧类百头，则由此推测，岁入之牲畜，必达于巨额无疑。况以沿边各旗，经百数十年之开放，久饶三农九谷之利，粮食驼运进关者，络绎不绝，豆及油，由营口出洋，尤不计其数，无一非蒙地所孳生。即各旗岁收之租，每旗不下十余万，加以近来放荒之价，每岁实不下数百万，故王公之挥霍，喇嘛庙之华靡，闲散王公、台吉以下之坐食，皆富足有余。即降而下之，凶年无饿莩，入境无乞丐，下流无穿窬，则民间之温饱无忧，亦可想见，遑论山川之宝藏森林哉。

十六　蒙古之贫

然以优胜劣败之理论，其贫困而不能自存，已早露其现象矣。以区域言之，如科尔沁部，幅员最大，东西八百七十里，南北二千一百里；郭尔罗斯部，东西四百五十里，南北六百六十里；杜尔伯特部，东西百七十里，南北二百四十里；扎赉特部，东西六十里，南北四百里；土默特部，东西四百六十里，南北三百十里；

扎鲁特部，东西百二十五里，南北四百六十里；阿鲁科尔沁部，东西百三十里，南北四百二十里；敖汉部，东西百六十里，南北二百八十里；奈曼部，束〔东〕西九十五里，南北二百二十里；喀尔喀左翼部，东西百二十五里，南北三百三十里；喀喇沁部，东西五百里，南北四百五十里；翁牛特部，东西三百里，南北百六十里；阿巴哈纳尔部，东西百八十里，南北四百三十六里；阿巴噶部，东西二百里，南北三百十里余；浩齐特部，东西百七十里，南北三百七十五里；乌珠穆沁部，东西三百六十里，南北四百二十里；巴林部，东西二百五十一里，南北二百三十三里；克什克腾部，东西三百三十四里，南北三百五十七里；苏尼特部，东西四百有六里，南北五百八十里。以二万五千九百六十七里之幅员，而输出之物，岁不过数百万，以视内地一府县，殊矣。由于蒙人愚而且惰，少进取之思想，大有"我躬不阅，遑恤我后"，此所以日见消耗焉。

十七　蒙古人之消亡

蒙古无统计学，其户口实数，最难稽核。故事，箭丁以男子十八岁以上〈至〉六十岁为及格，老疾除名，虽各旗申报盟长，汇报理藩院，而形同具文，并无实数。二百年休养生息，非惟未臻繁庶，抑且日见凋零。卓索图、昭乌达二盟，尚有衡宇相连者，然问其谱系，大半为明季防边兵卒所遗，且山东度辽从龙军所遗，其真实契丹遗种，百不得一。至锡林果勒十旗，站道之旁，有三百里无人烟者。哲里木十旗，则穹庐与土屋并处，然亦无数百家成村落者。近汉人处，蒙人较多，可见文明略有进步，与人种大有关系，因推究其原。

一、喇嘛之流毒　蒙人三之一，或三之二为喇嘛，则成婚者，实去其大半，即喇嘛，间有还俗、继续宗祀者，亦必本支无人，始准离庙。其有男女之欲，亦不敢明目张胆娶妻生子，则生育之机闭矣。

二、妇女之遭殃　男子既作喇嘛，则女子之数，必浮于男子，而妇女无琵琶改抱之嫌，男子尚有终身鳏居之苦，实因胖合既无节序，则妇多隐疾，且产后不知调养，往往因产而死者，实繁有徒，故窝棚之内，妇女无颜色，而一家常有二人共妻者，而斑白之妇，尤且稀少。

三、婴儿之夭折　蒙人既无抚育之术，而初生之儿，绝无襁褓，眠之于毡，冷则烘之以火。孩提之童，终岁不穿布裤，成童后，始覆毡靴，幼年皆跣足。近汉人处，始知种痘，亦近年之进步。花之初生，调护之尚恐不实，矧推〔摧〕折之，鲜有不夭殇者，故窝棚之左右，罕见儿女成行。

四、卫生之不知　蒙人饮食起居，无一合度，冬则围坐腥膻之屋，熏以牛粪，夏则露宿草地以纳凉。旃裘皮帽之外，绝无良物，寒暖不时，饥饱不知，是生疾病。加之医药既不精，略施针灸，或恃侫佛祈祷，传染亦不知趋避，故享大年者固稀，而壮丁亦易渐灭。

以上种种原因，结成如此现象，大约与移住汉民较，有十与一之比较。原人种族，一消灭于世界，亦天然之淘汰。若不限制喇嘛，调养妇婴，讲求卫生，数十年后，靡有孑遗。有土地而无人民，国谁与保守，窃恐他族逼近，近卧榻鼾睡，将实行其移民政策矣。

十八　蒙古之外感

蒙古榛狉未化，几自诩无为葛天，而东三省，犬羊相错，唇齿相依，已与日俄有连鸡而栖之势。博王、敖汉、杜尔伯特、郭尔罗斯等部，已划入铁路线内，其他各旗，均与铁路毗连，外人踪迹，无地不届，且巧施其牢笼手段，曾经战火疮痍，而全部梦梦。初不知险厝积薪，而事变之来，外人因地而施，故蒙人受其激刺者，其感情亦因之各异。试撮其大略如左。

一、被战后之影响，博王一旗，不幸全入战线圈内，其他如达尔罕、敖汉等，亦多波及。其民人迁徙流离，伤失性命财产，且既战之后，百物腾贵，度日维艰，致起怨怼者。

二、附近铁路各旗，牲畜多被强买，由通事挟外人之强权及扎萨克之压力，以贱价选择□且肥特，且有牲畜既购去，尚不辨其为何国。如浩齐特旗呈称，三月二十日，有东来洋人十二名、通事一名，出银九十两，取马二只；元宝六只，取牛九头；出银八十两五钱，取羊二十只、马一匹，向库伦一带而去云云，则蒙民之怨恨可知矣。

三、因外人之购求，而从中得以渔利。西国交哄之际，商贾不前，食物骤长十倍。往往枪林炮雨之后，即有愚人担负而来，易价而去，即蒙旗中，亦因求过乎供，致得善价。且梅伦以下，从中渔利，反生幸灾乐祸之心者。

四、因外人之优待，而被其引诱者，如杜尔伯特、郭尔罗斯等旗，其境已入铁路线，其府亦距铁路不远，往往乘坐火车，得特别之优礼，至哈尔滨，则有外人为之酒食，征逐交际渥厚，以视年班之廪饩刍秣，大相悬殊。虽不致为外人效力，而款关内附之诚，必因之而少减。其他开通各旗，酒醋耳熟，辄谓外祸孔亟，断非从前虚意委蛇所能羁縻，可洞见其肺腑矣。

五、因官场之激刺，而为逋逃薮者，如三喇嘛一案，其初，郭尔罗斯因袭爵之费而负重累，指地为偿。三喇嘛卤莽逐〔灭〕裂，自行开放，固属不法。使将军偿其款而责其罪，彼亦无辞以对；

乃收其地而不理其债，斯铤而走险矣，挟俄人之势力，而与将军争利。以纤小之故，酿成国际之交涉，而将军束手无策矣。且以不得逞威于喇嘛，而委罪于郭尔罗斯公之子，奏参革职。盖旗无扎萨克，则放荒之价，不必剖分（按放荒之价，一半归将军，一半归本旗。今无扎萨克，则全归将军矣）。此所以各旗之均有违言，而外人更得乘间而入。若不改换方针，窃恐蒙情日离，群驱而入他族之牢笼，楚逐巫臣，魏辱范雎，睚眦之怨，而祸及国家，其前车也。

十九　蒙古之道路

古北口为蒙古入关之要道，而罗山以下多沙石，至石匣，则由重山环绕，而移道路如羊肠，南天门尤为险峻。古北口则两山如阙，出关有沙漠气象，青石梁最峭，广仁里虽高坡，而土石道均平治。由热河至喀喇沁，惟茅荆坝盘道，长八里，宽二密达五十生特，高度一千五百密达以上。由热河至平泉（亦喀拉沁旗境），有新开坝、红石梁等处，高下约差十里。由喀喇沁至翁牛特境之赤峰两岸，此地间有沙石，尚平坦，锡伯河流亦可厉揭。由赤峰至巴林，英金河、羊肠河、锡喇木伦，均有木桥可渡。乌册〔丹〕城，巴林石桥尚完，因亦尚平直。距巴林火阪，则有沙冈，车马难行。巴林至乌珠穆沁，则一路草甸，所过之山，皆土阜。马吉嘎尔、巴察哈克图尔山，虽左右皆崇山峻岭，而缘山涧，亦不甚纤折崎岖。自乌珠穆沁至科尔沁左翼中旗、右翼中旗，皆越童阜，略有石道，及翁木伦和林郭勒，皆绕之而过，或流而渡，亦水深不及马腹。而大雨之后，山水汇流，即泛滥二三丈，又无舟楫可渡，草甸亦平洼，无宣泄。自右翼中旗至辽源州（博王与达尔罕交界），地势渐低，草甸平如砥。度辽河，亦有渡船停泊。辽源至新民，沿途均有旅店。而柳河骤发，平地水深数尺，大公主屯木桥被水冲毁，渡船又潦曲不得，上间有日本行军时所修马路及木桥路，稍径直平坦。由赤峰至朝阳（土默特旗境），沙石与土山相间，老哈河亦一苇可抗〔杭〕。由朝阳至锡勒图库伦，亦沙道、土阜相间，山皆远望颇高峻，至则平衍，而不知为山间有低洼之处，行车骤升骤降，颇觉不便。由小库伦至奈曼，而达尔罕，而扎鲁特，而图什业图，颇多沙陀及草甸。由图什业图至洮南府（扎萨国〔图〕旗境），至辽源州，又由洮南至布魁，均属草甸，低洼居多。由乌珠穆沁盐池北至海拉尔，则直趋站道，有二三百里硬沙道，平如马路。南至多伦诺尔，则略有山道。此各旗交通之情形也。其中大路有为往来站道，每站额设索木章京一员、箭丁一百五十名如（五十家子等）、马十匹，为理藩院咨行各旗文件及王公年班来京必由之路。其中小路，或黑省走急递各件，及华商与蒙民贸易之道。然皆无电线，无邮政，无旅店，甚有择水草而处，不克预定行期者，故行人均视为畏途。即开荒各旗，离内地太远，如奈曼各旗，其开荒在五六百里以外者，往往所获之旗粮，非至朝阳、锦州，不能出售，而售得之价，不敌运脚之费。他日如续放各旗地亩，若不早为之所，非惟领荒者裹足不前，即种熟之地，亦物价贱而工力贵，致弃为不用云。

二十　蒙古之钱法

蒙古以物易物，初不知有货币，其零星物件，亦以其所有，易其所无（如鸡卵五枚，易盐半碗，羔皮一张，易剪子一把等），故铜币亦可置不用。惟逼近内各旗，蒙汉杂处，则银块、银元、军票、羌帖亦杂用，而铜币、毛钱、东钱、鹅眼、鱼眼，亦因之流通。钱色之坏，钱串之短，各府县及乡村，各自为市。蒙民若不知其盘剥，而其暗中亏折，实难臆计，兹略举其例。

一、在直隶境蒙旗之情形　口外七厅州县，统治于都统，治法疏陋，满蒙狼狈为奸，不肖台吉、喇嘛，阴为护庇，盗铸私钱，充斥街市，且道路不甚交通，故平色如喀喇沁三旗茅荆坝以上，银之平色，均视热河为准，过坝则视赤峰，每两银价自三千八百文至二千九百二十文，去关愈远，则钱串愈短。土默特两旗，则朝阳、塔子沟，各自有平钱串，亦以一文作二文算。翁牛特二旗，则银用赤峰平，较京平大三两银价，右翼2965，而左翼4150，因左翼之钱色小而杂，大率百五十千，只可抵右翼百千。

二、在奉天省蒙旗之情形　东省之钱，以十六个钱为一百，一十六个①钱为一千。在奉省各旗，均行用东钱，平则均视沈阳，大率每两银价十千零一百至九千八百五十银元，均换十角，大率抵东钱六千二百余。而日本之军票及纸币，亦通行而无阻，惟蒙古之腹地，则仍用银块。

三、在吉黑省蒙旗之情形　吉省所属为郭尔罗斯前旗，改设长春府农安县，黑省所属为郭尔罗斯后旗，改设肇州厅，杜尔伯特旗改设安达厅，扎赉特改设大赉厅，而两省之钱串，均以五百为一千。吉省之自铸银及吉省永衡官钱局、黑省广信公司之官帖，及俄人之羌帖，皆通行。

二十一　蒙古之沙陀

蒙古旧称沙漠之区，自辽、金、元，相继建都会，移人民，明亦建卫，以资防御，故蒙古一带，绝非戈壁气象。东四盟垦，较

---

① 原文如此。似应为一百六十。——整理者注

早于西二盟，故沙陀较少，惟苏尼特、浩齐特、阿巴噶、阿巴噶纳尔，逼近阿哈雅鲁逊沙地，始多不毛之地。其他各旗，零星沙碛，间亦有之。即以所见而论，如翁牛特之英金河左岸、四道沟梁、楷不奇尔沟、巴林之大阪南岸、嘎嘎庙之山坡、乌珠穆沁之山、那干花和阔兰沟、达尔罕之阿奥脱，皆绵亘数十里，而沙映日光，晶莹夺目，且有散石如玉，散片如云，若以化学求之，必含矿质在内，或为泉流所冲积，涸而为散沙，乘风飞扬，辄眯〔眯〕人目，其童阜、沙冈，则经牧畜之肥壅，雨露滋润颇多，灌木丛生，且小草滋荣，亦供刍料，几忘其为沙碛，特树艺五谷，不甚繁茂耳。

二十二　蒙古之草甸

两山之间，必有川焉。经泉流之灌溉，云气之滋濡，是谓沟川。夏时，山水骤发，水沟不及泄泄则泛滥，而平地水深数尺，积久遂为塔拉（蒙语甸子），牧场最为合宜，开荒视为上等。如扎鲁持〔特〕向木〔未〕开荒，蒙人自种，不过拾播种之余唾，所谓满撒子地，多者不过三四付犁杖（按一犁杖，即一牛、两马之力，约十二亩），地广人稀，旅行数日，不见耕种之地，而耕种之地，多在地僻人迹罕到之处，盖避牲畜之践踏也。今将沿途所见塔拉略开如左。

西北伊和塔拉，东西宽约三十里，南北五六十里。

又西北隅与加尔图交界处（在达尔罕旗内），略有硗沙，不得种植，中间皆黑土，野草繁茂，密于铺茵。至大根来拿附近，则沙土强半，土质带碱，连种数年，即生长不茂。总计扎鲁特全旗，上等草地约四分之一，中等居四分之二，沙碱地约有四分之一。上等草地，每下种一斗，丰年可得三十石，中等收十六七石，下等均弃不种，故无从核其收数。

和灼思明塔拉，南北三四十里，东西二三十里，无沙无山，土质亦佳，其色多带黄白，黑色土亦颇不乏，据土人云，皆中等地也。

波罗和灼塔拉，东西百余里，南北六十里，有河流贯注（汉河支流），沿河自生柳条，甚繁密，长约四尺左右。土色全黑，野草之肥，碧色弥目，一望无涯。周围六十里无居民，亦无牧畜，未审何故。其南部稍有碱土，地质较逊云。

受七木梗塔拉，南北长近百里，东西十里至三十里不等。两旁小山耸翠，涧流纵横，傍谷山坡，尤称沃壤。蒙民远近百里，皆来播种，而成熟之地，不过二十分之一。惟地质不宜，只能种糜子耳。

厅林郭勒，左右皆属草甸，宽窄因山势而异，宽约七八里，窄约四里，既无沙土，又无碱质，培塿坦坡，尤称肥饶。湖中水，天雨则涨，平时则涸，家畜成群，多在此丛山之中。杜〔厅〕林郭勒之气候渐和，土质亦佳，最便耕种。

梭罗塔拉，东西宽六十余里，南北三四十里不等，沙多，并兼产碱，初未种植。

其他如锡林郭勒郭和苏台河、乌尔图、大小吉里河、鄂尔虎河、胡卢古尔河、潢河〔河〕、卓克都尔河、英金河、老哈河、西辽河、大小凌河等区域，皆地脉腴厚，若一律开放，大利无穷。

二十三　蒙古之森林

蒙古开辟已久，故无满洲之大窝集，然如喀喇沁部之木炭，上供杨树林等炼矿之用，下流行翁牛特部、土默特之山，朝阳全郡之炭品取资焉。又如入关之白木柄木板，岁由驼运晋都，皆近畿蒙古所产；第戕伐不时，冬间烧山，故林木日少，惟深山穷谷之中，人迹罕到，稍有乔木，逼近府第之山，为扎萨克游猎之所，例禁樵苏，然听其自生自灭，亦无数百年之巨材。今将目所见者，略举如左。

茅荆坝	多桦木、橡树
骆驼山	多松
乌尔吉山	多果木、杨、榆
下瓦房	多杨、榆
额尔登	多榆
公主林	多榆
格格诺尔	多杨、榆
哈克图	山坳遍是
阿奥脱苏	多榆

《西北杂志》（月刊）
北京西北协进会
1912 年 1、2、4、5 期
（李红权 苏日娜 整理）

外蒙古调查记

作者不详

第一章　内政

　　蒙古分藩锡土，政出王公，视西人待半主权之国，尚无此放任事理，不足言也。考其大别，总于理藩部，而各将军、大臣分辖之，其实不过一监督主义，能制其恶而不能进于化，故土地之荒凉如彼，政治之窳腐如此。藩邦不竞，外侮日深，朝野上下举以为今日之务，非振顿蒙古，不足以严锁钥而固金汤，于是改良官制，实地调查，一倡百和，环球动听。沉沉数百年蒙古，其将一跃而出，转弱为强，为世界之改观乎？虽然，言之非艰，行之维艰。如医者然，必调悉其受病之由，然后施以治病之药，乃克有济。不然，急其缓而遗其要，务其速而忽其近，而望成功之美，事理之举，是陇西之游，越人之射耳。韩子曰："世异则事异。"孟子曰："五百年必有王者兴。"天道循环，物极必反，其盛其衰，有由来也。羁縻弗绝，已铸错于曩时，急起直追，当绸缪于未雨。爰详内政各节，著于篇，为治国闻者要删焉。

第一节　都会

　　（甲）库伦　库伦地宅外蒙〈土〉谢图汗部，东通黑龙江，南通燕晋，西通乌里雅苏台，北通恰克图。以行政论，为图、车两盟之省会；以宗教论，为喀尔喀四部落（图、车、三、札）之首都。其地濒图拉河之北岸，南有汗江绵亘高耸，森林丛密，风景最美；东有巴彦集拉山；西有色根头山；北有青奇哩脱诸峰：登高一望，势若盘龙，虽剑阁之雄，无以过也。市内分三区域：一、中央区，前清万寿宫办事大臣公署及各局公所在焉；一东区，俗称东营子，西庄买卖在焉，四围遍树木栅，以为堡垒，库伦名称是其语源（蒙古谓城圈曰库伦）；一西区，即喇嘛圈，呼弼勒罕寺院及南卓特巴衙门在焉，近复有京庄铺及俄商集居其地，经营买卖，市肆喧阗，日见繁盛。宣统二年春，呼弼勒罕以内地商民在西区一带设滩〔摊〕买卖有碍寺院风水，禁止贸易，商民不愿，始而冲突，继而争斗，几酿大祸。清办事大臣三多为调停计，于万寿宫右边奏为设通和市场，令商民就近遇〔迁〕移，得以无事。前宣统三年，又添设戏园，经营市面，大加扩充。于是百货云集，中央区亦为库伦贸易要地矣。俄国领事馆及营房在中央区左边地名二里半台，高屋建瓶〔瓴〕，最得形势，故该国之文学博士蒲茨南甫所著《蒙古旅行记》夸谓："俄国领事馆在库伦为惟一之建筑物也。"统计户口约一万余，喇嘛居多数。

（乙）乌里雅苏台　乌里雅苏台城，在外蒙古三音诺颜部西北境，位齐额斯音及乌里雅苏台二河之合流点，为外蒙古科布多、乌梁之中枢，土地沃饶，而湿城与卑市场东西相距六七里。其城建于清雍正年间，修于清乾隆年间，清咸丰时而再筑高一丈六尺，周围五百〈丈〉，皆木栅，而实土石于中，城门三，惟北无门，穿沟渠于外，引水环之，清大臣公署在焉。俄国领事馆在市场东北，借居庙宇，旗帜飘摇，外观甚壮，四面路口有大盛魁等西庄买卖，分段镇守，经营商业。水最美，人约四千余。

（丙）科布多　科布多东通乌里雅苏台，西通俄境赛密柏拉金斯克，南通古城子，北通俄境比斯克重镇也，位置在布彦图河之左，三面临水，峰峦围饶〔绕〕，最高之峰为大红山，气候温和，土地肥沃。清雍正年间，大军扫荡西方，巡视科布河附近，爰筑此城，以镇抚之。清乾隆年间，敕令修葺堡垒，建设官邸，于是于布彦图河之左方以土质重建城壁，仍因旧名。城高二丈许，厚二丈余，周围六百四十丈，东、西、南三方各开一门，四隅筑有望楼，清参赞大臣官署及各部院公署在焉。南门外即买卖城首，街两旁，白杨成行，穿沟渠于下，流水汤汤，日夜无间。南极系武盛古刹，体创宏壮，为来往官差及客卿驻节之所，人口约二千余。

第二节　外蒙险要

（甲）桑贝子旗　边备之巩固，不在兵力之多寡，而在设险之适宜；国之安危，不系敌势之强弱，而系扼要之有方：无古今，无中外，其理则一。此桑贝子旗之所以为外蒙东北重镇也。考该旗地势，据车臣汗之东部，扼南北之要冲，西距库伦二千六百余里，南通多伦诺尔仅一千七百里许，东由巴拉克八旗直抵黑省之满洲站，不过四百余里，北经卡伦毗连俄境，咫尺相依，几如唇齿。地面寥阔，过路纷歧，战术上所谓兵略点者，非该地而何！设一旦蒙俄交涉，空言无补，外交破裂，相见兵戎，如俄人以一支队，经西伯利亚铁道，通过满洲站，直趋多伦诺尔及张家口等处，而内蒙已危如朝露，京师震恐，其患有不可胜言者，固无俟西捣归化、南下岛城，而全蒙之险要坐落于外人掌握中矣。即或库伦练有重兵，往返维艰，缓难济急，远水不能救燃眉，长鞭不能及马腹，古人明训，岂可昧昧而忽之哉。由是观之，北门锁钥，舍桑贝子旗，练兵、守险不为功。夫见微知著者，军事之要领也；有备无患者，兵家之胜算也。苟能绸缪于未雨，自不能扼要以图功。藉曰否否，今试以桑贝子旗险要而陈述之。以地形论，桑贝〈子〉旗高原附近二十余里，高临瞰制，扼大交通之辐辏，如设复桥头堡，以为要塞之补助，则丸泥函谷之势未可厚非，敌人虽狡，暗袭何从。此该地之宜于守势者一也。以水利论，克鲁伦河横绕其前，斜延二千四百余里，河幅宽狭，视水之涨落以为衡，临流设险，隔如衣带。俄军飞渡，其可得乎？此该地之宜守势者二也。以山势论，高原南岸距三十里，有汗乌乐山在焉（中国舆图为巴图汗山），高屋建瓴，天然要塞，驻兵扼守，着手非难，进足以资第一线之策源，退足以为国境之防御，一举而数善备，不待智者，而已知其胜算可操矣。此该地之宜于守势者三也。具此三原因，则桑贝子旗险要之价值有断然者。况夫我既设要险以图存，彼必不肯大军以深入，犯兵家之所忌，而为孤注之一掷。斯拉夫民族，狡猾绝伦，长于应变，岂仅此区区而遂熟视无睹耶？军事家所谓"得地之胜，能以寡敌众"，以少制多者，此之谓欤。此就桑贝子旗外势而论，以观其内〔容〕，练兵防范，尤为刻不容缓者矣。该处商务蒸蒸日上，向为漠北繁华之冠，奈该贝子近年以来，居心叵测，如鬼如蜮，路人皆知庚子之岁勾引俄匪以抢劫于先，客春之初，串通马贼，以扰乱于后。经此两挫，而商业萧条，其势不可终日，及今之时而筹善后之方，则此后有碍商业之发达，固为肌肤之疾，异日酿成中俄之交涉，将为心腹忧矣。噫！牵一发，动全身，聚九州，铸大错，正不得不为大局危也。总之，桑贝子旗虽属蕞尔弹丸，然关于全蒙之安危者，良非浅鳞〔鲜〕，与黑省犬牙相错，势若辅车，尤有密切之关系。外蒙关键，势所必争，故无论财政如何困难，人才如何寥落，边事如何棘手，宜早为布置，转危为安，则蒙古幸甚，中国幸甚。否则蜀不守阴平之险，而终为晋吞，宋割燕云十六州，而卒成南渡，苻坚未渡肥水，而败于谢元，项羽未守关中，而灭于高祖，前车之覆，后车之师，注意蒙边者，可不借为殷鉴也哉！

（乙）恰克图　恰克图为中俄二国密接之要冲，即为二国战争上必争之要点。迤买卖城南约五十里，山势绵延，东西数千里，具天然之形胜焉。该处出口即为天然要塞，土人称之为托拉克山。其山北面，地势平铺，而成缓倾斜，且满地森林，蔚苇成阴，不知亘几千百里之遥，更足以布置要塞，司令部深藏其间，敌人不得乘飞艇以测我虚实。其地为那木萨赖公所管辖，布恭泰金矿即在东南，相距不过百数十里。闻俄人近贷货币于该公，约定斩伐该处林木，以为办偿，或者俄人将有意于斯，扩张其势力范围，亦未可知。但使我及早图维，俾那木萨赖公借款清理，拒绝俄人，将该地面一律报效国家，设法经营，配置险要，然后屏藩可恃，永固金汤，而该处森林亦确实为我所有之权利矣。过交界碑，北往数十步，即俄人之前营子，居民千余户，中有公园一所，深林密菁，气象不侔，其东税局，其西营房，遥遥作对峙之势。再北往二里许，为后营子，人烟稠密，货物充切街市，规画井然，以较我买卖城，此寂寞，彼喧阗，此陈腐，彼整齐，相去不可以道里计。

（丙）唐努乌梁海　唐努乌梁海东北界俄属也尼赛斯克，东南界外蒙古谢图、三音诺颜、札萨克图三部落，而北界俄属托木斯克，凡三十六佐领，地宅也尼赛斯河之上流，萨彦岭之极高□点，中分三部落，其东为库布苏库勒诺尔乌梁海，其西为奇木奇克河乌梁海，其中为唐努乌梁海，形势险要，战略之所必争。惟部落人民体强，善骑射，素为边患，又其归化在喀尔喀四部落之后，戎心不靖，易起抗叛，清乾隆屏诸卡伦之外，以备不虞。虽统属于定边左副将军，然亦鞭长莫及，难以震慑，近十年来，俄人觊觎日甚，于冬令，用雪橇载货物，溯也尼赛河来，至夏令，就地造船，载牛马皮革，沿也尼赛河去，利源外溢，言之可慨。清光

绪三十四年，俄人在奇木奇克河流域大施开垦，土民不服，互相
械斗，几酿交涉。清宣统二年，俄人焚毁察布齐雅勒达租界牌，
希图潜越，是年，乌里雅苏台俄领事要求中国于罕达戛台图卡伦
开辟商道，以便交通，则其处心积虑、欲得甘心，匪伊朝夕矣。
盖其地万山重叠，溪流交错，如俄人欲经营乌、科两城，必先争
得此地，然后进行，故外蒙为京师之屏蔽，而乌梁海为外蒙之屏
蔽也。

　　按，俄领事要求于罕达戛台图卡伦开辟商道一事，经前清外部
咨行乌里雅苏台将军可否照准，兹将原咨附录于下，以备参考。
文曰：

　　　　俄使照准，称驻乌俄领事报称，俄商在羝布幅一带贸易，
　　请准经过罕达戛台图卡伦往返运货，该卡系经也尼赛河前往杜
　　尔伯特齐一带甚便之路等因。查俄商运转过界，指明卡伦，照
　　约可商议酌改，俄使所请可否照允。云云。

　　噫！防务正当吃紧之际，俄人借交通名目，阴展其侵占手段，
如见肺肝，清外部暗于情势，不加批驳，咨行乌城将军，不知乌
城将军，何以答之也。

　　（丁）索果克　　索果克为科城西北门之户，阿尔泰军台之终止
地点，与俄属之圪什阿嘎赤壤地相接。原俄属圪什阿嘎赤，即我
阿尔泰诺尔乌梁所属地，清同治三年划界时被割者也，丧地共一
百十八万方里。且约文谓，住牧人丁向在何处住牧者，仍应留在
何处住牧，俾安故土，各守旧业，故其地入俄，其人亦与之俱入，
但俄人以圪什阿嘎赤之西北，崇山峻岭，地势险要，能守不能攻，
哑哑焉欲兼并我索果克以为外辅，然后后方之根据巩固无虞。以
索果克地势，系一种缓倾斜形，可以开拓，且借索果克之流域水
草茂盛、土地沃饶、可垦可牧，于屯兵尤宜。此所谓天府，筹画
边防者，当急宜注意者也。讵我国不知外人情形，视边防为儿戏，

以何等重要之地，仅派一二无智识之侍卫驻扎其间，以资稽查，谓此遂足以弭外患而严锁钥，而且该侍卫驻扎地不在要口，相离尚有五六十里之遥，而俄人往来其间，走官道者则过索果克，走商道者则过哈克照尔，更为耳目所不及。故该侍卫，名虽稽查，其实可终年不见俄人之出入。噫！北门锁钥，谁实司之，任使俄人日肆凭陵，一无防范，可胜叹哉！

第三节　交通

外蒙交通，端惟驿站，阿尔泰军台自张家口以达赛尔乌苏、乌里雅苏台、科布多、索果克为一线，自赛尔乌苏以达库伦、恰克图又为一线。此外，各旗私设之苏木台，专以递送文件者，计自库伦以达桑贝子旗一线，自库伦以达乌里雅苏台二〔一〕线，自科布多以达古城一线，以达成化寺（系阿尔泰办事大臣驻扎地）又一线。每台设有丁官、马匹不等，视差使之繁简，定人马之多寡，节节输送，既无疲困之虞，又得迅速之利，法至善，意至美也。惟时易势移，往昔之法施诸今日，情形不同，利害各别，庸有济乎。况防务孔亟，新政日繁，楚材晋用，往来数数，纵横数千里，又岂驿站之力所能持久乎。盖外蒙古驿站俱用驾杆车，其车形势〔式〕较北京通车①、骡车略大，车前横一杆木，驾车者乘马，将杆木压于鞍上，策之而走，进行虽速，然马或不驯，或驾者心手不应，车即阻止，不易就范，且每车至少须五人五马，劳民伤财，无过于此。若商道路程较近，惟用驼车，一日紧行四五十里，计张家口至库伦须月余，至乌、科等处须二月或三月不等，因之蔽塞日甚，风气不开，漠北京南，几同隔世，此衰弱之一大

---

①　原文如此。——整理者注

原因也。电线始于前清光绪十五年，自张家口经溮江、叨林、乌得达库伦、恰克图，局凡六，每字价三角二分，若至北京，须加五分。邮政始于清宣统二年，邮税照内地加倍，惟乌、科等处尚未通行，鱼雁羁迟，信息隔膜，西北情势缓急不足恃也。

第四节　商务

蒙古自昔未通货币，商业以是而困，前清于库伦、乌里雅苏台处分设大清银行，得用中国银两，交称便利。恰克图纯用俄币，科布多兼用中国银两及卢布，此外又用砖茶带子，币制复杂，此蒙古所以为蒙古也。商店分华、俄两大帮，华商又分京庄、西庄（俄商，详"外交"）。西庄以张家口、归化城为根据地，北庄以北京安定为根据地。各携商品来此营业，考其大别有数端焉：（甲）各将军、大臣官署之贸易；（乙）各王公旗分之贸易；（丙）代办各旗支应驿站之贸易；（丁）活佛及喇嘛教徒之贸易；（戊）以华钞兑换俄钞之贸易。

有时运载绸缎绫匹过俄境，为百里内任使之贸易。但俄人自清宣统元年，于恰克图设立税局，征收苛税，几浮货价之倍，因之商业大受影响，刻下恰克图华商奄奄不振，相继闭歇者，指不胜屈。又中国素不知皮革制造法，一切粗细皮毛，英、法、俄、德，生载而去，熟货而来，绝大利源，拱手而让诸人，己反居贫蹙无聊之地，自贻伊戚，国威不振，排击固自人为，实业不兴，陶沃实由自取。

商乎，商乎，亦知二十世纪之时代，一实业竞争之时代乎，亦优盛劣败之时代乎？蒙古之有大盛魁西商者，系各商店之翘楚，为喀尔喀四部落之银行，营业甚盛，资本达二千万两。凡喀尔喀全部差使均归代办，至时收取羊只马匹，输送内地，以为办偿，计每年输入之数约二三十万头有奇，且该商店于乌梁海、杜尔伯特、札喀沁等处均有游牧地，其势不在各王公之下。又闻科布多参赞大臣公署每年一切供应系为该商店所报效云。

第五节　实业

蒙古实业世界，森林遍地，矿产塞野，利源富厚，内地行省，莫与比伦，惟以交通不便，风气蔽塞，蒙人迷信不化，以开矿有碍风水，弃利于地，尚未发现。近俄人柯乐德于图、车两盟鄂尔河等五处，开办金矿，获利昭彰，于是泰东、西各国派员实地调查者，络绎不绝。查该金矿于清光绪二十四年由前任办事大臣连顺奏请，招集商股，试行开采，并由前天津税务司俄人柯乐德（即现金矿总办）禀请代招俄股，遵章妥办等语，当由总理衙门核议照准试办，嗣有各蒙旗以有碍风水，禀由清理藩部奏请钦派大员查办停止。迨清光绪二十九年，俄员柯乐德复多方运动，并以机器工师仍在守候，无可终止等词恫吓当道。前任办事大臣某不察情势，遽行奏请，准其续办，并派该大臣为督办等因，于是五处矿权遂归俄有。当初立约，非不美备，其名曰中俄合办，又曰开辟利源，然其资本悉属俄人，徒有合办之名，而无合办之实，今则并合办之名亦渐泯灭，所有用人、行政一切事权均归俄员掌握，我国惟岁享其一成六厘五之矿税，余事不复闻问。此矿先用机器开挖，未能获利，后用土法淘洗，日见发达。现开之矿共有七厂，去岁得金沙约值银二百万两有奇，今年尚不止此数。六〔九〕州铸铁，成此大错，他日为患，不堪设想。至于森林，喀尔喀四部皆有，惟我国无公司，又蒙人不知保护法，随便斩伐，不加培养，势必日就衰耗，不见利用。矧沿边各卡伦，俄人越境樵采，每年损毁林木极多，不可以数计。噫！如是雄饶之邦，天欲以富中国，中国竟不自富，安得不抚膺而叹也。

第六节　教育

蒙古专事游牧，不知教育为何物，以为养人有禽兽，养牲有刍薪，日用无匮乏，人足以自给，亦已足矣，奚事教育，为是故，无论男女老幼，皆委身于畜牧，无设学校教育子弟之观念。由是人智未开，教化不行，举止动作，悉太古草昧之风，沉沉焉昏昏焉，不知世界竞争日剧，将成天然淘汰，莫之能救也。虽各部落札萨克所在地，或人烟稠密处，有曾至汉地者，仿汉地村学式，办一二学校，然只教满、汉、蒙古三种文字而已。若一切普通学校，则无有焉，且生徒甚少，即以全土计之，亦寥若晨星，而平民子弟又不与其列，所肄业者惟王公官吏子弟。夫王公官吏之使子弟就学，非欲其磨练知识，高尚志愿，亦不过为将来服官地步，盖欲为蒙古官吏，此等语言、学问，万不可少。若夫非王公官吏之子弟，而就学读者，其惟出家庭、入寺院之僧徒。自清廷提倡新学，豫备立宪，[清]诏饬各将军大臣一律筹办学堂，以瀹民智而开风气。于是库伦、乌、科等处，先后奏设，札饬各旗挑送聪颖子弟入堂，肄业计库伦学生二十一名，乌里雅苏台学生四十五名，科布多学生二十五名，学科以言语为重，科学次之。库伦小学堂更选送学生四名赴俄领事馆兼习俄文。现前清库伦办事大臣三多尚拟兴办女子小学，以隆姆教，榛狉之习，一洗而为诗书礼义之邦，文化聿新，于斯为盛。但蒙民素不读书，难以收效，而且人种甚少，募集生徒，更非易易，虽有教育家，又安得而谋之哉。

第七节　宗教

蒙古黄教发源西藏，主教者曰哲布尊丹巴，俗称活佛，位在达赖、班禅之亚，内外蒙古喇嘛教徒皆归其统辖，即自王公以及士庶，莫不俯首称子弟礼，敬若神明。现在活佛系呼图克图第八代，生于清同治九年，喀尔喀使节由达赖喇嘛告以呼图克图之转生，前往叩拜，计将迎入库伦。当时喀尔喀被兵害，从事防务，蹙蹙靡聘，致呼图克图不得速入库伦亘三年之久，至清同治十二年十月，始抵库伦。呼图克图既升法座，修习经典，且在父母监督之下，不敢放纵。清光绪十年，其父死后，于是呼图克图之家庭生活为之一变，然其母贞淑聪明，训子有方，时呼图克图尚无不正之行为，惟智识渐开，一切玩好之物已征求无厌矣。清光绪十五年，其母死后，呼图克图得逞厥志，于是日与少壮血气之徒，酒色是务，更大启土木，以供其侈，同时又取图什业图公之妾以为妻，盈门桃李，家室团圞，黄教薪传，于是大乖，各蒙旗每年报效之款约四五十万两，近复交接俄人（详外交），事事与当道掣肘，祸心叵测，良用殷忧，为虺弗摧，自必〔不〕得已之事，投鼠忌器，恐贻后顾之虞，是在御之者加意耳。

第八节　财政

蒙古素无统计之学，又无经理之方，凡百事端，一任诸自然，而不加人力。然其所以然者，以货易不知运用货币致之也。因之各旗每年出产若干，应用若干，无从稽核。即以库伦、科布多等处论，通共经费，除内地协饷外，惟金沙税与细微之商捐而已，似蒙人生成独厚，不名一钱，其实支应、驿站以及各衙差使，上下舞弊，互相侵蚀，数亦不资。重以活佛暴敛横征，绝无限止，竭百姓终年之所获，不足供个人一日之诛求，于国无补，于民大伤，蒿目时艰者，所不忍闻问者也。时蒙人限于智识，且在专制政体之下，莫敢如何耳。总言之，蒙人徭役之担负，较我内地赋税之担负，有过之，无不及。若彻底清理，化无用为有用，则蒙困苏，而内政亦不无小补焉。

第二章 外交

外交政策以"侦查外人、维持内国"为第一主义。中国开放门户，而后欧风美雨相逼而来。环球外交家各挟其敏捷灵活之手腕，狡焉思启，自日俄协约告成，则我内外蒙古尤为集矢之的。英、美、德、法、日，接踵偕来，咸思一脔入口。俄人壤地相错，不得志于东，于是转其东侵之方针，为南下之计划，倾其权利，窥我西北。迩来西伯利亚改筑双轨铁道，期以二年蒇事，参谋部规画进行地点，驻扎军队，密逾蛛网，图穷匕见，实为寒心。其笼络活佛，则更无微不至，假狐媚之术为狼吞之地，是诚所谓腹心之患，非癣疥之忧也。军事设备则如彼，举动秘密则如此，蠢蠢蒙民，知识暗浅，不谙情势，贪小利而忘实祸，固无论矣，设一旦风云变幻，外交破裂，俄人首先援据清光绪七年改订中俄续约，横行数万里，我又何说之辞。嗟夫！六〔九〕州错铸，已难追悔于当年；四海澄波，端贵先机之判决。今而后，洞烛敌情，严司锁钥，举凡军政、商务以及交通机关，梗塞者，瀹浚之，陈腐者，更张之，绸缪未雨，琴瑟改弦，群策群力，豫谋抵制，以教育为先导，以兵力为后盾，我国交其庶有豸乎。爰举外交之关系著于篇，为谋国者之考镜焉。

第一节 条约要点

中俄条约，一定于清咸丰八年，又订于清咸丰十年，至清同治八年，而有《陆路通商章程》二十二款，至清光绪七年，改订续约二十款，其中关系蒙古最要者，凡得五项：

（甲）俄人在蒙地贸易所至免税；

（乙）俄人官兵等出入蒙地均准驰驿；

（丙）蒙旗各地无论何处均准俄国官员随意出入；

（丁）俄国官商所至处准占地建房；

（戊）准俄国随时增设领事。

以上五条，足制全蒙命脉。虽俄人于乙巳以前锐意东侵，未遑南下蒙、回等处，虽得前开五项利益，然无暇兼顾，遂未实行。自东省失败，长春以南势力，悉为日攫，锐锋顿挫，于是转其东侵之方针，为南下之计画，与日协约，各于满洲不相侵，以保余威，而免后顾，一面用其全力窥我西北，东隅之失，将为桑榆之收，前次所获条件，利益将见实行，不意志未得逞，而约已届满，故此届换约，不能不出全力，以争赓续约一继续，则前此将行未行之志愿可偿，前此已得未得之利益可收，蒙古从此多事矣。兹就条约各款彼利我害之处，约略言之。

查清光绪七年续改《陆路通商章程》，本有两国人民百里免税之约，而是年改订条约，复有"俄人在蒙，无论何处，均准贸易，概不纳税"之约，是以百里免税之利权许之两国人民，而以到处贸易免税之利权归为俄国人民所独有。现在恰克图北境有俄国税关稽征重税，商货裹足，有诘之者，则曰："约文百里纳税，若海货在百里以内，俄国不汝税也。"然而恰北百里尚属穷乡，铁路在百里以外，纵货运往，亦难销售。若俄货入口并无关卡稽征，自恰克图而南则库伦、张家口，而西则乌里雅苏台、科布多，而西南则甘肃、新疆，横行数万里，漫无限止。现在蒙地，我国商务未发达，将来如有振兴之日，俄货首为阻碍。盖彼能无税而来，我则因重税而不能去，此商务之难振兴者，其害一也。

又如俄国官员等，可任意驰驿及任意入蒙内地一项，查驿站在蒙，为交通惟一利器，本国人民尚无此等利益，俄人何德于我，而必与此特权。俄国官员兵弁，库、恰台站驰驿来者，终年不绝，即其商贾，亦复托名公事，任意驰驿。吾国商民往来，反须自备资斧，自雇车驼，成本较巨，竞争不易。开门揖盗，易履为冠，其害二也。

蒙民智浅，未谙外情，以狡黠之俄人当之，如汤沃雪，乃以深入内地之权，致令窥我堂奥，于是侦旗〔骑〕四出，所至测绘形势，甚至勾引蒙藩，私借财物，私购土地，私占森林，疮痍四起，收拾为难，其害三也。

约文复许俄人占地筑房，库伦除领署外，银行、公司以及大小商铺，占地亦复不少，其则深入内部收购草地。现距库伦西北三十余里，地名三盖布鲁，俄人所占草地在千顷以外，距库伦东二十余里，地名毛都沁，俄人所占草地亦有数十顷，其他图、车两盟四十四旗中，私卖私占之土地，当亦不少。土地有限，侵占无穷，其害四也。

嗟呼！往事已矣，来者可追，若复迁延让步，数年之内，彼则竭其全力窥我全蒙，届时再图挽救，已恐无及。故今年换约后，彼虽无甚举动，亦系缓兵之计，我宜急起直追，不容复有所审慎，蒙北一带及早绸缪，万一国交破裂，我庶有恃无恐，不至仓卒贻误，此则所望朝野人士协力一致，朝夕图谋者也。

第二节　俄人之设备

查蒙古地面，俄人驻扎军队，始自庚子年，借口弹压拳匪，保护领事，派兵驻守，其时有二千名之多，自是以后，时有增损。清光绪二十四年冬月间，俄国邮政在哈拉河地方被劫后，俄领复借保护邮政为名，添兵数百，经清前任办事大臣延，力争撤回无效，遂议准俄兵，只许常川驻库一百名，其实兵商通气，不仅此数。现因库伦筹练新军，该国将旧时营房，重加建筑，扩充范围，观其表面，大有增加兵备，以图抵制之意。乌里雅苏台俄领事署，常川驻兵亦有二三十名，又时派遣学生潜入各旗，调查矿产，笼络人心，因之蒙俄感情甚为密切。又该国西比〔伯〕利亚布哩雅特一种俄人，原本蒙种，被其割据，俄人利用之，或充兵役，或服工商，借图蒙混，狼吞虎视，实为寒心。语云："涓涓不息，将成江河。"有国防之责者，奈何弗思？

第三节　商务

俄人经商，以泰东、西各国论，手段最劣，程度最低；然以之控制华商，欺骗蒙人，绰有余裕。其所运来之货，以布匹、铁器为大宗，其所运去之货，以皮张、牛、羊为大宗。有在都会贸易者，有在各旗贸易者，地方寥廓，行纵〔踪〕秘密，甚难稽其实数。查库伦俄商杂货铺十一、点心铺一、酒铺一、照相馆一、铁器铺四、布廛二十四、收皮公司一、医院一、道胜银行一、金矿公司一、俱乐部一，统计人口男女大小六百余人。除道胜银行、金矿公司外，余皆零星买卖，惟暗察该俄商似有政府补金，借经商名目，以实施其殖民政策，而且店主、店伙，大致军官、军弁改充，则其用意，不专在商务可知。至乌、科两城，人数较少，情形则一，计乌城十余家，科城八九家。

第四节　俄人与宗教之关系

西伯利亚土人，奉喇嘛教者甚多，且迷信不在蒙古之下，布哩亚特之一种俄人，无论男女老幼，时有越境而来，至活佛前，瞻拜祈福，深中人心，牢不可破，虽俄政府，亦无如之何。因之俄人笼络活佛无所不至，所以维土人之心者，即以施进取之术也。凡商人来货，首献活佛，以顺其欲，且活佛庙中时有俄女出入，更以狐媚手段，行其狼吞之心。前屡派人至其门首，潜行侦探，查得每日必有多数俄人往来其间，并有俄文信札往返。又探得活佛寺内藏有洋枪三十杆，奇异之兽数十种，以及欧洲玩物甚多，均系俄人所报效者。

第五节　西伯利亚大概情形

西伯利亚，于魏晋时为坚昆、高车、乌揭诸种族，李唐时为突厥，皆历朝兵力所加，羁縻弗绝。自成吉思汗霸权堕落，以至有明，声教所被，日就陵夷。迨至前清，兴于辽沈，幅圆广大，不尚远略，开拓蒙疆后，一意绥抚，未遑北讨，俄人遂以数千百哥萨克，纵横蹂躏，席卷而东，厘为郡县，以扩张其殖民势力。至今地理、风土、人物，种种状态，豁然大显于世界。窃尝推盛衰之原因，其所由来者渐矣。

一曰政治之区分。东部西伯利亚总督，沿黑龙江总督部之总督，皆以将军兼任。东部西伯利亚总督，驻紫〔扎〕义尔早〔古〕德斯克府，以统辖义尔古德斯克、也尼赛斯克、雅克德斯克二省一州，沿黑龙江总督驻扎哈巴罗夫克府，以统辖沿海、黑龙江、后贝加尔三州及萨哈连岛，德波利斯克及托木斯克二省，则直辖内务省。又总督之下设有参事会，以佐理政务。其各州、省之首府，则驻扎知事官，禀承总督，以管理地方政务，故能制度整齐，事理日举。此振兴之一原因也。

一曰经费之预算。政治区分规定，而其入手办法，先从事于经费之预算，诚以财力有限，事理无限，不择其要者、大者而经营之，则经费有虚掷之患，而难底于成功，故于一千七百五十三年，内务大臣提议，各项必要之费有四：一、道路改良费；二、天然物产之采取及其调查费；三、河川航路改良费；四、移民实边费。以预定之费，办预定之事，如是一钱得一钱之用，费不虚掷，于事有济。此振兴之二原因也。

一曰奖励有方。初俄人略取西伯利亚后，朝野上下，举以为茫茫数千万〔里〕疆域，得之甚易，守之甚难，若事出诸公家，非特财力有所不济，而政令亦有不能尽致之势。于是于整顿社会之秩序中，寓鼓舞人民之意：一、殖民移住者奖励之；一、各移住民其土地无代价之征收；一、各种天然物规定税则，与人民以采取之权，于是全国风气相应，皆以西伯利亚为金库，而趋之若鹜矣。此振兴之三原因也。

政治之区分既如彼，经费之预算、奖励之有方又如此，犹恐人迹鲜少，利源不辟，于千七百八十九年，俄政府废死刑为西伯利亚流刑，以服役矿夫及耕奴，故于西伯利亚沿途之各驿及村落，构造流罪人宿舍以居住之，并给与适宜之食物、种籽、农具、牛马等，以发其生计，于荒凉寂寞之区，一变而为肥沃富饶之地。此读西伯利亚历史者所类能道也。语曰："知彼知己，百战百胜。"又曰："他山之石可以攻错。"俄人之所以经营西伯利亚者，亦既明效大著矣。而蒙古地方之寥廓，物产之富饶，急宜整顿者，亦岂有异理乎。则我曷不师彼之长，以补我之不足，有为者亦若是，谁谓中州子弟不如斯拉夫民族也。爰不禁拭目乎其后。

第六节　西伯利亚军队布置情形

自彼得大帝雄才大略，环球混一，遣〔遗〕训后昆，历代帝皇，无不以好大喜功为不易之宗旨，故其扩张军备，朝野一致，威震邻封，不可向迩，欧洲列强，于是折其矫健阴鸷之翼，一跃而东，未几而海参崴重镇立，未几而乌苏里江重镇立，未几而旅顺口重镇又立，东亚风云，一日万变，黄海潮流，永无底定。日本以蕞尔弹丸，掷数百万之生灵、财产与之争生死，辽阳之役，英锋大杀，然其百折不回之概，不以战败丧气，而以战败自励，迄今财政改良，诸事经营，将挟西欧之全部，造东亚之新邦。筑路如是其亟也，移民如是其甚也，军队之驻扎星罗棋布，如是其骇人也。司马昭之心迹，路人皆知。岂非失之东隅，收之桑榆，鹰瞵虎视，称雄欧亚，欲为世界之主人翁乎。窃尝觇其亚西亚驻兵实数，不禁为中国前途危也。查俄国陆军编制，平时与战时不同，欧洲与亚洲又不同，亚西亚军队，分土耳其斯坦、西伯利亚两部。土耳其斯坦有两军管，西伯利亚有五军管，每一军管，少则三镇，多则四镇，统计官兵不下二三十万，非特中国不能当其一战，即强如日本，亦惕惕乎其后，日夜彷徨也。现彼正肆威力于海参崴、乌苏里江一带，以巩固其基础。吉、黑两省，风声鹤唳，已不能出其势力范围。蒙古虽受影响，碍于交通尚未进行，然目光如炬，着着争先。恰克图营房大加扩充，伊尔古斯克兵队，雷动电掣，泰山压卵，不破何待。虽然，忧患可以兴国，逸豫可以丧邦，雨露风霜皆有妙用，天或者眷顾中土，意在玉成，假俄人空中之鼓荡，为警觉之先声，因之奋发之心，图强有自，则见兔顾犬，设计未迟，风雨鸡鸣，请自今始。如因循不振，委委苍苍，自作之孽，乃不可为，被发伊川，追悔无及。噫！长城万里，徒负形胜之奇；阴岭千峰，无救危亡之局。秉国钧者，其勉旃！

《西北杂志》（月刊）

北京西北协进会

1912 年 1 期

（李红权　张楠楠　整理）

呼伦贝尔纪略（节录）

作者不详

风　俗

呼边蒙古人，系属内蒙古种，归呼伦道管辖。彼族不解耕种，向以游牧为生，居无房屋，以蒙古大幕，隐蔽风雨，幕庐成屯者，约有四五十架，首尾相连，远望如城。其幕形圆，顶尖以毡为之，架以斜木，门高不及三尺，用布包毡，悬挂为门帘，顶上留一大圆孔，用以代窗。室之四周，陈设木箱、矮床（形如炕桌），床铺破皮旧毡，以代坐具。门之左有泥坛、小缸，以盛食物。门右铺以乱草，为羔犊卧处。中有铁架二座，置饭锅、茶锅各一，用牛粪作薪，所陈各物，率皆窳败而带烟煤。男女遍身污秽，满面黑泥。一日三餐，两乳茶，一燔肉。将牛羊肉用清水略煮，或置牛粪爇火烤片时，左手持肉，右手以小刀脔割，黏盐末，嚼蒜瓣而食之。食毕，用衣代巾，拭其手口，以衣多油腻者为荣。男女衣皮裘。辫发，室女作一辫，妇则二焉。辫缀长穗，重四五两。首饰无多，耳环之大，圆径约二三寸，有缀三四环者。蒙人性情朴实，犹有上古风，似可喜，其习俗，腐败、愚笨、贫苦，则可怜，而其语言之间，转喜互相夸耀，又未免可嗤焉。

气　候

　　额尔古纳河，汇入黑龙江之口，居京师偏东五度零，北纬五十三度三十分，南距热带四十度零，北距北寒带仅十七度，加以兴安岭横亘南北，深山幽谷，终年积雪，冷度较京师实增数倍。三月间，犹冰雪坚凝，且多烈风，居此者，仍着皮衣。四月草始萌芽，间复降雪。庚戍〔戌〕年四月初旬，忽降大雪，厚至三四尺，各蒙旗牲畜，多为冻毙，五月间，始如京师暮春天气，至六月则骤然溽暑。当午炎热，与京师无异，蚊虫蝇蚋，密如雨雾，人畜苦之，惟朝暮则凉如深秋。一日之间，气候不齐，故边地居民，虽三伏，亦备棉衣。山阴之地，掘地至五尺，即坚冻，是盖万古不融者。山腹岭巅，冰雪皑皑。七月则凉风袭人，渐见早霜。八月则草木黄落，甚至降雪。九月即见大雪，水结薄冰。十月河冰已坚，畅行无阻。自是以往，虽晴日，往往霏雪，窗冰凝结，映日不消，室内须置火炉，满贮柴炭，方可御寒。出则寒风割面，须眉皆冰。行路者，身衣重裘，且有皮帽、手套、皮袜等物，仍难恃以无恐。是年二月，有随设治委员前往吉拉林者，途次受冻，将脚指烂断。闻冬际守卡兵役，有将足冻坠者，坠指裂肤之言，非虚语矣。夏至，昼极长，日出寅初三刻十三分，日入戌正初刻，昼长至六十四刻二分十二秒。冬至，夜极长，与夏至正相反。古人云：“漠北之野，夏至前后，向晚煮羊胛未熟，俄而红日东升。”《唐书》载，“薛延陀地，夜不甚暗，犹可博弈”。六月间，有人调查沿边之时，虽子夜无灯，尚能辨字，取证前言良确。但当夏令破晓时，则满河烟雾，相距丈余，即不能睹，日出后，始烟消雾散，天阴则否。

地　势

呼伦城西北四百余里，有塔尔巴干达呼山，高四十余丈，孤峰特出，石均黑色，上有鄂博二，为伦城西北国界之起点。山下地势渐洼，西南即外蒙古喀尔喀界，南距五里许，有界碑，中书满、蒙文字，此为与喀尔喀内国之界线，界牌十年一换。光绪三十二年，呼伦总管，仍照例换立，碑上但书某人于某年月日会查。由此向北，即俄属萨拜嘎尔省。此山之顶，旧有鄂博，为中俄界限。由此东行五里，俄界内有水泡，名"下巴尔"（蒙语，多泥也），纵横可一方里。泡旁为俄属布拉牙特人游牧之所。此类种人，与外蒙古及伦境之新巴尔胡旗人，同文同种。盖自明代，已别隶于俄。再东十余里，即俄西比利亚铁路沙尔松车站。站西里许，有俄村一，约十余户，东南二十余里，为"查罕敖拉"（蒙语，查罕，白也；敖拉，山也），高八十余丈，为满洲西北最高之岭，数峰相连，上摩霄汉，西北与塔尔巴干达呼山遥遥对峙，相距五十里。是山南距东清铁路首站之满洲里七八十里。复由此东南行二十余里，即俄铁路马七也夫斯基车站。站南三里，铁路旁有俄人所立之木标，上钉双头鹫国徽之铁牌，书以俄文，即为俄铁路通入中国之起点。

盖从塔尔巴干达呼山，东南至阿巴该图（即额尔古纳河发源地），折而东北，至额尔古纳河口，延长一千五百余里。开国至今，二百余年，两国界线，不但属于天然者，尺寸未失，即属于人为者，其山岭鄂博，亦尚能寻名责实。惟沿边俄民，往往有越界之事。光绪十年，因防俄人越界挖金，曾由布鲁河以北至额尔古纳河口，设立卡伦五处，越界之事稍息。庚子之变，俄人乘衅逐我华人，焚毁我卡伦，盘踞金矿，安设水磨，垦种荒地。凡河中之鱼，山中之林木、鸟兽，一任取携。前经程抚帅将吉拉林金厂收回，而俄人在厂之南北一带，越垦居住者，仍自若也。经苏副都统派蒙员前往驱逐，根株仍未净尽。迨宋副都统小濂，权镇斯土，咨请省署变通沿边卡伦，将坐卡蒙兵，一律撤换，另募农民守卡，兴办屯垦，以实边境。复订立俄人越界刈草伐木纳税章程。至越界安设水磨、垦地、挖金之事，则一律禁止，沿边主权，始逐渐收回。溯查俄人越界之故，一原于彼界山童土瘠，牧养牲畜，需用材木，非仰给于我，实无以为生，我界草木丰茂，向为彼族所艳羡；一原于我界空虚，如入无人之境；一原于蒙人愚弱，以小利饵之，即任彼所为，有此数因，积久遂成为习惯。加以庚子乱后，我沿边之地，彼直视为已〔己〕有。今令其照章纳税，实亦非彼情愿，然犹不得不从者，诚恐我一律封禁耳，设使不令其纳税，亦不准其越界，彼实有性命之忧，不惟力之所不能，亦且势有难强耳。

《地学杂志》（月刊）

北平中国地学会

1912 年 2 卷 17 期

（王芳　整理）

科布多琐录

樊　镛　撰

　　余性喜山川，好谈风土。丁酉之岁，年十六，随同事赴科布多。仲春八日，由京起行，经居庸关，出张家口，但见平沙无垠，迥异内省。北抵杭爱，山路崎岖，俱属鸟道羊肠。沿途珍禽奇兽、怪草异木，多不知名。窃欣然喜曰："大丈夫遨游万里，跋涉山川，虽不能详悉记载，而胸襟开拓，足偿平生之素愿也。"于是渐习语言，询其土俗，日从事于鞍马，不觉骑之有法矣。盖蒙古地方，土广人稀，夏日酷暑，野乏水泉，冬日严寒，路无旅舍，若遇雨泽淋漓，风雪凛冽，每至僵卧难行，手足几非我有，久之习惯自然，胆气渐壮，深山夜行，不计野兽，所谓"多一磨折即增一阅历"也。在科十余年，戊申春，因事赴阿尔泰山，见山高岭峻，水急湖多，森林牧场，别具风景。其地东枕科布多，南屏新疆，西南接塔尔巴哈台，西、北一带，皆连俄境，南临额尔齐斯河、克林河，背倚阿尔泰山之乌西岭。时有陆军马队一营朱君子明者告镛曰："子知天津设有地学会否？子在科地十余年，盍将平日所历之山川形势、风土人情，记载一二，以备考查家之采择。"因掇鄙见所及，叙之如左。

位　　置

　　科布多位置，在外蒙古之西北。其疆界西限于阿尔泰山，北至边界，抵于俄岭，东至扎萨克图罕部落，南至新疆省。其疆内则分七部落二十旗，原属科布多一处管辖，继因科布多办事大臣驻扎阿尔泰山，故分属于科布多、阿尔泰山两处矣。

城　　池

　　科布多本为军营，其城系土筑者，周四里余，高二丈余。南东西三门，南曰福汇，东曰迎祥，西曰延庆，北面无门。然城内北面之中央，有关帝庙一座，其神殿即筑于城墙之上，自远望之，极似城门之楼。又城之四隅，均有望楼。参赞大臣节署，设南门之内。至于粮饷军械，及办理蒙古营务各事务衙门，亦均在城内。监狱在城内之西北隅。又西门之内，有回教礼拜寺一。惟华、俄、缠各商店，均设在南门之外。冲南门者为大街，长里余，宽八丈许。道之东西，有合抱之老杨树两行。又东西有流水渠，南之尽头有观音庙，门向北设，此庙之后面，接连万寿宫。又大街之中，为十字式。去东西有横街，各长半里余。东横街东口之外，有五道庙一，门迎街口。西横街西口之外，又有南北街，一名西街，曲折不直。北口之外，即为城之西南隅。此街之中，西有一小巷，并无居人。惟各街均有流水之渠，是以夏日洒扫，街市颇为洁净。至于城之东、西、北三面无街市，皆临旷野矣。

河　流

科布多城北百里有大河，名和卜多稿洛（即科布多河），其源发于乌梁海右翼之松都鲁岭下长汉淖尔，水向东北流，归于哈喇乌苏淖尔，春际山雪融化时，则河水涨至三四丈。又临科城西去二里许，有河名布因图，发源于乌梁海右翼之公格布拉克，水泉经过孔斯淖尔及阿洪淖尔而向北流，亦归入哈喇乌苏淖尔，科设之十屯，即引此水灌溉官田。

湖　泽

科布多东去七八十里，有大湖名哈喇乌苏淖尔，周约六百余里，沿岸多芦苇，因蒙人不知所用，故弃之，归于无用。淖内又有多种鱼类，惜亦无人业此。

交　通

科布多东去乌里雅苏台，计官台十四，南去新疆之奇台县，计官台十一。其台之远大者，约二百余里。又西北去俄国奇列司必斯克城（此为在科贸易俄商来往之路，约二千里）。各处道途尚属平坦，惟路无车轿，水无舟楫，而河更无桥梁，交通不便极甚。凡旅行者，必乘驼马，载运均以骆驼。至于蒙人，甚有终世未睹车、船、桥梁之形式者，若与语火车、轮船，几疑为神物矣（今夏偶向蒙人语及翔空飞艇，闻者皆不信，均以余为妄言）。是以体质稍为重大之物，则无法运移也。所有官家公牍，均由台驿递送，若商家之信件，须俟旅便带寄。近政府亦议于科设立邮政电线，如果实行，于官商均大有裨益矣。

林　业

科布多初设之时，附近杨、柳、桦、松各树颇盛，因科向无提倡开煤者，故百数十年来，均伐木为薪（不独科城如此，即乌里雅苏台、库伦、阿尔泰山等处亦然。合抱之木，伐之为薪，殊属可惜），愈伐愈少，既无人提倡栽种，更无人禁其勿伐，近年几有牛山濯濯之势。是以今之建盖房屋者，竟有一木难求之慨。虽科属各旗，不乏有木之区，奈陆无车，水无舟，交通不便，不能运移也。近因各树将罄，于是均以哈尔各囊（似荆棘皮，金色，多利刺，性甚烈）为薪。倘再无提倡开煤矿者，不久必有断薪之忧矣。

物　产

科布多各旗之蒙古人民，专业畜牧，鲜耕作之事，故其物产，以家畜及家畜之皮为大宗，输出货之重者，其他著名物产甚少，至于工艺制造之品则无之。今将其物产，略分动植二种，记其大概。

大、小麦，惟杜尔伯特亲王、扎哈沁公、图尔扈特郡王三旗，各有一小部分种者，亦仅供一小部分之食用耳。又蘑菇虽到处皆有，然甚少，亦无采挖者。树木则松、柏、杨、柳、桦数种，而以松属为多。花卉有金莲、芍药、野蔷薇、玫瑰等。又有名石莲者，似芍药，绿色，其生必偶，长于山崖之石上，传闻可以疗疾，惟说者又均不能详述其能治何病，故不悉其究竟，然此花实不多见。药材则有大黄、黄耆、甘草、细辛、枸杞等，惟无采挖者。

动物有豹、熊、鹿、玃、狐、兔、狸、鼠、飞鼠、野马、野骡、野骆驼、野山羊、黄羊、羚羊、獭、狍、獐、狼、猞猁狲、貂鼠等，土人届严冬之候，方猎取之。禽属有鹰、雕、鹊、山雀、鸦、鸨、鹊、燕、沙雉、鹧鸪、云雀、红雀、灵雀、珍珠鸟等。沙雉、云雀二者，为蒙古之特产，沙漠旷野，所见甚多。沙雉飞翔迅速，于平地亦能疾走，盖其脚趾之构造，异于常鸟也。飞翔成群，如旋风之起，飒飒有声，相距尚远，已知其来，其肉之味亦颇美。云雀栖息于沙漠南部，至北部则甚少。其他美丽小禽颇多，湖泽之间，则凫、雁、鹅、灰鹤、野鸭、鸳鸯、鹭鸶等均有之。鱼属以无猎取之者，故不甚详。然如鲤、鲫、细鳞鱼等，亦处处均有。虫属之有害于人畜者，蝇、蚊、臭虫等是也。尤奇者，蚊之大，几如蜻蜓，故夏际蝇蚊繁盛之区，家畜被其咬毙者有之，人被其咬伤，中毒而生疮者有之。余如蛇、蝼蛄、蜥蜴、蛞蝓、蜘蛛、蜂、蝶、蝼蚁、蜻蜓之属俱备。又有蒙语谓之长汉帖迷者，其形与蜘蛛同，周身生有白毛，口生四齿如钩形，露于外。此物之毒，甚于蛇蝎。闻被其咬者，须速割咬之肉，否则半日之内，其毒即入心经，则无法可治矣。又闻此物不畏火，能于烈火之中，从容行走，故蒙人但闻其名即惧。家畜以牛羊为大宗，是为输出货之重者，马次之。华商每年由科赶往归化城之羊，约十五六万头，马五六千匹。惟牛均销售于俄商，每年赶往俄国之牛约二万左右，又每年赶往俄国之羊约七八万头。兽皮若豹、熊、狐、狼、貂、鼠、猞猁狲、灰鼠、羊羔、獭，皆其珍丽者也，尤以羊皮为大宗，每年运往归化城、张家口者，不下五六十万张，输往俄国者，亦有数万。狐皮每年约三万之谱，大半运往张家口、归化城，小半销售与俄商，运往俄国。其他如狼皮约二三千张，灰鼠皮五六万，或十数万，则每年均为华商运往张家口、归化城，猞猁狲、豹、熊亦如之，然均为数不多。貂鼠皆销往俄国。又羚羊角每年运往张家口者，约五六千对。鹿茸甚少，然俄商每年由俄国运鹿茸三四千对，售与科地华商，再转运往归化城。至羊毛、骆驼毛，向闻为蒙古物产输出海外之第一品。惟科属每年所出之羊、驼毛，实为俄商之专利，獭皮亦如之。推究其原，实因科地与俄接壤，路近费轻，易于输运，是以此二宗之利，落于俄商之手者久矣。每年羊、驼毛之数，共约一千数百万斤，獭皮约三四十万张。

矿　产

科布多矿物，未知其详。然见之于各书所载者，蒙古矿脉长大，则无疑义。至于晶石，每发苗，明现于地。因无人提倡采掘，而蒙人又复迷信阻挠，故地宝未泄，殊为可惜。

盐　池

科布多属杜尔伯特亲王旗下，有盐池一，周三百里许，所出之盐，其色红，其质美，较诸各地之盐尤佳。十年前，尚任人掏取贩卖，近年杜尔伯特亲王已禁止外人掏挖。惟本旗之人，运售于科市。他如扎哈沁旗下，虽亦有一小盐池，其色白，其质劣，实逊于红盐也远甚。

石　盐

科布多属杜尔伯特亲王旗下之杜耳特达各巴山，产有石盐，其色青，其质坚，与石无异。产盐之处亦有线脉，蒙人采盐之法，系循线脉掘开一穴，遇盐以巨斧砍成长形方块，售与华商。闻常食此盐，能清肺抑火，暖腹去寒，故华人每晨多有以此盐加数粒花椒，用白滚水冲饮以代茶者，亦有以此为馈赠之品者。盐之食法，须用火烧红灸后，色白如雪，捣碎再罗筛成末，装入磁瓶，以备需用，惟不得生食耳。

冰　碱

科布多属杜尔伯特左右翼分界之间，有他布帖司河，两岸出产冰碱，其白似雪，其坚似石，而其质如冰，故名。惟其品质之纯良，几疑世罕其匹。产碱之地，入土二三尺，水泉甚多。蒙人取碱之法，系于河岸青草之地，掘一池，见水泉为止，然深亦不过二三尺。至于长短宽窄，均可将池掘成，晒三五日，泉水即成此碱。用斧砍成长方之块，运至科城售市。又华商亦有转运售于新疆者，因此碱品质之佳，实非他碱可比，更兼价廉，是以新省市民皆争购买。惟此碱既不用制炼，更勿用熬煎，即成良品，实天然之富产矣。此可见蒙古地产之富，若果有专门学者，于蒙地逐处考查，焉知不有更胜于此者乎。

民　种

科布多所属之各蒙古，向分为杜尔伯特、扎哈沁、额鲁特、明阿特等旗，通名蒙古。至其究竟，均为何种族，抑即同一种族，则不知其详。原有哈萨克四游牧，及乌梁海七旗，图尔扈特三旗，今已划归驻扎阿尔泰山办事大臣辖管矣。

语　言

科布多各蒙古之言语，虽因地而彼此音韵不同，然仍分三种，一为口扣满恰语，一为活通语，一即为普通蒙古语。此普通蒙古语，各旗微有不同，尚无大异，惟口扣满恰语，只有乌梁海之人知之，余无知者。其活通语，亦惟杜尔伯特亲王旗下一小部分知之，此外亦无知者。所有口扣满恰、活通两种语言，音极轻极活，便与土耳其语又似是而非，或偶有一二相同者，其音则必小异。所以居科各种之人，因普通蒙古语尽人皆知，而口扣满恰、活通两种语言，遂无学者。

宗　教

科布多所属之蒙古，崇奉者惟喇嘛教，又名黄教。上自汗王，下至庶民，均此奉教甚诚。凡一家有男子三人，必有一为喇嘛僧者。向闻原有红黄两教，迩时已无红教，亦不详其始末，惟闻黄教乃西藏之僧宗可巴所创。宗可巴生于明永乐年间，得道于西藏某寺，成化年间示寂。宗可巴初习红教，继因红教之徒不守教规，专以幻术为惑人之具，于是宗可巴知红教之不可不改革，遂令徒众自黄其衣冠，订立教规，另成一派，又遗嘱二大弟子，使世世以呼毕勒罕，转生演大乘教，是为黄教之主。所云呼毕勒罕者，即化身之谓。宗可巴之二大弟子，一即达赖喇嘛，一即班禅额尔德尼，皆死后不失神通，自在转生，能预自指示其转生之所，于是弟子就所示之处访求迎立之，尔后虽常入轮回，皆能不昧本性云。又喇嘛之道行高者，称为呼图克图，又呼为呼毕勒噶，又俗呼为格格。凡此等喇嘛，亦能死后不昧本性，自由转生，惟圆寂后，弟子必须向达赖喇嘛请示转生之所，就达赖喇嘛所示之地访求之。然日久弊生，凡喇嘛之于经咒稍深知者，或大富者，亦皆称呼毕勒噶，甚至汗王之子为喇嘛僧者，亦呼为呼毕勒噶。又受戒之喇嘛，呼为格楞，未受戒者，呼为各次尔，沙弥，呼为班定。

然喇嘛之受戒者，惟于经咒多知一二，其他饮酒食肉，却与未受戒者无异耳。又妇女亦有转生之说，其名大力克，俗亦呼为呼毕勒噶。此等妇女习诵经咒，一切均与喇嘛无异，惟不居僧寺，至于衣服装束，与一般妇女无少异。蒙人之于男女呼毕勒噶，皆以活佛目之，是以男女呼毕勒噶如有所往，经过之处，则沿途之磕头，及供献物产者肩踵相接，连络于途。惟磕头者必受呼毕勒噶亲手摩顶，蒙古语谓之霭他，司受者以为无上之荣幸。倘有自远方而来者，或为最著名者，则此旗接，彼旗送，蒙人男女如痴如狂，携子负女，不远千里，弃家趋迎，以受其摩顶之礼。大抵蒙人咸以呼毕勒噶为活佛，以喇嘛为佛之徒，不但于呼毕勒噶不敢轻视，即或喇嘛出一言，亦均不敢议其是非，盖事无巨细，惟喇嘛之命是从。比如喇嘛云，此家之一切家畜财产均有邪灾，不可一日留，留则不利于人口，如此则此家必举一切尽数献于喇嘛，除一身之外，几至一草一木，亦不敢留。闻是语者，必以为言过其实，苟一过其地焉，即可知其奉是教迷信之深及心性之愚矣。又如每家必帖咒文于门，或揭小旗于房顶，凡一食一饮，必先祭献于神，而后敢用。又或不辞万里，陟山涉水，前往礼拜者，如西藏之拉萨、山西之五台山等处。但往者必以步行为诚，决不顾疲劳，以为如此艰难，方为最大之功德，更可邀神佛之默佑而获福云。又呼毕勒噶及喇嘛，均不许娶妻，其大力克，亦不许嫁人，然不问其呼毕勒噶为男为女，与喇嘛盖未有不奸不淫者。蒙人明知如此，则云所奸之人必厉鬼化身，非呼毕勒噶之佛力，则不足以制之，不然必为人害矣。总之，蒙古人崇敬喇嘛教迷信之深，心性之愚，实不易化。苟呼毕勒噶发一言，出一命，即使赴汤蹈火，亦决不违，此实因信心之坚所致。不知今日欲经营蒙古者，亦曾研究宗教问题否？若以今日蒙古实在情形而论，宗教问题实为第一最急最要之务，万不容一日缓者也。又妇人年至五十，亦有剃发为尼者，惟不习经咒，不居僧寺，只有衣服改为喇嘛之装束而已。又有谓之伯沁者，极似师巫，能以黑经摄人之魂魄，致人之死命。此辈所持奉者，大抵皆鬼狐之类，俗呼为瓮固，男女均有为者。但奉此者，不惟己身一世其鬼不离，即死后其子孙世世必有一人承其役者。至其鬼狐，性之善恶不一，其善者亦能施医治病，惟其恶者，闻之令人可怖，若使其害人一次，此后则常思饮人之血。然奉此者，亦不敢妄害平人，惟间数日用刀将己头部刺破，以血供其鬼狐云。此辈惟乌梁海各旗甚多，游彼之商多有目睹者。所有蒙人及喇嘛亦均知其于社会有害，因乏除治之术，亦付之无可如何矣。

学　务

科布多办理蒙古事务衙署，向设蒙文学校一所，教习由本校毕业者充之。肄业学生，由各旗官长挑选聪慧子弟，送校读书，每旗一二人或三四人不等，将来学成毕业，仍各回本旗执事，办理本旗公牍。近年科署，添设汉文学校一所，学生十余名，惟言语既殊，而音韵又异，教之实非易易，恐一时难于有成。若蒙古之平民，几不知学校读书为何事，除由科署学校读书之学生，及各旗王公识字，其他及各旗之职官，均目不识丁也，若平民则更勿论矣。是以蒙民向无书籍，欲考查蒙古之历史及一切事件，实无所究藉也。蒙古智识之不开，教育之不兴，亦良可悲矣。

币　政

科布多向用现银，又以砖茶作价，而代货币。近年俄国之币流入，行销甚畅，较诸银两，尤为信用。是以俄币屡年销数，有增无减，华商以银购买俄币，转至库伦、恰克图等处使用。该两处之华商，以俄币由俄国购买金砂，与一切进口各货。而俄币以上海之金价、磅〔镑〕价长落为准绳，现在俄币每卢布可市华银八钱左右（每卢布实重库平五钱四分），大清银行虽在库伦设立分行，恐利权一时尚难夺回，因购俄货必须俄币，且俄币之合银价随金、磅〔镑〕时有长落，商民于中可谋微利也。

实　业

科布多蒙古人民，于今仍似上古牧畜之时代，并无务工商者，惟毛毡一项，尚能粗制，至于日需之木器，亦能粗制，均甚劣耳。其余一缕一粒，无论何物，均须仰给于华俄两商。近年我政府每议整顿蒙政，于蒙地设立各项学堂，以便开通蒙智，虽蒙人性最愚顽，教之匪易，然有志者事竟成，亦在教者之善导而已。若将来果能得人而理，非徒蒙人之幸，亦我国家之大幸也。

农　政

科布多只有官设十屯田，皆驻防之绿营兵弁。耕种，惟大小二麦，所有蒙人均以牧畜为业，无务农者，惟杜尔伯特亲王及扎哈沁旗下间有种小麦者，然亦不过千分之一二。至于农器，只一耕地之犁铧，其余均无。其播种之法，只于春际雪消时，将麦播种于地，候秋熟时割收而已。所有各田，皆引河水灌溉，颇少意外之灾，亦无旱涝之虞。总之，蒙地各处沃肥之壤甚广，惟惜无人开垦也。

商　务

科布多本城，华商京庄五家（即京都喀尔喀馆，俗呼为外馆者，各货房之分店），山西庄十余家（一二人之小贸营业者无与焉），其在科属各旗之贸易者，华商不过十家左右（本科城华商于各旗均有分店，至于华商一二人之贸易者，各旗下均属甚夥）。科城俄商四五家，在各旗下贸易之俄商约二十家之谱。华商行销之货，向以砖茶、洋布为大宗，其他绸缎、铜铁、瓷木各器及日用所需一切杂货食物，无所不备。而砖茶、洋布由张家口、归化城购办，至于杂货，由京购办，亦有在张家口及归化城采办杂货者。自张家口用驼载货，约百日行程，方能运至科地，自归化城发货者，亦与此同。又俄商所销之货，以铁器、布匹、糖为大宗，其余如铜、瓷各器，及他种货物，均无不备。近年科城俄商每嫌杂货之利微，资本稍厚之家，均以俄币收买牛羊獭皮、驼羊毛等物，输运彼国，现时科城俄商仍售杂货者，只有一二家，其他俄商均不售杂货矣。

税　务

科布多向于茶货并无税课，惟华商来往出入之茶货，按每头骆驼抽收砖茶一二块，以为办理街市各项杂务之费耳。

风　俗

科布多所属各部落之风俗，不但与内蒙古及喀尔喀大同小异，即此旗与彼旗亦微有区别，颇涉错杂，不能备举，今只就其大部分相同者，约略记之，以避繁冗。其性质，亦随地而异，然勇悍耐劳，鲜嫌疑之念，有朴直之风，不见异而思迁，则大概相同。总而言之，无思无为如小儿，然至于一切婚葬祭祀，则泥古不化，决不可变通。今将其俗，略记数端，亦可见蒙古今日大概之情形矣。

游　牧

科布多所属各旗之蒙古人，均以牧畜为业，是以居无定所，惟追随水草肥美之地而迁移焉。大抵春秋沿河而居，夏冬则入深山以避寒暑。

毡　房

科布多所属各旗之蒙古人，自汗王以至于庶民，栖息皆以毡房（即俗谓蒙古包者），是以无构造房屋者。惟喇嘛之僧寺，如为官修造者，与内地之寺院尚同。若蒙人自建者，只有供设神佛之殿两三楹。至于喇嘛，亦居住毡房也。毡房之制，圆形，其内之墙皆以小棱木斜形组织，如方格式，高四尺许，长八九尺，因其为斜织者，故可高可低，每房或用墙四扇，或六扇、八扇、十二、十六扇不等，是以房之大小亦不同。毡房之顶，如伞形，顶之中以木做成圆圈，纵横各架三小梁木。房之外周及顶，均覆以毡，惟顶之中，另盖覆一方毡，以便启闭，而通光线，烟突亦由是出。房之门，皆面东南，门帘亦毡制。盖毡房之结构颇粗，然亦足蔽风雪而御寒暑，且甚便于转徙，故为逐水草最适用之物，所谓"韦鞲毳幕以御风雨"者，此也。

家　庭

科布多所属蒙古人，皆日出而作，日入而息。男子日间以牧畜为己任，妇女则以制酥酪及中馈为己任。凡男子娶妻后，其父母即将所有之家产，按子女之数，析而分之，令娶妻之子分居另爨，　是以蒙人无争产之讼，决不似我汉人于父母新死未葬之时，为人子者置亲丧而不顾，弟兄必先争家产，甚至反目构讼，自残手足，视蒙人能无愧乎。

衣　服

科布多所属各旗蒙人，男者所服之衣与内地相仿，然亦微有不同，惟常戴之帽，则各旗各式，一见即可知为何旗之人。帽之式，皆缘边反折而上，其顶有圆平式者，有方平式者，有尖若锥者，有团若馒首者，盖无分冬夏，皆戴皮帽，至妇女亦如之。其色或红，或绿，或紫蓝不等，间亦有戴六瓣便帽者，其色亦蓝、紫者多，青者少。所穿之靴，男女一式，前尖上仰，皆以香牛皮制做者。凡蒙人，不问男女老幼，皆穿靴，概无穿鞋袜者。又无论何时皆以带紧束其腰，男者以小刀、火镰系佩左右，女者则系佩银饰及针囊等物，妇人无之。至于女子之衣，与男者同，惟颜色略为分别。又妇人之衣，两肩必高出其肩五寸许，宽尺许，内衬竹板、棉花，作半月形，又有不衬竹板，只衬棉花作半球式者。长衣之上，着背心，其长与大衣等。蒙人向无被褥，男女之衣，皆昼穿夜覆，永不浣洗，迨至残破，抛之于野而已。男子剃半发，中结辫，女子不剃发，亦结辫。男女发辫之上，必系银饰。女子出嫁为妇者，将发分结两辫，由左右两肩分垂于胸前。妇人之两辫，亦有不同，有由发根结辫者，有由发根用胶粘作扁式圆形，以银板加束之，而下半截发结辫者，其加发之银板，多镶嵌珊瑚等。女子、妇人皆穿耳带环，男子亦有穿一耳而带环者。男子之怀中，均有一鼻烟壶，然并非人皆嗜此，因蒙俗不问其识否，于见面之时，彼此必互供鼻烟以为礼，妇女间亦有之，是以凡行于蒙古各地之商人，亦均备一鼻烟壶也。又男女自初生以至于终世，永不沐浴。至于漱盥，每晨只用一小木碗盛水，将水先含于口，由口将水再吐于手，即以手捧水而洗脸，是以一入蒙人之房内，其污秽之气味，真不堪入鼻也。

性　情

游牧之民，性质大都懒惰，无奋发有为之气概，遇事只求知敷衍，但得目前苟且之安，决不为远虑，此盖由专事游牧使然。既不为工作，又不为农商，除牧畜外，不劳心思，故蒙人强壮，鲜疾病。至其无事之余，男女相杂，善饮食，好谈论，种种敝俗，由此而生。又蒙人皆羡富欺贫，如遇富者，则必百般献媚奉承，遇贫者则又一味虐待欺压，即贵如王公，倘若贫穷，则人人皆轻慢之，虽贱为娼妓，如果富有，则人人必优待之。又不问贵贱，未有不爱小利者，故凡蒙人一入华俄之商店，则商家必谨慎严防。总之，蒙人不以贵贱为别，只以贫富分等，媚富欺贫之习，实为蒙古普通之性也。蒙人惟脑力眼力最佳，凡一事，隔数年可不忘，或见一面之人，或一见之畜，隔数年亦能识之。更可异者，则遇人于途，只此一过之顷，而能记其人之面目、衣服、马匹，如身上所有之零星物件，几至无物不睹，此实吾人所不能及者也。又能于十数里之外，其目能视及者，可识分其为人为畜，若十里之内，则可认其为何色矣。如旅行者，一经其眼，则人之数、马之数，与及行装为何，运载者为何，均能记之不忘。倘有异闻，或有平生未见之事，则骏马四驰，互相告述，是以蒙古有事，则传闻甚速也。

嗜　好

大抵蒙人之所嗜好者，骏马、华服及小刀、火镰等物，其最者为烟袋（中空之木杆，吸烟用者，俗呼为烟袋）、鼻烟壶，设若有适意之玉石烟袋，或玛瑙烟壶，于途遇之，欲购之则无资，欲舍之而不能，如此即舍所乘之马以易之，亦决不惜不悔。是以烟袋、烟壶，亦华商在蒙地大宗销售之品。此外更有最甚者，则为烧酒。盖蒙人男妇老幼，未有不好饮酒者，富者必日在醉乡，或乘醉驰马于野外，或招宾歌唱于幕中，必如此，方谓之富，他人亦皆羡慕，以为不可及云。

饮　食

科布多所属各蒙古，日常饮食之品，只有牛羊驼马之肉，与各种家畜之奶，及砖茶、谷米、白米、麦面、烧酒、糖等物。此外如鸟兽之肉，决不敢食，即猪、鱼、鸡、鸭，亦不敢食。至于菜蔬及酱醋椒姜，一概不食。盖五味之中，蒙人所食者，咸者为盐，甜者为糖，其余酸、辛、苦，皆不食也。至其每晨只饮奶茶和炒面（系将大麦或小麦炒熟磨面）而食，午餐亦如之，惟晚间方煮肉，就肉汤煮米而食粥，或以麦面烙饼。然牛羊之肉，亦惟秋冬食之，若春则怜其疲瘦，夏则惜其膘肥，是以春夏蒙人均以酥酪为食，故家畜之奶，实为蒙人第一最要之食品，不可一日无者也。牛羊之肉，皆宰杀而食之。马驼之肉，皆自毙而食之，惟砖茶则不可一日缺，盖蒙人不论贫富，皆以砖茶为命，真有"宁可食无肉，不可饮无茶"之势，虽极贫之家，亦不能断茶，设若偶有缺断，则必设法求觅，虽远距百里，亦必前往觅得而后已（向闻砖茶之制，内加大黄，以厚其味，蒙人之必饮砖茶者，实因其日食之品，如牛羊肉奶等各物，皆为味之重者，非砖茶，不足以消化之，故日久则成癖矣），是以砖茶实为蒙古贸易第一最大宗之销售品（科属蒙人，除砖茶之外，其余粗细各茶，一概不饮）。市场又以砖茶代货币，彼此使用，毫无阻滞。蒙人饮茶之法，先用小刀削之，继则捣极碎，以锅熬之，俟其沸，加以盐碱，更加黄油及牛羊之奶，饱饮则能充饥。又蒙人饮食之量，闻之令人惊骇，其男女行常之量，每次饮茶可十数大碗，至少壮之男子，则更加二倍或三倍。各人皆有自用之茶碗藏于怀，皆木制，无瓷器。此等木碗，皆以榆、槐、桦各木做成，又以桦树之根所制者为佳，更有以银装饰者。其最优之木碗名师布雅，价极昂，一碗有至数十金者。喇嘛僧徒又有以枯髅作饮器者。至于蒙人之食量，一餐须肉十斤左右，又量之大者，一餐能食羊一头，偶或绝食三五日，亦不见饥色，故一日就食，则可兼数人之量。其称物之美者，必曰等于羊肉。至羊之一身，除皮毛角骨之外，余无不食，尤以胸部及膉（音盛，肥也）尾为最美。食之时，必敬于长者，故甚贵重之。食肉不用箸，以左手持肉，半入于口，右手持小刀，断而食之，与吾辈用箸同。

嫁　娶

蒙人男女幼龄之时，亦颇婉美，及年稍长，则姿容顿变，不复如昔矣。惟其结婚一事，颇与自由之义相合。盖先须男女彼此相许，然后告之父母，再情冰人。至其纳采之日，男之父偕媒妁赴女家，作为求亲，惟所纳之采，只一哈哒（似绫，月色，有织花者，有织佛像者，大小长短，各式不一，总之，以长大者为重。又凡蒙古庶民谒见于长官，或叩拜呼毕勒噶，与及新正贺年，必须幼于长者，小于大者，进送一哈哒以为礼）与烧酒一瓶而已。迎娶之日，新妇骑马，女家新妇之奁妆，如衣服、首饰及日用所需之器皿，几至无一不备，又有本生父母分给之家产、家畜等物。夫妇居处平权，男子虽亦偶有置妾者，然实甚少。家政皆正妻理之，妾与妻共居，惟命是从，无敢或违。倘夫妇不和，离婚亦极任意。既离之后，亦可任意再适他人。如生有子女，则须彼此相商，或与夫留，或随妻走，若相争不决，则讼之于官，然而官须问其妇，惟以妇言为断，如妇言子女非夫之子女，乃己所私者之子女，则官将子女即断与妇，其夫亦不能追究其奸也。盖因蒙人不问为女为妇，莫不有桑间濮上之行，不但夫不能禁其妇，即母亦不能禁其女。总之，种种敝俗，实不堪述，然而蒙人所以罔顾廉耻者，实由于无教化之所致也。噫！教育不兴，竟使其人不知羞恶，亦可怜矣。

死　葬

孟子曰："盖上世尝有不葬其亲者，其亲死，则举而委之于壑。"诚以上古之世无棺椁之制，竟使父母遗体暴露原野以饱鸟兽。不料今于蒙古竟目睹其残忍之惨剧。盖蒙古之俗，死者不论其为何人，必将其尸赤身弃于野，面天背地，覆以藏文经咒之布一方。三日后，至亲之人必往看其尸有无变异，如被鸟兽已食尽，或食残者，则以为死者之魂上升天堂，阖家反欣欣然有喜色。倘未被鸟兽啄食，必以死者生前有大过恶，如此必须延请僧徒诵经超度，待尸饱餐于虎狼之腹，而后为幸。又蒙俗不论贫富，亦不论死者之尸被食与否，凡丧家均须延请喇嘛诵经。又将死者之遗产及一切遗物，以半施与喇嘛，作为超度亡魂，早登西方极乐之土，甚至有将亡者生前之一切物产，尽数施与喇嘛者，以为施之愈多，则亡者之获福愈大。噫！其愚竟至如此耶？惟喇嘛僧徒，死亡则有以火焚化其尸者，又有将其尸骨之灰，送往五台山者。又汗王之薨，偶有葬埋者，然亦罕见也。呜呼！当今之时，蒙古之无教化，仍野蛮至于如此，可悲矣夫！

医　药

蒙古医生，皆喇嘛僧人为之，间亦有一二妇女为医者，惟甚少耳。然皆泥守古之成方，决不知与时变通，亦决无因经验而发明一法者，更不知研究以求进步，只以为古之成方皆神所遗留，后人不当妄改，故蒙医所用之方药，必遵成方，于病不能有速效，亦无他危险。至其治病之法，不诊脉，惟问病而用药。蒙古之为医者，于医道实毫无所知，徒有其名而已。其问病用药，不过以药试病，并非真知病症，而用相当之药者也。大约蒙人因病丧命，其误于医药者，必居大半。总之，蒙古不止于医之一道如此，即他百务，亦无不如此。其原因，盖由教育不兴，而无以引导之也。至其药，即以生药材研成细末，用水冲服，即或用水煎熬，亦须将药一并吞服。倘病者服药，日久不愈，则又以为病有邪祟，或疑寿命将终，如此必须延请喇嘛诵经忏悔祈禳，又必须布施银钱家畜，或病者之衣服。若病复不愈，则施之愈甚，甚至将所有家资及住房全数尽行布施者，真有晨为富家翁，而暮成乞丐，至无锥之可立。迨病者既死，家产已绝，而亦绝不悔，以为神且不能为力，必其寿命应终矣。盖蒙俗，不论其为疾病，为何事，总以诵经为第一之要务，以为诵经则凡事均可邀神之默佑而获福云。呜呼！患病而不求之医，亦不求之药，只求之于神，及病者亡，不咎于医药，不咎于神，而又委之于命，蒙人之愚，亦可悯矣。又蒙医必喇嘛为之者，以其可以行医，可以诵经故。喇嘛无恒产，无营业，而得以饱食美衣者，实因以神佛为蛊惑人心之具，而愚弄蒙人之财产，以供己之所挥霍耳。又妇女生产，亦请喇嘛，因收生之一事，亦喇嘛为之也。

项　佛

蒙人不论男女，项上各挂佛像一尊，垂于胸前。其佛有铜制，有布制，均以扁式铁匣装之，富者或用银匣装之，长寸许，或二寸、三寸不等，宽亦如之。至于各人所挂之佛，其名彼此不同。

其初必先请命于呼毕勒噶，以本身应奉佩何佛为有益，就呼毕勒噶所说者觅之，或向喇嘛请之，或向华商购之。大抵蒙人咸以项上有佛，此生即为有托云。甚矣，蒙人迷信之至也。

鄂 博

鄂博者，蒙人祈祷之处也。其形似坟墓，有以乱石堆成者，有以枯木堆成者。其设处必于山头岭巅，或湖海之边岸。鄂博之顶，立有长杆，上系各畜毛角及各兽之枯骨，又刷印藏文经咒之小布旗与哈哒等物，蒙人路经其处者，必朝拜之。平时任风吹雨洒，至祭祀时，各杆均揭杂色咒文之旗及五色纺绸，供献以羊牛，喇嘛则诵经祈祷，男女则礼拜求福，此为蒙地之盛会。祭祀之日，官长多临其会，士女杂踏，亦极一时之盛。

寄 宿

蒙地之俗，以今时而论，大抵皆极鄙陋，惟有一事于旅行者便甚，即寄宿是也。因蒙人以牧畜为业，牧畜必逐肥美之水草，故居无定处，于是商者亦须随而逐之以贸易。盖莽莽草原，纵横大地，而无村落者，职是之故，所以城池、街市、商店、旅馆，惟边防各将军、大臣驻扎之处有之耳。凡蒙地之旅行，不但食粮须计程而携带，即至一切帐幕、锅碗与日用所需之物，甚至一针一线，均须预备，不然途中设有需处，或有缺乏不足，虽囊有万金，亦无购买之处。因而旅行于蒙地者，行装之多累，不便殊甚。惟只身或三二人，于近地十数日之旅行，或远地因有急事之旅行，而不便携带行装者，日暮即投宿蒙人之家，不问其为何人，决无拒而不纳者。且欣然优待，款以饮食，必令饱暖，信宿而后已。是以蒙地冬日，虽值雪天冰地、寒浸入骨之际，而鲜有冻毙于途者，实赖有此俗也。降雪之日，惟贵无风，倘有微风，则天地一色，咫尺莫辨，实为最大之危险，故蒙地旅行者，不问为冬为夏，为远为近，必携带极能御寒之衣服，以备不虞。盖因蒙地寒热倏变，一日四时，如此防备，方为万全。又蒙人宾主接见之礼甚简，其初见先以鼻烟相供，彼此问好，先问家畜平安，又问身体好，更必互问有甚新闻，及宾客临去告辞，又必互祝后此平安，主人送出帐幕之外数步以为敬，此俗颇近古风也。

歌　唱

蒙人以竞马、歌唱为娱乐。所歌多为情词，或亦有赞美古人纬〔伟〕绩之词。其歌时，必男女多人和音齐唱，悲哀之音、凄凉之词，闻之令人生悲。旅行沙漠长途之中，互相唱和，颇增征人思乡之感。其音之最哀者，往往闻者泣下。又有一种专以歌唱为业者，常应旷野旅客之招聘，乐器仅有笛、弦二种。

竞　马

蒙人于祭祀鄂博之时，必跑马蹒跤（两人以手互抱角力），由首事者备有赠彩，胜者得之。跑马之远近，预定其处，近则三四十里，远或百余里。所竞之马，用极轻便之鞍，以十龄左右之男女孩童骑之，由预定之处，一齐纵鞭，而向鄂博驰来，以先到能得赠彩者为荣。其将到也，但见飞尘蔽天，歌声盈耳，一时电驰云飞，争先恐后，势如急雨，歌声若雷，实为最盛之壮观。此外更有斗牛、斗驼之戏，然牛、驼不以驰驱为优劣，只以踢咬分胜负，胜者亦有赠彩。其斗时，只以儿牛两头相斗，或雄驼两只相斗，并非以多数混斗也。又蹒跤胜者亦有赠彩，惟胜者必须将负者按捺于地，其负者不能挣持再起，方分胜负。又蒙人不论男女老幼，未有不能骑马者。原因蒙古无车船，均以马代步，其男女孩童，自五六岁，即能骑马驰驱于野，是以蒙人之善于驭马，实非他国之人所能及也。虽极悍劣之马，一经其御，辄变驯良，更兼男女之性，皆好骑马，即近在百步，亦必骑马，决不步行。跨骏马以驰驱，实为蒙人平生最得意之事。遇有异闻，则骏马四驰，传布旷野，至其迅速，几与电信相等。又见蒙人饮酒，至极醉之时，眼已不能睁，口已不能言，而仍能驰马，与平时无异。其在马背，前倾后仰，左倒右斜，势极危险，甚至一闪一斜，其肩垂着于地，然而必能扎挣以起，决不至由马背堕落也。至其竞于高山危崖，及乱石坑坎之地，纵马驰驱，或驰马由地拾物，或两人驰马互相戏斗，虽亦危险万状，然皆视为平常矣。尝见某报载有蒙人驰马之势，实胜于哥萨克兵队之演马操，此亦可见蒙人之善于御马矣。以此更可知，其于二十世纪中，可占于优等之地位，然而蒙人虽有驭马之能，至于能否归诸有用，惟在当道者提倡何如耳。

历　书

　　蒙古各汗王，每年领有由京理藩部颁发之满洲黄历，每旗一本。喇嘛教徒另有一种日历，俗名定拉孩涛，与满洲历书大小建不同，一年之日数则同，闰月之年日数亦同，所闻之月则又不同。是以元旦、除夕，蒙汉无异，惟足〔定〕拉孩涛一月有三十一二日者，有二十七八日为一月者。比如初一日为不吉，则此月即无初一日，只由初二日起首。又如十五日为大吉，则明日虽为十六日，而亦呼作十五日。大抵蒙人上自汗王，下至庶民，遇有嫁娶、移居择日，则请命于喇嘛，虽有满洲之历书，亦为无用。然闻去年理藩部亦已停颁满历矣。

权　度

　　蒙古向无权度，以锅勺代秤斗，以手指代尺度。其论分两，整件之物；则同看物体之大小；须彼此认可；即可交易。其论长短者，则展两手以引量之，若体质小之物，则以手指量之。

方　向

蒙古语言，不用左右两语，只以东西南北各语分方向，如言在我之东、在我之西是也。又或趋东西南北，则又不以方向言之，惟按河流以上下分之，如言由此往上、由此往下是也，盖其语法如此。又离距之远近，不以里记，或问其地远近若何，但以骑马行几日、骑驼行几日相告。然而行者有缓急，则又以缓急二语冠于驼行马行之上，以为分别。又或以离距有几台（即军台也）之路语之，至两台相距远近不同，则又以大小分之，大概平匀每台相离约七八十里耳。盖因蒙古无里之一语，是以路之远近，以日或台记之。

《地学杂志》（月刊）

北平中国地学会

1912 年 3 卷 9、10 期合刊

（李红权　整理）

说科布多

无　生　撰

科布多者，领金山额鲁特之七部与阿尔泰乌梁海之七旗者也。言乎金山，则可知其地多矿产，黄金于此生殖焉。言乎乌梁海，则可知其地有水利，航路于此发达焉（乌梁海即兀良哈之讹［此］误）。在满清时代，虽于该处设科布多大臣，然有其名而无其实，对于内则一切不加整顿，对于外则一切不知扞御。绸缪未雨，手乏彻桑之能；荏苒及期，眼穿代瓜之至。因循迄于今日，边患滋深，寇氛日恶。库伦活佛，在肘腋之下，从而侵略也。斯拉夫人，在帷幄之内，为之运筹也。新疆之援兵不到，溥鬺之警报纷驰。虽达赉汗噶拉章拉济木纳及科城王公、扎萨克等，倾心民国，未忍背叛，然闻棍公新近挫败之后，又增生力军四面合围，则仍恐独木难支也。政府虽密筹三策：（一）饬章拉济木纳从速进兵为前锋；（二）令阿尔泰帕尔塔就近赴援；（三）任陈正魁由西路出师为后备，然彼处则敌已陵城，而我兵则师未出次，犹虑鞭长莫及也。嗟呼嗟呼，其遂将自此无科乎。虽然，无可如何也。吾试说科布多之形势，与其对于蒙古、新疆各处，具有绝大之影响及密切之关系，以为同胞告焉。

（甲）幅员广大也。科布多全境地方，其隶属于科布多大臣者，可分为间接、直接二种。曰杜尔伯特，凡二部十四旗；曰新土尔扈特，凡一部二旗。曰新和硕特，凡一部一旗，以上四部，

皆间接而隶于科布多大臣管辖之下者也。曰明阿特,凡一部一旗;
曰扎哈沁,凡一部一旗;曰额鲁特,凡一部一旗,以上三部皆直
接而隶于科布多大臣管辖之下者也。就中杜尔伯特,为最主要之
部,而此外又益之以阿尔泰乌梁海部七旗,及辉特二旗,是皆西
北之大藩,乌在其可割弃以资敌也。

(乙)山川雄秀也。大漠南北,平沙千里,既无名山以资控
扼,又无巨川以资灌溉,此世界地理家所公认者也。乃科布多独
不然。以山言之,其地据阿尔泰山兀鲁黑塔之秀峰,与唐努山山
脉亦相接,丁塞外三大名山之交汇,地势之高峻雄险,概可想见,
而又非枯竭无川渠之地比也。以水言之,科布多河横贯其中央,
东北有特斯河,南有布尔干河,东南有额尔齐斯河。而南部多数
之井泉,尚不在其列。雪浪烟波,四通八达,可谓边防罕见之仙
都矣。

(丙)无科布多是无蒙古也。科布多境,东与外蒙古札萨克图
相毗连,南至锡伯尔沙札海岌〔及〕陶布淖尔南山,又与喀尔喀
屯田兵牧地为界。盖其地望在蒙古、唐努乌梁海中间,亦即在蒙
古与俄属之边地中间,俄人之所以难遽并吞蒙古者,以有科布多
城为之屏障故也。今者活佛棍公之徒,受俄人所唛使,不撤围科
之兵,将许俄以由延伊二司河,扩充航权于乌梁海。信如斯言,
是引狼入室也,是教猱升木也,是为虎添翼也,科布多已矣。唇
亡齿寒,蒙古其亦将已矣。

(丁)无科布多是无新疆也。按科布多之南面,界新疆省塔尔
巴哈台厅,其西面界新疆省垣迪化府(即乌鲁木齐),是土壤相错
也。突厥之先,本居金山(即阿尔泰山)。自回纥兴而突厥亡,其
种人遗裔,散处于今之科布多、新疆等地。故科城及准部(天山
北路)土人至今尚皆操突厥语,是种族相同也。匪直此也。前清
雍正世之攻准酋也,前用傅尔丹为大将军,后用额驸策凌为大经

略，先后均由科布多、乌梁海等地进军。由此观之，新之与科，实相表里，科安则新安，科危则新危。稽之土地人种，考之历史兵事，彰彻著明无可疑者。

夫如甲乙二说，则科布多固万难割弃也，如丙丁二说，则科布多又万难保存也。吾以为不取消蒙古之独立，则科事断无着手之处。汉世匈奴南单于归附之后，北单于自然相继款塞，其明证也。不从新疆一路用兵，无以成高屋建瓴之势，汉世开通西域，以断匈奴右臂，亦其明证也，斯则今日筹科之要策也。

《地学杂志》（月刊）

北平中国地学会

1912 年 3 卷 11、12 期合刊

（李红权　整理）

伦边调查录（并序）

宋小濂　原著　　魏声龢　编辑

　　江省宋友梅都督，曩任呼伦观察，躬历诸边，查勘卡伦，规画宏远，其调查各记，于地理边情，尤详明洞达。今呼伦全境虽为逆蒙陷没，解决无期，然他日筹边方略，端资乎此。顷北京地学会累托记者访觅原编，幸已得此，因重加编辑，亟为刊印。虽然，过轮台之古戍，废垒春耕，伤洛浑之为戎，伊川被发，展览斯编，感慨系之矣。

　　呼伦、贝尔两池区域，为我黑龙江省西北之边境，实又全国东陲之重险也。克鲁伦河自西北来，受敖嫩河之水，注入呼伦湖，而讷墨尔根河又自东南汇入贝尔湖，溢为乌尔顺河，北与呼伦湖并合，而后东纳海拉尔河，成额尔古讷河之巨流，远源滂沱，溉域达二千余里。稽之于古，元代成吉斯汗崛兴杭爱，即与群雄角逐于此，肇建帝基；明成祖躬度大漠，击逐元裔，亦曾两至伦边（克鲁伦河，即《辽史》胪朐河，永乐易名饮马河）。诚以是地外接朔方，内卫松漠，山川雄伟，夐绝诸边，天然为军事上必争之点。前清之初，鉴于地势形要，令索伦鄂伦春等满洲旧族与阿尔泰喀尔喀（即巴尔虎诸旗）诸降人杂居，所以钤制北方，安抚夷戎，绾蒙满之毂，计至深远。近古以还，威德挫削，守边之吏又懵懵无识，一任俄人潜相蛊惑，加以羁络。此类种人，性刚健，纵横驰突，夙称善战，俄人得之，逐悉编列黄牌队，充骑兵，睥睨远东，而无所于惮。呜呼！完颜怯薛，乌知当年皆吾土之干城耶。然而俄人骎骎东略，所限于疆域攸分，究属渐进，未能骤取。不幸天降丧乱，前年吾国南北云扰，正大改革，俄乃嗾使逆酋胜福、车和扎诸人，应和库伦逆佛，遽然离畔。自辛亥岁腊月初十日，攻陷呼伦（海拉尔），十六日进陷胪滨（满洲里），及昨年春，又攻破室韦（吉拉林），于是西北二边，同沦豺虎，天意人事，盖有难言者矣。往者，清政府诡言立宪，强更旧制，征赋加苛，彼族已不免离心。适逢时会，中原多难，俄人已为百年梦想，一旦可偿，遂借彼貔貅，引之入室。俄人一嗛年前勘界以还，羊草木石，岁纳巨税，一涎吉拉林金厂发生大利，一妒我岸天产丰穰，自塔尔巴干达呼迤北二十一卡伦横截中央，实为彼喉中之鲠，故年前递蒙倡畔，俄军不顾公理，竟出与吾接战（战后得录牌绣绵之武官尸身，吾当道曾邀税关英人作证，摄影存案）。比者闻俄人已在呼伦设总监，仿日本吞韩故事，而蠢蠢蒙酋，犹冥然罔悟。兴言及此，不禁叹息。东省边事，破坏已臻斯极，如此江山将遂断送。抑知伦边不保，北满终危，满境动摇，中国前途，宁堪设想。然而论者哓哓，方日揎（音宣，钩袂出臂也）臂伸眉，言征库征库，其亦知伦城形要逾乎库伦倍蓰耶。噫嘻！

沿　革

额尔古讷河现今流域，其大势系北流入黑龙江，有东西岸，无南北岸，而前清康熙时中俄条约言南北岸者，或以将近黑龙江处，河水微曲而东，故曰南北岸欤。今查约中塔尔郭达固，即塔尔巴干呼山，在伦城西北四百五十余里，高四十余丈，孤峰特出，石均黑色，上有鄂博二，为伦城西北国界之起点。山下地势渐洼，西南五里许有界牌，中书满蒙文字，系伦境、喀尔喀分界处。此界牌十年一换。光绪三十二年，经总管车和扎（即现在附和胜福倡叛之人，业受库伦逆佛伪封镇国公）会查换立，所书之字即某人于某年月日会查所记。其北即俄境萨拜嘎省界。俄界内有水泡名下巴尔（按蒙语，下巴尔，多泥也），纵横约一方里，旁有俄属布拉牙时〔特〕人游牧之牛羊群，布拉牙特与外蒙古及伦属之新巴尔虎旗人同文同种，自明代已隶俄国。再东十余里，即俄铁路沙尔松车站。站西里许有俄村一，约十余户。东南二十余里即查罕乌鲁，又名察罕敖拉（按蒙语，查罕，白也；敖拉，山也），在伦城西北四百余里，高八十余丈，西北距塔尔巴干达呼山约五十里，东距铁路六里许，南距东清铁路首站之满洲里（即胪滨府）七八十里。查罕敖拉新设卡伦在该山之阳，相距约三四十里，为满洲西北最大之山。

复由此东南行二十余里，即俄铁路马七也夫斯基车站。站南三里许铁路旁有俄人所立之木标，上钉双头鸟铁牌，中书俄文，为铁路入中国之起点。盖此站在中俄交界之区。东清铁路与西比利亚铁路应在此处联接，乃两路汽车来往交换处不在此，而在南去四十里中国界内之满洲里站。站北十余里有东西边壕一道甚长，即旧地图所注之金源边堡，为金太祖所筑。再由此过铁路东二十余里，即塔奔托罗海（按蒙语，塔奔，五也；托罗，山也），在伦城西北三百六十余里，界壕再东三十余里，越数峰即索克图，又名苏克特依，在伦城西北三百五十余里，山势颇高，周围皆山岭环抱，近北微低，山头有鄂博二，为分界处。山阴有小桦树若干株，山南有小泉二，泉水甚旺。此处旧有卡伦，刻已作废。由此而东，皆山岭相连。东距二十余里，即额尔库里托罗海，又名额尔德尼托罗海（按蒙语，为宝贝山也。以山多绿色石，故名）。

再由此东南行三十余里，即阿巴该图，山不甚高，与西北边界山脉皆相连，分界鄂博在山顶之中，近东南额尔古讷河南岸，微高，山顶有俄人所立之鄂博，上立十字架。偏东有小亭一，北距四五里即俄屯阿巴该图，南与我界新设卡伦相距十余里。由塔尔巴干达呼山至此，共一百八十余里，所立鄂博，各山共计有六，其无鄂博之空地，即以各鄂博相对之直线约计。由阿巴该图折而东北，则以额尔古讷河为中俄国界。河之东岸为我属，河之西岸为俄属。但额尔古讷河之上游即海拉尔河。海拉尔河由东南来，注流至此，分而为二，一沿东岸流，一沿西岸流，下流至十余里，又合而为一，中间游为一洲，长约十余里，宽三里许，羊草丰茂。其西岸之水较东岸约宽二丈。俄人欲侵占河洲之地，遂指沿东岸者为正流，沿西岸者为支流。光绪三十四年秋间，因刈羊草，曾相争执，迄未确定。额尔古讷河由此折而东北，至入黑龙江河口，延长一千五百余里。前清开国至今，二百余年，不但属于天然者，尺寸未失，即属于人为者，其山岭鄂博，亦尚能寻名责实。惟沿边俄民，往往有越界之事。康熙二十八年，在尼布楚所定条约第二条有云："将额尔古讷河南岸，眉勒尔喀河口（即莫里勒克之转音）所有俄罗斯房舍迁移北岸。"嗣后虽将房舍迁移，而我界尚无居民越界，俄人仍难查禁。乾隆二十五年，由塔尔巴干达呼山至布鲁河设立卡伦十二，以防俄人越界。光绪十年，因防俄人越界挖金，复由布鲁河以北至额尔古讷河口设立卡伦五，越界之事因之稍息。

庚子之变，俄人遂乘衅而起，驱逐我华人，焚毁我卡伦，盘踞我金矿，安设水磨，垦种荒地，河中之鱼，山中之草木鸟兽，均一任其取携。三十二年，苏副都统复设卡伦十一处，仅由查罕敖拉至珠尔特，依以蒙人坐守。彼时经巡抚程德全，将吉拉林金厂收回。三十三年，复报称俄人在吉拉林南北一带越垦居住。经苏副都统派蒙员前往驱逐，根株仍未净尽。是年冬，宋副都统小濂在任，建议变通沿边卡伦，坐卡蒙兵一律撤换，招募农民为卡兵，兴办屯垦，以实边境，复订立俄人越界刈草伐木纳税章程，其越界安设水磨、垦地、挖金，一律禁止，沿边主权利权，逐渐收回。

溯查俄人越界之故，一原于彼界山童土瘠，收〔牧〕养牲畜，需用材木，非仰给于我界，实无以为生；一原于吾界之草木丰茂，物产富饶，向为彼属所艳羡；一原于我界空虚，如入无人之境；一原于蒙人愚弱，以小利饵之，即任彼所欲为，有此数因，积久遂成相沿之习。加以庚子乱后，我沿边一带，彼直视为己有，今令其照章纳税，实亦非彼所愿，然犹不得不从者，诚恐我一律封禁耳。设使不令其纳税，亦不准其越界，彼实有性命之忧，我力固所不能，亦势之所不必。当此世界大同，各国均有交通之便，其优胜劣败之比例，不在乎边禁之宽严，专在乎边备之疏密与实业之兴废，我诚能完整边备，振兴实业，对于内可为一极善之殖民地，对于外可为一最近之交易场，国界既不至内蹙，主权又不使外溢，于当今时事庶几得之。

按，陆路边界虽各设鄂博，然年久失修，且新旧参错，恐多疑误。水路虽有河流，而港没歧出①，中间淤洲，属此属彼，往往争执，易生界务交涉，亟应咨明外务部照会俄使，两国派员，会同照约查明，陆路重立界碑，水路立案声明，以垂久远，而免镣辖。

气　候

额尔古讷河口，在京师中线偏东五度有奇，北纬五十三度三十分有奇，南距热带四十度有奇，北距寒带仅十七度有奇，加以兴安岭横亘南北，深山幽谷，不啻雪窖，冰天寒度较京师实增数倍，阴历春暮，犹冰雪坚凝，且多烈风，居人仍着皮衣。四月草始萌

---

① 原文如此。——整理者注

芽，间复降雪。初夏降雪，动至三四尺，各蒙旗牲畜多为冻毙。五月间，始如京师暮春天气。至六月，则骤然溽暑，当午炎热，亦殊难耐，蚊蝇蚱蜢，人畜苦之。惟朝晚则凉如深秋，一日之间，直四时皆备，故边地居民，虽三伏，亦备绵衣。山阴之地，掘深五尺余，犹水泽腹坚，丛山之阴，冰雪有经年不化者。七月则凉风袭人，渐见早霜。八月则草木黄落，甚至降雪。九月即见大雪，水结薄冰。十月河冰已坚，畅行无阻。自是以往，虽晴日，往往霏雪，窗结冰花，终日不消，室内火炉须满贮燃料，方可御寒，出则寒风割面，呼吸成霜，须眉皆白，行路者衣重裘，有皮帽、手套、皮袜等物，仍觉艰〔难〕支。年前二月，有朱某随设治委员前往吉拉林，途次受冻，脚指为堕。闻去冬卡兵有将足冻落者。堕指裂肤之苦，今事目见之矣。夏至昼极长，日出寅初三刻十三分五十四秒，日入戌正初刻一分六秒，昼长六十四刻二分十二秒，夜长三十一刻十二分四十八秒。冬至日出晨正初刻一分六秒，日入申初三刻十三分五十四秒。冬之夜晷刻之长，一如夏之日。昔人笔记，漠北之野，夏至前后，日入煮羊，胂未熟，俄又红日东升。《唐书·四夷传》"薛延陀地，夜不甚暗，犹可博弈。"余今来查边，时适盛夏，虽子夜无灯，尚可辨字，足证前言非妄。但初晓时则满河烟雾，相距丈余，即不能睹物，日出后，始烟消雾散，天阴则否。

按，沿边气候虽寒，然自四月至七月，则草木怒发，争荣竞长，若恐后时。闭户旬日，出而游，山峰岚翠，每失旧视，故俄人耕种二麦，辄亦丰收，于农事仍无妨也。

物产一　鸟兽

额尔古讷河右岸，山谿深邃，丰草长林，绵亘千里，物产之裕，甲于诸边。鸟有雕、鹰、鹞、鹳、土鹤、水鸭（产额尔古讷河，喜食鱼，万千为群，味美可食）、飞龙（似雌雉而极小，长尾，味美，前清时列入贡品）、沙鸡（形与飞龙等，惟短尾，味美可食）、乌鸡（其形与家鸡等，全身黑色，故名，味美可食）、树鸡（较飞龙稍大，因常栖止于树，故名，味美可食）、翠雀、山鸽、山雀等，其他鸟类尚多，因不常见，无从详查。兽则有虎、熊、豹、狼、獾、堪达尔犴（堪达尔犴，似鹿而大，角可作决拾）、马鹿（茸甚大，鄂伦春人猎得，售与俄商，转售华商，价甚昂）、獐、狍、野猪、黄羊（黄羊产于额尔古讷河上游草地内）、紫貂（产于鄂伦春人所居山中）、狐狸（分草狐、沙狐二种）、猞猁、灰鼠（产于各山林中）、水獭（产牛尔河）、旱獭（产土岭草地内，穿穴而居，春暖草生，始出穴觅食，至秋末则闭穴深藏，蛰虫类。年前发生卜斯笃恶疫，医者云即此物为祟）、白兔（毛洁白细长而丰厚，惟革太薄脆，不适用，土人呼为天马）等，其皮革则以边地天寒，氄毛丰厚，貂皮毛紫色黑，多白针，较之赫哲所产者尤佳。惟价值甚昂，每张值俄弊〔币〕一百五十元至二百元，每年皆由俄商收买，华商向无贩运者。捕貂之人亦惟鄂伦春一种，所得之貂，售与俄屯乌溪罗普者，每年约三四百张，卖与博格罗夫者，年约三百余张。猞猁皮毛亦佳，惟色稍逊，每张值俄弊〔币〕十五元至二十元。灰鼠毛，黑紫色，胜于他处所产者，每张值俄钱三十至四十哥比。狼皮每张值俄币二元至三元。旱獭出数最夥，且为此间特产，俄人多用以制暖帽毳衣，每张值钱俄钱二十哥比。其他皮革价值，并每年出口总价额，尚无从查考。家畜之兽复有山中鄂伦春人所役使石沃利恩者，俗名四不像，角数歧似鹿，蹄两歧似牛，身长色灰似驴，其头则似鹿非鹿，似牛非牛，宽额而长喙，毛甚丰，能负重百余斤。鄂伦春人驯畜之，用时以木击树，闻声即来，饲以石苔，用毕纵使去，即游行山中，附此以备博物家参考云。

物产二　鱼类

额尔古讷河鱼类甚多，右岸之根河、牛尔河、博舒斯洛甫喀河，鱼类尤夥。其著名者则有淅鲁即鳟鱼、连子鱼、细鳞鱼、白鱼、鲤鱼、黄鱼（黄鱼产于牛尔河，大者重四十五斤）、鲇鱼、拉鮎（拉鮎身长似虾，二甲六足，似蟹），蒙人向不知捕取，加以沿边地广人稀，销售甚难，渔业遂无人讲求，惟右岸俄屯，或垂钓，或设梁，梁中置柳条筐，鱼从此过，即陷于筐中。额尔古讷河左右岸，并博洛舒斯洛甫喀河，均有之。或于河岸水浅处，插立木柱，横系柳条筐，筐口甚小，中置饵，群鱼见饵，即贯行入吞，人乘其不备，骤取柳筐，亦间有以网捕得者。捕黄鱼，则须用七八寸长之铁钩，乃获。

物产三　矿物

额尔古讷河右岸各山皆发脉于兴安岭，连峰叠嶂，蕴蓄深厚，矿产极为丰富。其已开采及发露苗线者，如扎赉诺尔煤矿，系租归中东铁路公司开采，共煤洞十四，编列十四号，有明洞暗洞之分，内有七号及十号、十一号，尚未开挖。其余有已挖尽者，有正在开凿者。清光绪二十九年，工人不戒于火，曾将煤烧燃，连及五号煤洞，历五六年，火尚未熄。现在九号及十二、十三、十四号正在开挖，作工者共二百余名，中俄参用，昼夜分三班，每人工价羌钱六角。明洞出煤用人工，暗洞出煤用机器。有中国煤税局一处，每煤千斤收银一钱二分，计自光绪三十四年正月起至十二月底止，共出煤二万万余斤，收银二万余两。又察罕敖拉煤矿，在察罕敖拉卡伦东数里。清宣统元年九月或见旱獭穿穴，所出之土带有煤质，卡弁王凯胜遂命卡兵采探，深至丈余，仍系碎煤，至三丈余，煤块始大如拳。然尚未至正槽，煤质仍松，嗣有水上涌，遂暂停工，然的是佳矿，拟仍复开办云。又新命名之铁现山有铁矿，因此山之石均黑紫色，较常石为重，且山内有俄人旧烧之石灰窑中，有将石烧融成铁质者，其为铁矿无疑，惜无人开采耳。吉拉林金矿，庚子变后，俄人窃采，前巡程雪楼始将厂收回，由商人龚泰山承办，嗣因资本告匮，遂致废辍。清光绪三十四年，派卞调元前往试办，室韦厅设治，兼办金矿，遂归官办。此厂在设治局西，名小西沟，距局八里，作工者约百五十人，均先挖碃（碃如井形，缘工人讳言井，井与净同音故），横五尺，纵丈余不等，以见金砂为度。金砂厚薄亦不等，有半尺厚者，有二三尺厚〔者〕，亦有挖至极深不见者。见砂之际，先将砂取出，或上木簸，或用水溜，将砂石汰净，金质即沉于底。大者如豆，小者仅目力能察见而已。旧例，每人月交官金一爪力克（每爪力克，华秤一钱一分八厘）。除官金外，每人日得金值匀计尚及俄币二三元，但亦须官中收买，不准私售。闻吉拉林山内产金处尚多，惜资本太少，未能遍采耳。吉林子河金矿在河上游，土名要班。清光绪二十四年前，有华人在此私淘，后复有俄人接采，此金厂系在山沟中，宽一里，长约十数里，已成碃眼甚多。砂堆层迭，迹似近复有人淘汰者，中有破木垛房二，金苗旺否，则无从查考。

　　阿木毗河金矿，俗名安皮户，为昔时已作之官金厂，沟长八十余里，宽里许，中有木垛四处，常有华人在此私淘，人少力薄，但采昔时之残砂。询问每人日得金仅值俄钱数百耳。乌玛河上游与吉格大河上游同有昔时已作之官金厂，今俱废弃。奇乾河金矿，长四十余里，宽约三里，归漠河金厂管理，从前甚为著名。闻此厂往昔产金亦甚旺，每人日获金砂有至十数两者，刻已挖残，归商人江姓者包办，作工者共七十余人，亦皆淘汰昔时已作之残砂，并无挖碃者。除交官金外，每人每日尚可得俄币一元余，可见昔时产金之旺，虽属淘汰，亦未能净尽也。盖沿边一带矿产甚饶，其已经发现者，惟煤、金二矿，而金矿之未经发现者，尚不知凡几。私作者皆贫苦流民，故无力广为采探。商办者亦资本过微，十九半途而废。官办则徒事铺张，金矿未开，而已多赔累，否则筹款维艰。任事者恐后难销算，不敢放手推广。此沿边一带之矿产所以永未振兴也。查沿边俄界金厂，其开办之初，皆先用矿师采苗，测其地面土层厚薄，金砂厚若干，苗线宽长若干，金砂重若干，可出净金若干，用工料若干，一一有预算决算，然后开办，虽费巨资，亦所不惜。若苗线太薄，则多租与商人包办，故赔累者少。其采金系将矿砂石，用运土机、吸水机全行划去，中余金砂。然后取出，上大溜淘汰之，金即沉于溜底，故其出金时每日有至数百千两之多者，较中国之挖碃实胜。我国矿学，迄未发明，一时无矿师可聘。然久在金厂作工者，观山形水势，其产与否，亦能知其梗概。为今之计，似宜招徕此等人，令入山觅采，官给衣食，督以勤能之员，俟其采有金苗，验其工作，酌定官办商办，或但用人工，或兼用机器，先将资本与余利预算已明，而后酌量财力而为之。惟探苗之人必须预约以特别利益，方可以策励，将来抑或官中限于财力，则可明定章程，招谕沿边之人，如有能自备食粮觅采者，准其领票入山遍采，采有金苗，报官开办，照章纳税，予以专利期限。总期有矿必开，地无弃利，招民实边，饷源即裕，伦边政事，矿务固最要也。

物产四　林产

额尔古讷河右岸，山川盘亘，草木丰蔚，在巴雅期胡郎图温都尔山中，即有桦树等良材。至吉拉林以下，则松桦交加。又自额勒合哈达以上，则松多桦少。桦分黑白二种，其白者皮可制油，干可作筐筥。松则有意气松、黄松（土人呼为樟子松）等类。意气松叶细似柏，入冬凋落，故又名落叶松。黄松则其叶如针，其实可食，冬夏不凋，登高一望，黛色参天，森林之富，诚边境大利也。果品皆系天然，有刺梅、山杏、杜李、都实、牙格大等树，而以高丽果、脱盘味最美。其牙格大、都实二种亦可食。此四种，枝干均不高。牙格大贴地生，叶长圆而厚，经冬翠色不凋。都实丛生，叶长圆。高丽果则生草间，甚低，觅采不易，宽叶有芒刺。脱盘紫干，状与相同。牙格大实与樱桃等，色殷红，味酸而甘。都实结实比牙格大稍大，色黑紫，其味亦酸而甘，类山葡萄。俄人以此二者酿酒。高丽果，其实如桑葚而色红，味独甘芳。脱盘色红，颗粒攒簇，成熟则脱蒂自落，故名脱盘，味亦甘美，俄人用糖或密〔蜜〕拌制，储藏之，视同珍品。草则以羊草为大宗，皆产于沿边岸渚及山沟之内，由阿巴该图至吉拉林所产尤饶，俄屯牧养牲畜皆仰给焉，惟年产之数，未能详查。

按，羊草一物，俄民仰给于吾土，历年割刈饲畜，无人过问。自清光绪三十四年定章收税，不准越界私取。征取之初，尚多疏漏，而致入俄币，各卡已达万五千元，将来查禁日密，为边境一大进款，固无疑耳。

部　落

鄂伦春实亦索伦之别部，其族皆散处内兴安岭山中，以捕猎为业，元时称为林木中百姓，清初谓为树中人，又谓为使鹿部。

满清未入关时，当天聪年间，始用兵黑龙江，招服诸啰路（即鄂伦之转音）。及崇德时，又命阿赖达尔汉率外藩蒙古诸贝勒往追茂明安部下逃人，至使鹿部喀木尼堪（尼堪，满语，奴隶也）地方，招集叶雷舍尔特、库巴古、奈土古等及其从役家人来献。

又《柳边纪略》云："使鹿部大约在使犬部之外。崇德元年五月，阿赖达尔汉追茂明安部下逃人至使鹿部喀木尼堪地方，获男女二十九来献，至今未通朝贡，无由见其国人，但闻其使鹿如使牛马而已。"

又《异域录》云："伊聂柏兴（俄人呼城曰柏兴）之俄罗斯呼索伦为喀木尼堪，又呼为通古斯，俱畜鹿以供乘驭驮载。其鹿灰白色，形似驴骡，有角，名曰鄂伦。今按鄂伦春所使之兽，彼俗名曰沃利恩，即鄂伦春之转音，俗名曰四不像，即此也。"（见前）所谓喀木尼堪，亦鄂伦春之别名，可见鄂伦春命名，即以使鹿之故。

又《朔方备乘》曰："鄂伦春者，索伦达呼尔也。黑龙江以北，精奇里江以南，皆其射猎之地。其众夹精奇里江以居，似与索伦为近。其隶布特哈八旗为官兵者，谓之摩凌河鄂伦春。其散处山野、以纳貂为役者，谓之雅发罕鄂伦春（按，摩凌河、雅发罕，满洲语，犹言马上步下也）。雅发罕鄂伦春有布特哈官五员，三岁一易，号曰谙达。岁以征貂至其境，其人先期毕至，奉命维谨，过此则深居不可踪迹矣。盖满清之初，彼辈已相率内属，后因罗刹扰边，屡被侵掠，亦有逃归罗刹者。前清康熙二十三年，将军萨布素奏称，夸阑大鄂伦春等抵罗刹地方，遣宜番造其居开谕，取其鸟枪二十，并鄂伦春留质之子三人。至康熙二十八年，平定罗刹，立碑定界，鄂伦春乃得帖然无事，与木石居，与鹿豕游，永为中国沿边深山之野人。然其所居，密迩俄土，终不免与俄互市。"

《黑龙江外纪》云："俄人之鸟枪常于莫里勒克处售之鄂伦春。"又云："俄商旧与鄂伦春互市，地名齐凌，转为麒麟，因有麒麟营之号。后将军傅玉搜获逋逃无算，乃禁互市。"

又魏源云："有不编佐领之使鹿部，名曰奇勒儿。"则齐凌、麒麟，均为奇勒之转音。今查奇勒口东南距额尔古讷河口约十里，沿黑龙江南岸为鄂伦春与俄人来往交易之区。此口系一山沟，宽不半里，中有华商新修木垛房。复查鄂伦春系内兴安岭土著之民，骁悍过人，排枪每发辄中，俄人亦颇畏之。耐寒畏热，惟患出痘。初归布特哈总管派员钤辖，号称谙达。同治初，吉林省属马贼猖獗，将军富明阿奏调鄂伦春人五百前往，一战而定。同治十年，将军特普钦奏于内兴安岭内外分为五路以备调用。光绪元年，将军丰绅奏调枪队五百人，每岁三月间调集内兴安岭旺山一带操演四十日，犒以银布遣归。六年，将军定安奏，增排枪队五百人，合计千人。每岁由将军特派协领一员会同布特哈总管届期查操。八年，将军文绪奏设兴安城副总管一员，建城于岭内之太平湾，有武帝庙，有军器库，有公备仓。其奏设兴安城总管略曰："查鄂伦春一带牲丁久居山内，几同野人，向归布特哈总管辖治，所捕貂皮辄为谙达诸人以微物易去，肆意欺凌，不啻奴畜。在当时山深地阔，尚不为苦。近因江左尽归俄界，仅有江右山场，捕猎愈稀，实属不敷糊口，且有逃归俄境以资生者。前任将军挑练千名，犒赏布银，专归谙达教管，略寓收抚之意。然谙达则权势益重，其人受制益苦，浸成仇敌之势。诚恐激生事端，滋起边衅，筹计久远，非编旗设官，列城置戍不可。该牲丁枪法极准，人亦勇鸷，性与索伦相近，及时收辑，足为我用。曾饬派查操协领会同布特哈总管入山晓以恩意。该牲丁愿即归伍，免受诸谙达欺凌。拟请就原挑千名分设佐领管辖，月给饷银一两，岁贡貂皮一张，设副总管衔总管一员总理其事。以下各官均照布特哈城章程办理"云云。然彼等性情颛愚，一饱无求，言语亦不易通，例操之外，往往伏而不出。建城以后，岁饷积存，几无人领。太平湾虽在五路之中，而城署均处洼下，工费万金，岁未逾纪，已坍塌不可居。总管遂寓于喀尔塔尔奚站，有美意，无良法，不能不为始事者惜。至光绪二十年，黑龙江将军奏收笼鄂伦春，将原设兴安岭城衙门概行裁撤，所有鄂伦春分归黑龙江、墨尔根、布特哈、呼伦贝尔四城管理。黑龙江上下游分二路，余各一路，每路专设协领一，以资收笼。三年后，带令出山，就近教练。此鄂伦春归伦城管辖之历史也。

　　无如地广山深，寻查不易，相沿既久，视为其〔具〕文。鄂伦春既不知管理者为何人，管理者亦不问鄂伦春居止何地，复何有于收笼。而额尔古讷河右岸山中之鄂伦春，僻处荒边，声息阻隔，尤漫无统属，日用所需，及猎得兽皮，均向俄境锁〔销〕售。往来既稔，遂受俄人笼络，潜入俄籍。光绪三十四年夏，派员调查边务，并令入山查察。鄂伦春使鹿、使马之殊别，户口若干，有无改入俄籍，冀以收笼。闻珠尔干河总卡对岸俄屯乌溪罗甫，其地商人常与贸易，旋由此处入山询之。俄商云："彼等居处无常，当此大雨时行（时在七月中旬），道路泥泞，草木丛杂，人马均不能行。彼等与俄商贸易有定地定期，去此华里五百余里，有山名颇克珠尔，复三百里，有木垛房，即为交易之定地。俄历十月二十前后，即阴历十月初十前，阴俄历对照，相差约十三日为交易期。过此以往则踪迹难寻矣。"又云："彼等已半入俄籍，归伊格那申俄屯长所管。其头目居额尔古讷河下游之奇勒口内。其入俄籍，因从前彼等牲畜均行倒毙，山兽亦寡，贫乏不能自存，遂出山至沿边俄屯佣工。因粗知俄国语言文字，遂渐变服改籍。"

　　复又询访俄屯屯长，并沿边华人，所云皆同。时以相离太远，未便冒进，旋又至额尔古讷河口，用俄人导行，溯博洛舒舒斯洛甫喀河，往寻鄂伦春踪迹。入山东南行百余里，于层峦叠障中遇三人贸贸然来，貌似蒙古，而衣俄服，两壮夫同俄人一老者。问俄向导，知为鄂伦春，见面似有退避意，俄人呼之始至，遂与俄向导语，亦不解所言为何。后据俄人云，彼等所居即在目前山内。导行数里，果至其居庐，四壁皆以杂毛毡或树皮为之，状与蒙古色等。入其室，妇孺衣服亦与俄人同。席地坐谈，问其头目所在并名字，答云："无定所。头目有二，一俄人，一鄂伦春人，鄂伦春人名过尔答各夫，闻前数日往俄境矣。"又问："何年入俄籍，户口共若干。"答俱不知。又问："在此系久居，抑暂居。"答："不日即迁。"盖彼等随山逐兽，原无一定住所。又问："每年所得兽皮若干。"云："多寡无定。"查此地共鄂伦春三家，彼二家家长，一名沃西力沃司克，一名各拉西木，男女共十五人，因将所携之果酒等分赏三家，谕以赏赐之意，且劝以仍归中国。观其意，似解非解，直若不同类者，而其名字、习惯已皆沿用俄俗，头目又无从寻觅，遂复由故道返回。至俄屯博格罗夫，有素与鄂伦春交易之俄商云："鄂伦春入俄籍者分二沃洛特（犹华言两旗），一为肯得及力司克伊沃洛特，其头目名飘得尔格为力勒维斯，帮办名骨尔特格罗夫，一为娑罗固恩挪司克伊沃洛特，其头目名飘得尔泥克拉牙维斯，帮办名司及班牙克维斯，二部共百七十余户。虽归俄籍，亦仅割发变服，形式转换。"至俄民所有之权利义务，彼等均无关系。每人年给俄屯卢布三元，此钱并非国课，盖彼等生死均必至俄屯延教士诵经，此钱所以施给耳。每年均于俄历六月一日由头目来交，并率其人交易货物云。惟该商所称头目名与入山所调查者不同，未知孰是。

按，鄂伦春人系我属部，且居我境，以属地属人之义言，均不准私入外籍。今以无人管辖之故，受外人笼络，便异其国，久必祸边，急应设法收笼，当以查明户口，择其头目，给以虚荣，使有所统属。按年春秋二季，派员进山稽查，加意抚循，如有甘心向外、不肯重隶华籍者，即以俄人论，查明驱逐，亦保边弭患之一助乎。

治　所

沿边荒凉空旷，向未设治，今欲营边务、兴办屯垦、择要设治，为经久计，以地势论之，第一为满洲里，已设胪滨府治。满洲里地当边要，为东清铁路入境首站，已开作商埠，俄蒙往来又以该处为冲途，时有交涉；次则吉拉林，为沿边适中之地，原有金矿聚集流民，时起争端，且地土膏腴，从前俄民时有越垦，急应招徕垦户逐渐实边，现已试办设治委员，定名为室韦厅，然吉拉林地势较小，不过就金厂为暂时根据，将来室韦厅仍应于根河北岸择地移设，方为得势；次则珠尔干河，距吉拉林过远，道路亦多阻隔，现设总卡，官经营屯垦，俟将来人民渐多，再行设治；次则额尔古讷河口，为伦边之终点，距珠尔干河尚五百余里，且与黑龙江会流，地势最为险要，日后亦当设治。其可设商场者，除胪滨府已经开埠外，如库克多博为蒙、俄、华人来往通衢，现已招有商人十余户，逐加提倡，可以渐臻繁盛。吉拉林内有金厂，且与各俄屯密相近接，现已有商人十余户，将来垦矿振兴，商业亦不难起色。又珠尔干河并额尔古讷河口，为鄂伦春人出入之区，皮张最为大宗，向归俄商收买，以皮易货，不论价值，一任俄商愚弄。俄商将皮张运至俄京，或运至外洋，得利数倍，由此致富者甚多。我苟设法将鄂伦春收笼，即于此二处设市招商，以便交易，既免为俄商所羁縻，利权亦不至外溢耳。

交通一　陆程

经营地方，首重交通，交通不变，则发达难期。陆路尤为交通

之首务，伦境沿边一千五百余里，其有道可行者，则由塔尔巴干
达呼山至吉拉林共七百余里，中无高山大岭，虽间有险阻，然稍
加修补，即成周道。其未经开通者，则自吉拉林至珠尔干河三百
五十余里，山岭已多，仅有荒僻小路可容人行，向无车马踪迹。
由珠尔干河至额尔古讷河口五百五十余里，则半属连峰叠嶂，深
山密箐，山石壁立河岸，求一线崎岖，亦不可得。行旅往来，非
假道于俄，不能飞渡，致受俄人多方挟制，而莫可如何。于此而
欲谋交通，非将我岸道路开通不可。然山多树密，工程浩大，巨
款恐不易筹，应先派员详细查明，易修之处，责成附近各卡伦卡
兵随时修治，其难修处，另雇人夫开修。目下似不必骤开大道，
但修单骑能行之路。有河之处，查看水势大小，架造木桥，或用
渡舟，可资驮运，可通邮递，便可暂济目前，俟边民渐多，筹款
较易，再官民合力开修行车大路。以今吉拉林至额尔古讷河口夷
险通算，约不过三万金，可以蒇事。此实无可再省者。其沿边冲
要之途，舍满洲里铁路车站外，以库克多博为最。界外各处俄人
之来华境者，均由此渡额尔古讷河，越界循根河而上，至色格勒
吉旧卡伦，以达海拉尔城，又可由根河经布特哈界库鲁格卡伦，
至墨尔根黑龙江城，以赴俄界之阿穆尔省。华俄人由海拉尔贩运
私酒，并赴华俄各金厂作工者，亦必经库克多博。其次，则珠尔
干总卡伦、额尔古讷河口两处为俄人越界入山与鄂伦春交易之处，
亦关紧要。

交通二　邮车

　　俄境各屯皆备有邮车（彼族名曰博其图），由国家助资，民间
承办，除传递文报外，来往商旅均可雇用，挨站换马递送。冬令
于河上驾驶冰橇，每一日夜可行三四百里，最为捷速，我境亦宜

仿行。自库克多博起，至额尔古讷河口止，每卡由官给马八匹，自备冰橇两辆，详定章程，以便遵行，用款不过数千金，官民均称便矣。

交通三　航行

陆路要矣，水路不通则输运仍属迟滞，而国际河流之航权尽为外人所握，亦非计之得也。额尔古讷河系中俄公共之水，乃俄人输〔轮〕舟激驶上下相连，左右岸均有船标以识水道。由额尔古讷河口可上达吉拉林，对岸俄屯卧牛、槐布拉等处，我则片帆绝影，沿边往来载运皆仰给彼族，往往受其要挟，如仅恃陆路，夏秋之际，山水涨发，卡伦运粮，中途阻滞，贻误良多。揆时度势，航路实难稍缓。所虑者，额尔古讷河下游，两岸均系悬崖绝壁，水大流急，帆船可顺水而下，不能溯流而上，非输〔轮〕船难以为力，输〔轮〕船复需款甚巨。加以沿边地广人稀，除载运卡伦粮饷外，货物实属无多，开办之初，必致赔累，此招商集股，所以每裹足不前也。如责成各卡伦公共办理，亦实力有不足，统筹全局，是宜由省城另筹巨款，合吉、江两省立一轮船公司，派熟悉船政之人专理，以松花江、黑龙江为正路，以额尔古讷河、嫩江为支路，一气贯注，化板为活。边腹各地商垦均易振兴，于行军亦多裨益，其利诚非一端，开通全局、开通伦境俱在此矣。

交通四　电线

水陆交通而机关不灵，遇事亦多延误，伦城界外八十里，俄领杂窝答彼有电报局一处，恃以通国内消息。其在我界，沿铁路复有电线可通国内消息，若未设电报之处，又有邮车转递既如上述矣。顾我界则沿边文报向由卡伦传送，道路遥远，异常迟滞，方今整顿边防，遇有紧急之件，辄多贻误，诚宜于伦城内设电报局一处，由伦城至省，尚可暂借俄电，由伦城至沿边一带，均自行安设电线，由伦城至库克多博卡伦暨吉拉林、珠尔干河、额勒和哈达各设一电报局。其满洲里新设之胪滨府，仍暂借资俄电以达伦城。至额尔古讷河口以东归爱珲辖境者，亦请一律兴办。如此则上下相通，内外衔接，边荒数千里麻木不仁之病，可立转为灵活矣。

税　务

国家筹款营屯，重在实边，原不重言利，沿边屯垦初办，岂宜骤言征税，图目前之小利。但边荒寥落，防守久疏，我界物产如草木等类，向任俄人割伐，无人过问，彼界村屯日密，所产草木又不足供建筑、炊爨、牧畜之用，越界取携已成习惯，一旦骤予封禁，绝其生计，必出全力以相争。我界经营伊始，豫备未周，稽查既难严密，盗伐实所不免，操之过急，恐生重大交涉，而俄领事马那金及驻伦外部官吴萨谛复殷殷向我恳求，暂允俄民越界伐木刈草。前清光绪三十四年，呼伦道因咨明省署，与之详定税章，并定明一年一定，以示操纵在我，为一时权宜之计，俟我边地日辟，边民日众，再当酌量情形，随时封禁。由是年五月起，至十二月底止，共收羊草牧畜税俄卢布一万五千余元，木植税约收二三千元。皮张均系山内鄂伦春所猎，稽查最为不易，前经珠尔干总卡伦与俄商订一简便办法，有俄商六家包纳俄卢布二千元（后当察酌情形，另行定章办理），统计开征半年，共收各项税款已有二万卢布。将来卡伦设齐，稽查周密，收款当不止此，可断言也。似此办理，主权利权，两无所失，国际邦交，均能兼顾。而取之俄民，于我边荒招垦亦无窒碍，且化无用为有用，是亦筹款之一大策也。

兵防一　防匪

呼伦贝尔沿边荒凉空旷，人迹罕到，故亦无匪患。自东清铁路开通，佣工麇聚，良莠不齐，俄匪亦时常阑入，混迹各站，满洲里东西沿边，蒙民屡被抢掠杀伤之惨，年余以来已有十余起，边境既无防兵，任其出没而无如何。今宜于满洲里迤西迤东，择要屯扎巡防兵队，并于伦城专驻一营为游击之师，庶可保卫边蒙，无虞扰乱矣。

兵防二　险要

呼伦贝尔为黑龙江西边门户，外蒙古尾闾，有屏蔽江省、控制喀尔喀之势。且内兴安岭横绝中间，俨如瓯脱，一旦变生不测，首尾不能相顾，省城西边之门户失，即喀尔喀、外蒙之尾闾不固。沿边千余里又在在皆关紧要，据险设防，厥有三处。

满洲里为伦城西边第一门户，东清铁路入中国，以满洲里为首站，西达俄部，东贯我吉、江两省，一有兵事，由西伯利亚运粮运兵，数日可达我腹地，急雷不及掩耳，惟有束手受缚。诚于此处驻重兵，外可阻其来，内可断其援，在我得迎头扼吭之势，在彼有进退维谷之处，险要一。

额尔古讷河口与黑龙江会流，为俄国往来孔道，由此溯黑龙江而上，可直达俄境斯特列田斯克大埠。溯额尔古讷河而上，可抵库克多博，以达伦城。由此顺黑龙江而下，可达爱珲、三姓、哈尔滨等处。彼族现正经营阿穆尔铁路，紧逼黑龙江岸，与额尔古讷河口仅一江之隔，水陆交通头头是道。于此处屯驻重兵，上以杜其来伦之路，下以截其赴爱之途，使之首尾隔断，于兵事上最为得势，险要二。

库克多博为边境俄人来伦要道，由此过俄境，可抵扎窝答，以达斯特列田斯克铁路；由此来我境，可达伦城，并可由根河山路以达墨尔根、爱珲及省城等处。应屯劲旅一枝，外以制敌人奇兵，内以固伦城守御，西与满洲里遥为援应，北与吉拉林兼为照顾，险要三。

珠尔干河，处额尔古讷河下游适中，上距库克多博，下距额尔古讷河口，均其悬绝，亦应屯劲旅一枝，镇慑沿边俄人，且为额尔古讷河口后援，免被敌兵将中间截断，险要四。

设此四险，边境已甚周密，然后路无兵，仍不足以固根本，水路无舟，仍不足以资策应。再于伦城屯扎重兵，为各路声援，于黑龙江、额尔古讷河制造输〔轮〕船，编练水师，为全边血脉，庶几掉转灵活，无懈可击。此虽为伦境边防言，实于全省边防关系匪浅。但有人乃能有土，足兵必先足食，伦境人稀地广，荒田未辟，若必远调客兵，转饷内地，劳费过重，难垂久远。为今之计，宜先迁民实边，务农积谷，并及此闲暇，将原有各蒙旗抚循教育，坚其爱国之志，振其尚武之风，行之数年，蒙旗知识渐开，人民渐聚，荒地渐辟，以招兵则有人，以养兵则有粮，然后宽筹饷项，多备器械，严挑精练，扼要驻防，进战退守，在在有资，庶可建威销萌，慎固封守矣。

按，现在俄人建筑阿穆尔铁道，西接西比利亚线之斯特列田车站，东达乌苏里线喀巴罗甫站，计长一千五百二十五俄里，刻东西两段皆成，惟中段七百四十五俄里，定期明年竣工，此路既通，上述形势又大有迁变矣。

俄　屯

沿边俄界村屯，共大小四十五处。立屯之始，即在中国设卡之年，惟彼国经营不遗余力，故能星罗棋布，鸡犬相闻，以视我界千余里，蔓草荒烟，渺无人迹，未免相形见绌。俄境皆系兵村，彼族名曰嘎杂克（华言马队），与中国之旗籍同。其不隶嘎杂克者，惟洽罗布斯一屯耳。男子自二十岁入兵籍，至六十出兵籍，无事则居家为民，有事则入营为兵，无事出游，必须有票，将所游之地、所行之事，载明票内。无事出游至百里外者，即为逃民。此法不但有事时招集为易，且可防盗贼之潜匿。充兵时，衣帽鞍马均自备，每月仅给俄卢五百文，食粮则由官给。与平民异者，惟所种之田无赋税耳。日俄之战，沿边各屯阵亡者甚多，至今言及，壮者尚怒发冲冠，怯者直终身不敢言战矣。其沿边出产草木不如我境繁盛，惟有金厂数处产金最旺。其居民均以畜牧垦种为业，并随时渔猎，亦有入金厂挖金者。至秋初，刈割羊草，或乘马，或驾车，裹十数日之糇粮，前往山沟河甸，直与内地秋收无异。盖沿边俄民以牧畜为营业之大宗，牧养牲畜则以羊草为最要。彼界所产羊草不足供用，非取给我界不可，故当年羊草丰盛时，无贫富，无男女，均入山割草，屯中几为一空，留以守家者，仅老弱而已。其国酒税最重，稽查甚严，华酒入境虽至少，必须倾弃。而男女均嗜酒，凡礼拜神节之日，即游息饮酒，终日昏饮者，且无屯无之，虽重税不惜，流毒直与中国之鸦片等。每屯置阿得蛮一（即华言屯长），若干屯设总阿得蛮一，大屯则有税官，各屯均置公所、蒙学堂、教堂各一。屯长由屯中公举，管理一屯之事，薪水由屯中公筹。公所为接待来往官差及会议之处。蒙学堂设教习一员，由本屯自聘。教堂为婚嫁丧葬诵经之所，中有教士二三。葬埋则一屯均归一处，不准自行择地。婚嫁不用媒妁，自行选配择定，各请命于父母而结婚焉。

戊申调查之役，往时由陆路至吉拉林，由吉拉林雇觅小舟以达于额尔古讷河口。归时以额尔古讷河水大流急，不能溯流而上，遵陆又无道路，遂假道俄境，于八月二十三日申刻，由额尔古讷河口之博格罗夫俄屯，乘俄人博其多轮船（即华邮政船）溯黑龙江上游（即界约所称石勒喀河）而行。子刻至俄屯波沃罗特那牙，停船一小时。

二十四日卯刻至俄屯阿泥及那停船一小时，午刻至洽娑沃伊新火车站，停船一小时。此处铁路询系新修，为豫备修阿穆尔铁路运材料之支路，沿岸有新修之木垛房十余间，皆系佣工者所居，并无土著之民。

二十五日亥初，至斯特列田斯克。由右岸下轮船，询问此处向系民屯，嗣因为轮船、火车来往交接处，商民遂聚集于此。俄商约五十家，华商七家，华人侨居于此者约五百余，作工者居多数，其余则系小本营生，并无门面坐落，亦有在此设花会赌局。每人均有人票，为商者有商票，分一二三等。人票则一年按两季交钱，每季交羌钱一吊。该处有武官一员，俄人，名为色果夫泥克，与中国之参将同，裁判官一员，俄人，名米勒沃苏，及牙税官一员。其官商居民房屋均在江右岸，铁路在江左岸，有火车站房数间，卖食品者数家。沿左岸山坡上，复有新修之房屋一百余间，不知是官是商，抑系民房。是夜在右岸俄店住宿。由额尔古讷河口至此系逆水，南行约华〈里〉七百余里。沿江两岸皆系丘陵起伏，松桦丛杂，凡有电报局之处，则必停泊。左右岸则均有俄屯，惟不及额尔古讷河左岸俄屯之密。

二十六日，闻有兵船数只在江中操练，遂往观焉。计共兵船十二艘，皆系今年新造者。其色黑绿，首尾俱圆形，外包铁叶，首置大炮两尊，有旋螺随意转动，两旁有圆孔数十，系置小炮之处。每船载兵百余名，以华尺计之，长十九丈六尺，宽三丈六尺。其坞在距此三十余里之库克伊，共新旧船坞二处，在旧船坞造船八艘，新船坞造四艘，闻今又造新式兵船十艘，因此处船坞难容，遂在黑河制造，亦将不日告成。

二十七日午刻，渡江至左岸车站，买票登车，申初至库克伊（华人呼为沟归）车站，停一小时。铁路北有未铺木铁之支路一条，亦系为阿穆尔铁路运材料者。戌初至聂尔沁斯克车站，停一小时。该处系一郡城（即清初中俄分界之尼布楚），在铁路之北，相距十里许，为商贾辐辏之区。

二十八日上午卯时，至克类木斯克车站换车。遂下车，候由赤塔所来之车。是日天寒，水已凝冰。午初，赤塔火车至，遂登车开行。未刻，至吉代亦司季克（吉代即俄言中国人）拉及拉兹得车站。盖赴满洲里即由此分路，故谓吉代亦司季。东南行二十里许过黑龙江（俄人谓此为石勒喀河，再上游即鄂嫩河），桥系石柱铁梁。申初，至阿得利阿挪夫克车站，停三小时。火车至此，盘山而行，曲折高低，不直不平，车行极难，前后用两机器车推挽之，且不敢速行。酉刻至雅打罗夫车站，停一小时。据俄人云，此一带之山名牙布罗斯阔伊骨利，因此山多盘道，华人遂呼曰盘山。戌初，至布力邪特（布力邪特，即归俄国之蒙古）斯克邪停一小时，至此则树木甚少，山势亦低。

二十九日巳初，至婆可图伊车站，停一小时。至此则均平原土岭。午初入中国境，至满洲里换车回伦。

额尔古讷河右岸水道

额尔古讷河为国界河流，右岸属我界。兹查由阿巴该图起，北流至库克多博三百余里，右岸并无支河。由库克多博东北流三十余里，始有根河，发源于呼里阿林，西北流四百五十余里入额尔古讷河。根河亦名旱河，《元史》谓之犍河，《秘史》谓之刊木连河。元初合答斤等十一部立札合尔吉儿罕于此。水宽十丈，〔深〕一丈五尺，距河口三十余里有新立官渡船两只。此渡口为华俄商旅必由之路，俄人贩运烟酒，避彼国禁令，皆由此潜越，华人贩运烟酒，并入金厂作工者，亦皆由此渡河，统计华俄各车来往，日有十余辆，为沿边扼要之区。再北流二十余里，巴图尔和硕废卡伦南，有特勒布尔河，发源于内兴安岭之西，汇合喀布勒河、诺勒霍诺河，曲折西流二百九十余里，入额尔古讷河，水深二丈，宽四丈。再东北流九十余里，近巴雅斯胡朗图温都尔卡伦南，有一小河，宽五尺余，自东南山内流入额尔古讷河。再东北至胡裕尔和奇卡伦南，有胡裕尔和奇河自东南来注，水不甚宽。再北至巴彦鲁克卡伦南，有珠鲁克图河，近北复有约罗奎河，皆自东南来注，河水均不甚宽。再北六十余里，近西伯力布拉克卡伦北有小河自东南来注。再北至珠尔特依卡伦南，有珠尔特依河，自东南山内来注，宽五尺，深半尺。珠尔特依卡伦北即布鲁河，自东南来注，宽不盈二丈。再北铁现山南有色木特勒克河，自东南来注，宽五尺，深一尺余。再东北即吉拉林，有哈拉尔河（即吉拉林河），源出内兴安岭北麓，曲折西北流一百九十余里，入额尔古讷河，水宽一丈，深一二尺。再北至平泉子南，相连有三小河，河水均不甚宽，来脉亦促，自东南山内来注。再北至莫里勒克卡伦南，有小河，俄人名为都益赐奇，北即眉勒尔喀河，俄人名为木赤干，源出内兴安岭北麓，曲折西北流一百九十余里，遂分二枝，一正西流，一西南流，皆入额尔古讷河。旧卡伦房，即在河洲之中，水宽约五丈，深二尺余。再北至俄屯阿拉公斯克，对岸有二小河自东南来注，其北即逊河，水势甚小。再北复有小河，俄人名为绕尔纳格夫克。再北有额尔奇木河、毕拉尔河、毕拉克产河、古尔布奇河，均自东南山内来注，水势甚小，来脉亦促。再北有吉林子河，宽五丈，深二尺，亦自东南来注，对岸即俄屯之绕登克。再北有阿木毗河，俗名安皮户河，宽二丈，深一尺，自东南山内来注，对岸即俄屯之鱼立邪。再东北即牛尔河（俗名贝子河），南距牛尔河卡伦十二里，发源于内兴安岭之西北麓，曲折西北流五百余里，入额尔古讷河，河宽八丈，深处约一丈五尺，河水清澈，与额尔古讷河汇流十余里，犹清浊分明。再北有小河，名阿巴河。阿巴河之北有二小河，皆自东南来注。再北即珠尔干河，新设总卡伦于此，河宽二丈，深一尺，自东南来注。对岸即俄屯武西罗甫。再北至孙元宝店，相近有四小河自东南来注，稍大者名库尔干河。再北至温河卡伦，有小河七，均自东南来注。逼近卡伦之北即温河，宽四丈，深一尺余，发源于内兴安岭西北麓，曲折西北流二百一十余里，至卡伦北里许，入额尔古讷河。再西北二十里有乌玛河，发源于内兴安岭西北麓，曲折西南流二百余里，入额尔古讷河。再西北有大吉嘎达河、小吉嘎达河、札克达奇河。再东北复有小河八，均自东南来注。再北至伊穆卡伦有伊穆河，发源于内兴安岭西麓，曲折西北流二百八十余里，经卡伦北入额尔古讷河，宽二丈，深一尺。再折东北至额尔古讷河口，复有二十余小河，其有名者曰毕拉雅河，曰托罗斯河，曰奇雅河，曰奇乾河。奇乾河发源于内兴安岭西北麓，曲折西北流一百五十余里，入额尔古讷河，水宽二丈，深一尺。曰墨河，曰博罗舒斯洛甫喀河，发源于内兴安岭西北麓，曲折西北流二百八十余里，经额勒和哈达卡伦之北入额尔古讷河，河宽十丈，深五尺，再北即黑龙江矣。

（未完）①

《地学杂志》

北平中国地学会

1913 年 3、4、6、7 期

（李红权　整理）

---

① 经核查，此刊 1913 年 7 期后未发现续文。——整理者注

调查喀喇沁右翼旗报告书

本社调查员　撰

一　练兵情形

蒙旗原定兵制，三丁抽一，每旗约五六千户口，充兵者，实不过三分之一。国家承平日久，既无调遣，亦少训练。光绪初年，经御前大臣伯王奏请内三盟各练兵一千五百名，以一千名备调，五百名守土，由神机营发给弓箭、长矛、火枪等件。调遣时，喀喇沁右旗应派出兵一百七十六名，然当时各旗皆视为故事，绝不认真训练。逮光绪十七年，教匪滋事，各旗对于兵队稍加整顿，本旗于盛京将军处，咨取前镗洋枪二百枝。二十六年，马贼溃勇，入境抢掠，均用后镗新式快枪，兵队所用前镗枪，不能抵御，乃另购后镗洋枪数十枝。二十七年，咨北洋大臣，调用学生一名，号兵一名，来蒙教习步操（德国操），此即本旗练兵之始。二十九年开办守正武学堂，内附教导队六十名，延日人教授，遂改日操，队中编制，取法于日。旋以经费支绌，改定一百八十人，分三次轮流教练，每六个月一换，每兵衣服、口粮，约计百金，每年用款约六千金，已练之兵，编为六分队，每队三十人，设一队长，三年调齐合操，成一中队。此外有马二十匹，马兵二十名，岁需银一百五十金，蒙旗向例，只有马兵，至此则步兵多于马兵矣。

每兵除月饷外，岁给津贴钱三十千文，以作养家之费，向例一人当兵，二家协济马匹、军械及衣服，故曰三丁抽一。所谓三丁者，即当日之三箭丁也，箭丁例应当兵，因所定兵额甚少，故此家出一人当兵，二家即协济军械、军服等类，当兵者以有两家协济，又终身不缴差役费，皆乐从之，故非箭丁，不得当兵。今若认真训练，不论蒙民、汉民，凡在旗地有地土身家者，选择壮丁，分班教练，平均计算，每旗可得精壮五千人，仍以抽丁法行之。若出于招募，则无业游民，充塞其间，平时拐骗逃亡，难于追寻，万一啸聚为匪，则贻害地方为更烈。现虽蒙汉合办团练，操练既不得法，教育亦甚不详，以之防土匪则有余，以之当大敌则不足，况扎萨克之权力有限，赏罚不足以示恩威，欲求其效命疆场，为国出力，亦戛戛乎其难矣。如国家实行征兵制，无论蒙汉人民，挑选训练，有功者，予以重赏，有罪者，科以重刑，不数年间，当可练成劲旅焉。

二　财政情形

蒙古向以耕种收租为生业，街市零落，商业萧条，虽间有收买牛羊皮、猪毛、鹿茸、药材者，皆于各口税关纳税，本旗无管理权。典质、烧锅，为蒙地商业之最盛者，由热河及边境外县，收管纳费，于本旗毫无利益，上自扎萨克，下至箭丁，均只于秋收后收取地租，此外则无所谓财政也。商家物品，无不先行赊买，至秋收后，如数偿还，将月息算入价内，名曰秋息。若贫苦之家，不能得商家之信用，赊买为难，往往托喇嘛代为借贷（喇嘛盘剥大利条例附后），己则代人耕种，秋收后，以所获之工资，或所分之粮食，还给喇嘛，频年力作，只为喇嘛生财，亦云苦矣。旗中贵族之有土地者，租税银钱等项，概委下人经营，其子弟则衣租食税，凡事皆不过问，权柄下移，弊端百出，凡属佃户，无不唯下人之命是听，中饱之弊，视以为常。又蒙地铜元，较内地尤为缺乏，大半皆用纸币，纸币之伪造者，不知凡几，彼处之纸币，又不能通用于他处，即或用之，亦按七成或八成折扣，蒙地市场相距百数十里，纸币既不通用，退换亦甚为难，故不得不受此亏损也。此外又有无铜元、纸币而仅用货条者，凭条取货，任其作价，暗中之亏折，实属不少。另有一种围钱，即围场地所出之纸币也，围钱一千文，只能作四五百文使用，出纸币之钱店，成本极少，又往往有倒闭之患。

附地亩条例

（一）榜青：即雇人种地，牛、粮、种子，皆出自地主，秋收后，将地亩之出产，与榜青均分。榜青多系穷民，稍有资本者，决不为此。又地亩多者，非榜青一人一身之力，所能耕种，又须另雇工人，互为耕作，其工资、粮食及布棉衣服等，由地主先行塾〔垫〕给，秋收后，于榜青应得之数内扣除。

（一）雇工：即雇人耕种，以十个月为限，每人约计工资三十余千文，粮食由地主给与，地中所有出产，概归地主独得。

（一）烂价：即押地之一种，地主以地亩若干，酌收地价，押与此人，议定共押若干年，自押地之日起，地中出产，概归押主独得，至年限满时，仍将地亩交还原地主，原地主将押钱如数退还。

（一）钱到归赎：亦押地之一种，地主以地亩若干，酌收地价，押与他人，议定每年以地中出产，给押主利息若干，原地主到期赎回，将押主从前交付之钱，概行退还，如到期不赎，押主即继续耕种，如押主不愿再种，或因无力可以自种，亦可另押别人，但须经原地主认可，不得私相授受。

（一）青粮：系贫苦人无以谋生，央请保人，于富有地亩之家，借种数亩，秋收后，以所出之粮食，按每亩五升（蒙地每斗七十二斤，每升七斤三两二钱）纳租，此据上等地亩而言，如在中下等地亩，则三升、二升不等。

（一）抛年头地：即初次开垦之谓，将荒地给与贫民耕种，以三年、五年或六年为限期，在期限内，开垦人不纳租，近以期限满后，地主多另雇人耕种，贫民以数年开垦之利，一旦给与他人，甚不愿意，故改定以三年为限，限满后，开垦人仍继续耕种，按亩纳租，谓之榜青。

（一）税契：凡地亩出卖，必立契据，将契据呈于王府纳税，契税之多寡，按土地之肥瘠而异，少则一分，多亦不过二分。

（一）白地白租：即与人耕种，不取地价，每年每顷纳粮食差斗五石，每差斗一斗七十二碗，每碗约重十两，另纳猪一头（约重六十斤），草二百捆（每捆重约八斤），地主派来之收租人，按每顷津钱一千文之标准，给以差费。

（一）合租：如同钱租，由本境众佃户及地主，会同酌议，每亩按粮食若干之时价，改纳租钱，猪草小费在内。

（一）办地租：系地主预收地租，期限随地主议定，较按期交租者，可减二分之一，并于预支租内，将历年月息扣除，期满时，或仍旧办理，或另租别人均可。

（一）当租：多以六年为限，亦系预收地租者，较办地租之亏折尤多，按地租应交之钱数，扣作三分之一交纳，如每顷地六年应交之租，合津钱一百二十千文，只交津钱四十千文，六年以内，不再纳租。

三　生产

喀喇沁地位偏北，已近北纬①，故气候与内地不同，阴历四月，始能播种，九月即有严冬气象，五、七月，甚至飞雪，至于狂风怒吼，白昼晦冥，卷木飞沙，系属常事。加以地境宽阔，四面丛山环闭，人烟寥落，万物发生最迟，三月犹满目荒凉，万类枯寂。蒙人向专畜牧，不善耕作，又限于时令，每岁只有一季收成。背阴山涧，解冻犹迟，物产虽饶，又苦于不知培植，除地亩耕种之物，凡物生长，一听自然，人造物，几于无之。以三旗地土而论，左翼旗最为膏腴，商务亦盛，中旗次之，右旗最下。以右翼一旗而论，东南之土里根、叶伯寿为上上，苏木皋、海塘、甘朱素木庙、公府王府一带为上中，黑水马、七营子、二道营子为中平，碾壳川一带为下下。王府后北山为境内最高大之山，俗名伊勤温都郎山，山顶宽平，花草、药材极为丰盛，有一种金莲花，似荷而黄，花瓣繁碎，一茎数朵，金色烂然，为内地所罕见。又西北矛荆坝山、正南新开坝山均甚高大。新开坝山上有大鄂堡，有一大石，几如房屋，宽阔至一二丈，递次层累而上，约七八层，山中野兽、草木、药材极盛。又桃花园山为正南大山，俗呼鸽子山，山有银矿。又鸡冠山，以形似鸡，故名。山后金矿旧洞甚多。境内河源，以老哈河为最大，过响水岭，入西拉摩仑仑。仑仑，蒙名，即潢水也，余皆山溪小水，支分派别，大半会注于老哈河者为多，惟土里根数小水，则会注于大宁河。河内多鱼，然此皆天然之物产，若加以人力，认真整理，则物产之富，当不亚内

---

① 　原文如此。——整理者注

地矣。

四　工艺

　　蒙人始则专事游牧，继以汉人代为耕种，坐享收租之利，事事置之不问。工艺一道，绝不讲求，一因交通不便，二因销售不广，三因性习懒惰，人无恒心，不特喀喇沁右翼一旗，民间无所谓工艺，即内蒙数盟，认真学习工艺者，亦属寥寥。然蒙人颇灵敏，虽无特长之工艺，而木作、瓦作、塑匠、纸扎匠、铁匠、小炉匠、鱼匠等，既无师傅，亦无图式，竟能出自心裁，亦云巧矣。就各工作论之，以瓦作为最多。至于在蒙地之汉人，凡蒙人所作之器物，皆能为之，而人更多于蒙人，在蒙地收买羊毛，作为毡帽、毡鞋、毡毯之类，又凿石作器，刊刻碑碣，此皆蒙人所无者。汉人于各工艺中，犹以木作为大宗，如欲在旗地兴创工业，羊毛较内地货多而价廉，收买亦易，可取以制造军衣，销路既宽，工艺自能发达，凡羊毛所制之毡毯、栽绒各物，均可制造。又皮革各物，如马皮褥等，较内地制造稍佳，皮革亦易收买（皮革须用水浸泡，前已将蒙地河水，携赴日本，经化学家考验，云尚可用），凡军界皮革之需，即可就地制造。为兴创工业起见，宜多置外洋织布机器于东川一带，择地设厂，宜距内地稍近，收运木棉亦易，再置染厂，多染青蓝各种布匹（本地出靛青），最适蒙人之用。不然，蒙人布匹，均由内地运来，其价甚昂，就地纺织，其价必廉，蒙民买者必多。况织用机器，出货既速，人力亦省，此为工艺最宜创者，然后斟酌地方物产，扩充各项工业，勿谓蒙地工艺，竟无振兴之一日也。至蒙地磨面及粗黑稻米，均沙不相杂。亦有水碾，但不知风播之法，况蒙人多善面食，若创办磨面机器，不但面可畅销，其获利亦必倍蓰也。再蒙地常年多风，风力颇大，若用风磨，犹觉相宜。

（未完）①

《武德》（月刊）
北京武德社
1914 年 8、9 期
（李红权　整理）

---

① 经核查，此刊现藏只至 1914 年 9 期。——整理者注

说边关三道

陈去病　撰

长城以北，东极洮南，西穷河套，异时所称内蒙古察哈尔、归化土默特诸盟旗者，即今之边关三道所辖诸县区域也。其地均直瀚海之南，逼邻畿辅，故逊清已为重镇，郡县棋置。民国肇兴，边警益亟，繇是而绸缪补苴之策，乃益加密。此热河、绥远、察哈尔三都统府之所以鼎峙，而三道亦因之附丽欤。昔汉都长安，三辅并建，唐受降虏，三城并筑，揆诸今日，义或类是。故为之说如下方。

一　热河道

隶热河都统府。春秋山戎，汉辽西、右北平北边，唐奚、契丹，辽上京临潢，中京大定、兴中二府。泪祖、怀、仪、坤、乌、永、饶、惠、高泽等州，明大宁西建州诸卫，皆是地也。清为承德、朝阳二府，与赤峰一州，隶直隶省。地势据阴山之脉卢龙塞上，东达辽河，西连插汉，白岔一山，雄据中央。原〔源〕泉四布，用成西辽之巨川（凡时下地图所称老哈河者，即辽河之音转。其锡剌木伦，亦兼汉、蒙音义，所谓西辽河也）。其滦河更挟库尔奇勒、宜孙、热河、青龙诸水，自西北迤逦而南，势尤迅疾，大小凌河亦发源其东，以故山川壮丽，动植蕃滋，为近边富庶之区。契丹之兴，实由于此。内蒙古卓索图、昭乌达二盟，亦寄牧其间，而平地松林，当克什克腾旗内，蔚然深秀，周数百里，禽畜尤盛。清时，秋狝〔狌〕于此，千里以内，蒙古王公各率其属来围焉，故又谓之围场，今为围场县。县北曰经棚，光复之际，陷入蒙古，嗣经恢复，并谋设治矣。而承德当热河之西，物产骈阗，宫阙巍焕，夙为清帝巡幸之所，故统都即开府于此，诚据得其要者也。热河道，属县凡有十四，曰承德、滦平、丰宁、隆化、平泉、塔沟（塔沟本名建昌）、朝阳、阜新、建平、绥东、赤峰、开鲁、林西、围场，设治局一，即经棚。物产松、桦、梨、粟〔栗〕、山楂、狼、狐、獐、鹿、雉、兔、马、牛、羊、豕，野蚕之丝，多井盐，以巴林一旗为盛，沾被及于畿内。又富金沙、煤、铁，善制毡罽，宜种杂粮。

二　绥远道

隶绥远都统府。汉云中、五原、定襄、朔方、上郡，唐三受降城，金云内、东胜、宁边诸州地也。清为内蒙古西二盟及归化土〔土〕默持〔特〕，后渐于南置厅，隶山西省。民国三年，乃重画之为绥远都统府。其地北逾阴山，以涉沙碛，南临长城，以窥秦、晋，东界宁远，以邻察汉，西抵贺兰山，以接宁夏。河山带砺，草浅沙平，耕牧甚盛（案前清归绥道所属十二厅，东括察哈尔右翼各地，与今区画殊不合），诚塞外一天府也。地势贺兰山脉自河西陡入，横截中部，起为阴山、大青、翁滚诸山，以趋东蒙，成天然厄塞。黄河曲折，循山麓而行，形若半规，即秦所号新秦中，而明之河套也。今东胜一县置此，开垦殊广，逾河东北，则五原、萨拉齐、托克托、清水河四县，若星联而珠缀焉。又东则和林格尔，当张绥铁道之冲，循是而北，则绥远矣。绥远、归化，本汉云中北舆县治，据小图尔根河之上游，北负阴山，川原高敞，其开府也，不亦宜哉。绥远道，属县八，曰归绥、萨拉齐、清水河、托克托、和林格尔、五原、武川、东胜，物产略同热河。

三　兴和道

隶察哈尔都统府。汉上谷、云中、定襄三郡，辽庆州，金昌、抚、桓州，元上都、兴和、应昌诸路地也，明置开平卫，后属插汉林丹汗。清更编为左右翼八旗，后又置张家口、独石口、多伦诺尔、宁远、陶林、兴和诸厅，分属直隶、山西两省。民国三年，乃更定为察哈尔都统府。其地东连热河，南屏长城，西接归绥，北尽锡林郭勒盟。阴山之脉，起顶为白岔山，迤而东北为苏克苏鲁山，地势高平，坡陀起伏，泉流所及，随地潴为池泊。若鱼儿泺（即达里泊）、盐泺、壶卢海、大海，其尤著也。上都河先自南而北，至多伦，乃折而东南流为滦河、东西洋河，并南入长城为永定河，此又其川流之最著者也。张家口据宣化之北，重关叠嶂，形势险峻，察哈尔都统即开府于此。京绥铁道南北奔辖，交通尤便。多伦一县，迥迫濡源①，善因、汇宗二庙，壮丽几与布达拉埒。凡数千里内人民，莫不走集，顶礼而膜拜之，此又足资为驾驭蒙盟之助者也。兴和道，属县七，曰张北、独石、多伦、丰镇、凉城（即宁远厅）、兴和、陶林，皆察哈尔牧地。其锡林郭勒一盟，盖犹未议及设治云。

---

① 原文如此。——整理者注

　　陈去病曰：余述三道毕，而不禁慨然有感焉。夫漠南北之宜改行省也，固人人而知其必然矣（余前亦有《漠南北建置行省议》，见《国粹学报》及《南社二集》）。乃迟回不决，若有余虑。致光复之际，蠢蠢胡僧，乃得乘机崛起，帝制自为，此岂非暗于边务之咎哉？向使早为决断，分建郡县，泯藩属之名称，昭画一之制度，在彼自帖然就范矣，即俄人亦何从煽惑而助乱耶？顾今且晚矣，外唇亡而从未闻有齿不寒者。则三道之设，吾不敢遽信其能捍御北敌也，要在发扬蹈厉、恢复邦土，斯已矣。愿以告诸卫、霍其人者。

《夏星杂志》（月刊）

上海夏星杂志社

1914 年 1 卷 2 期

（李红菊　整理）

西盟调查录

陈 份 撰

壬子冬，无为王君传炯，有西盟之行，予随焉。足迹所至，于其政俗，详加调查，兹特备载之，以供热心蒙事者研究耳。

陈份 志

行政（军制附）

内蒙各盟为元裔藩封之地，前清天命朝，陆续归附，世守牧地，轮班朝贡。计分六盟四十九旗（统系表见后），旗设札萨克，盟设正副盟长，小事札萨克自理，大事盟长主之，每十二年会盟三次（卯、未、亥年），地点在正盟长境内，日期多在夏季。前清定例，会盟时，由理藩院请命大员莅盟，大小相维，内外交用。会盟之日，第一日有跌交戏，第二日有赛马戏，第三日则巡查旗丁数目，必尽欢而止，亦以联络情谊也。非会盟时，如遇有紧要事件，正盟长亦有召集各旗会议之权，然年不得二次，时须在秋季。自嘉庆后，会盟废，各王公非婚姻不相往来，团体遂解。

蒙古各旗，以佐领为编制之基础，佐领例治箭丁百五十人，兹就乌盟正盟长四子王旗之编制，表例于左：

职衔	汉名	责司	品级	人数
土色勒格气	帮办台吉	札萨克年班入京代掌旗务	正二品	二
札克尔气	管旗章京	同前	从二品	一
梅楞章京	帮办旗务章京	同前	正三品	二
札兰章京	参领	佐治全旗事务，治佐领五人	从三品	四
苏木章京	佐领	直接治理民事，治箭丁百五十人	五品	二十
昆都	骁骑校	帮办佐领，专司文牍事宜	七品	二

　　土色勒格气至梅楞章京各职，均受命于朝，札兰以次，王公、札萨克有自行升降黜陟之权，他旗官员，各有增损，兹不备记。昆都以次，又有笔切齐（笔帖式）、领催，各无定额。梅楞、札兰，例有管印、管兵之分，各旗有设专员者，今则无兵可管，多半兼差矣。

　　蒙官荐举，多以情面，笔切齐为作官之阶，推升以次，无越级者，如非台吉，至札克尔气而止。

　　行政官员之外，又有白吞大一人，包衣大三人，通称长史，专司王公家事，阶级在梅楞之次。长史出入王府，权甚重，或有升充梅楞者。

　　各旗职官，年分四期，轮流在衙门办事，如有特别事件，则由王公函传，分派首座五人，首座以次转饬，由苏木取缔民间，摊派差徭，均依此例。富者摊财，贫者应差，如有某苏木应摊之款，凑缴不齐，则由该苏木申报，转向辖境多富民之苏木加征焉。

　　乌盟苏木所辖箭丁，多不足额。四子王旗二十苏木，除喇嘛、台吉、塔布囊外，计不及二十丁，合乌之全盟计之，为数仅万余人。蒙古人民，以喇嘛（详后宗教）为最多，次台吉及塔布囊。台吉为王公、札萨克之近支，最贵，秩头等二品、二等三品、三等四品，襁褓之孩，亦皆为四品秩。塔布囊亦为贵族之裔，秩亚于台吉。次箭丁。蒙民在王公、台吉、官长等府充当私奴，以邀荣幸。私奴日多，箭丁日少，今迄无一箭足百五十丁者。

蒙民在王公、札萨克府应差者，出差时，则由府中领取锡制腰牌，回则呈缴。凡有腰牌者，在该盟可任换乘骑，如有重要事件，则别有印文。

人民满十八岁，即有当兵应差徭义务，至六十岁而止。旧例全旗之丁皆为兵，苏木、昆都，皆治箭丁。前清君主秋猎，蒙古箭丁，皆须随围行猎。洪杨兵起，僧王率兵内剿，遂定每盟备兵千名之制，故札萨克有备兵之称焉。惟以饷糈太薄，应募者几如晨星，今则势成强弩之末矣，马贼之势，遂以日张。四子王旗，自练箭丁仅十二名，器械多旧时土枪，计二人招六十余枝，来复枪十余枝，合乌盟计之，箭丁不及百名，枪械不及四百枝，兵多老弱，枪均朽败，恃以保护印房尚不足，更难资以剿捕也，以是乌盟境内，屡有抢劫案件，而以喀尔喀右翼境内为最。

教育（文字言语附）

蒙人不重教育，无论男妇老幼，皆委身于畜牧，昏昏沉沉，举止动作，悉太古榛狉之习，毫无世界观念。虽各旗王公府中，设有学校，然所肄业者，惟王公、官吏之子弟，其就学者，亦不过求知字义能书写，为将来服官地步而已。王公、官吏子弟而外，僧徒尚有就学读者，平民子弟，不与例也。民间有志求学者，须就读富家，或由其父兄、亲友传授。学师辗转相聘，年薪二三两不等。一学师可教数十人，大有内地私塾之风焉。初学读察汉脱鲁格，汉名十二头，拼音法也（字母类头仅十二，变化无穷，拼音与满文略同。蒙字多锯齿，满字多点圈）。继习蒙文《三字经》、《名贤集》、四书等，程度至高读至《安土林格》（《圣谕广训》）而止，蒙人奉《安土林格》为圭臬，所行所为，莫不以安土林格为标准。

按蒙人性既固陋，复习专制，久无丝忽之新思想，尚莫不诤诤于君臣之义，讥民国为无君也。考其习于固陋之原由有三：（一）由于前清康、乾二君阴狠手段有以钳制之；（一）国家既无功名之奖励，本旗主又不知提倡，平民得到王公府中当差，即以为荣，读书与不读书等耳，抱得过且过之心，无进取竞争之念；（一）蒙人尚武成风，有好马快枪，争购而艳称之，实无文学之习惯也。

乌盟所读书籍，或自归化城土默特文庙中购得，或由亲友处借抄。

蒙古文字来源，蒙籍中无从稽考。汉籍载，蒙初无文字，成吉思汗兴，就突厥文字改窜而成云。

蒙语钩辀格磔，最费记忆，兹就其通常所用者，译录一二，以为谈助。察罕（厂汗）（白），哈喇（黑），昔喇（黄），乌兰（红），波罗（青），可可（青），朵儿根（四），塔本（五），只儿瓦歹（六），朵罗（七），乃蛮（八），以孙（九），阿儿班（十），活哩（二十），忽陈（三十），乃颜（八十），明安（千），秃满（万），按弹（金），速不台（珠），纳失而（金锦），失列门（铜），怗木儿而哈拉（铁），你敦（眼），赤斤（耳），支（快乐），赛音（好），伯颜（富），阿不忽郎（安），不花（牯牛），不忽（鹿），巴而思（虎），阿尔思兰（狮），火你（羊），昔包（鹰），乌苏（水），噶拉（火），密而千（多能），以上数语，蒙人多有以之为名，《元史》不见其一，故亟录之。

刑　法

　　乌盟风气古朴，刑网甚疏，讼事亦少。斗殴小事，央人调处即了；如不能了，则由印房值差官员讯问。诉讼以口述，断案不留底稿，而亦无翻案者。科罪重则笞股，轻则掌颊，笞股以皮鞭（皮条捻结而成），掌颊以皮掌（与内地相同，如鞋底），此外无他刑矣。无监狱而有地牢，地牢制甚陋，坎地而成。重罪人犯，未审之先，或施以镣铐，锁之牢中，防其逸也。如有人命案件，则由王公、札萨克讯明，转送归化定罪，案到即审，审毕遂结，无积压之案件。近边各地，汉蒙杂处，汉人与蒙人诉讼，例由地方官审判。地方官署刑重，且多所需索，奸民避重就轻，反就向蒙旗控讼也。东盟边地习汉俗久，亦有重刑者。

宗教（鬼神附）

　　蒙古黄教，发源西藏，主教哲布尊丹巴，宗喀巴第三弟子，呼图克图之第八代也。位在西藏达赖、班禅二喇嘛之次，统辖内外蒙一切喇嘛教徒，王公士庶，莫不俯首称弟子礼，敬若神明焉。旧例，蒙民三丁者，必一二充喇嘛，妇女晚年，亦剃度如尼。喇嘛不应差徭，不纳税项，蒙民趋之如骛〔鹜〕，往往有倾家运动，送子弟充一喇嘛以为荣者，以是各旗各庙喇嘛，争立活佛，以求荣贵，甚有一旗一庙而数活佛者，聚讼纷纭。前清中叶，乃定以金瓶掣签之制，积久弊生，掣签亦可贿得矣（掣签制度详专书）。蒙民信佛，深入骨髓，凡一切事，莫不委心于佛。如有患难，便为佛遣，即延喇嘛诵经祈祷。王公、札萨克所居，必有大庙，日日诵经，常居喇嘛，必在三十以上，中资之家，亦必二三月诵小经一日，三年诵藏经三日。所延喇嘛之数，以贫富定之，自一二人至数十人不等。诵经之日，必邀亲友聚听。

蒙人年必赴庙磕头，不远千里而往，富者或往西藏，或去库伦，乌盟穷者亦必岁赴席勒图活佛前，或五台山，磕头一次。西藏达赖、班禅，库伦呼图克图，春秋二季，磕头之盛，拥塞于门，常人则守候门外，有守至月余，以期一见活佛为荣者，如被活佛手摩足蹴，不啻已登天堂。活佛出，蒙众争先罗拜，活佛侍者将佛杖（长丈许，上刻龙头，杖端缚绸数尺）乱击，中绸者吉，不中则获罪戾云，如乘车，群恐龙杖不中，争以哈哒（见俗尚条内）铺地，被轮曳过，即消［消］罪戾，遂捧而顶礼也。侍者荷筐而至，群争先布施，至微亦不得下十两。王公之谒活佛，呈递哈哒，必附布施银，有附至十数万者，喇嘛之待遇，亦以银之多寡为差。活佛之曾加敕封者有印，称呼图克图，未加敕封无印，称呼必勒罕，以次之喇嘛，阶级甚多，列之如左：

上柱特巴喇嘛	掌印
多呢喇嘛	活佛之近侍，传达活佛号令
汉波喇嘛	喇嘛之齿尊者充之，有虚名，无实权
达喇嘛	总理庙务
袋德喇嘛	王公世子也，品最尊贵，位置无定
德木齐喇嘛	专司经卷
戈什贵喇嘛	专司清规
蚊子喇嘛	诵经喇嘛之领袖，诵经时，彼先倡，众徒和之，声如牛吼者，是也
喇嘛	司诵经卷之徒众也，无专名称
达喀尔齐喇嘛	管理佛堂
高妞喇嘛	司门户

此外又有呢式把，为活佛之仆侍，如王公府之包衣大然。大庙喇嘛六七百，小庙百余，每旗之喇嘛，至少亦有千人。喇嘛甚

富，近边一带，多置田产，布施而得之金银，窖藏地中，秘不示人，亦间有放债于各王公，以收重利者。

乌盟于六月初九、初十二日，有跳鬼习俗，喇嘛服鬼装，一白一黑，相对跳舞，作乐和之，均合节奏，舞毕，执皮鞭乱击，驱除瘟疫，观者被击，则欣欣然有喜色，亲友俱致贺焉（各盟日期微有不同）。十二月二十三四日，行祭灶礼。富者全羊致祭，延喇嘛诵经，仆侍以勺盛羊油，遍洒火中，观火焰之强弱，以卜明春牲畜之繁殖与否。

窝堡所在皆有，山神之栖所也。山地以石垒成，沙漠以柳条编之，形圆顶尖，顶竖一木杆，上横小木，如十字架，杆顶蒙经旗，下埋哈哒、杂粮、碎银等物，年必延喇嘛诵经祭之。祀以牛羊，附近居民，皆来礼拜，而分食其馂余焉。祭日，有角力之戏。蒙人至此，必致敬礼。步者拔发数茎，骑者拔马尾数茎，缚于横木上以祭之。近边各地，此礼已渐废去。

俗　尚

蒙人尚右，蒙古包房，则以中为上，右次之，左为下，其坐卧均依次序。贵宾尊长至，则让中坐，主居右，妇女为下，居左。

蒙人不脱茹毛饮血之习，除洗面外，终生不知有沐浴。小儿初生，拭而不洗；妇女经行，以衣之小襟擦之；男妇胸前怀木碗（以方尺许之布包之，布，其洗面巾也），腰系刀箸，所宰牛羊，不洗煮食，所饮之水，毡〔膻〕腥触鼻，终日扪虱而谈，王公亦多有如此者。

宾主初见，贵官必互递哈哒（以最劣之蓝绸为之，两端散披丝头，平等所用者，约长尺四五寸，王公与佛前所用，则长三尺，其长短一视受者之阶级而定，滥用则为失礼），致送礼物，亦必附以哈哒，示尊敬也，入庙不于佛前敬哈哒，必遭佛谴云。

蒙人喜嗅鼻烟，无论穷富，必具烟壶一枚（王公所蓄一枚，有价千余两者）。常礼，宾主相晤，接谈之初，平等则交相递送，彼此鞠躬，双手捧换，向鼻端一嗅，璧返一如递状；卑幼递于尊长，必一足跪献，长者欠身，以右手接之，长者递于卑幼，则反是，递于王公、札萨克，必双足跪献，王不起坐，一嗅授还，不答礼。宾主初面，除递哈哒、请安、递烟壶外，又有行装烟礼者，装烟取客之烟筒（无论男妇，左胁下必斜插铜旱烟筒，后腰悬火刀镰，镰下坠红绿色袖〔绅〕或布一寸），装主之烟，然着后，布拭烟嘴，递送于客。递送或双手，或右手，以等级而分。其递之先后次序，亦以老少尊卑而定，平等则同时交递云。

男女胸前皆置一佛，曰怀中佛。男以铜制，女以布制。苟有获罪其佛，则视为不共天日之仇。佛之外，又有牟利珠一二串不等，晨起必手牟利，闭目叩齿，诵佛号数百遍。牟利珠，人亦不得袭之。二物均为喇嘛所售，喇嘛购自归化，售之乌盟，皆得善价。

年节互相道贺，致送哈哒。

蒙人所居包中，必供佛数龛，像以铜制，贫者则以泥制。供佛之处，多在包之西隅，随门为向。供奉净水五杯，或炒米五碗，碗以铜制，式扁缘厚。佛前然火一盆，牛油海灯（亦铜制，如杯形）各一具，均长明不灭。佛龛前除叩拜外，不准人立，谓阻佛路也。拨火之铁剪夹，人不得动之，动之则招口舌也。

蒙人无男女之嫌，客至，男女杂坐，调笑戏谑，一无限制。男女交际，亦极自由。穷者父母妻子同卧一包，妻女引私交入室，父母、丈夫虽知之有素，亦不加以呵责。

师尊之名，弟子不敢直称，即有询之者，亦必讳之，所以示尊尚也。而往往有弟子蒸其师母者，师不以为耻，弟〈子〉亦不讳。

居室（饮食服装附）

蒙古适宜包居，以便于游牧，可任意择地迁移也。蒙古地势既高，又系沙质，复以山岗平延，少聚水之处，虽建于凹地，亦不患水之浸入。

蒙古包编木为之，搭时划地成圈，求中点，立柱四根，别立短柱包前，以作门户，然后斜支木条，如编篱然，木条约百根，编成，上架细椽，椽数与支壁之木条同，椽之两端有孔，以驼绒绳缀缚牢固即成。

包之内容形式，均详游记。

蒙古包外必悬红或白色方布旗，大小不等，旗上密书经卷，皆藏字，喇嘛所书也，飘飘风中，俗呼之谓经旗，以镇邪魔云。

蒙古人拾牲畜之粪，曝干燃烧，以代薪料。东盟多森林，薪材易觅，烧粪者少；西盟荒芜，无薪可觅，完全烧粪。烧粪以牛、驼者为佳，燃之无臭味，火焰亦大，烟易散（牲畜终日啃草，不食谷类，所遗矢，尽草渣，故无臭），马次之，羊为最劣（羊聚圈中，矢遗均在其内，夏间积聚，连土铲起曝之，备冬日薪料），烟聚不散，令人咳呛致病。

蒙古包中，烧粪取暖，如遇有烟时，须就地矮坐，否则眩目刺鼻，待火势既旺，烟被火力上冲，即由包顶孔中散去。遇风烟聚不散，呼吸维艰，非习惯者，刻难以居也。

乌盟日食，以晚餐为正式，羊肉和白面，作疙瘩煮食。穷者则食油雀麦面。午、晨煎砖茶，和稷米饮食，夏则易砖茶以牛乳。

燕宾礼节与食品，均详游记。

四子王旗与喀尔喀右翼旗，水源甚鲜，春夏须掘井汲饮，掘丈许，始见水，有掘至十数丈不得水者，秋冬则饮雪水。乌拉特、茂明安各旗南部，毗连河套，水源甚富。

　　蒙古男妇服制相同，均甚宽大，食后襟袖拭油，醒龌成习。男子衣多蓝紫，女子衣尽红绿，靴帽之制，亦无分别，衣前后开叉，男妇就地矢遗，衣覆地上。冬令衣裤无衬，晚亦无被，卧时以足踢衣领，倒盖身上。乌盟无衣师，妇女均能自制衣服。

　　喇嘛衣尚黄紫，位尊者首无纬，暖帽顶覆黄缎，式如牛角，角尖披散黄绒，马褂、外套，皆黄缎，履官靴；次者帽平顶，顶亦黄缎，间有红缎者。位低之喇嘛，通常服紫呢袍，黄带束腰，诵经时，外罩紫袈裟。乌盟未嫁之女，均梳发辫，一如壮男，成婚后梳双髻，盘两耳旁，垂及两颊，以方二寸许之银片夹之，上嵌珊瑚等物，额上护发银片一枚，后脑银片大小各三，均镶嵌贵品，耳环下坠，练长尺许，下缀三小穗，如鞭鞘然。王公格格之护发饰品，均以金制，耳环之外，又有抹额，下覆额际，以珠瓒、珊瑚缀结而成，光耀夺目。贫者护发惟银片，无镶嵌，亦有以白铜嵌色石、玻珠而成者，亦奇丽可观。妇女妆饰，均自归化运来。

　　蒙人胸怀之木碗，以桦木制成，贵者以札批野（楠木根，有翠色花纹）制之，名翠花碗。初制成时，均须以核桃油擦摩使润，复镶以银碗里，碗镶银约三钱许。翠花碗之佳者，值银二十余两，桦木者亦值数两。

　　附蒙古白酸油、黄油、奶饼做法　白酸油，系以牛奶制成，法于夏季聚牛奶（夏季草盛，牛肥而多乳），置锅中，微煮，不用滚，俟面上结皮（此皮名为奶皮），取下二三层，其余取出倒在缸内，盖好，不使透风，约十余日，俟味已酸，再入锅微煮，以匙取其浮油，即为黄油，其底即白酸油。

　　制黄油又一法　以干奶饼置锅中微煮，取其浮油即成，但其味不酸。

　　奶酒制法　于夏季收集牛奶，置缸中，以棍搅之使酸，置蒸溜器中，蒸取其气即成（法同内地蒸高粱）。味酸劣，几难入口，亦无酒味，斤价银三钱许。

黄白油储牛羊肚子内，绳缚结实，置于冷处，味经久不变。

婚　丧

乌盟儿女婚嫁，聘礼奁资，皆以牲畜。牧畜之数尚奇，起一九至九九而止，如贫不能九数者，亦必三、五、七等数，与内地数取对偶之意适相反。近边一带，沾染汉人习气，有以银块聘嫁者。婚日，婿公服弧矢，乘骑而往，亲朋随之。婿谒外舅姑，必递哈哒，女家延之上坐，享以全羊、奶酒。宾朋醵饮，宿一夕而归。次日女家亦延招亲朋，乘骑送女，男家于室中生火一盆，新夫妇向火拜，次及翁姑，不交拜，不合卺，饭后始与亲友为礼。贫者女至男家，随身衣饰而外，无长物。中资之家，牲畜三五头。富者牲畜之外，复娄以奴婢。成婚日，新妇束装，不异常人。亲朋馈赠，以牛马为厚仪，通常不过布一匹、羊一头而已。

乌俗王公、札萨克之子，下娶仆女，王公格格，亦须下嫁于奴之子云。

王公、札萨克府如有婚嫁、丧事，蒙民均须致送礼物，驼、马、牛、羊、毡毯，视其贫富而定。如遇寿辰，人民须前往道贺，惟不送礼物。

蒙古无棺椁衣衾，丧葬之礼，计分三种：（一）兽葬。平民人死，裸载牛车，驰于荒原，其颠扑之地，即为葬身之所，子孙一无戚容，疾驰而回，尸任鸟兽啄食，三日后视之，未被鸟兽伤残，则大戚，谓死者罪愆未消，即延喇嘛嗪诵祈禳焉。（一）土葬。富者以板制方柜，白布缠尸，坐置其中，浮土压之。札萨克则择地埋葬，以砖砌坟，颇草率，粗具形式而已。（一）火葬。惟大富贵始行之，洁其尸，缠以棉布，涂以羊油，架干柴焚尸，检其遗烬，送入五台山佛前储藏，不纳多金，山僧拒不使入云。无论贫富，均须延喇嘛诵经，亲友吊唁，亦有赗仪，惟较婚嫁礼略减。

生计（土产附）

内蒙地处高原，距海面自二千尺至六千尺不等，带山环绕东南，瀚海横亘西北，水源缺乏，地气薄弱，早晚甚寒，正午骤热，正午与早晚有相差四十度者。平时西北风为多，孟秋即下雪（白露前后）。入冬，井水亦冻，季春尚以雪充饮料（六月亦有下雪时），蒙民生活之艰难，可以想见。春夏秋日，除游牧外，群逐野兽，获归麇聚而食。蒙人游牧，各在本旗境内，越境则兴讼矣。

蒙地盛产磨〔蘑〕菇，磨〔蘑〕菇有黑白之别，通称营盘磨，黑者小而劣，白者大而佳。今以垦地日多，产磨〔蘑〕遂少。采磨〔蘑〕多在夏季雨水盛行之后。产磨〔蘑〕之地，草色鲜艳，结成圈形，有全圈、半圈之分。全圈白磨〔蘑〕，半圈黑磨〔蘑〕。其结圈形之地线，即蒙人支包之旧址也。蒙人所居之包，至夏而移（各〔冬〕择低地以避寒风，夏在冈阴，以祛暑热），冬时燃火取暖，包内之地，未受朔寒霜雪之侵，至夏复经雨水，冬春蕴蓄，至此而勃发，遂结磨〔蘑〕菇。全圈、半圈，因结包之地势而异，营盘之名，亦以此得，或称口磨〔蘑〕，以其产于口外也。

工　艺

蒙人愚惰，仅能织羊毛毡毯，其织法亦甚简陋。秋间剪取绵羊毛，洗净令干，置石上，棍击令碎，浸水中三日，就井旁、河面，铺旧毡于地，取碎羊毛匀铺毡上，马曳粗木柱压之，即成，亦有卷毡于木柱上压之者，特视其器具何如耳。中等绒毡，长一丈，宽五尺，价银三两。除毡毯外，其他之绒料物件，均不能自制，即所著之毡毯，亦系剪毡缝纫而成，愚陋极矣。惟蒙人质直，所织之毡，多系选羊绒为之，故人亦争购之云。木碗镶银，乌盟亦能自制，惟不如汉人所制者之精致耳。系物之绳，以驼绒、马鬃，浸水令透，捻结而成。

商　业

乌盟地处西鄙，愚昧较东盟为甚，不知商术，大率以物易物，谋一家之温饱而已。与汉交易，不知市价之低昂，银钱之差参，惟通事之言是听，通事遂上下其手，获厚利焉。奸商复有邀蒙人共经商者，蒙人出资本，不敢张扬（恐王公等艳其富名，致多需索），年结账一次，汉人习知其性，第一年纵有亏折，辄言获利以给之，借求益其资本，次年不损不益，再次年略有亏折，不数年本利全归乌有，蒙人亦无可如何。蒙人之因公外出者，来往均就素所交易之商铺食宿，所有一切饮食费用，均由该铺供应。蒙人贪图小利，遂乐就之，而汉商亦多因以致富者。乌盟输出货，以牲畜为主，皮张、绒毛次之，至磨〔蘑〕菇、药材等，则汉人自行采运，蒙人绝不过问。输入货以布匹、茶砖为主，杂货次之，计岁出驼、马、牛共约十余万头，羊则为食物主体，多不外运，羊皮岁出约四十余万张。岁入炒米二万余石、油麦八千余石、砖茶二十余万方，布匹杂货，则由小商零星估售，无从计核。食盐盛产于锡盟乌珠穆沁旗，乌盟食销无多，亦汉商自西苏尼特运来。

汉人之与蒙人交易也，汉人贳物于蒙，不立券，至期无爽约者。如以牲畜质物，指定某畜，由原主代为喂养，数年后取之如携，若有死伤，原主指他畜赔偿，质直可风。近边一带蒙民则反是，狡诈佟顽，外懦内悍，欺善摧恶，天性尽泯，均习汉语。汉人之去彼处者，如不能蒙语，又不觅雇通事，彼必故意留难以愚我。通事尽汉人，游乌盟及由此去外蒙者，须在归化觅通事，薪资甚廉，月洋六七元足矣。

乌盟人民食余之牛羊骨角，掷而喂犬，犬食之余，抛弃地面，彼盖不知其功用，遂敝蓰〔屣〕视之，不如外蒙与内蒙东盟之尚知宝贵，借以生财也。

币制（度量衡附）

乌盟交易，以中锭、钱币为主，银元今亦有用者，银一两换钱五千（以制钱二百作一千），银元一枚，折银七钱二分，钱色甚齐，铜币概不使用。

量衣无尺，以大指与食指箍量计算，成人之衣，须七箍云（约四尺余）。购买布匹，无论布之宽窄，均以折角对方作价。

量衡制同晋省，权斗惟王公府中存有，民间不能私藏，购置大宗物件，则由王公府中借用，零星小物，惟以贾贩之言为定，贾贩获利颇厚。

租　税

旧例，王公、札萨克值班晋京，所有一切费用，均须征之民间。乌盟蒙民，地产无税，汉民垦地，每大顷百五十亩，税银二钱，小顷百亩，银二钱。牲畜无税，惟喀尔喀右翼旗，马征百一之税，有蒙官专司其事。汉人之在该盟经商者，年须纳税，由王公、札萨克，于孟冬派员收取。四子王旗大商，年租市钱二十五千（大钱五千），小商数千不等。喀尔喀右翼旗，不计商之大小，年概收市钱十千（大钱二千）。西盟诚朴，古风犹存，无苛征事。闻东盟各盟旗，除例收之地亩牲畜租税外，一切器用，几无一不征税云。

医　卜

蒙人不知卫生，医术更无研究，如有疾病，则延喇嘛诊治，兼施针灸，重则更须诵经祈祷。喇嘛治病，双手切脉，不说病源，不开药方，无药店，药由喇嘛配给。药不煎饮，研末和水饮之。通常之药三种，为脑路不冻汤、乌郎汤，治风寒、咳嗽等症，畅汉汤，治头眩、吐呕等症，功用与内地之红灵丹、平安散、四小饮等。乌盟所用药品，由喇嘛自归化运来。幼儿亦有种痘者，惟尚旧法，无牛痘耳。兽医亦喇嘛充之，亦有擅长刀圭之术，起死回生者。

蒙人迷信最深，所事均须卜以决之。卜筮之权，操于喇嘛，蒙民亦兼有能之者。卜有二法：（一）以羊胛骨（羊前腿大骨，俗呼喀拉把，如扇式）抹净，手执骨之反面凹处，口对骨之正面，将所卜事由叙明，吐涎其上，凸处仰置火中燃之。去性后，轻取出（防其碎裂也），冷后，视其裂纹，以定吉凶，裂纹长而直者吉，曲而短者凶；（一）以巨骨骰三枚（二黑一白，制同内地，惟数目之位置异，一与二相对，三、四、五、六逆数），□置左手中捻之，口诵藏经"喇嘛拉甲不生吹哇生甲拉甲不生吹哇吹拉甲不生吹哇根顿拉甲不生吹哇"，念毕，置右手掌上，视其数之奇偶，以定事之吉凶。

牲畜（禽兽附）

内蒙驼、马、牛、羊，孳生甚盛，马以乌珠穆沁旗、喀尔喀左翼旗产者，雄骏善走为最佳，土默特、敖汉所产颠马次之，四子王旗、喀尔喀右翼旗产者，驱〔躯〕小力弱为劣，牛、驼以西盟产者为最肥壮。牲畜无喂养者，纵放啃青，冬季草枯则瘠，夏季草盛则肥。牧人乘骑持竿而牧，一人可牧马五百，或牛羊千头。牲畜恋群，不致奔逸，且按户有牲，亦无攘窃之患。

蒙马游牝之期，多在立秋后十余日内，年一度。产马年一次，或三年二次。马孕时，牧人不加滋卫，产时不为调养。马病又不加疗治，听其自生自灭，以是马之产额，较前大减云。

乌珠穆沁之马佳者，匹价数百金，寻常者亦须六七十金。四子王旗之马，佳者不及百金，劣者仅十余金。东盟马市甚盛，西盟无马市，须向内地求估。驼之佳者不及百金，牛五六十金不等，羊每头仅二三金。

蒙地盛产野山羊，俗称黄羊，蒙名羊妈古列恶所，形同山羊，角较长，体较小，身多黄黑斑，雏羊产地，即能走。性野难畜，群居沟凹地，窜走甚捷，捕之维艰，虽狡黠如狼，亦难以伤害之也。皮最暖，可制褥，惟毛脆易折，不能作衣，肉亦可食，味较绵羊为劣。黄羊之外，狐、狼、兔亦多。

蒙狗大如犊，性最猛，鸣声如牛，俗呼为挞子狗，汉商多畜之。日间锁以铁练〔链〕，晚放出，以守门户，贼盗多不敢近云。

鸦大如雄鸡，蒙人呼之谓喀尔喀列，作鸮鸣，长喙而利，驼行道上，所负行箧中如藏有肉食，虽裹以厚革，鸦亦能嗅得，啄穿衔去，盖习惯食弃尸也。

鹰儿亦鸦之一种，蒙名乌郎火烧，体小性柔，易豢。

鬼雀产于乌盟北鄙与土谢图汗部交界处，形似麻雀，学马嘶、犬吠、獭鸣，维妙维肖，与鼠同栖，骑鼠而戏，鼠受其指挥焉。

乌盟南部及席勒图佛界，均盛产百灵鸟，十百千万，飞舞空际（距地不及五丈），鸟栖草际，食棘棘草子，夏时下卵，至秋而繁。

附内蒙各旗统系表：

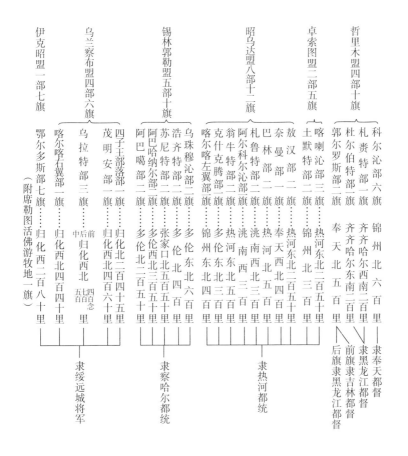

附乌盟各旗四至表：

四子王旗

距各旗府：
乌拉特中旗公府三百七十里抵
乌拉特前旗贝子府四百里抵
喀尔喀右翼王府二百二十里抵
乌拉特后旗贝子府二百五十里抵
茂明安旗公府三百五十里抵

四至：
西南二百里察哈尔镶蓝旗界
东南百八十里察哈尔正黄旗界
南百四十里察哈尔镶红旗界
东百三十里苏尼特右翼界
西百四十里察哈尔镶红旗界
北百六十里土谢图左翼中旗界
西北二十里土谢图左翼中旗界

喀尔喀右翼旗

距各旗府：
乌拉特中旗公府二百四十里抵
乌拉特前旗贝子府二百七十里抵
四子王府二百二十里抵
乌拉特后旗贝子府四百二十里抵
茂明安公府二百一十里抵

四至：
西南八十五里乌拉特界
西北六十里乌拉特界
北百十里瀚海界
西四十里瀚海界
东南七十里归化土默特界
南八十里归化土默特界
东六十五里四子王界

茂明安旗

距各旗府：
喀尔喀右翼王府二百一十里抵
四子王府三百五十里抵

四至：
南七十里四子王界
东南九十里四子王界
西南百里乌拉特界
西北百二十里乌拉特界
北七十里土谢图左翼中旗界
西五十里乌拉特界

乌拉特后旗

距各旗府：
喀尔喀右翼王府四百二十里抵
四子王府五百七十里抵
茂明安公府二百一十里抵

四至：
东四十里乌拉特界
南八十里乌拉特界
东南二十里鄂尔多斯界
西南百里阿拉善及鄂尔多斯界
西北百里瀚海界
北百十里瀚海界
西四十里瀚海界

乌拉特前旗

距各旗府：
喀尔喀右翼王府二百四十里抵
四子王府三百七十里抵
茂明安公府二百二十里抵

四至：
东五十里鄂尔都斯界
南五十里鄂尔都斯界
东南二十里鄂尔多斯界
北二百五十里鄂尔都斯界

乌拉特中旗

距各旗府：
喀尔喀右翼王府二百七十里抵
四子王府四百里抵
茂明安公府百二十里抵
茂明安公府三百七十里抵

四至：
东九十里茂明安界
西百二十里喀尔喀右翼界
西北二百八十里喀尔喀右翼界

《时事新报》

上海时事新报馆

1913 年 1 期

（李红权　整理）

多伦诺尔厅调查记

刘钟莱　撰

一　河流

厅（今改县）治附近之巨流，为滦河，由西南独石界，西北流入本境，俗曰闪电河，绕厅北流，又东北至东南丰宁界出境。

经棚附近有沙里漠河，即锡奈木伦河，发源本境，东流出境，过巴林，是为辽河之发源。

二　山脉

地在阴山之北，所有之山，概为阴山山脉之余支，大势由西南趋向东北，虽无名山，而丘陵起伏，不可胜数。

三　地势

厅属现分八区，厅治附近三区，地势极高亢，虽系平原，率多沙漠，厅东北之经棚五区，地势洼下，多沟壑，半属沙漠。

四　四界

东界围场厅及丰宁，南界独石口厅，西南界西太仆寺，西界察哈尔正蓝旗，及察哈尔镶白旗，东北界赤峰州，北界林西县，西〔北〕界克什克腾旗西境。

五　面积

厅治由西南达于东北，长约千余里，宽约二三百里。

六　人口

据宣统三年调查，男七万余口，女六万余口，共十三万余口。

七　土脉

土脉半系沙漠，而近河、近水之处，亦多肥壤，自古专事畜牧，牲畜粪尿，以及茅草根茎，蕴腐土中甚夥。故新开之地，概不上粪，亦能繁茂，且草类富有养料，牲畜食之，颇能繁苗。牛粪因多油性，于草地最宜，故为该地之一宝。

八　物产

皮毛、牲畜，均为常产，特别物产，有鹿茸、白蘑菇、黄芪等物。农产则春麦、小麦为大宗，而胡麻、菜子次之，黍、稷亦多有之。惟厅治附近，不能种高粱、谷，经棚可种。盐、碱产于附近各旗，皆水洼中所出，俗有盐淖尔、碱淖尔之称。盐价现卖制钱三十四文，碱则二三十钱不等。而毛货每年喇嘛庙约出百五十万斤，毛绒约十万斤，经棚约五六万斤，多为洋商购去，以制造毛绒物者也。

九　气候

一日之内，早晚冷，而午中太阳光强时，亦甚热。一年之中，夏不觉暑，而冬日甚冷，最冷时可达摄氏寒暑表零度下二十度，夏日甚热时，华氏表不至百度，故夏日多穿夹衣，甚有穿棉衣者。农人以清明种麦，白露割麦，只收一季，气候太冷之故也。

十　古迹

庙营西北三四里，有东西二仓。东曰汇宗寺，为康熙时大会四十九旗后所建，西仓曰善因寺，为雍正年间所建，其工程比东仓尤大，均为名胜。中居喇嘛约有千余名。清时治理蒙古，因其教以羁縻之，至今种族日衰，尚不省悟。北闪电河有北国驸马坟，西闪电河附近，有辽萧太后梳妆楼，西北距庙营八十里，有昭乃木苏城，为辽、元之上京，庙营北三十里有白城子（宋破天门阵者），为白天祖所筑，又经棚之北九十里有干究城。

十一　沿革

多伦诺尔为塞北重地，其历史上之沿革，文献无征，颇难远溯，今从辽、金以后，参观而略记之。按《辽史·地理志》，属上京路，旋属北京，又改为临潢府路，以北京路都转运使置之，《金史》属兴州宁朔军节度使。承安五年，以辽北安州兴化军兴化县，升为兴州，置节度。按金时兴州之西，即接桓州，属西京道，则临潢路兴州宁朔之西北境，皆与桓州相错，桓州金时置威远军节度，隶西北路招讨司。昌明七年，改置刺史，清塞县隶焉。考桓州在开平故城之西南。又考《元史·地理志》，桓州下，本上谷郡地，金置桓州。元初废，至元二年复置。又置应昌府应昌县，俱属上都路。又按《元史》世祖命刘秉忠相宅于桓州，滦水绕其南，龙冈峙其北，建城名开平，既有天下，升为上都，置百官，岁时临幸，称一代之盛。明置开平卫，直隶中书省。洪武二年改府，属北平行省，寻改卫，永乐徙卫治京师，直隶后军都督府，四年还旧治。宣德五年，弃置，迁治独石。又按开平有五卫，左卫置七合营，右卫置军台，中卫置于沙峪，前卫置于偏岭，后卫置于石塔，均于永乐初改徙。按开平即元之上都，五卫皆在多伦境内。上都故城，在多伦诺尔西北七十余里，此邦之建置可据上都为略云。迨清康熙中，亲征噶尔丹，驻跸多伦诺尔，大会蒙古诸藩，建汇宗寺，命四十九旗，各驻僧以奉呼图克图。雍正间，各旗王公吁请于汇宗寺之西建寺，赐名善因，亦各驻喇嘛以讽经。初由理藩院派员征税，并命御史巡边，继改理事同知，兼管税务。光绪八年，奏改抚民同知，添设副将以下等官。

　　按此志成于民国元年秋，是年冬，因蒙氛不靖，将察哈尔副都统，移驻多伦，名曰多防镇守使，而厅亦于是冬改为县，原文厅字，仍其旧也。

十二　道路

　　道路东北五百里达经棚，再北二千余里达海拉尔，东一百八十里达围场，再东二百余里达热河，西南四百八十里达张家口，正南二百四十里达独石口，东南五百余里达古北口。

十三　村镇

住户零星，不成村落，惟厅属西南一百二十里之二号，东北五百里之经棚，又北五百余里之刘家营子，又东北七百里之土城子，人烟略形稠密，堪称镇市。

十四　种族

汉人而外，蒙人甚多，回人亦不少，考其先本胡人土地，自康熙征服噶尔丹，大会群蕃，汉人来者渐多。至乾隆放地后，汉人益众，近日因放地营商来者，为数愈增，而蒙人日见稀少，大有北退之象。

十五　性情

汉人性情朴实，习俗俭陋，颇近蒙古。蒙人则性多迷信，请喇嘛念经，倾家不悔，又好游牧，不知耕稼，喜居毡幕，不好居屋。

十六　风俗

风俗强悍，人民率多务农。汉人惯于骑马，娶亲不用轿而用车，多不亲迎，其余与内地同。蒙人娶亲，用马不用车，以牲畜为嫁资。人死则弃其尸于壑，委野兽食之，仍为上古不葬之俗。有欲务农者，其旗主每起而干涉之，恐失其游牧风俗也。凡其幕户必向东南，其中西北为主屋，正西为佛殿，殿前为客屋，西南及正南为伙房，正东为厨房，其中心常置镀撑子，烧牛粪于其中。

十七　语言

通行之语，颇与京语相同，而蒙人则仍操蒙语，亦有解汉语者。

十八　宗教

汉人所奉宗教，与内地同，而蒙古人多信喇嘛教，回人信回教。喇嘛称教长曰张家活佛者，最有教权，其次为千家活佛。活佛之下，有大喇嘛，代活佛管事，曰札萨克，其在各仓管事者，曰聂洛巴。庙营北附近有东西二仓，为喇嘛所居之庙。每于旧历六月十三、十四、十五诸日，喇嘛头带奇怪兽头，及诸奇怪兽衣，跳舞念经，称曰抓鬼，俗曰打鬼。传言宋代杨六郎等之鬼祟为害，故设法以防之，甚至蒙人遇有凶事，即疑有鬼，必请喇嘛抓鬼念经。

十九　学务

学务甚不发达，蒙人自来不讲文学，即蒙古字，亦鲜认识者。光绪初年，始设书院，考取生员，是为提倡文学之始。其时诸有力之家，颇乐诵读，故立学虽晚，尚有科第之人。近年与内地一律设立学校，高小学生，大都出于巨家大族，而乡间子弟，仍多观望，且地面辽阔，就学最远者，有六七百里之遥，殊为不便。至初小，则非合一牌，不能公立。既鲜大村，又村落太疏，学生必须在堂寄宿，是为初小不易发达之大因。然高小生徒，不能不由初小先为培植，今初小情形如此，此该厅学界热心诸绅，所以引为深虑也。

二十　农物

农物率用古法，未曾进步，下种不用楼〔耧〕耩，用皮袋装种子，口扎木筒，将袋用膊挟住，一手执木筒，一手打木筒，种子因而流落。嗣用木弓拉土覆之，名曰播梭，亦为长陇，锄地完毕，用犁锡地，以犁壅土，则苗根封固，既免风摇，又可耐旱，内地亦可仿行。蒙人亦间有种地者，耕后乱撒种子，不分陇背，不锄草莱，谓之漫撒，亦能收成。自乾隆年间，克什克腾旗中放地大半，而西南各王公牧场地面，近年亦放数百倾，现仍陆续开放，惜办法未善，农人相戒不前。比年农产渐富，小面每斤制钱二十文上下，内地乏粮，颇资挹注，是知口外农物，诚关重要也。

二十一　工业

制皮裘、皮靴、毛鞋、绒帽为大宗，而织毛毯、裁〔栽〕绒等工次之，铜工能作铜佛、铜狮、铜城等，可称佳妙，然皆拘守旧法，不合实用。皮革虽多，只知作蒙古人之靴，且价甚昂贵，设仿造新式，岂不甚善，不独销路可广，抑且挽回利权。鄙人本年五月嘱德盛元绒帽铺，试作西式帽，其工人辞以不能，询其不能之处，一一为之指示，今已渐作渐精，虽尚不如西帽之式样，然已可销于北京，而他家帽铺亦争相仿造矣。

二十二　商务

商务日见退步，闻前清嘉庆、道光间，买卖最盛，约有三千家之多。光绪十余年，俄人经营东三省，商人东向，此地遂就衰落，自西比利亚铁路成，外蒙货物，来者渐少，自关内外铁路与俄人铁路相接，一切货物，全归东省，此为商业败坏之远因。迩来马税甚重，南方马客，裹足不前，蒙盐加税，北地盐车，相率观望，南北交易不通，商务大受影响，此为商业败坏之近因。况商家负担甚重，如官场之供给、巡警之饷费，无不取给于商，由是不得不高其卖价，以求取偿，然物贵而销路益滞，而商业遂愈不堪问矣。

二十三　税务

有筹饷局，抽牲畜税，系察哈尔都统奏设，为张家口旗兵饷费之用。有筹款局，为直隶筹款总局所设，收烟酒各税，岁解国课三千两。此二税不为多伦厅署所管，其归厅署管者，有牲畜税、皮税、杂货税，每年任国课万八千两，所有盈余，归厅支用。旧年税款颇旺，约在十万两上下，故多伦夙称上缺。今因商运不便，税务甚绌，恐有不敷国课之虞，是以今春有尽征尽解之请。

按马局上正税，筹饷局抽厘金，各牲畜出税不同，今列表于后。

牲畜出税表

	正　税	厘　金	地方附加税
马	二钱二分	三钱六分	一钱五分
牛	二钱一分	二钱三分	一钱五分
羊	一分五厘	二分三厘	一分五厘
驼	四钱	六钱	一钱五分
	买卖各半	买卖均摊	买卖均摊

此外又有贴平之说，想系经手人之弊也。

二十四　盐务

盐务旧归商贩，商蒙随意交易，颇为便利，其税归厅署。自有督销局任国课，于是盐价一增，继由张家口商办蒙盐公司，任国课七万，厘金二万，督税严而盐价益增。去岁蒙盐改为官办，今年复归张家口商会接办，承认国课银十五万七千两，名为蒙盐有限公司。冀除从前各弊，而私贩太多，漏税益甚，故来盐虽多，而销路日少。且蒙人教民，故意漏税，不易交涉，以如许之国课，恐不免赔累也。总之，口外盐务，不宜专卖，亦不宜专买，使商民与蒙民自为交易，只收其税，似为简要，然恐有漏税，故说者谓就盐淖尔征税为最善，独惜蒙王不许耳。

二十五　赋租

厅治共分八区，左近三区，系各王公牧场，其粮均归王公征收，经棚五区，为克什克腾旗札萨克所属。蒙汉杂处，佃户纳租，由蒙旗自行催收。

《东方杂志》（月刊）

上海商务印书馆东方杂志社

1914 年 10 卷 11 号

（李红权　整理）

《东蒙古之真相》摘要

蒋隆权　撰

第一章　地理

第一节　概说

内蒙古者，西隔戈壁沙漠毗连外蒙古，北以索伦部及东清铁道沿线附近与黑龙江省接，东以南满洲铁道及长栅西方之地与奉天、吉林二省相接，南以长城界于直隶、山西、陕西诸省。领有由北纬三十八度至北纬四十七度，东经百零四度起至百二十六度之地，其总面积大约为三十三万四千英方里，约日本之一倍半有强（并台湾、朝鲜、桦太）。但兹所称东蒙古者，系指内蒙古中之东四盟（哲理木盟、照乌达盟、卓索图盟、锡林郭勒盟）及内蒙古中之察哈尔部而言，其面积大约有二十五万余英方里。

东蒙古疆域中，与东三省接壤之地方及长城北方地域中之既经开拓者，属各该北邻行省管辖。又内蒙古之地域，因开垦逐年发达，方日为满、汉民族所蚕食，清朝退让之时，东蒙古中已归东三省及直隶所管辖之总面积，略达数万英方里云。

第二节　人种及人口

东蒙古之土人，为蒙古种族中之喀尔喀族，躯干虽不长，大类皆体格顽强，面貌扁平，皮肤带赭色，颧脸高，性情勇悍，堪耐劳苦，快活质朴，天真烂缦若儿童。其他蒙古种族中，虽有额鲁特、乌梁海、东干等族，皆为科布特、乌梁海等西部蒙古之土著移住东蒙古者，甚稀。

然东蒙古接近满洲及中国本部，不但清朝政令较为普及，移住此地之满、汉人数极多，从而汉、满、蒙之混血种亦不少。此等混血种族，渐次为满、汉人所化。今东蒙古中耕牧于东南境之蒙古人，多有射利阴险之风，渐往西北，即纯蒙古之地，渐次敦朴粗野，纯喀尔喀之风俗，犹可仿佛遇之也。

蒙古之人口，因无可征之统计，其确数虽无由而知，然综观英、俄两国人之调查，全蒙古之人口似为三百万，内蒙古之人口约七十万。又东蒙中之人口若概算为七十万（大略一英方里二人八分），内蒙古人口约五十万，满、汉人（并混血种在内）为二十万，或可无大差也。

第三节　气候

蒙古距海远，有大陆之气候，以与此同纬度之欧洲中部及南部相比，寒暑均甚有差异。但大兴安岭以东之地方，略类北满洲之气候，然越大兴安岭而西，一入人烟稀少之高处，顿变为纯大陆气候，朔风凛冽，一寒彻骨。又南与中国本部接壤之地，略有中国北部之气候，虽不甚冱寒，然一旦风向变为西或变为西北之时，气候顿生剧变云。若就东蒙古全体统括而言，例为由五月至九月和暖，十月至四月寒冷。平年九月下旬降霜，十月上旬至中旬渐降雪，四月下旬至五月上旬始融解。然雪量不多，积雪尺余之事绝少。春秋温暖之时极短，七月中室外最高温度华氏百三十五度左右。正月室外最低温度虽至华氏零下三十八九度，然此为大陆风土之常。昼夜气温之变化甚剧，华氏二三十度之差异不以为奇云。尤以春秋二季为最，昼间虽升至华氏七十度，及日暮风起，遽变寒冷，降至华氏三十度以下，闻甚至纷纷见雪云。

降雨之期为七八月，雨量概少。四季俱多风，春秋季尤烈，风时作，尘沙飞扬，白昼黯淡，甚至咫尺不辨，沙漠地带尤甚，行旅最苦云。

第四节　地势

东蒙古以大兴安岭之南部苏克科鲁山及阴山山脉之东北部涂马哈达山并其支脉七老图山山脉、松岭山脉为骨干，由该连山地及苏克科鲁山脉并七老图，松岭两山脉之间所包容之高原而成。

洮儿河合北方黑龙江省界附近诸细流，渐次东流，发源于黑龙江省，南流合嫩江成洮南府、伯都纳附近之沃野，更趋而东。又发源于中部七老图山脉及苏克科鲁山脉之诸水，渐渐东奔，遂成郑家屯、开鲁县附近之地，所谓辽河者是也，纡回于松岭山脉之北端，入直隶湾。

苏克科鲁山脉，其西南接阴山山脉，划为锡林郭勒、哲里木、照乌达诸盟之境，东北行成大兴安岭，所谓东蒙之眷〔脊〕梁于是，而具其状，宛如波涛之澎湃奔腾，抑夫蒙古地理犹未为世人所知，所谓大兴安岭者，突兀巍峨，高耸云表，全山蓊蔚，参天古木，白昼犹昏，攀跻匪易，其东西之交通，若全然杜绝者。其实不然。其最高部之多伦诺尔之北方七老图山脉之分歧点附近，距海面仅四千英尺，渐北渐低，三千或二千五百英尺。连山类皆生草，谷间亦间生针叶树、榆树等。连山之比高，大概在百密达及三百密达之间，虽亦时露峨峨之岩石，然一般斜度缓漫〔慢〕，不碍人畜之攀登，间有车马亦易通。行之处，但东偏较西偏稍峻，由北而南，斜度亦从而〈缓慢〉。渐南山脉之幅员与高度相反，渐北渐趋于巨，即在克什克胆〔腾〕不过十里内外者，至巴林、乌珠穆沁部扩之为三四十里，至索伦界附近更达七八十里，成一大连山。又山脉之西麓为高原，气候寒冷，荒野不毛，几无利源可以开拓。然其东麓及东南方成为一望无垠之平原，将来可以开垦之地方甚多。又贯大兴安岭之东西，有数条之车辆道以连络，散在山脉东西之诸部落。

涂马哈达山为阴山山脉之东端，以察哈尔部界于直隶、山西两省，其北端东折为七老图山脉，更北走为松岭山脉，群峰中虽鲜有过距海面三百尺者，然类皆斜度急峻，往往有断崖深谷。七老图山脉尤甚，成喀喇沁附近之山地，北方之辽河流域与南方之热河附近之滦河流域以此分界，是之谓燕山山脉。

第五节　住民地

东蒙古之住民地以住民之生计状态及房屋构造之不同，大略可别之为五种：

一、纯游牧地带之移转式蒙古包部落；

二、耕牧混合地带之固定式蒙古包部落；

三、耕牧混合地带之中国式房屋部落；

四、以农为本之移住民部落；

五、喇嘛部落（一名喇嘛街）。

东蒙古中至今犹以游牧为本业，以移转式蒙古包（毛织制天幕）逐水草而居之部落，仅可于大兴安巅〔岭〕之西麓，即前所称不毛之地居住之锡林郭勒盟中之乌珠穆沁、浩齐特及阿巴哈纳尔、苏尼特等旗见之，盖蒙古边境之地因逐年为满、汉移民所侵入，日见开拓，其固有生业之牧畜渐日就衰颓，因鳞次栉比之房屋与游牧地带之生业不相容，故其部落大概只由蒙古包数户而成，鲜有出十户以上者。

此等部落，四时无一定之居处，日放其家畜使食部落周围之良草，草尽则更就良好牧地、求饮料水而移居。及观其移住之状态，大率夏则择江河沼泽之水边，冬避风雪，则卜山腹向阳之处，此盖因夏时水草皆在于低地，冬则低地之草为积雪所没，山腹之雪反少，草皆露出，且随处皆可以雪代水故也。故画此等地方之图，欲精确记其住民地之部落，实为难事。惟于适于住民地之地方，即有牧草、饮水不甚缺乏之处，标记其地方之名称而已。彼以蒙古旅行著名［著］之法人乐克氏，于蒙古游牧地之状态揭尽无余蕴矣。今节录其一则于左：

> 蒙古无文明诸国之村落、耕地、都市，而美术、工艺、贸易之活动亦无之。虽然文明之迹不可得而见之，野蛮国中所有之太古之森林亦不可得。到处概为原野，存在于淼淼之湖水、纤曲之江河、巍峨之山岳中，往往与一望无际之沙原相连接而已。一带悉为死物，毫无生气，除野鸟飞翔、黄羊奔突之外，颇呈生气者唯初抵住民地时而已。蒙古包宛如落地之气球，何时再升腾不可得而知也。远远近近散见马、牛、羊、豕之群，男子皆手持长杆，跨马疾驰，女子则柞〔榨〕乳以饲雏牛，老幼则拾兽粪于途。然至翌日，则此居民地倏焉消灭，除烧残之兽粪及野鸟鸣啄于豚羊骨片中外，不见一物也。

移转式蒙古包渐东南行，至大兴安岭以东之地方，渐成固定式，周围绕以墙壁，部落之缘渐见耕地焉。然其本业犹为牧畜，大形〔型〕之团聚犹稀，通常为二三户或五六户。

次之，渐近满、汉移居民混住之开放地，圆形之蒙古包渐形消灭，满、汉土块式房屋之部落渐出见焉。是等亦不成大部落，依然以牧畜为本务，以农耕为副业，不过耕种己所需用之杂谷而已。

更东南行，至编入于山西、直隶、东三省之行政管辖下之蒙古，则满、汉杂居，以农耕为主业，牧畜为副业矣。其房屋皆满洲式之土造或砖制，团聚数十户或数百户，所在有大小市街，商贾辐辏。

以上所列之外，各种住民类呈奇象。最为游民所注目者为喇嘛庙，其周围大小喇嘛之住宅并轩而建，成所谓喇嘛街。喇嘛庙遍蒙古各旗皆有，其结构虽因所在人民之贫富不一其形，然类皆占名胜之地，以砖砌成，极为宏壮，较之蒙古住宅，甚形尊严云。其大者可容户数数百，喇嘛数千，小者亦不下户数数十，喇嘛数百。其附近有多数之喇嘛信徒、土人幕而居之，且有若干之行商张天幕混入其中焉。又喇嘛庙中必设井，以供四时取汲，故旅行于游牧地者，以喇嘛庙为目标，实为安全且多便利（参照附图东蒙古一览图①）。

第二章　交通

第一节　概说

东蒙之地势及住民地既如上所述，大体分为游牧地与开拓地，前者人烟稀少，为商工业中心之市街甚少；后者人口较稠密，有若干之市街在焉，因此两地方之交通状态不免悬殊。

游牧地方，类皆土地干燥，少车辆之交通路面状态虽较为良好，然少固定之部落，难获饮水，宿息不便，加之几全无运输机关，故非豫将所须之驮兽携行，难于通过。就中通于沙漠之部分，宛如行于河滨，进行甚困难，人畜极疲劳。

开拓地方，虽不完全，尚有交通机关之设备，农产物之集散、

---

① 未见附图。——整理者注

商货之转输亦为频繁，道路之数亦较多。然运搬材料及道路均甚不良。至于道路绝未修筑、所谓天然道路，路面有数条之辙迹，深入地中，凸凹不平，进行甚为困难。一遇降雨之时，道路泥泞，车轴为没，交通断绝，率以为常。此等情形，与满洲接壤之粘土质地方为尤著。其在东南部直隶界蒙古地方之山地，全然相异，多小石，道路险恶，通车之处甚少，其运搬非恃驮兽之脊背不可。然在开拓地方，在在有部落，颇有宿息之便，车辆、驮兽之征集亦易。惟可怖者为马贼、土匪，不卜昼夜，出没诸处，越人财货，有碍交通之安宁不少。东蒙古有水利之江河甚少，仅辽河上流之西辽河、嫩江、洮儿河及松花江与滦河之一部而已。

第二节　陆运

第一款　运输机关

运输机关因各地方之地势及道路之状况不同，其种类可概别之如下：

一、大车；

二、轿车；

三、牛车；

四、一轮车；

五、驮兽（骆驼、驴、骡子、马）；

六、人夫。

大车以大小及载重分为头大车、二大车二种，大概用之于开拓地方，农产物及商货之运搬皆全然恃此。然在山地，以其运动维艰，故只使用于平地，其构造极坚牢，无论如何难路，皆可通行，日本人恒呼为支那车辆。

挽马之数，视载重及路程之远近，虽无一定，大概头大车由五匹至十匹，二大车由三匹至七匹，在满洲界蒙古者概为大形，在直隶界蒙古者其形略小。其价恒为五六十元至百三四十元。

载重亦以地方之地形及季节不同，即在直隶山地者较在满洲界平地者减半，夏季较冬季亦如之。故以车辆运搬，率在冬季，而其载重约在千斤及四千斤之间。轿车即箱马车，率用以载客，其挽马，习惯皆用骡，官吏、富者所乘之车及短距离之赁车，装饰稍华美，通常以一骡挽之。然用于远距离者，一名旱车，装饰粗陋，骡二三头或马以挽之，各处市街有专业此者。轿车之速度较大，一日行十四五里或二十里，此等车止用于开拓地方，游牧地方绝少见者。

牛车多用于游牧地方，蒙古人谓之铁尔驾，有大小二种，大者可载五六百斤，挽之以二牛或三牛者，汉人呼为白色车，小者可载二三百斤，以一牛挽之，曰辘轳车。

一轮车即一轮手挽车，开拓地方之市街专用之，其数不少。

此外尚有所谓洋车者，为日俄战争时两国辎重车之废物所改造，以驴挽之，然亦少数，且只济一时之用而已。张家口、库伦尚有所谓骆驼车，俄人之货物、邮政等之运送曾用之，其构造极坚牢，以骆驼曳之而行。

驮兽，用于沙漠地带及山地，骆驼（载重五六百斤）多于西部，驴（可载百五十斤）、骡子、（能载三百斤）、马（能载二百斤）等南部为多。而在满洲界，其数甚少，以之为输送机关者，殊不足数。然在西部地方为重要之输送机关，使用地方，自北京起以至连络多伦诺尔线以西地方之汉人、蒙人均用之。驴、骡、马之驮载以直隶界蒙古之东半部为最多，盖以此处为阴山山脉之支脉，连亘蜿蜒，道路险恶，车辆之运转濒于危险故也。

其他轻量货物，可即以人夫搬送。而此等运输机关之赁金，因各地方之状态及时节而异，大略夏昂于冬，交通不便之地方昂于便利地方。又外国人之行李，土人率多取之。兹将输送机关之种

〈类〉、载重及运费之关系例表于左：

一、车辆

	名称	价格	车体自重	挽曳力	载重		日佣	
					夏季	冬季		
大车	头大车	八十元至百三十元	五百斤乃至千斤	马六七头乃至九十头	马二千斤乃至二千五百斤	三千斤至四千斤	五元乃至六元五角	每华里每百斤二角至四角
	二大车	六十元乃至八九十元	四五百斤	马三四头乃至六七头	马千斤乃至千二三百斤	千五百斤至二千斤	四元乃至五元	
牛车	白色车	三十元内外	约二百斤	牛二三头	五六百斤	七八百斤	非征发不易雇	
	辘轳车	十元乃至二十元	约一百斤	牛一头	约二百斤	三四百斤		
	一轮车	约十元	约五十斤	人一人又二人	一人则百五十斤，二人则二百五十斤			
	轿车	百元乃至二百元	约二百斤	骡子一头	旅客一人及小行李若干			
	旱车	七十元乃至百元	约二百斤	骡子二三头	五六百斤	约千斤	二元五角乃至三元五角	每百华里每百斤四五角

以上之运费每百华里每百斤各处可通用之最高最低价。

二、驮兽

名称	价格	驮载力	
骆驼	七八十元乃至百元	约六百斤	每百华里每百斤五角或六角
马	约三十元	约二百斤	
骡子	三十元乃至八十元	约三百斤	
驴	十元乃至二十元	约百五十斤	

三、人夫

一人一日	定月（给食）	四元乃至七元
	定日（给食）	二角乃至三角
	零雇（不给食）	三角五分乃至四角五分

人夫例皆给食，每人食料约一角五分内外，但苦工绝少之时，有一日贵至五角者。

又各种运搬器具之速度比较表大要如左：

一	大车	一日六十或八十华里
二	轿车	一日八十乃至百二十华里
三	牛车	一日四十乃至六十华里
四	骆驼	一日六十乃至八十华里
五	马驴骡子	同右

车马皆每七日或十日之谱必与休息一欠〔次〕。

第二款　道路并其状态

在东蒙古之主要道路网之关系，不过连络蒙古各王公府及州、县城与满洲、直隶之首府，并主要之商埠而已。今揭其概略如左：

一、以北及锦州为起点，至西喇木伦河流域以南之各王公府、州、县城；

二、以新民府、昌图府为起点，至西喇木伦河流域右岸之诸王公府、州、县城；

三、以郑家屯（辽源州）为起点，洮儿河以南、西喇木伦河左岸之诸王公府、州、县城；

四、以伯都纳、长春为起点，经嫩江、洮儿河流域至黑龙江省之齐齐哈尔；

五、以张家口为起点，至大兴安岭西南遍〔偏〕察哈尔及锡林郭勒盟之王公府、州、县城。

以上之道路纲〔网〕在阴山山脉地带及大兴安岭西方之地域，其出口多在南方；在西喇木伦河及该河以北地方，其进口咸在东方，由此伯都纳、郑家屯、新民府、锦州、天津、张家口等埠所成之势力圈，可推而知之也。而其道路之状态大略于左：

一、由西辽河上流之西喇木伦河流域之左岸而北，经过高原地带、大兴安岭在内之道路，路盘概含砂土，车辆可行，即道路外亦不难通过。运输机关多用牛车（可载五六百斤或七八百斤）及驮兽，其在东方地区亦并用大车，惟大兴安岭东遍〔偏〕斜面中之一部，有车辆难于通行之处云。

二、由西喇木伦河流域之右岸而南，经过阴山山脉之道路，斜度概为急峻，加之山谷狭隘，时遇多小石之枯河，车辆难行，道路跋涉亦至艰难。故此等地方，运输专赖驮兽，虽以马、骡、驴为主，而骆驼亦不少。

三、由沙漠地带之外蒙古车臣汉之南部、内蒙古苏尼特部之北方，延而至于东北，沿西喇木伦河流域亘于伯都纳南方之地域，皆为沙原、沙岗，若断若续，甚无秩序，或成类似灰烬之细沙带，或成为沙坨子之沙堆，车辆仅得通行。然细沙带之一部，终多阻碍，细沙带之沙，深达一尺内外，雨时水之浸入甚速，虽无大影响然，一遇风起，则尘沙蔽天，宛如飞雪，不辨咫尺。前行者之足迹，瞬即填平，每有误其方向者，人马皆困难，势不免短缩其日程也。马车减其载重之三分之二，牛车及驮兽减其三分之一，徒步旅行者，一日六七里以为常。又旅行者非雇用详知道路之土人为向导不可。

此外，东蒙古之交通，受季节之影响者甚大，冬时地面皆冻结，无水陆之别，到处皆可行车，且其运转反较平时为速，故行程亦从而加疾，于高原地带尤为良善；反之，至夏季降雨之时，川无桥梁，低处化为沼泽，泥泞没胫，车轴亦然，交通杜绝，阴山山脉地带之枯河中为尤甚焉。

第三节　水运

东蒙古有水利之江河，其状态如左。

一　西辽河

西辽河有二源，一为西喇木伦河，一为老哈河。此二流至辽源州郑家屯之西南约八十里之处相合后，分而为二，同方向而流，再合于郑家屯之东。土人单称西喇木伦河为西辽河，以下以西喇木伦河为西辽河之本流，以老哈河为其支流。

西喇木伦河发源于木兰围场之北方、大兴安岭之南端百尔赫贺尔湾，合诸细流东北行，过克什克腾旗，入巴林及翁牛特旗境，于奎苏附近与老哈河合其下流又分为二，北流者谓之西喇木伦河，南流者曰南河，又名老河。

西辽之流域延长达二百余里，河幅为五六十密达乃至百密达，水之深浅不一，最浅处亦有一密达以上，徒涉为难。而郑家屯之上流，因尚为未开地，纯蒙古民族所居，无渡船之设备，仅达赖罕旗有之，然亦不过少数人及小量之货物赖以装载之小舟而已，故在上流渡河之时，率以牛车或乘马。巴林旗古桥一，即名巴林桥，全蒙古中仅有之坚固桥梁也。

西辽河至巴林桥附近水势稍急，由乌丹城之东方又略缓漫〔慢〕，与老哈河合后更为潺湲，水深一密达内外，将来若开凿其一部，可客〔容〕易使之有水利之便，客载十市之小舟得远达赤峰也。

二　嫩江

嫩江亦名嫩泥江，发源大兴安岭，东南流至黑尔根之北，复南折，途中并诸支流，经齐齐哈尔之西端入内蒙古特尔伯都部，于札赍特部并雅尔河，又于绰尔河及洮儿河之右岸与该二河合，东南流至三江口入松花江，全长百七十余里。

嫩江入蒙古境，流于坦坦旷野中，水势甚缓，色黄浊，河底概为泥沙，河幅五六百密达。齐齐哈尔附近水深五六尺，由此至洮儿河口之间，渐次加深至七八尺，其下流至与松花江合之处皆为八尺，道路通过之处皆有渡船。

嫩江阴历四月解冻，约十数日间，江水暴涨，土人称为桃花水。又至阴历六七月降雨之时，河水泛滥，溢出两岸，故江之两岸有沼泽无数，难近之处不少。又处处皆有三角洲，据俄人测量，由齐齐哈尔至河口一百里间，优能行船，增水之时，尚可达黑〔墨〕尔根云。虽然，实则上流在在皆有浅濑下流入蒙古境，两岸皆荒漠、原野，现时尚无可行汽船之处。将来若非稍事开凿，恐汽船亦不能航行。目下此流域所用之船舶为中国式，三江口至齐齐哈尔，约载二三百石之船可行，由此以上至上流黑〔墨〕尔根，约可行载百石之船，一日之航程，顺风大略十五六里内外。

三　洮儿河

洮儿河旧作陀罗河，又曰陶尔河，《辽史》有他鲁河，《金史》有挞鲁古河，无非洮儿河之异名也。其源在内蒙古之西北境，大兴安岭之西麓，东南流经洮南府之北方，更东北流入郭尔罗斯旗，注入嫩江。其河幅，洮南府附近约十余密达，水深在平时无达一密达以上者，随处可得而徒涉也，然至夏季，则水有涨至三密达以上者。河流甚屈曲，深浅甚不一致，平时不通舟楫，仅夏季有若干小舟徒来于伯都纳、洮南府间而已。

四 松花江

松花江一名混同江，土人谓之吉林江，又呼乌拉江，环流于内蒙古郭尔罗斯前旗之东境者二十余里，为吉林与蒙古之分界。其江幅七八百密达，水深三四密达。伯都纳之上下流，一般小火轮及中国式大船可通，每年五月至九月舟楫往来不绝，其水运之盛，无俟赘言也。又值结冰期间，则以江上橇为运输交通之具。

五 滦河

滦河发源于独石口外之东北约二十里之巴颜图古尔山，西北流入多伦诺尔厅界，复北流，又东北流至多伦诺尔之北方，忽东南行，屈曲于连山群峰之峡谷间，东西奔流途中，并诸细流，经郭家屯、滦平、承德（热河）、柳河口，于潘家口入长城内。更南流经永平府入滦州，其下流分为数脉，注于渤海。滦河古谓之濡水，色清而深，流域全长达三百八十余里，曲折殊甚，几全然奔驰山峡间，巉岩崎岖，饶有山水之景。滦州附近之河幅七八十密达，水深一密达内外，两岸平地虽少，由渤海经滦洲〔州〕至滦平，十二石乃至二十石之小舟可通。

以上之外，虽有沿长岭山脉之东麓流于朝阳附近之大凌河，水浅不通舟楫，今略之。

第四节 铁道

蒙古铁道，仅有俄国之东清铁道由黑龙江蒙古及吉林蒙古之一部经过，与日人所管之南满洲铁路经过盛京蒙古之一部。又俄国近来所定之豫〔预〕定线如下：

一、由哈克图经库伦至张家口；

二、由布喇可哀斯齐哀翁斯克经齐齐哈尔、洮南府至新民屯，又同上由洮南府经赤峰州、热河（承德）、古北口至北京。

又美国对清政策之结果，英美公司欲修筑所谓锦爱铁路，由齐齐哈尔经洮南府至锦州约四百里之间，与南满铁路并行之新线路，该公司之代表美国人"士出勒乊"氏虽屡次奔走，欲其成立，然以日、俄两国在南北满之利害关系，不能駃承，遂作罢论。此外在清朝时代，俄国曾计划经哈尔滨、洮南府、赤峰州、多伦诺尔至张家口一线，又清廷要津曾献策修筑由北京经古北口，热河至赤峰州一线，亦以财政上之关系，均至今尚未实行。然将来欲开辟在蒙古之天然富源，必须速修重要地方之铁道，同时将多年甘于僻处蒙昧之住民，使之与文明接融〔触〕，实切要之图也。

第五节　通信机关

蒙古之通信机关，大别之为驿站、邮便、电报三种，以外尚有私设之信局及鏢〔镖〕局，民家及商家多利用之。

一　驿站

驿站，中国自古即有之一种之官用宿站，以便官吏往来及传达文件。清朝定制，每百里为一传，于此置驿站，各驿站皆有驿官、驿丁及马匹等，其设备之完否，视站之大小及站之重要与否，虽无一定，大约大站驿丁数百名，小站十数名。又各站虽规定置马五十匹，现时因各种关系，或增或减，无一定也。

东内蒙古之驿站，起点于北京，喜峰口道（至札赉特之路，其长约二千里弱，驿站十八处，属蒙古者十六，属内地者二）、古北口道（至乌珠穆沁之路，约一千七百里弱，有驿站十五，属蒙古者十，属内地者五）、独石北道（至浩齐特之路，长约八百里弱，有驿站七，属蒙古者六，属内地者一）、张家口道（至四子部落之路，有驿站五）之外，尚有齐齐哈尔、伯都纳之驿道，以近时邮政、电报渐渐发达，遂渐废弃矣。

信局为私设之驿传，一呼民局，盖驿站为专属官用之通信机关，仅以之递送公文，一般商民之私信不为传送，故有此设，为民间唯一之通信机关。及邮政兴，民局遂大受影响，然以邮政尚未普及，依然为补助通信机关，民间尚利用之。信局大概各处皆有，分局即不然，亦有确实之连络，书札及有价证卷〔券〕皆可输送。其事业之性质量，重信用，若有商家托送要信，虽迁延时日，尚有舍邮局而就信局之风。而无驿站之地方，公文亦托信局。又信局亦有兼鏢〔镖〕局者。

鏢〔镖〕局原为货物运送之保险业，而商家之通信亦用之。

二　邮政

中国之邮政，始于前清光绪二年（一八七六年），至光绪二十二年（一八九六年），设大清邮政局，属税务司赫德管理，以后其管理权遂及全国。蒙古地方，以土地偏僻，通信不繁，仅于开拓地方设置若干局而已。

设在东内蒙古之分局约八十处，属北京总局（总分局三二，信局一四六）、牛庄（营口）总局（总分局二二，信局二九）、天津总局（总分局二四，信局四一）等局管辖。

三　电报

电报为光绪六年（一八八〇年）李鸿章所创办，自天津大沽开通后，以李为电报事务总裁，设总局于北京、天津、上海等处，以后遂编〔遍〕及于各省城、商埠。现今通于东内蒙古之电报线路及电报分局如左：

线路	电报分局
一、北京—张家口—库伦—恰克图线	张家口、滂江、乌碍叨林、库伦、买卖城、恰克图
二、北京—新民屯—热河线	通州、古北口、滦州、热河、平泉、建昌、朝阳、刘龙台、义州、新民
三、热河—赤峰线	热河、围场厅、赤峰

续表

线路	电报分局
四、新民—洮南—齐齐哈尔线	新民、法库门、郑家屯（辽源）、洮南、辽通州、齐齐哈尔
五、长春—农安线	长春、农安

《军事杂志》（月刊）

北京参谋本部

1915 年 35 期

（李红权　整理）

察哈尔乡土志

闽侯林传甲　撰

绪　言

世界各国，教育最普及者，莫如德意志；其教科〈书〉最切实有用者，则为乡土志。吾国自甲午、庚子之后，始发愤兴学。南皮张文襄公《奏定学堂章程》，初等小学，历史、地理、格致，皆以乡土志为课本，惜当时各省、各县任教育者，未有能实力奉行，良法美意，知者盖少。余尝撰《黑龙江乡土志》，为初等课本，未几，初等历史、地理、格致，并于国文，于是小学界毕业者，遂空谈五州万国，而不知本省、本县之地理，是以近日教育家，盛倡实用主义。余之主张，则实用宜自乡土志始。讲学察哈尔，旧无专志，余不搜辑故纸，而喜从事于新调查，用以为师范讲义。愿诸生从事国民教育，以德意志为法，吾国乃足以立国矣。

察哈尔特别区域之位置

察哈尔位置，当北京中线之正北，东临热河，西接归绥，南蔽直隶、山西，北临外蒙古车臣汗部，北纬自四十度三十分长城起，为独石县南界，北至四十六度一分，达里冈厓牧场，及乌珠穆沁旗乌勒圭河，为锡林果勒盟北界，东经在北京偏东二度五十分，苏克斜鲁山起，西至西经北京偏西五度四十五分，楚伦图占里克。东界分界者，有大兴安岭山脉，北界亦有师布克乌兰哈达山，在乌得东，西界屈曲，有舒玛哈达岭、浑善达克草地为界，而南界长城，则与直隶之延庆、赤城、龙关、宣化、万全、怀安，山西天镇、阳高、大同、左云、右玉各县为界。又独石、多伦，东界热河之栾平、丰宁、围场、经棚各县，而凉城、陶林，则西界归绥之和林、归绥、武川各县，东西一千四百里有奇，南北一千二百里有奇，面积约计八百四万方里，地形如蝶，锡林果勒如两大翼，察哈尔左右翼如两小翼云。

奎腾梁山脉

察哈尔山脉，西由昆仑、祁连、贺兰、阴山东来，至归绥之舒玛哈达岭入界，在陶林之南，凉城之北，名曰奎腾梁。奎腾者，蒙古谓之冷也。横亘丰镇西北，脉络相连，又名曰伊玛图山。又东至兴和之北境，曰阿贵山。环其东境，蟠于张北之西境，名曰大清山。地理志或以大清〔青〕山为阴山之别名，仍属阴山系，沿长城而东，为元宝山、西太平山、东太平山、虎头梁坝鼎，至独石，为梳妆楼诸山。至多伦有天地人诸山、牛心山，而上都河东之骆驼山、西喇札拜岭，则与兴安岭山脉之苏克斜鲁山相连。正脉由张北西北境上诺谟辉山，则与牧群之都兰山，若断若连，北至苏尼特，为奎同沙密岭，实与奎腾梁同一山系，贯穿阿巴哈纳尔旗、浩齐特旗，至乌珠穆沁旗，连于苏克斜鲁山，又北分支为达里冈厓，屹立于本区之北境。是以论察哈尔全区之山脉，以奎腾梁为主云。

奎腾梁南系诸山脉

奎腾梁之正南有皂山，又南有乌蓝大坝。蒙古语谓红为乌蓝。此山之阴，原为厢〔镶〕红旗牧地。又南为桌子山，地当孔道，有设卓山县之议。其山脉盘于凉城东境者，如回头山、浮梁山、马盖山、有鲁山、奚望山、焦山，与丰镇分界，而大庙坡一支，则西至老包山、小鞍子山、猴山、老虎山，为凉城之腹地，而蒙古哈达山，则盘绕于凉城之附郭。东北有漫山、仓盘山，西北有胡都克岭，正北有铁山、貂鹏山，皆群峰与列壑相环，河流萦纡如带。县南诸山，由和林入界，大石头湾至史家口、东宁鲁口，为帽儿山、花山子、齐头山，而营盘梁横亘于其北，又东北则周家岭、和阳岭、韩清坝，环绕天成村，成一形势地，驻陆军焉。此奎腾梁南系诸山脉之大概也。

奎腾梁东南诸山脉

奎腾梁东南为白塔山，入丰镇界第一支为真祥山、庆云山、海留素山、庆格卡伦山、马鞍山、台子山、兴旺岭，迤逦至县城之北。第二支由厚生庄南，横亘为东西聚财山，又过平地泉为孤山、喜新岭、焦山尾，而连于县东之元山。第三支分于弓沟之北者，曰咸乐山，过弓沟之南，曰吉盛山，又南两山夹峙道旁，东曰明义山，西曰崇玉山，再南则放包大山峙于其东，彩云岭、桃花岭、九华岭，鼎立于张皋镇之西，而大南山则盘于镇之西北。又南则隆盛庄之南盘羊山脉，屹然特立，与山西阳高界上诸峰并列。其东一支入兴和境为木苏山，其西之百宝山、万金山、摆烟山一带，至东山坡，森林蔚然，风景亦胜，榆柏沟以树得名，迥异居庸一带之童山。此奎腾梁东南诸山脉之大概也。

奎腾梁东干各支脉

奎腾梁正东山脉，为浮石山、黑土坡，皆在陶林境，东至兴和县，北至阿贵山，北接大马群诸山，有阿贵庙，其南一大支，蟠于兴和之东境，张北之西境，总名大清〔青〕山，有喇嘛洞大瀑布，最高者为黄榆峰。由玻璃沟至马连屹塔，分一支，至银洞沟，又析为白鹿秃、黄土梁二支。又东分太阳坡一支，正脉由土木路桃李庄，至马头山、齿儿山、镇虎台、汗诺坝、元宝山、西太平山，北折为察汗它罗、朝天窑（山之低处，所谓壑也）、西沟山、柳条坝、塞寒坝、侯营坝、毛金坝、花台坝、麻泥坝。盖口外地势，一面高，一面低，山上与山下，高度悬殊，如升堂之阶，似山非山，土人谓之坝，实山脉也。分支为棋盘梁，至龙关界，亦有大瀑布。二十里脑包入独石界，东有西山坡，南分狐子岭、喜峰砦、黑牛山、奶奶山、黑驼山一大支，而梳妆楼北为多伦天地人诸山，牛心山、风水山、西山根〔西根山〕、北根山，最大者为儿马山、大狐狸山、火石梁各山云。

奎腾梁东北各山脉

奎腾梁东北坝底各山，盘于陶林县之南，东西壕堑之间，山势崔巍，县北四道沟、五道沟之北，山势直入乌兰花一带，东至正黄旗之诺谟辉山，绵亘至太仆寺、内务府各牧场，包括昂古里湖北面，不能旁流，所拟设商都县在其北。又东有都兰山、得儿山，绕出克勒湖之北，闪电河之西。又东有大山，名猴汗河头，其支脉散布于多伦东北者，曰小红石拉，及大黑山、南大山、哈达山、大孤山、红花山、岔巴山、桃山、骆驼山，入热河境，而正脉则由西喇札拜岭，而连于兴安岭都兰正脉。北至苏克特之北，有奎同沙密岭，北分喀里吉和山。至察布图北，为达里冈厓，一支沿大道之东，入车臣汗境，足以限止沙漠之东侵。正脉由阿尔噶旗、阿巴哈纳〈尔〉旗，北至白塔子，达于苏克斜鲁山，支脉则斜贯浩旗〔齐〕特旗，北贯车臣汗东界，入黑龙江呼伦县南界索岳尔山焉。此奎腾梁东北各山脉之大概也。

滦河流域

滦河为直隶东北入渤海之巨川，上游在热河，而上源实出于察哈尔，发源之处在独石县东北，有三道河，由九龙坝之西一大山脉沟渠会合，曰小河子，地当孔道，北流过梳妆楼之东，入多伦界，名曰闪电河，旧图谓之三岱〔岔〕河。过闪电河店之北，又地字号一小河西来入之，北经大梁底之西，厢〔镶〕白旗之东，曰西闪电河，折东入正蓝旗界，曰北闪电河，经善因寺、汇宗寺之北，又东南至磴口桥，以下名曰上都河。多伦县南北二河，会火石梁一水，合流入之。土力根河，自围场发源，西流入之。大河口以下，亦有桥通赤峰，又南有大泡子与河流通，又南有河南营一水入焉，又南有骆驼山一水入焉，南入热河之丰宁县界，乘滦平、喜峰、迁安、卢龙、乐亭之上游焉。惜上游滩浅甚多，通舟不便，尚待疏凿。然磴口桥头，固水陆交通形势地也。

白河流域

白河，一名北河，又名大沽河，由天津上溯至北通州为运河，以上仍名北河。旧图沽河，源出独石口外，九龙坝之东南，今太平营以南，墨虎沟、棠梨沟、明镜沟，皆涓流也。其余各沟，若断若续，南入直隶赤峰县长城，东南流会龙关诸水，东出长城，复入独石界，水势始盛。由河口至千家店，北汇卯正汛诸河，一大支又东仍入长城。其北有盘道口河，由独石入赤城境，入此卯正之北，为黑河泛〔汛〕。有黑河一大支，东南流入长城，与白河会。又北有唐河，会独石东北各沟水，东南流入丰宁之潮河，入古北口，至密云，而后与白河会。盖独石之丁庄汛为沽河所发源，即滦河发源之分水岭，若黑河、卯镇两泛〔汛〕，皆为白河之流域。惟群山环绕，山溪之水，忽断忽连，介于直、热省区之间，未克利用，以通舟楫，然五道岭大瀑布可利用以水碓及发动汽机电力焉。

永定河流域之清水河

永定河者，古之无定河，上源曰桑干河，在宣化、大同之南。溯宣化以上，至张家口，曰通河，在大境门之东，太平山之下，与直隶交界。其发源于口外，正流曰清水河，正源出坝鼎之半。坝曰捕东沟、庙儿沟、扯旗沟，经西湾子，纳白桦沟、大东沟之水。又南纳庙子沟，至大同营下双台，纳草厂沟一大支。又南至中山沟之南，有太平川，自太平庄来会，此川合狮子沟、门扇川、洞儿沟、小夹道沟、东沟、二郎城沟诸细流，成一大支河，合清水门西流，经地上村、场上村、新营、代州营、黄家湾，有拜察河自北来会。此河东源曰石胡子沟，西源曰上陆轴沟，又名驷马图河，皆西南流，至沙湾，经上摆察、中摆察、下摆察，即拜察也，过四杆旗、淘赖庙，而后与清水河合流，至大境门，会西沟为通河。此口外清水河之流域也。

永定河流域之东洋河

　　东洋河支流，出张北县之西南境者，东支出小山，经沟过土木路、蹋〔骟〕马群之东，又过大土台、小土台之南，至大虎沟，入万全县界，中支为榆钵沟，西支为小柳沟，均南入怀安县界。其在大青山西麓兴和县境者，一大支曰二道河，分前后二河，而县治适当两河之总汇。后河源之远者，自官马群入界，绕阿贵山西麓南流，曰天兴河，至济美庄之南，有庆兴河一支，自丰镇界上来会，西绕阜丰庄，南绕豫顺庄，东南流至县城，东北有新民庄发源安居河一大支来会，又绕县治而与前河会。前河源出丰镇界，经发祥村，又经仁里村、近仁村，会于县治，合流绕高庙子，旧名丰川，又东南至马市口入长城。又有西洋河，上源出兴和之木苏山，由新平口入长城，而后与东洋河合流，入直隶境。此口外东洋河、西洋河之流域也。

永定河流域之御河

　　永定河支流在大同者，曰御河。其上源出自丰镇西北奎腾梁，汇凉城北界、陶林西界各山水东南流，经庆宁庄、元和庄、平安庄、新瑞村，至元山之麓，东过县治南之新成湾，受县西悦来村发源之大有河来者。又南流至河口，有隆盛庄之隆盛河来会，此河发源丰镇县东北集贤庄，有二源并发，南流相合，过五福屯，夹岸森林为边地所难得。又南过隆盛镇，繁盛过于一大县。又有东汇九道沟诸水，至百宝庄，西〔两〕岸皆山，西流至喜新岭之东，又南流，循东山坡之北，与丰镇河相会，合流而南，出得胜口之东，入山西大同境，经山底会凉城东南流入各支水，过大同之东，至古定桥，与桑干河会。此口外御河上游之大概也。永定河在察哈尔南境者，凡三大支，是以上游地面拔出河面三千尺以上云。

黄河流域之黑水河

绥远城南有黑水河，为入黄河之巨川，南源出于凉城县南之老虎山，绕县治东北流，崎岖山谷间，或分或合，或断或续。猴山以北，环流一渠，曰阳曝沟。大石头湾以北，环流一渠，曰羊肠沟。又北与黄沙坝通流，环厢〔镶〕蓝旗三面，成一大渠，曰马厂沟。又西境土城南境，成一大渠，曰忙牛沟，陶林西南诸水，自界上注入之。其南绕缦山成一大渠，曰车水沟。又西绕仓盘山成圆渠，曰明心沟，而西北绕铁山四围者，曰大经井沟。突龙海以北，有龚盖沟、三道沟，皆环成两小渠。至大东沟乌尔图，为黑水河正流，经五兔脑儿西流入归绥县界，山重水复，不足以言经流。然奎腾梁南系诸山在凉城东界者，实黄河、白河之分水岭。至于凉城西南诸水，则由和林格尔入清水河焉。

昂古里湖流域（附张北各小泊）

昂古里湖，即《辽史》"鸳鸯泺"，在张北县之中泛西北，阔十余里，长百五十里，乘马者，竭一日之力，乃能绕湖之一周，今土人呼为安古林诺尔。西北有大盐诺，东北有小盐诺，皆含沙土，而色不洁，因土人未能提炼也。入湖诸水，旧哈拉乌苏河，今为白城子河，源出张北赴多伦大道二十里恼包之九菜坡，南流为老龙沟，至兴隆滩西流，至馒头营子，南有玻璃菜河来会，旧称坡罗差察河。此河环绕兴河〔和〕古城之南北流，会合以后，经白城子、黄土湾、黑角山，入于昂古里湖。昔年有布尔哈苏河，今已湮绝。又有哈柳图河，今名海留图，附近有台路沟、三不拉沟、黑地沟、六尾沟，多属细流，惟盘长河、新河口尚有旧日河道故迹也。张北境内，尚有金狮诺、银梯诺、红水诺、花盖诺、张木诺、小海子，皆湖之小者，不通河流，不及备载。

东海子流域（附奇尔泊、察罕泊）

东海子，在凉城之东，丰镇之西，北有三苏木聚盛庄，西有公坝庙，西南有公沟堰，南有公河，东纳经河，东北纳焦山大庙坡诸水。丰镇西北境，源泉庄、远泉庄、长泉庄诸水，皆流入焉。四围皆山，不通海，高原中之溢地，故渟而不流。鸿雁北来，飞鸣于泽畔焉，俗传苏武牧羊处，似太近。旧图作哈泊，误置于凉城之北，有布哈尔苏台河，今亦湮绝，所谓公泉，即今之公沟也。所谓东海子者，乃因在凉城之东得名，其东二苏木海子，在丰镇隆盛庄之西北，平地泉之东南，面积亦与之相等，旧图谓之奇尔泊。西北有河，自平地泉流入，即旧时所谓平地川也。兴和之北，官马群札戛苏台，有察罕泊，面积稍小，在察哈尔右翼。此三泊可以鼎列也。其他湖泊之小者，在奎腾梁高原中，不下数十处，或积潦便成，久旱遂竭，故不备载。

多伦诺尔诸湖泊

多伦县，旧名多伦诺尔。诺尔者，湖也。是多伦本以湖名为县名。今湖在县之南境，形似方形，而多楞角，或由是得名欤？康熙旧图，多伦诺尔面积甚大，今而〔面〕积甚小，盖湖水日枯，湖滨渐成耕地，足证地球水量减少、江湖日渐狭隘也。北倚北山根，东有榆树林山，南有河沿坝，西有孤山子，四面皆高，故不外泄。多伦东北境，有黄花泡，面积亦与之相等。东蒙人多谓湖为泡，亦方言之变也。正蓝旗在多伦西北，有湖泊五处相连，最著为克勒湖，并受五儿河之支流，厢〔镶〕白旗在多伦西南，有湖泊四处相连，皆游牧之利。多伦南境与独石梳妆楼交界，有湖泊二处，在四顺永之北。昔在牧场，今湖滨淤为黑土，则农人开垦之利也。多伦境内，尚有芒牛泡、白水诺、沙里诺、铁弓泡，则湖之小者也。

锡林郭勒各河泊

锡林郭勒盟，盖以河名，为蒙盟十旗之总称。锡林郭勒河，出兴安岭西麓，北流二百里，入于柴达尔泊。此泊之西，又会合阿兰果勒河二水为多伦，北赴达里冈厓，出车臣汗孔道，其东有那塔克淖尔，为吉喇果勒河所汇。又东北乌珠穆沁一湖，为乌拉圭河、库丹布拉克河所汇，水皆南流，而锡林果勒之南，有色勒汗果勒河、乌尔图古勒河，则东流入于达里泊焉。此四湖所汇之水，源流皆二三百里，或兼容两河，是以湖面广阔，纵横各二三十里。又有魁多河，横为道，北亦不通流，而库恩淖尔，当多伦赴库伦大路，湖虽小，而名甚著。至于蒙古人逐水草游牧处，淖尔甚多，其小者，万马环饮，一二日而竭，又他往焉。如此之类，蒙古人亦未尝定其名，故不备载。

沙漠之区域

蒙古沙漠，不能南侵内地者，实由阴山山脉限之，阴山山脉以东，奎腾梁横亘于察哈尔腹地，是以奎腾梁以南无沙漠。若兴安

岭山脉足以限制沙漠不能侵入满洲及哲里木盟，其支脉〔其〕奎
腾梁东北相连之察布图山北至达里冈厓，实同兴安岭之外郭。是
以锡林果勒盟以锡林河附近为膏腴，亦无沙漠。偶因风力所播，
沙土相杂，亦饶水草。若奎腾梁以北，则有伊哈雅鲁逊沙地，当
库恩淖尔大路。又呼济图尔南北有沙原二，伊林苦水湖草地之东，
亦有沙原三处，大抵为古时诺尔一枯竭者，其余沙土相杂，散于
苏尼特北部，不可数计。在中国北部沙漠中，尚属繁盛之处，异
于甘肃以北百龙堆大戈壁矣。

沙漠之状况

　　沙漠之气候，夏日热度如炽，冬则冱寒凛冽，如将裂肤，劲风
卷地，扬沙拔木，故沙漠中不生大木。夏雨潴蓄，低洼之地，有
刚草丛生，高四五尺，质如铁线，能耐风，为沙漠中最大植物。
察哈尔牧场、乌珠穆沁、浩齐特虽近沙漠，然沙土相杂，颇适耕
耘，非若瀚海中央泉流缺乏、寸草不生，不但不宜于耕，且不宜
于牧，荒原寂寞，弥望皆同，惟自张家口达于库伦之沙漠，稍有
驿站、井水，商队络绎，土人亦沿路分部居住，专事游牧，其贫
者则供给超〔队〕商骆驼之刍草，或买〔卖〕兽粪以为御寒之燃
料。当华氏表结冰点下二十二度，尚有商队由张家口横渡沙漠以
赴恰克图，常受逆风，若万针刺肤，与少数麇鹿、鼲鼠、沙雉、
云雀、寒鸦共驰旷野，可见我商队之体质无异于铁石也。

井　泉

　　内地井水，随处皆有，地理志惟记名胜之井而已。蒙古沙漠旅
行，得水不易，且高原土厚，不易凿井，即如张家口之水井，浅

者尚深十四丈。由此以北，则土益厚，井益深。由多伦北赴克鲁伦城大道，色鲁汗河南北百里皆有井。又有喀里吉和呼都克井，又北有达赖井，又北有塔木井，最北有巴彦达赖井，而赴库伦之东道库恩淖尔以北，有霍尔霍井、喀特尔呼井、阔多井、苏叠图井。赴库伦之中道，则有库恩呼图克井、呼济图尔井、三音乌苏井、鄂伦呼都克井。是沙道可设台站之处，必恃有井泉。外蒙一带，有井者，则有人居。甘肃以北之大沙漠，则无井泉，是以无道路。凡开荒之地，必先凿井，则饮水尤重于食物也。张北之水泉子、独石之九龙泉、多伦之天来泉、丰镇之平地泉，又自然地理之饮料水也。

万里长城

　　察哈尔，南界万里长城，实明之边墙。由绥远之和林，入凉城县迤东，其南与山西右玉县分界，东至史家口、宁鲁山，与左云县分界。又东南有威鲁口，最南曰保安口。又东北曰助马口，曰拒门口，东入丰镇界长城，南为大同界，有巨墙口，东为铁路所经之缺口。又东为得胜口、镇川口、镇宏口、镇守口，东入兴和界长城，南为阳高界，有镇门口。又东为新平口，南与天镇交界。又东为马市口，与直隶怀安交界，东入张北县界。又东至大虎沟口，南与万全交界。东至土边坝，有缺口。又东南至张家口大境门，由东太平山至虎头梁，南为宣化界。至小古城折北，与龙关县分界，盆底坑以北，与赤城分界。六道营东入独石县界，经丁庄，南至独石口，东至马道口，与延庆县交界。以形势论之，乃昔日防边之下策，今日守在边外，长城徒为文明障碍也。

长城古迹及古城

秦之长城，实在阴山之北。燕赵长城，断续不一。金元之际，乌珠筑长城御蒙古，由归化城北，东过察哈尔牧场，由热河以连于黑龙江之西布特哈之依布齐。今在多伦县境，可考见者，为边墙底，在张北者，则有北濠堑、南濠堑、二道濠堑、三道濠堑，昔时汉蒙分界之畛域已或陈迹。境内古城，以张北中泛之兴和城，为兴和路旧治。此外太子城、二郎城、白城子、小古城、三和城，亦盛著。若昂古里湖东之土城、马群之古城、狮子沟之古城，多无名。独石界内，有石头城、红城子、丰镇之土堡子，凉城天城村以西，有三古城，又西有双古城，平顶山南有土城一，大抵汉唐边县，宋明以后沦入塞北者，皆在古长城之南。若夫古长城之北，则鲜有古城，亦可考古人长城附近建设周密矣。

气　候

察哈尔南部，距京尚不甚远，而寒暑大异，因地面拔出海面三千尺，愈高愈寒。夏期日光直射，沙漠易于反光，炎热亦烈，是以内地春草满山，蒙古尚为结冰时候，世人论蒙古只有夏冬而无春秋，其说诚过，惟春秋俱甚短耳。立春以后非春，以春分时节代立春，立冬以前非秋，以秋分代立冬，计冬令半年，春秋各一月有半而强，夏令不足三月也。张北之风，终岁常有之，夜深尤烈。夏令夜寒，奎腾梁上或冻死牛马，严冬之时，行人以雪拭耳鼻，遏体温不外散，亦可耐寒。秋日初寒，行人不先豫筹皮裘，有冻死于途者。播种之期，比内地常迟两月，然比之境北之外蒙古及西套外之大戈壁，犹为和暖焉。是察哈尔犹为内蒙古之乐土也。

地　势

察哈尔地势特殊者，如察汗恼包、察汗阃阁，皆插汗当年陈迹。恼包者，旧图作鄂博，或在敖包山顶之高处，蒙人祀以为神。张北口外最著者，华大恼包、三恼包、黄花恼花〔包〕是也。若阃阁，则俗作圈圙，读音如"苦勒"，即库伦也。以城堡为阃阁，又象其四方八面之形，而制圈圙之字，外蒙之库伦，由此得名，其实则多伦境内有沙土库伦，凉城境内有大同圈圙、左云圈圙，即以库伦二字为城之代名也。其建于土堆之上者，曰屹囤，曰屹塔，曰屹洞，皆土人之称谓。其平洋之地，则呼之为滩，张北口外之兴隆、白庙滩，其名称几与西蜀天险无异，而其实非也。山路之口，名之曰湾，与海湾之形又异也。

地质与矿产之煤层

中国煤矿开采最盛者，为直隶之开平，而蕴藏最厚者，则首推山西。察哈尔之地质，煤层深厚，盖足与直隶、山西鼎立而三焉。张北之土木路、海拉坎山、马连屹达、四村地，独石之卯正泛〔汛〕、古子房、艾河滩，多伦之火石梁，丰镇之裕厚庄，凉城之大同沟，兴和之白恼包，大抵皆煤苗外露。土人始用土法开采，马群以北，蒙人不识煤者，则以黑土、黑石呼之。盖上古森林带之蟠伏地中者，蕴藏甚久，变化而成。口外草地极多，得燃料甚易，是以开煤者少。今荒地渐开，居民日密，地面燃料不足，亦求诸地层以下矣。是以论察哈尔之矿，宜以煤为主体。煤者，销耗品之最巨者也。京绥铁路西趋，张库铁路北发，用煤日多，地利之待兴者，莫过于此。

地质之盐碱

边外地不宜耕，不能生物，有天然之利二焉。一曰口北蒙盐，中央设专局驻于多伦，北通盐诺，行销于独石等处，甚为发达。张北县境内，亦有大小盐诺堪以煮盐。此外则有盐恼包，亦含有盐质，与沿海斥卤之地相似。但距海较近，不如西套之吉兰盐池畅销陕、甘也。又碱土随地皆有，距张家口最近者，为陶赖庙北之碱厂村之城沟及碱沟子梁，皆有碱房。蒙古锡林果勒盟亦多碱甸，内地人精制为砖状，染物、制面、澡身、洗衣，皆用之。其用与石碱同，化学家谓之曹达，若加以油质，制成胰皂，可获厚利。吾愿口外商人合资设立大胰皂厂公司，因天产之丰，而推求自然之利，于民生裨益多矣。

地质所含之金类矿

丰镇县大沙沟、吉祥村，产银、铅矿，独石聚阳山，亦有元人银场故迹，曰炼丹台，凉城县卓子山，亦显铅矿形迹。盖银矿恒杂于铅矿也。然经国货展览会研究考验，其矿质为锑，即安第莫尼。此矿以湖南省出产为最多。欧战发生以后，需用锑质，以造军械，是以锑价遽增数倍，湖南锑商大获赢利。将来卓〈子〉山锑矿发达，循此山脉以至东北，矿脉深厚，皆可探测也。又兴安岭之东麓有金矿脉，吉喇勒果勒河含有砂金甚富。盖此脉与黑龙江之吉拉林、漠河、库玛河，同为一脉，第蕴藏甚深，不似江滨之浅露也。多伦多铜工，无铜矿，丰镇红砂坝似为铁矿，尚待勘验。锡矿亦产大沙沟铅矿之附近，须俟矿学专家研究焉。

地质所含特别矿物

陶林县东南三十里正红旗黄花屹洞有水晶矿发现，土人开采，未一月，而苗渐少，因以停办，然所产墨晶特良，可制眼镜。又张北县之鹰平口产石棉，即不灰木，此矿质，火不能燃，古人所谓火浣布，即此石棉所造，今欧美人以为消防器。又水月电灯以石棉为灯罩，可发白光，照夜恒用之。然鹰平口石棉公司，因矿中水满停辍。此外水晶顶、玻璃素、玻璃菜等处之沙，多含有砂质，亦可为制造玻璃之材料。兴和县南产红土，可为染料。丰镇县特产天冰，块粒如石，腠理薄似纸，层层剥之，表里莹彻，如玻璃、水晶状，然脆而不坚，土人用以映窗，令内外朗照无障，俗名天皮，盖云母石矿也。此外若大石足供建筑材料者甚多，是以纪念碑及石桅杆、翁仲易于建设也。

农产之植物

口外农家种植之食料，以莜麦为大宗，或称之为油麦，然油麦实不含油质，则《蒙古地志》从俗称，不可据也。"莜"即古"蓧"字，为农具。《尔雅》所谓雀麦，南方名曰燕麦。此麦与黑龙江平原所产铃铛麦相似，但售为俄人马料，此处陆军养马亦用之。黑龙江民食，以穄子为大宗，多伦亦有穄子地，而收获不恒。盖高原、平原农产各别也。穄即古人所谓稷，又名曰糜，若小米，则古人所谓之黍，至于豆类，即古人所谓之菽，有黑豆、蚕豆、豌豆，若荞麦，或作莜麦。别有苦莜一种，则专作马料。高粱，一名蜀秫，可用以造酒。至于大麦、小麦，皆夏初种而晚秋收，与南方隔年种大异。又有胡麻子、黄芥子，皆可用以榨油。长城以北，不宜种稻，口外所食，宣化、保安产也。又有玉蜀秫，又名玉麦，或名苞谷，学校园儿童多种之。又蓝靛，专种为染料。

蔬圃之植物

口外菜类，见重于内地者，首推蘑菇，内地人以为口外所产，名曰口蘑，或曰营盘口蘑，盖产于蒙古人营盘插帐之地也。古人以为蕈类，今学者以为隐花植物，有大白丁、小白丁、大吃片、地干片各名，价值判焉。菌之大者曰地菌，生于地上，小者生于树上。此外蔬菜最多。若白菜，有箭杆、黄芽二种。若莱菔，俗名萝卜，有红、黄、白三种，而劈兰易煮味美，俗名回回白。至于葱、蒜、韭、薤、芹、苋、菠、茄、莴苣、芫荽，均无异内地。莫菜似柳叶而长有毛刺，可为羹，见《魏风》。白薯大如拳，俗名回子山药，制以为粉，与南方藕粉相似。瓜属则有甜瓜、西瓜、香瓜、菜瓜、倭瓜、番瓜、看瓜、王瓜、葫芦、瓠子、黄瓜。

森林之植物

塞上森林，以杨柳为多，故古人有"羌笛何须怨杨柳"之句。其次为榆树，不独榆林、榆关也，凡口外，多产之。木质之坚者，则惟桦树，且有花纹，马鞍恒用之。其次为松、柏，为柽柳，为白杨。口外河渠，皆以植柳为蓄水妙法，如西洋河上游既受水利，永定河下游可纾水患。凡种树欲为栋梁之器，则扶植正干，删去旁枝；欲养成椽檩，则去其中干，养其枝条。口外虽寒，蜂〔峰〕头亦时见三五树，则以官山为造林之区，可获厚利。至于果子树，则有桃树、杏树、李树、沙果、郁李，又有酸刺，俗名酸榴榴。又石榴树虽小，亦可养于盆中。因气候晚，故桃、李、杏着花甚

迟，结果亦晚。山查、葡萄野生者亦蕃。其他枣、柿各树，间一
有之，所产不多。若橙、橘、梨，则自南方来也。榛、栗产山中，
不如关东之美。

药用之植物

塞北药物出口者，以大黄为大宗，随处有之，每年运往俄属西
北利亚者甚巨，并行销内地各省。往时青海一商人，在俄国专卖，
获利颇巨，今土人知随意贩卖矣。其次则黄蓍、甘草、杓〔枸〕
杞、黄芩、白蒺藜、车前、蒲公英、泽泻，均为药用植物大宗。
其赤芍、白芍、柴胡、紫苏、麻黄、防风、苍术、远志、葶苈、
杏仁、茵陈、薄荷、黄精、地骨皮、益母草、大小蓟、兔丝子、
固精子、莱菔子、地丁草、夏枯草、瓦松、草子、郁李仁、扁豆、
巨胜子、藁本、木贼、王不留行、甘遂、旋覆花、肉苁蓉、谷精
草、百合、秦艽、石竹苗、苍耳、茅根，所产亦多。百部、牵牛、
茺蔚子、苦丁香、公丁香，间亦有之。但遵古炮制，不能自出新
裁。西药流行日多，东洋仁丹之类，几于普及塞外，土产出口，
徒为生货而已。

花草诸植物

花卉如牡丹、芍药、鸡冠、凤仙、玉簪、月季、蜀葵、石竹、
虞美人、山丹，均与内地名芳无异。金莲花，产独石口外，瓣似
莲，作黄金色。水红、金盏、荷叶莲、篆枝莲、莴苣莲、柳叶桃、
荷包花，亦循俗称。菊花种类甚多，葵花尤大，俗名向阳花。其
水滨亦有红蓼，有野蔷薇、牵牛花，不择地而生，然悦目者甚少。
蒙古有千佛头，含蕊数十，攒簇于一蒂，有紫红者，有淡红者，

至开时，俱变为白色，极可爱玩。草类有蘋、萍，产水滨。莎草即台草，俗名蓑草。有龙须草，然不如南方可织席。又有席具草，一名塞路草，可为扫帚。蓬蒿之类甚多；以之供薪，茅管亦然，蒲艾，惟〔端〕午节多采之。马兰，有韧性，可用以代麻绳之用。又沙漠有离苏草，色甚白，以之为草帽缠，光洁合用，运至京师，价目亦贵云。

野生之动物

动物有虎、豹、豺、狼、熊、鹿、玃、狐、兔、狸、夜猴、獭鼠、栗鼠、鼲鼠、鼬鼠、野马、野驴之类，麋、狍、羚羊，种类尤夥，他方所未见。兔多猎于原野，冬日其肉冻固，乃输之京师。山羊常栖息山溪之间，数十成群，至旷野求食，性温顺，视听力强，非家畜之羊所能及。相传此项山羊为李存勖放之沙陀者。前足便利，能攀缘丈余，以食木叶。其出平原就食，必别有一二头登高岩以望四方，苟有危疑，亦必高鸣，以告同类，遇猎受伤，尚能奔逸数百步，或名曰㹴羊。又野马所在，亦成群，其状大于常马，毛片多土黄色。蒙人絷其小驹，亦受羁勒，乃知吾人能使野兽驯为家畜。至野生禽鸟，则雁、燕、鹊、雀、鸠、鹳、鹰、鹞、乌鸦、鸥鹭、隼、石鸡、半翅、布谷、啄木、鸳鸯、画眉、脊令、鹌鹑、兔鹘、沙鸡。

家畜之动物

家畜以马、牛、羊、骆驼为最要，骡、驴、豕次之。二百年来，察哈尔牧场输入内地者，尤以马为大宗。牛、羊为蒙人、回人常食之品，羊毛、牛皮亦为输出大宗。近日农商部第一种畜试验场所养美利奴羊来，自西班牙，剪毛出售，获利颇巨，为本地羊所不及。又来自英国运来巴克西猪，两耳不垂，首尾、四足皆白，名曰六白种。生三月，已如常猪，可至七八百斤。又取西伯利亚之马，改良马种。然自西伯利亚马入中国，旧种日微，亦天然之可畏者也。养牛者，取黄油、干酪，以供饮食，亦甚可口。家畜之犬，其大者，宜于守门，若妇女所玩者，则以小为贵，两耳下垂，而毛色较润。猫为捕鼠，人家畜者亦多。家畜之禽，有鸡、鸭、鹅为食品，百翎、画眉，则养为玩物。

虫鱼诸动物

虫类之害人者，有蝇、蚊、虻、臭虫、摆翎之属。森林之虻，大如蜻蜓，尤可畏。余若螟特、蟊贼，能害稼穑，亦可恶。其他若蜘蛛、蜣螂、蛩蚱、蝼蛄、蟋蟀、蜻蜓、蚯蚓、螳螂、促织、蝴蝶、蝼蚁、蜥蜴俱备。独石口外，有养蜂取蜜者。夏夜荧光，秋日蝉声，亦无异于内地。柳树上偶有山蚕，尚无人因以为利。蛇有数种，不如南方之多。至于鱼类，因在上游，不能容巨鳞。丰镇河流一带，有小鱼、小虾，及水蛭、蜞蛙、虾蟆。张北亦产金鱼，有红、白、黑诸种，故名之曰五色鱼。近日铁路交通，鱼、蟹皆有〔由〕天津输入，凉城东海子，不与河流通，产鱼亦多。达里泊，产哈鲁鱼，晚春之候，自湖水溯支流而进，殆塞河渠，腌以蒙盐，别有风味也。多伦诺尔有细鳞鱼，黑河有昼鱼，龟、鳖、鳅、鳝、骡〔螺〕、蛤亦间有之。

制造物品

口外制造品，营销内地者，一曰皮货，羔皮为最多，为日用之不可少者，而土人则披老羊皮，亦不挂布面；二曰毡货，用羊毛捶之，以为炕毡，并制毡帽、毡袜、毡鞋、毡靴，均足以御寒；三曰烧酒，以高粱、大麦烧之，谓之烧锅，亦因塞北天寒，是以嗜酒者众；四曰造酱，日常饮食，以酱和味，夏令制之，为有益霉菌所成；五曰豆腐，取大豆之精华，得化分之正理，其补益功用，等于牛乳；六曰陶器，烧砖、炼瓦及盆、盂、缸、罐，皆尧、舜之遗法，惜其粗笨草率，不能推广；七曰铜像，多伦工人善铸佛，小者数寸，价五十金，大者数丈，更可想见；八曰桔槔，丰镇取水之器，深合杠杆助力之理；九曰纸鸢，因风力而升，破空气比重之例，即飞艇之原理；十曰栽绒，如客厅之地毯，及军用之鞍韂，坚韧胜于外货，惟花纹尚须讲究。

人　种

汉、满、蒙、回、藏，皆系黄种，实为同种。察哈尔，原译为"插汉儿"，盖汉族插足蒙地者也。察哈尔驻防满洲，在张家口者，凡千余家，一切文字、风俗、言语，皆同化于汉族。察哈尔右翼四旗蒙古，易其游牧之风而凿井、耕田者，殆万余户，且汉蒙互结婚姻，遂改变其风俗，半耕半读，有通汉文、升学校者矣。清真回民，来自西域，若多伦，若隆盛庄，皆聚族而居，除不食猪肉而外，其他亦无异于汉人。况满、蒙、回，皆冠汉姓，命名亦取汉字之义。至喇嘛庙喇嘛来自西藏者，本唐古忒种，通藏文经典，今多伦喇嘛，多操汉语，则同化亦易于为力也。同种同居，犹兄弟也，汉、满、蒙、回、藏，固同在四海之内也。汉为一代之名，蒙古亦一代之名，非人种之名也。五色为华，皆称华人，出洋则称华侨，则五族所同也。

言　语

　　察哈尔左翼张、独、多等属，由直隶省开垦，则人民多操直隶之言语焉。察哈尔右翼丰、兴、凉、陶等属，由山西省开垦，则人民多操山西之言语焉。直隶京腔官话，在中国语言最有势力者，山西言语在口外商场亦有势力。近日铁路所至，广东人之广东言语亦多，各省方官，亦流于塞北。至于蒙古人操蒙古语，西藏之喇嘛亦操西藏语，清真教徒商店亦书回回文，今皆化为汉语。昔蒙人禁习汉文，然交通频繁，势不能禁，于是有蒙古人有操汉语纯熟、不能复操蒙古语者。况汉文简易，可通行各省，亦自然之进化。国语统一，当因教育以进焉。内蒙王公无不学汉语，其他蒙古语中，复有博蜡的语、加尔玛克语。内蒙比外蒙，声音稍变，言语尚未尽改，然中年蒙人操汉语者，仍带蒙古之语尾云。

衣　服

　　察哈尔军服、警服，均与内地各省一致，文官大礼服、祭服，则有事时服之，学生制服亦未能实行，官绅应酬，则多用乙种常礼服，偏僻乡村婚礼，犹有沿用前清袍褂者，亟应禁止。因蒙古王公、台吉尚有未剪辫者，妇女则红衣绿裤，缠足者仍居多数。若冬令，则富人皆有轻裘，即穷氓，亦必有老羊皮袍一领，并不上布面，皮帽、皮袜、皮手套、皮领，无不为御寒之妙计。毡鞋厚半寸，形式粗笨，然踏霜雪，亦不受寒气。至于喇嘛之服，则以红色、黄色为多。近日洋式流行，惟南方沿铁路一带，官商略有易服者。至于冬令，则披大氅者较多，土人亦仿其式矣。骆驼绒，性甚暖，每年夏令，骆驼换毛，所在多有，亦易取也。蒙古衣服以布带结束腰间，烟袋、燧石等皆佩其上，帽形平匾，缘边反折而上，或用尖形缀红、蓝、白各色顶子于其上云。

饮　食

察哈尔各县民食，以面为最上，莜麦面为中人之常食，若山药蛋，则贫民之常食也。稻出长城之南，不产于境内，惟官场食之。至口外养猪、养鸡，亦为农家副产，是以鸡、豚之价尚廉，可输送京、津，与蒙古牧放马、牛、羊并重。张北、丰镇，产鱼极稀，由京、津输入。若小菜，若水果，亦自京、津来。每年冬季，塞北小菜之价，或昂于肉价也。蒙古人日常饮食之物，以兽肉、面粉、酥酪、砖茶、烧酒为大宗，且蒙古以鱼鸟肉为污物，食者极少，见他人食此，至欲呕吐。不论贫富，以砖茶为饮料，市场买物用之，无异于货币。饮时沃以沸汤，和以盐，加以黄油，饮量至十大碗。食羊除皮骨外，无所不食，是以蒙、回皆有全羊席，用刀甚巧，食量大者，一昼夜，尽羊一头，普通人以羊腿一为常例。至于此邦珍味，如鹿尾、驼峰、雉鸡、山兔，然应酬席亦不常用云。

居　处

上古穴居而野处，今兴和之南马市口一带，犹有穴居者，即古人陶复陶穴是也。土质凝结，故凿穴即可卜居，或谓之窑。土屋结构甚粗，自成村落。其构造方圆互异，概以黏土葺茅蒿为之，室内设土坑，铺毛毡，以便冬令取暖。壁上贴年画以为饰，窗上亦贴年画。至于耕田者，因土簿〔薄〕转徙他处，则取房木而去，撤去上盖，而仅存四壁，如经兵燹者，亦有数年后复居原处者。

至游牧人栖息于帐幕，俗名蒙古包，其形圆，就平地划出径一丈二尺之圆地，周围立七八柱或十二三柱，其间以小棱木纵横组织，如格子，钳着于柱，成一圆形之围墙。又于柱顶横架梁木，互相环接成一大轮形之圆屋，乃以厚布、毡球〔毯〕覆其上，以马尾绳纵横束之，南面设门，垂厚毡为帘，中有烟突，然亦足以御寒暑风雨，且易徙焉。

器　用

蒙古人生活程度既甚简率，其用具仅有锅、瓦壶、碗、勺、皮囊、木碗、铁架、火箸等物，皆粗笨，不甚求精美。蒙古人死，无棺椁之备，以毡裹其尸，弃诸原野，任禽兽食啄而不顾。至随身有烟袋、小刀、火镰，或怀有茶碗，则制器之应用，莫重于水火矣。初见时，必以手帕相遗，名曰哈哒。蒙古人牧马，善用套马竿，骑最捷之马，以制奔逸离群之马。古时以弓矢制胜，今无用者，然结婚尤以弓矢悬于车上，以辟不祥。塞外古朴，多用旧器，桌椅皆旧式。铜盆、锡香炉、蜡台、铁划、锄犁皆是。自铁路通张北、丰镇，渐有洋式桌椅点缀于旅馆、饭庄，而洋货流行，漏卮日巨，世界进化，凡新发明之物，无不便利。因道路未修，仍用旧式骡车、牛车。若道路修竣，则马车、汽车，亦必相继而至矣。

宗　教

察哈尔自张、独、多设学，就试于宣化，丰、兴、凉、陶设学，就试于归绥，儒术彬彬，诵法孔孟，虽口外荒村，恒有私塾奉至圣先师之位，老儒虽乏新知，然教农、商识字，未尝无益也。

至于佛教，经前经〔代〕提倡，蒙古人奉之维谨，多伦县北之汇宗寺、善因寺有喇嘛数千人，右翼之雀儿吉庙、阿贵庙、红旗庙等处，亦有喇嘛数百人，各县治亦有城隍、土地、关帝、龙王、大王、财神、马王、火神庙，山神、河神、三官、五圣、风神、霜神、文昌、奎星、玉皇、观音各庙宇，杂奉二氏，莫可究诘，今多改设学校或警察区矣。回民所居，必有清真寺，以多伦县及隆盛庄为最多。至于西洋教堂，天主教在张北者十三处，独石一处，丰镇十一处，凉城三处，兴和三处，以张北之南濠堑者最大，有中小学校，余但有小学，皆法、比教士所传摇〔播〕。至于福音堂，惟丰镇及榆柏沟二处。民、教尚属相安，然教民多不纳地方附加税，亦失平等之道矣。

节　序

中华民国元年，改用阳历，以后塞外行政机关，及军、学各界，无不改用阳历，惟农民商肆，则沿仍用旧历，甚至私刊《中华民国时宪书》，仍载宜忌，与教育部所颁《中央观象台历书》违异，良由世俗仍信堪舆、星命、卜筮、甲子之数，凡婚丧之事，仍以择日为要。又因内务部定旧历元旦为春节，端午为夏节，中秋为秋节，冬至为冬节，于是阳历度年，视为豫算年度，彼此不相往贺，阴历年前购买年货、豫备饮食者极多。口外穷乡，除夕无不有爆竹声，而祀神之香烛纸，销售尤多，不比沿江、沿海及关东三省，民智日开，则神权日减也。上元灯节，乡下多扮灯官，唱秧歌，有灯山、灯树、灯楼。二月二，俗名龙台〔抬〕头，村塾多此时入学。清明及七月半，人民多祭扫先茔。至于一切神诞，则演戏酬神，所在多有。近年大成节，则学校放假，以志纪念，与国庆日并重云。

家　族

家族团体，汉蒙无大异，因蒙古亦濡染汉俗也。蒙古夫妇，在家平权，关于家外之事，则任夫之处理，不敢置喙。男子于正妻之外，可置妾，家政由正妻管理，妾与正妻共居一家，服从命令，无敢背也。生子有嫡、庶之别，嫡子则有家督相续之权，若以此权与庶子，必政府之特别许可。男女幼龄亦婉美，及年长，姿容顿变，甚至丑陋不能如昔。一家有男子三人，必有一人为僧，如库伦之喇嘛有徒弟十五万人，多伦喇嘛亦各数千人，所谓出家也。蒙古以旗别，由〔犹〕汉人以族别也。汉人多聚族而居，张家口外，如董家窑、白家窑之类，皆以姓为别也。近日满洲驻防及蒙古开地者，无不冠汉姓。妇女主持家政，虽不识字，而烹饪、缝纫、洗濯、园艺，颇有条理，亦有图画、刺绣之品，但不若南方之工致也。

礼　俗

蒙古无逆旅，多伦一带，行人住蒙古及汉人家者，无不供其饮食，其相见，多询家畜安否，有古人数畜以对之风。供鼻烟之风，惟锡林果勒盟尚盛。察哈尔各旗多吸旱烟，近口农、商吸水烟，近则鸦片未能全戒，而英、美纸烟又为应酬之用矣。至于婚礼，必择门第相当者。蒙古亦沿汉俗，以男女生年月日时干支合婚，如干支不合，亦不结婚也。口外有早婚恶习，男年十二，即娶十八岁之妇，以图早日添孙，然儿之失学，则不计也。换庚帖，必有财礼，蒙古以牛羊，汉人以金帛，如古之问名、纳采、下茶、通信、催妆、迎以肩舆、鼓乐合卺、拜堂、庙见、回门，与南方尚无大异。近日近口一带，各县官绅，有文明结婚礼，尤简易。
丧礼，父母三年，蒙旗只穿孝百日，汉人披麻挂白如内地，富者
延礼生开吊，点主、设奠、题铭旌、绘遗像，如古制，或作佛事、
斋醮。教民、回民，则各从其俗，家祠往往奉他项神佛，而家祭
则奉祀历代祖宗，或于春秋祭墓，而家神则祀灶最谨，或祀门，
或祀中霤，而谓之天地云。

政　区

都统署官制　察哈尔都统，管辖兴和道、锡林郭勒盟，及察哈
尔左翼四旗、察哈尔右翼四旗各旗牧厂，达里冈厓、商都各牧厂
地方，都统所掌军队整旅计画，及军区内征兵及调遣事务，督饬
训练，维持军纪。于军政受陆军部之监督，军事计画及命令受参
谋本部之监督，管辖所属区域内民政各官及巡防、警备等队，并
受政府特别委任监督，及司法行政，暨其他特别官署之行政事务。
都统署置书记官三人，承都统之命，掌机要事务；置参谋长一人，
辅助都统，参赞军务；参谋二人，辅助参谋长，分任军事计画；
副官二人，管理宣达事务；军务处处长，以参谋长兼之，总务处
长，以书记官一人兼之，均由都统自辟掾属，其职掌员缺，由都
统自定之，分咨陆军、内务部注册。此民国三年七月七日公布也。

道　制

道官制　道置道尹，为一道行政长官，依法律命令，执行道内
行政事务。属于特别行政区域之道，亦受委任，监督财政及司法
行政，及他特别官署之行政事务，为执行法律命令、省章程之委
任，得发布道单行章程。所辖各县知事惩戒奖励，及遴员荐任，

并得节制调遣本道之巡防警备各队，于非常事变，得详情〔请〕调陆军，遇非常紧急或特别重要事件，详报外，得径呈大总统，有事故时，得以邻近或同城县知事护理。道尹得自委掾属，其职掌员额，详请核定，并咨陈内务部，分别叙等注册。察哈尔只兴和道一道，以元之兴和路得名。兴和路古城在张北之中泛。兴和县虽居七县之适中，然非铁路所经，实业亦不甚发达，是以道尹行署暂驻张家口。

县制（附县佐）

县官制　县置知事，隶属道尹，为一县行政长官，依法律命令，执行县内行政事务，得发布县单行章程，不得与现行法令及省、道章程抵触。知事于所辖警狱及佐助各员吏之处分，认为违背法令，妨害公益，或逾限权限时，得停止或撤销之，遇特别重要事件，于详道尹外，得径详特别行政区域。该管长官驻扎本县之警备队，得调用之，并因防卫非常事变，得调用陆军，自委掾属，由道尹转详核定。兴和道属，有张北、独石、多伦、丰镇、凉城、兴和、陶林七县，今拟设商都县，分区设治。又拟于各县要津地方，设县佐，掌巡徼、弹压，暨其他勘灾、捕蝗、催科、堤防、水利，就近指挥驻在地方之警察，处断违警案件，但不得受理民刑诉讼案件。近日因审检裁撤，司法事务，由县知事处理之。

警　察

张家口为察哈尔行政区域暂时驻在之所，且为京北之大商埠，因立地方警察厅，直隶于察哈尔都统，置厅长一人，承都统指挥、

监督、总理厅务，并监督所属职员，咨陈内务部，荐请任命，置
警正四人至八人，警佐十人至二十人，分掌佐理警察事务。因监
督外勤，置勤务督察长，并置技正、技士，掌理技术事，分区编
制警察队。本厅分设总务、行政、司法、卫生、消防各科，另设
教练所、拘留所，但慈善事业，尚鲜设施。各县警察所，以县知
事兼所长，置警佐一人至三人，承所长之命，管理警察事务。县
区域繁盛地方，得设警察分所。各县因历史习惯分区，编为警区，
设区官一员，及巡记、巡官、马巡长、步巡长、马警、步警。其
警察经费，均就地自筹，为地方行政第一大宗，亦有另设民团者。

陆军（附淮军）

陆军为国防之用，北洋六镇为全国陆军之冠，多小站练兵时之
凤将。前清镇、协、标等字样，纯系采绿营名耳。今之军队名称，
曰军，曰师，曰旅，曰团，即昔之镇、协、标也，曰营，曰连，
即队也，曰排。陆军第一师司令部，即驻扎张家口旧陆军学校，
足见近畿形势重要。以此为第一、第二旅长之旅部，分驻丰镇县，
又分其团部，分扎凉城、桌子山、天成村、兴和县、陶林县及三
道沟，而丰镇所属隆盛庄、关东堡，亦驻马队，而辎重仍存于丰
镇。张家、独石两口外，各有三泛〔汛〕，原系外委，千总、把
总、经制，今改连长、排长。多伦镇守使辖目兵三千一百七十五
名，有炮队、机关枪队、马步队，多系淮军，北征蒙匪、巴匪、
西征归绥土匪，大捷于阳高，所至有功，其军纪尤严，民皆诵之。
至各县警备队，则多由捕盗营所改组也。

蒙　盟

　　察哈尔属锡林郭勒盟，为内蒙古东四盟之一，设盟长兼备兵札萨克，并设副盟长，均以亲王领之，帮办盟务，札萨克以固山郡王领之。所属五部，分左右，为十旗，每旗均设札萨克。乌珠穆沁右旗亲王，左旗郡王、浩齐特左右札萨克未袭爵，苏呢特左旗亲王、右旗亲王，阿巴噶右翼旗辅国公、左旗多罗郡王，阿巴哈那尔右翼旗多罗贝勒、左翼旗固山郡王，每旗皆有协理台吉、管旗章京、梅楞章京，其贡道自张家口及独石口，诉讼由札萨克听断，不服则诉于盟长，再不能决，则移之蒙藏院。八旗游牧察哈尔，亦依蒙古律。蒙古无监狱，寄多伦县城之监狱。各旗兵额，乌珠穆沁一千七百五十二人，浩齐特七百零四人，苏呢特一千九百二十七人，阿巴噶一千二百八十七人，阿巴哈那尔九百三十六人。

察　防

　　内属游牧部内之察哈尔，其兵亦仿内地八旗之制，编为八旗，前清设都统、副都统以统之。今副都统裁并，其制大异于内外札萨克。本旗都统驻张家口，办理军务，兼总辖阿尔泰军台之驿路。察哈尔自康熙十四年收林丹汗子额哲之部众编为八旗，其后各蒙古内附者，尽补入察哈尔。高宗平西域，分徙察哈尔之人于伊犁、塔城，而察哈尔牧地则分隶直隶、山西、张家口。驻防则有满洲八旗，分左右翼两协领，分驻上东营、下东营。各四旗又设蒙古协领一，管左右翼蒙古二旗，共为十旗。每旗设佐领一人、饶〔骁〕骑校一人、防御一人、领催二人。今旗饷不继，另筹生计，披甲人等，多有入守备队者。若游牧之八旗，均设总管，近日已逐渐放荒设治，而右翼蒙民，万家耕读，几与汉人无异。

牧　厂

冀北多良马，燕赵擅骑射。有清以察哈尔宜牧，自上驷院庆丰司而外，又有王公大人分地。康乾年间，马、驼、牛、羊已蕃殖三百余万。御马厂，即太仆寺牧厂，亦名上都牧厂，即商都达布逊诺尔牧场，俗名大马群，今设商都县，盖上都与达布逊诺尔分为两处，共骒马一百三十四群，总司牧养协领六员、副协领一十二员。每群有牧长、牧副各一、牧丁七、骟马四十六群、骟驼六群，亦同达里岗崖〔厓〕牧厂，协领一、骒马六十群、骒驼一十六群。在锡林果勒盟之北，距张家口半月程，又有内务府镶黄、正黄、正白三旗。官驼、马群，杂于上都，及左翼四旗之间。又独石口外金莲花滩西北有庄亲王牧厂，梳妆楼南有诚亲王牧厂，张家口外红山子有和亲王牧厂，兴和城西有果毅公牧厂，云头坝有侯波隆牧厂，喇嘛庙东北有戈什哈牧哈〔厂〕，东狮子沟有简亲王牧厂，多伦县有怡亲王、信郡王、诚亲王、贝勒丰素齐弩浑公各牧厂，而汇宗、善因二寺喇嘛牧厂，则在多伦西。

台　站

阿尔秦〔泰〕军台，康熙三十二年设，共大站二十九，腰站一十五，总理军站事务，总管一员，副总管一员。张家口驿传道，俱驻张家口，赛尔乌苏驿传道一员，驻塞尔乌苏。每三台，派笔帖式一员，或效力赎罪人员经管。沿途有蒙古参领四员、章京二十二员、骁骑校二十二员、领催四十四名、蒙古甲兵三百零五名、站丁四百四十名。第一日，由张家口五十六里，至察汉托落海；第二日，过布尔哈苏泰，至哈柳台；第三日，过鄂累胡图克，至魁苏图诺尔；第四日，过札哈苏泰，至明安白兴；第五日，过察起尔图至砚岱；第六日，至亲达布；第七日，至萨音狐都克，即今之商都设治局；第八日，至鄂蛮胡都克；第九日，至西拉木伦；第十日，至赵哈诺尔图；第十一日，至赛尔乌苏。当库伦乌里雅苏台之中枢，又西四十九站，而至阿尔泰新城，长二千二百七十六里。第十六台至十九台，不便养马，俱设驼站。

财　政

　　察哈尔既设特别行政区域，始立财政分厅，其制似各省财政厅，而开支较少，分厅非由他省分设，亦直隶于财政部，受都统之监督。厅长自辟掾属，分科治事。凡本区之预算、决算，皆由财政厅综其成。又兼任垦务局会办，而垦务局总办，则由财政部请派。又张家口税关监督驻张家口，实管察哈尔左翼之税务；杀虎口税关监督移驻丰镇，实管察哈尔右翼之税务，然归化之塞北，亦设局稽察焉。口北蒙盐局、烟酒专卖局、茶务稽察处，甚至丰镇之车捐、杂捐，亦提归国家，税官斗局，亦由财政厅派员办理。丰镇一县，而财政机关多至二十处，而地方之学款不敷，道路不修，则熟视无睹焉。蒙古厅长之数，较昔日稍减，犹可为口北大宗云。至财政岁入，共八十万元有奇，而教育费只万元，宜其轻视教育也。

司　法

　　察哈尔人民诉讼，原归都督听断，自民国成立之后，张家口、

丰镇均另设审检所，近日则归并于地方官署，都统署审判处则直
隶于司法部，其处长职权，与各省之高等审判厅厅长、检察厅检
察长相类，实同前清各省之按察使，为各县、各旗民刑诉讼上控
之机关。今年又设蒙古法官养成所，以培人材。其各总管诉讼办
法，未一律也。各县知事，必延刑幕一人为科长，又请候补县知
事一员为承审员，由审判处核准。又派管狱员一员，管理监狱，
多系旧式，亟待改良。尚有看守所、待质所等名，亦未画一。未
结案件，羁押甚多，经道尹督催清讼。至囚粮克减，工艺不兴，
尤当整顿。至于口外各汛，昔日擅受民词，已成习惯。今日之警
察区官，亦隐然握司法之权，盖数百里间无可赴诉也。

教　育

　　塞北设学可考者，惟《元史·百官志》大德八年为分职，增
置助教二员、学正二员、学录二员、督习课典给一员，掌生员膳
食。助教在上都国子监，《元史》尚野、陈旅、张翥，《明史》危
素。及前清设学，张、独、多，皆就试于宣化，丰、兴、凉、陶，
皆就试于大同。若丰镇，虽有文庙，亦无教官。近数十年，若张
家口，有都统穆图善所建之抢才书院，同知谦吉亦建丰川书院于
丰镇，于是察哈尔之南部始有旧教育。垦户所在，渐有私塾，蒙
人亦渐识汉字。近岁，依法令，设立学校，多伦、独石，皆遣绅
士游历日本，张北留学津、保者，丰镇留学太原者，均能输入文
明。自特别行政区域成立逾年，于是兴和道开学务会议，遂创办
师范整顿中学，计画国民教育之普及，蒙古教育研究会亦拟设全
蒙师范于汇宗寺，农业教员讲习所于善因寺，以弘教育。

蒙　文

蒙古文字，乃西僧帕克巴所制，以功授大宝法王。字母凡四十一，彼此互相并合成音。文字缀合之法，与罗马相似。王公、贝勒子弟，偶延师教授满蒙文及汉文，庶民欲为僧徒者，则入寺院，略受教育，而学科仅属宗教之事，盖蒙文出于藏文，藏文又出于梵文字母，发音如阿字、乌字、依字，皆与东西洋发音相同，足见世界人类进化，不但可同文，并可同音也。今蒙文字头，衍为一百零四个，盖孳乳浸多也。数目字不如汉字之简易。回文亚喇伯数目字之通行，其文牍间，能述政治大略，而不能译理科之科学，是以蒙昧而不克进化也。僧侣教育，活佛之徒弟，动称数千，大喇嘛亦数千数百，共作佛号，其合群之心，犹优于内地私塾数千人，或数人为小群也。

文　化

昔孔子采风，不及燕、赵，汉家乐府始有《饮马长城窟〈行〉》之作。永元元年，车骑将军窦宪《封燕然山铭》，为班孟坚之巨笔，是为文人出塞得意之文，非《李陵［台］答苏〈武〉书》所可拟也。北齐斛律金《敕勒歌》曰："敕勒歌〔川〕，阴山下，天似穹庐，盖四野。天苍苍，野茫茫，风吹草低见牛羊。"足以见北方刚劲之气象。盛唐李白之《胡无人》，杜少陵之前后《出塞》，常建之《塞上》、《塞下曲》，崔促之《大漠曲》，高适之《部落曲》，金、元以后，赵秉文、赵孟頫、许有壬、袁桷、耶律楚材、虞集、柳贯、陈孚、张翥、周伯琦之流，遂多纪行之作。清时高士奇、查慎行，则雍容揄扬矣。康熙时，圣祖大会四十八家名王，于多伦建汇宗寺，御制《沙漠》、《外藩》诸诗，足以存为"商颂"。今日文化日新，旧日之文化，亦未可忘也。

农　垦

张北已垦熟地三万零三百顷，地粮额征四万四千两有奇；独石已垦熟地六千四百九十七顷六十一亩一分，地粮额征一万零三十七两八钱九分八厘；多伦外三区二十一牌，已垦地三千四百二十七顷三十六亩，未垦地尚千余顷；睿王、怡王、德公、豫王、毓公，放垦地每年每顷，额征地租一两四钱至一两八钱；丰镇旧垦二万七千七百八十三顷二十五亩二分，新垦一万零五百八十九顷九十一亩一分，已垦米〔未〕升科者，五百余顷，未垦者，一千五百顷。有民粮牧地、太仆寺牧地、礼亲王牧地，私租马厂，湘公、禄公、正红、正黄各地，岁征共八万三千余两。凉城有民地，宗室奉恩将军、克勤郡王、郑亲王、继公、禄公、厢〔镶〕红、厢〔镶〕蓝各地，又新垦四千四百二十七顷，岁征四万二千。兴和已垦阿鲁库楞、红毛营、榆树宬、官马群，岁征二万五千七百两。陶林已垦庄亲王、郑亲王、厢〔镶〕蓝、正红旗厂地，岁征六千三百三十五两。

商　场

察哈尔商务，以张家口为中枢。旧日茶马巨商，皆萃于上堡，即徕远堡，今名曰市圈。因俄商皆由东清铁路，此处贸易遂衰。今日惟下堡及武城街、边路街，尚称繁盛。新辟商市，则在桥东，怡安、福寿各街，虽为察哈尔警区所辖，实属万全。惟文〔大〕境门以外，若西沟、元宝山、朝阳村，尚多皮毛、药、蘑之商家，能操蒙古语，往来各旗。又若多伦县，亦有商家千余，专与蒙古人贸易。蒙古人牲畜，每日运销于多伦者，亦以千计，为旧日著名市场。近日丰镇因铁路交通，握归绥、宁夏出入之要冲，商业骤盛。若凉城、兴和、独石、陶林，虽有贸易，不足以言商场。丰镇县属之隆盛庄、张皋镇，其商业亦可抵一县。若丰镇之平地泉，凉城之桌子山，皆京绥铁路测定路线，他日商埠亦必发达也。

货　币

察哈尔特别区域蒙民之交易，或以茶砖为货币，亦有以皮张、牲畜计算，直如上古时之以其所有易其所无而已。至于山西票庄始创汇兑之法，以纸代币，后因东三省铁路交通、张家口之外馆贸易衰，山西钱庄，不免信用损失，相继亏折，于是中国银行、交通银行、殖边银行发行纸币，遂流通于市面，无异银元。财政部之平市官钱局所出当十铜元票，公私款项，一律通用，然民间仍有旧日宝银、纹银，交易时，平色每受亏损。丰镇以西，犹有宋、元、明、清之一文大钱流通于乡镇，是以生活程度尚低，铁路一通，铜钱流出，铜元流入，生活程度，遂翔贵数倍矣。然无外国纸币流行，则地方自主权，又优越于关东远矣。

娱乐场

察哈尔人情朴厚，旧日社会习俗，非迎神、酬神，不敢唱戏、纵饮，惟庙宇之前，必有广场，对面必修戏台，与内地旧式戏台无异。张家口染北京习气，渐有北京旧式戏园，自铁路交通以来，天津坤角遂流行塞外，由张家口而西及丰镇，亦居然有大观茶园焉。此外，环车站两旁之旅馆，则有饮食店、妓馆。凡张家口所有，丰镇无不有之。往时尚山西梆子腔，近日仍〔乃〕有秧歌及高跷之戏。塞北赌风，不过叶子戏、牙牌。近数年，衙署局所人员由南方传来麻雀之戏，曾由都统饬禁。然各县尚无公园及改良新戏，改良说书场，亦缺憾也。将来建设省，必先留娱乐场之地，与民同乐，寓社会教育于其中，则观感两善矣。

铁　路

京绥铁路第一大段，名京张铁路，由京师南之丰台与京奉联络，过京师之西直门，穿居庸关、八达岭，过宣化，而抵张家口镇，为直隶万全县地，实未至张北境也。第二大段，由张家口绕西南，经天镇、阳高，而至大同，多在山西境，然而察哈尔之大马群、兴和县，货物皆在柴沟堡车站上下焉。第三段，由大同北，出得胜口之西，至丰镇，沿途有孤山子、祁王墓之险工，山岩辟〔壁〕立，时有流沙坠石，是以修理不易。塞北三区三十县，惟丰镇先得铁路之益，商务繁兴，将来北过红沙坝，至平顶〔地〕泉，西组〔经〕桌子山，入归绥境，两地必益繁盗〔盛〕。至于张库铁路、张多铁路，均为计画线路。前年张库曾通无轨汽车，然地势不平，不便于驰骋，终当修铁轨，以联库、恰、乌、科也。若夫引长京绥，至宁夏、甘、凉、镇、迪，则交通益便矣。

道　路

甚哉，塞北道路之不治也。吾国大江以南，城市街巷颇狭，自淮河以北，城市街巷无不广阔，可并驰车马。张家口堡里武城街，但容一车，而石路又高低不平，行人苦之。丰镇街市，旧日颇狭，新开各街市，亦复狭窄，则开埠时计画之疏也。正街只容一车，小巷则入蜗角，不复通车矣。口外大道，因车轨碾去浮土，大风扬去，成一沟形，比平地或低五六尺，大雨后尤多积潦。北赴库伦之道，沿台站者，则经塞尔乌苏为旧道，亦有沿电杆北行者，则经滂江、乌得两局，又有由多伦西北赴库伦者，亦为孔道。至于多伦北，赴呼伦，经过乌珠穆沁，亦系要道。至于行路最艰者，则兴和、张北之间。直隶、山西旧日分界之处，乱石满途，既不便行车，而马足时防滑跌。甚哉，行路之难也。治始于道路，有地方之责者，岂可忽乎。

桥　梁

张家口有通河桥，口外如西沟，虽有石桥，河流细，而桥梁亦小，冬令封冻以后，口外车马交通益多，因无河流之阻也，虽有桥，亦不由桥上行矣。滦河桥梁，以磴口桥为扼塞地，迁区会于多伦，必在滦河旁择地。磴口桥，绾毂蒙疆〔疆〕，东通热河赤峰，北达锡林下游，可通船只，亦有一桥。多伦县西，亦有石桥，皆要道也。铁路出得胜口外，至丰镇县，经悦来店，发源之大有河，有铁桥黄〔横〕其上，地含沙性，修筑不易。又丰镇东门外，有一浮桥，跨御河上流，其西境赴天成村大道，有二道桥。盖民居稠密，行旅往来日多，则小河沟亦有桥梁，否则夏令沟水骤发，随发随涸，方其盛时，无船可渡，则阻遏不前。是以口外交通，夏期不若冬期之盛也。

电　信

察哈尔电线，由京师北至张家口，又北经滂江及乌得至库伦，为电线正干，有支线至多伦，以通经棚、林西，则军用电线也。

张绥铁路西驶，于是以丰镇先立电局，盖归绥电线所必经也。此外，如独石、兴和、陶林等县，均未设电报。至于电话，亦自张家口创始。凡察哈尔军政、绅商、学界用电报外，仅有中级机关以上。丰镇有机关三十余处，亦拟筹设电话。若电灯，亦由商人组织公司，从张家口办起，须俟区会已定，再添电报，或由多伦接线，或由丰镇接线，以期消息灵通。电气发达，世界都市必有电车，则须俟地方发展后，再行筹办耳。

邮　政

口北邮政，张北通多伦，无直达之邮路，须由张家口南赴宣化，又东北经龙关县、赤城县，至独石口，又东北至多伦县，出境绕经棚、林西、赤峰、围场，而达于热河。又一邮路京绥铁路，西经天镇、阳高、大同，而达于丰镇北，由陆路至陶林，西由天成村、祥和地，而至凉城，又东由隆盛庄、张皋镇、兴和县、南壕、土木路、洗马林，至柴沟堡，而连于铁路，又大同亦有陆路邮局，由左云、右玉，出杀虎口，以达凉城云。

《地学杂志》（月刊）

北平中国地学会

1916 年 7 卷 6–9、11、12 期

（李红权　整理）

库伦调查记

王□□　撰　　常策欧　编

友人王君卒业中学后，远适库伦，经理中国银行事，颇留心于边地之调查。今承其函告该地情形甚悉，因缀原书以成斯篇，想为有志诸君子所乐闻也。

记者

库伦为外蒙首埠，在土谢图汗境内。库伦者，蒙语城圈之义。其地有喇嘛，木栅为城，周六十余里，活佛（蒙语哲布尊〈丹〉巴胡图）驻焉。汉山在其南，形势险峻，屏蔽全埠，山中林木繁茂，有如墙垒。河流有色楞格河，水源清冽，全埠饮料、灌溉均赖之。地势高出海面四千余尺，故气候严寒。自秋季降雪结冰，入春不消，冬季无水，则取河冰溶之，以为饮料。盛暑雨量颇多，阴雨辄数十日，且以地近沙漠，故狂风时作。其地北七百余里至恰克图，以界俄，西二千一百余里至乌里雅苏台，南二千八百余里达张家口。货物运输，均赖骆驼及牛车，耗废时日，商旅苦之。近有商家倡议，建设铁路，果能成功，则与内地交通，便利良多矣。居民共五千余户，据民国四年蒙外务部调查，华商共八万余人，蒙族九万余人，俄侨二万有余。自欧战后，俄人日益减少，现所余者，仅二百余人而已。商埠分东西二营，相距约十五里。东营多晋商，凡三道巷、七重门，南门外为货物出入要道。西营皆京商，分九道巷。近年一道巷之东，小贩聚集颇众，有蒙税局，司货物出入，间有俄商，近日见减少矣。中国银行在东营，为前大清银行旧址。俄之道胜银行，在东西二营之间，现归俄领事管辖。其地处寒带，故出产多驼、羊、马、狐、獭、狼、灰鼠等皮毛及鹿茸、黄芪、蘑菇、牛、羊、马、驼等，每年统计，共值银四百三十五万两。柴薪等，年值六十万元。本地牲畜，值四十万元。出口货以羊毛为大宗，每年达五百万斤。商人由恰克图、乌梁河、克什等处收买之毛数亦相同。入口货以砖茶、江茶、曲绸、重色绸缎为大宗。日用品有洋布、生烟、油、酒、米、面等，全年计之，达七百五十九万元有奇焉。

前清时，统治机关有办事大臣衙门、东西章京衙门、万寿宫、兵备处、巡警局、印务处等。自外蒙独立，均被蒙人占据，现只有都护使公署及守卫兵二连并中国邮局而已。邮信每日达五百余件。俄人经营有正副领事馆、俄文学校、俄蒙报馆、俄蒙邮局、俄蒙银行等。该行基本金四百万卢布，虽名为俄蒙合办，实则蒙人贷俄金以投资，而以蒙古全盟出产品作抵押。蒙古自治机关分内务、外务、兵、户、司法各部衙门，并有大沙毕衙门，大喇嘛、二喇嘛驻内办事。图盟、三盟、车盟、札盟，公爷各一，亦驻之。有蒙古学堂二所。章京衙门管理商民事务，设东、西税局司税务，每月收洋九万余元。电报局一所，昔时年收报费四万余元，自归蒙人接办，每年仅二万余元，即此一项，今昔相差之殊，可见一斑。而户部又由俄商会会长任顾问官，大权旁落。俄人之经营，盖无微不至矣。至万岁之独立，本为一二野心家受人嗾使而妄生举动。华蒙人民相处日久，毫无恶感，且蒙人不知生产，故金融全恃华商之接济，独立后，相处如故。至俄人之扩张，无非阳与和好而阴吸其利，蒙人智识简单，受其愚弄，已非一日。至其体质强悍，而性柔懦，善骑马，贪小利，偷惰，无进取心。除畜牧及运输外，不事生产，一切衣、食、工业之需要，均仰赖华商之供济。由是而燕晋商人之出此者，遂终〔络〕绎于途。此等商人，均熟通蒙语。蒙人好欺诈，佞神仙，染病则延喇嘛念经以求治，而富户每年必念平安经四五次以求福。又乱人伦，夫妇虽有其名，而任意妄行。库地蒙女且多采贱业者，衣服皆蒙式，偶有服华服者，经蒙政府查知，惩罚颇严。蒙人土地主权观念颇轻，故任俄人之经营牵〔宰〕割。今者俄人西方有事，不遑东顾，但未知我国政府果有余力以顾此屏蔽否耳。

《清华周刊》

清华学校

1918 年 143 期

（张爱麾　整理）

绥区新村组织之我见

吴国栋　撰

村政局为一村之最高行政机关，总理全村兴革事宜，其重要职务如左：

一、规画全村建筑事宜。

二、审定居户建筑房屋式样、位置。

三、建筑全村道路及保护事宜。

四、开凿全村公井。

五、栽植全村行道树。

六、管理全村卫生事宜。

七、建筑公共礼堂（附俱乐部）、乡村学校（附图书馆、博物馆），执行强迫教育。

八、建筑公共仓廒。

九、组织全村商社（内分购买组合、消费组合、乡村银行）。

十、建筑工厂（织毛巾、洋袜、造淀粉、酒精、酱、醋、肥皂、面粉等简单工艺）。

十一、建设公共堆栈。

十二、种植公有林。

十三、组织村政会。

十四、人口调查处。

十五、组织公断厅。

十六、维持全村治安事宜（防御盗贼）。

十七、维持全村风化事宜（吸鸦片、酗酒、博弈、缠足、垂辫，均在干涉之列）。

十八、保管全村公产。

十九、规定公田。

二十、筹画全村公有事业经费。

上述虽属理想，如公共礼堂、校舍、仓廒、公园、井、道路，只须建筑费，落成后，少许经费，即可维持。工厂、商社、公有林，本为生利事业，除建筑、购买机器、树苗外，更无须大宗经费。在西北垦殖协社主张，垦完三年，分配地权，鄙意俟公共经费筹足，新村组织完善，始行分配，兹后易于维持。如在组织未完善以前，将地权分配，各为其私，新村计画永无实现之日。组织新村，须特别注意者如下：

（一）井　绥区近大陆气候，雨水缺乏，童山濯濯，无以涵水源，河道不修，无灌溉之便，饮料浣洗，蔬菜栽培，惟井是赖。垦民罔知卫生，几自生至死，不沐浴、洗脸、漱口、洗衣服，污秽满身，尘土满面，臭不堪闻。彼非不知卫生之重要，饮食之水，且不可得，焉有余水以从事涤浣乎？所以解决垦民卫生问题，非有大井不可。

（二）礼堂　垦民个人能力建居室五间，已属困难，寝室、客堂、厨房，已嫌不敷，如遇婚丧，亲友贺吊，室不容足，设宴三五席，桌椅、凳、几、杯、盘、碗、箸，均须假借，大小不一，参差不齐，既不清洁，复伤雅观，喧哗扰攘，主劳实甚，宾亦不安。有大礼堂，全村婚丧宴会，在此举行，庶无上述之弊。

大礼堂平时为讲堂式，有黑板、讲坛，容纳全村座位，以为招集村众演讲、报告、会议、庆祝之用。婚丧借用，及设宴会客，略征席费，以为添置设备之用。

（三）建筑仓廒　绥远僻处塞外，接近北疆，春季少雨，不及播种，旱害无法补救，或春雨顺适，作物繁茂，预占丰年，早霜骤降，作物损坏，全功尽弃，变为歉岁，在垦民恒产未巩固以前，易引起重返故乡之想。预建仓廒，储藏粮食，使无断炊之虞，安于荒歉，不致流离失所，沦为饿殍，徐图发展。古云"一年之耕，有三年之食，三年之耕，有九年之蓄"，即此意也。

（四）组织工厂　古云："一夫不耕，十为之饥，一妇不织，十为之寒。"又云："闲居为不善。"绥区三月解冻，九月结冰，室外工作五阅月，其他则北风怒号，冻人欲僵，伏处斗室，卧食而已，此地农民多吸鸦片，由农闲无工作，无教育故也。利用农闲，办理工厂，不但增加经济收入，日常用品，亦足自给，无庸外埠输入。绥远原料众多，价格低廉，加工制造，获利倍蓰，岂独道德问题已耶。

（五）组织商社　绥远当京绥路之冲，交通称便，垦区距离较远，交通未便，购买用品，出售农产，多感困难。组织商社，以为贸易中枢，村民均为社东，日用之油、盐、酱、醋、煤油、茶，建筑用之木材、砖瓦，农具之犁、耙、锄、锹，原价卖与社员，全村收获之农产物，商社直接售出，未售出前，储藏公共堆栈，须用□者持单向乡村银行押款，农产物售出偿还，故商社须附设公共堆栈、乡村银行。

（六）组织村政会　一村事业，全村参加，集思广益，方能尽善，然人数众多，意见纷歧，反致无成。代议制尚焉，每五户举代议一人，共十人，互选三人为常务委员，主持村政，遇特别事故，招集大会议决之。

大会职权如次：

一、议决全村法制。

二、议决全村预算。

三、议决全村决算。

四、监督常务委员会。

五、弹劾各机关主任。

六、罢免常务委员。

互选三人，组织公判厅，不服，得上诉于大会，否则陈县办理，故公判厅须附设于村议〔政〕会。

人口多寡为施行村政之标准，生死、婚嫁、残废、疾病，须报告于人口调查处，直接统属于村政会。

（七）规定公田　公益事业，经费浩繁，倘无的款，必不足以维持，每年向村民募捐，谨愿者，尚能量力赞助，鄙吝者，借故推托，延不缴付，经费之征收不裕，事业之发展无望，欲维持事业于永久，惟有规定公田，以其收入为基金，经费有着，当蒸蒸日上，永隆不替。

（八）教育　绥远在李都统未莅任前，直可谓无教育，全区有师范、中学各一所，为最高教育机关，大学教育、女子教育更无论焉，游学东瀛及北京者，仅三数人而已，教育之幼稚，可想而知，故提倡乡村教育，为急不可缓之图。西北气候寒冷，冬闲之期甚长，除经营家庭工业之外，不论何人，均应受补习教育，该校组织不分年级，不遵学制，无所谓四二制、三三制、完全小学、高初中学名称。农人有暇，入校读书，课程为国文、地理、历史、自然、常识、农业概论，目的在养成村民能读普通书籍、报章、杂志，自由发表意见，对于村政组织，彻底明了，共策进行，乡村教育之旨趣已达。若徒鹜虚名，不重实际，虽日谈道尔顿制、设计教学法，何补于乡村教育。总是八端，为组织新村标准，虽不敢谓尽善，亦可粗具楷模。

《农学杂志》（季刊）

上海商务印书馆

1919 年 3 卷 1 期

（朱宪　整理）

蒙古之现状及吾人今后之责任

马伯援　撰

（一）旅行之动机　诸君知道我到蒙古去了，诸君知道我为什么去蒙古呢？（1）由东京赴蒙古，必经过朝鲜。朝鲜的平壤、宣川，是东方基督教的集中地，吾人生在远东，务要趁个机会，去考察朝鲜情况，于未得政治自由时，已得了精神自由。（2）五族共和，明明有蒙古，吾人对于云南传道，尚有人去提倡，对于蒙古一族，反漠然视之，岂非一大大的耻辱？况蒙古的面积，较云南大；蒙古人口，较云南人多；蒙古黑暗，较云南尤甚；而蒙古交通，较云南便利，吾人要负些责任，实行调查，以尽个人的天职。

有此观念，横于胸中，适蒙古朋友胡石光君（东京留日美以会教友），邀东京留日中华基督教青年会干事师渡尔夫妇及其外甥女康普腾女士，赴蒙古调查情形，为传耶稣教之准备。吾对于宗教责任，则等于师氏，对于同胞使命，则重于师氏。彼三人不善语言、不惯习尚，尚能本乎基督教的一个"爱"字，万里远征，不辞劳苦，吾岂可畏难苟安，当仁而让？私衷自语，附骥之志，于一周内决定，而六月一日之行成矣。

（二）途中之杂感　吾等由东京驿出发，横过朝鲜、满洲。物质文明，若铁道、大建筑物等等，不能不归功于日本，但社会上罪恶，亦以日本提倡为最得法。例如过京阪，见遍种罂粟，到长春、奉天、哈尔滨、海拉尔等埠，卖洋烟及吗啡者，〈无〉非为日本人。即系日本居留地以外，为日本娼妓所到地方，无处不有，既无检查，又难限制，花柳梅毒之传染，几遍于喇嘛僧侣，可谓奇闻。

东清铁道，向为俄国势力范围，自欧战发生，守路军撤退，中国人渐渐抬起头了。但三省当局，无学无识，军事协约，逼人过甚，日人提倡社会罪恶之区域，愈形扩大。吾人过了鸭绿江的铁桥，穿过兴安岭的山洞，虽说走了几千里，然看看人民的愚鲁、社会的恶劣、俗尚的黑暗、罪恶的魔力，又想想天赋的山河、人耕的土地、祖宗的余泽、民族的气概，不能不一方面感谢神，一方面责备己。所感谢者，吾人得此山河，至今犹能保存；责备吾人不肖，未能为同胞谋幸福。而今而后，则知勉耳。

（三）呼伦之面积　吾人此次旅行之目的地，非外蒙之库伦，乃最近取消独立之呼伦也。呼伦者，其县名之减〔简〕称，又名海拉尔，亦名呼伦贝尔，因其地有二湖，曰呼伦湖，曰贝尔湖，为前清呼伦贝尔副都统所辖地。东据内兴安岭，西临额尔古讷河，北抵黑龙江，南至索岳尔济山，西南一隅，与外蒙古车臣汗部，暨俄属萨拜喀勒省犬牙相错。自南至北，延袤一千二三百里，地广而荒，向为蒙古索伦诸部游猎所。近日改称为呼伦道，设治之县有三：（1）呼伦县，为副都统衙门所在地，及善后委〔督〕办、镇守使署所拟设之地点。（2）胪滨县，即满洲里，为西比利亚火车入东清铁道之首站，中俄通商之要区也。（3）室韦县，即吉拉林设治局，我金厂所在地。总计三县之关内人，不过两万（胪滨县有汉族五千余人，呼伦、室韦各不过四千，合行政官、警查〔察〕、军人，不能过万）。地方面积，占黑龙江全省三分之一·五。除县治附近有汉人足迹外，一入腹地，皆为四五万蒙族游牧之所，故旅行终日，只见"蒙古包"（即蒙人住所）四五家，遍山牛羊，满地青草。所谓环境，其良善莫能逾于此者。

（四）呼伦之土著　呼伦贝尔原为索伦族游牧之场，已如上述。此族勇猛善战，于雍、乾时代，伊犁卫藏之军事，靡不从征。咸、同间，僧格林沁平捻豫东，麾下西丹精卒，多属此族。惟风俗淫乱，人口减少，且近多归俄籍，所余者亦仅矣。后此族而至者为达虎尔，雍正初年移居斯土，因汉文之知识，得政治之特权，不仅富庶，且衣住类满洲，而繁殖甚速。鄂伦春世居山中，不解游牧，食肉衣皮，不知布米。布莱雅、厄鲁特皆散居各地，为数亦仅，无详细调查。除此则有陈巴尔虎、新巴尔虎，其勇猛不亚于索伦族，其富庶则等于达虎尔，人口之增加，知识之启发，大有蒸蒸日上气象，乃该地方之一线曙光也。

（五）蒙族之恶习　蒙族恶习，约分为四：（1）迷信撒门。呼伦蒙族，除布莱雅、厄鲁特两族信佛外，余尽信巫，设有疾病，不请医生，先去问山德（即死巫之灵）；或曰信撒门，无论穷富贵贱，皆有此信仰。吾人于拉马衣红克尔山，见达虎尔族之祭撒门，献羊献马，千奇百怪，问医问方，迷而忘返，不禁为之长叹。（2）迷信喇嘛。呼伦诸族，虽信巫者，却亦敬喇嘛。彼等有病，先请撒门医治，不灵，再问喇嘛应祭何神。甚有信哈尔哈河温泉为佛水，各种恶疮毒物皆可医治，惜此泉距各地太远，得之不易；而恶疮时可发生，梅毒传染甚快，惜食疮之鱼有限耳（传闻该温泉内有鱼，食疮之腐处，腐处食完即愈）。（3）不洁。呼伦诸族，除达虎尔族住民房外，余尽住"蒙古包"，逐水而居，依山为屋，天然风景，新鲜空气，莫有过于此者。所谓不洁，非天然之不洁，乃人为之不洁耳，就衣食言，无论男女，所着之衣，自新至旧，不晒不洗，亦不补缀，间有用作手巾，以之拭汗，用作簸箕，以之除灰。其原因固由种种拉杂而成，但其恶习，未免太深矣。至食物之不洁，更甚于衣服。一日见蒙妇煮肉锅中，吐痰于内，不以为怪。又见一妇赶〔擀〕面板上（在地上，无高台），其女不知用板，即于地上效之，以故枯草、羊粪，横粘面上，其母不呵止之，后将其女手中之面，稍事吹嘘，即合于大面堆中，置灰、草、羊粪而不顾。噫，奇矣！以外不洁处固多，因天然之空气，除却其传染病，乃一最好卫生也。（4）淫乱。蒙族淫乱，由于自然，富而不教，且习居一所，无怪其然也。呼伦除索伦、鄂伦春外，达虎尔住房，其俗似减。若新、陈巴尔虎族，虽同住帐幕，较之索伦，则比较上良好者，早期结婚之赐也。

（六）蒙族之教育　前闻吉林王征君告予曰：东三省请杜威博士，赴东省演讲，杜威博士不知用何题目。此则证明东三省之教育幼稚，呼伦文化，来自黑龙江；黑龙江文化，来自吉林；吉林文化，传自奉天。故奉天、吉林、黑龙江，尚有陆军式学堂若干（学生制服，挽甲、肩章，其形尚武，模仿军人，其知识亦模仿军人），到呼伦贝尔，一国民学校也见不着，诚为怪事。他如通俗教育，自然不发达，无须多述。论及报纸，只有行政机关处定〔订〕有日本的汉文机关报、俄国的汉文机关报二份。现有蒙人郭摩西创办呼伦学校，冀得副都统竭力援助，请予等往说学堂之益。都统贵福，作一极简单之答覆曰："满清办的学堂不少，为什么亡国呢？"于此则知蒙人今后之教育，全在诸后进之努力，愿郭、敖数君勉之。

（七）蒙古之特点　（1）地大物博。蒙古大地，不惟矿产丰富、森林繁茂，而肥土沃野，到处皆未耕种。（2）风俗淳厚。因物多人稀，不竞不争之结果，而民性淳厚，类乎上古。（3）躯体强健。蒙人身体之强健，由于习尚使然。例食牛羊肉、饮乳奶茶，皆其致强之因。此外骑马、角力，自幼习为之，故其筋肉、骨格〔骼〕之发展，较之习体操者，不多让焉。

（八）蒙古之将来　廿世纪科学发达，所不能制造者，惟原料耳。蒙古地大宜农，山高多矿，鸟兽之皮肉、鱼盐之富庶，无一处出其右者。加以交通利便，欧亚孔道，不惟有西比利亚之铁道，且有淞花、黑龙江之海运。曾于哈尔宾〔滨〕车站，见有国联的"乞食团"，即高丽人、满洲人、俄国人、犹太人、土耳其人、俄属蒙古人相集而乞食于一处也。此则征交通方便，预告将来之大同世界，先建立于满洲、蒙古方面也。

蒙古之人民，既如此黑暗；蒙古之恶俗，既如此蔓延；蒙古之教育，既如此幼稚，而所领土地之面积广而沃，山泽之利益富而庶，种族强健既如此，风俗淳厚又如此，交通便利，益能助成功之速。吾青年，吾爱国爱同胞之青年，对于此一片土，当如何郑重视之，当如何设法解决之？吾自蒙古归时，曾作一歌曰："身立草原仔细观，茫茫大千无人烟。到处闻鸟鸣，伴我有青天。无竞无争，纯任自然。说什么武陵桃源，恨俄人筑铁路强把土地占。眼看着大好山河，不归土著管。过激派，有宣言，中国主权仍归还。假令是真，日本也讨厌，况有个谢米诺夫供彼弄玩。西比利亚方酣战，辽〔瞭〕望中原，无限感叹。举国梦梦睡犹酣，人民见解，图利眼前；政府思想，夺利争权，谁肯把边疆事儿放在肩？蒙古河山，蒙古河山，我们负你，你不负俺。有此行，立宏愿。愿绍介蒙古大地于国内青年。有此行，立宏愿，愿绍介蒙古大地于信徒中间。"吾之大意，对于蒙古之责任，则委之于青年学生及耶教信徒。

噫！策蒙古者未尝无人也，或以武力，或以殖民，或以实业。开垦是务者，不知若干万人，但彼等作事，非夺利即争名，蒙人对之恶感日甚，终非融洽之道。惟青年学生、耶徒信徒，本其相互博爱之精神，为济世益人之事业，既可接欧西之文化，又可宣自立之真谛。此吾一人之思想也，至进行之程序，当分为三时期：

（一）言论鼓吹　言论乃实行之母。吾人观念，对于蒙古，异常薄弱，须得报纸鼓吹，切实绍介，方生效果。

（二）实地调查　学生信徒则可利用夏期旅行，往该处确实调查，宜于何项实业，宜于何种种植，以备他日经营。

（三）逐渐实行　调查终了之期，乃实行发轫之时，但同时并举，未免困难，须斟酌先后，渐次扩充推广，以期完善而后已。此就开发上立言，非从蒙古归主着想也。至论蒙古之黑暗，及传道之必要，吾友郭摩西曾著有《为蒙古代祷》书，有心人可取而阅之。但以吾所经历者言，中国教育不自立，由于经济困难，吾人果以传道云南之决心，去蒙古传道，收效之速，恐过于云南。基础既立，再以基督之财力，去经营实业，不惟蒙古之教会可以自立，并得以该地之富，助成内地各会之自立。其设施方法，俟诸异日。

《青年进步》（月刊）

上海中华青年全国协会

1921 年 39 期

（朱宪　整理）

河套五原县调查记

王　陶　撰

是篇为南通王陶先生之作，原名《河套调查记》，曾由季正成君之绍介，登载于上海《时事新报》之"社会写真"栏。季君之言曰："我很慕新村生活，且急欲实行，但总苦没有着手地方。东南地价昂贵，荒原极少，翻阅此篇……以为是组织新村绝好机会……"（节录季君篇首附志）

新村运动，就私见观察，原欲在旧社会中作积极的改善，感徒有议论之易流浮泛也，而集合同志建立新村，作合于科学之组织，过"有意思"之生活，合"工作"、"学问"为一，而示人以社会改善之可能，增加人生之兴趣。非离世独立而另辟世外桃源，亦非厌倦尘嚣，旁寻隐士生活。故愚见以为，新村之实施，在志同道合者，各本志愿，互助共进，不在标榜趣势者，冀游说会员，团体发达，为实行所志，非别有作用。即以新村为认定之目的，不以新村为暂时之手段。换言之，即新村者，感受社会痛苦，冀社会改善之先觉，实行其社会改善之可能计画，而示后进者一改善之模范，冀由社会局部之改善，而扩充为全体之改善者也。鄙意认新村为改善社会组织、社会生活之一种和平办法。倘承认人类历史为随时进化，即当相信新村实现之完全可能。纵今日以环境关系、时代关系（如现在交通不便，教育不发达，社会黑暗，国人智浅，迷信多疑，智识阶级人数过少，又为经济所限等）种种原因，不能实现，或实现而不久即自行消灭，以理势推之，则失败于今日者，或以时代改变、环境变迁而实现于将来。至地点之选择，当在于交通便利，邻近通都大邑之社会，而不必汲汲于远僻荒寒之边邑。其根本理由，即新村非世外桃源，而交通不便之区，组织不易完备，而购书、阅报、出版、工作、贩卖、讲学等，皆非荒僻之地所可能，徒冀言之悦耳，而为一时所不可能，感情之谈，非真能实行新村者也。鄙人前年曾与北京农业专门学生范君翠三等五六人，谋画毕业后互助独立之新的生活。依新村之理想，欲赴口外实行垦地，曾着手调查关于张家口、绥远等地之调查报告。范君曾数访久在农商部之知友，探寻领荒情形。遇有亲至口外者，则托人介绍，面加访问。范君学农业，素以实习擅长，又以俭朴耐劳著称，详加计画，即先以园艺入手。冬秋在张家口种葡萄、酿葡萄酒及习制手工业（以口外天冷，每年熟地只收获一次）。暂以五人为主，雇工数人（初不用雇工，则无从下手，反多误事，社会演变，士农分离已非一日，今欲合而为一，非经过一次混合时期，不能实现，此非空言所能解决者）。计牛马、器具、生活、购地之费，非三千元不能办。集财无术，实现不易，劝捐则类于乞丐，又非泛泛欲实行私志者所能为。公共储蓄则历时久远，及非志切望奢者所能堪。且仰求于人，虽为识者所谅，必为有志者所不屑，是以议久未决。虽决议移地于北京，此时以经济困难故，犹在酝酿时代。此新村于垦荒不可并为一谈，有志新村者，当鉴及此矣。

虽然，今日之中国，犹仍在过渡时代者也。鄙见以为中国积久相沿之社会习惯、人民生活，与夫一切文化异于西洋之特点，原因虽多，而地理环境为一大主因。欲改善中国社会，当先认识中国社会为如何社会，社会组织、生活习惯之背影为何物。即欲介绍新说于中国者，亦当认明现在之中国为如何之中国，不可仍为病夫、睡狮，又岂当仅为他人之应声虫已哉？而欲认识现在之中国，与现在中国之社会，当先本史家记事之眼光，调查中国现在之社会情形，尤当知其在交通未便之前，酿成此等社会生活习惯之地理环境。本志窃主斯意，愿于"杂俎"内特设一栏，一登载关于近二年来各地之社会调查报告，冀集腋成裘，以供志欲改良中国社会者考览焉。内地固宜详录，边地更关重要，地理之学，在于使生斯土者，知人地之关系。既居斯土，即当尽征服自然之责任，利用自然，使吾居斯土，与其他民族居彼土者，尽同一之责任。不当人已地辟利出，而我犹封山荒港，亦当知他人久已殖民于国外，而我犹让腜〔膄〕田荒芜之可耻也。此又移录此篇之微意也。

又本志第十一年十二期，曾载冯际隆君之《河套调查记》，已足供留心河套者之参考。然彼为记一时之见闻，而非若此篇之详尽，彼为大体之观察，此为专精之记载，性质不同，倘彼此参较，更可以明河套之近次〔况〕矣。

此篇原名《河套调查记》，兹因特详五原，而少略其余各地，故改今名，亦欲其为异日"一九二十年后之河套调查记"之一故耳。篇中间有据所知略为改易者，亦当由记者负责。倘有表同情于本志，而以调查各地状况见惠者，一经登载，当赠送本志若干期。他日"一九二十后之中国各地社会调查记"另出单本时，亦当酌为赠送，以公同好，且便商榷也。

记者

一　总论

一、位置　河套属归绥特别行政区域之一部，位于阴山之南。黄河水由宁夏来，纡回曲折而南下，故曰"河套"。按，河套，塞外地也，在唐、虞为荒服，夏、商为渠搜，至周城朔方，獫狁尚据套内。自秦收河南地，筑长城，界分中外。历汉、晋、隋、唐，以迄宋、元，套内皆为中国有，且防边要地也。有明弃东胜，正统间，仅守河套。至天顺六年，毛里孩遂渡河入套矣。厥后议收议复，事变不常，而疆索如故，故套中历代郡县，尚有能指其墟者。有清《一统志》，河套为鄂尔多斯七旗地，近复划为特别行政区域，而五原县，其一也。县境东南界萨拉齐、东胜、神木等县，北枕阴山，西通宁夏，平原万里，货财满地。奄有杭盖、达拉、三公之三旗地，庶富而教，则东瀛之北海道也。

一、面积　五原县境，东西长八百余里，南北宽二百论〔余〕里，计面积十六万方里。

一、土质　有粘土、沙土及沙壤土等。粘土色红性刚，沙土色黄而杂以砾石，土人名壤土曰"两和土"，名粘质壤土曰"红胶泥土"，名砂质壤土曰"推淋土地"。各种比较，而以粘质壤土为较多。地位高燥，蒸发容易，故套地重灌溉也。

一、地势　全县除阴山山脉高原外，概属平原。可垦者计五十余万项〔顷〕，全境几无不可牧之地，现已垦者只二十分之一耳。间有小砂漠横贯错落，高或二三丈至十余丈不等，长一二里至十余里不等，亦有种植其上者。

一、人民　全县人口无确实调查，据政界及土人云，约六万余。其所以不得确〔计〕实统计者，一因套内人民迁徙无常，一因行政之废弛也。

一、民籍　套中土著者，只有各旗蒙人。所有汉人，概属北五省迁往。买地包地（详见后佃垦）者，以陕西府谷县、山西河曲县为最多。受雇佣工者，概为鲁、豫、燕、赵之民，经商以山西代州、忻州为独盛。

二　生计

分农、商、工（受雇人）三种列述于后。

1. 大农　垦地十顷以上，递至百余顷者，另雇掌柜管工，分任繁剧，主人翁惟坐享其成而已。稔年可收利银每顷三十两，最少只二三两耳。

2. 中农　垦地一顷以上十顷以下者，亦雇工耕作，惟自作掌柜及管工诸事务，妻小亦有相当之操作。收利可倍于大农，盖事必亲操、小富由勤之所致也。

3. 小农　垦地三十亩以上一顷以下者，无受雇人，八口之家，老幼合力，终岁勤勤之所得，亦有不能供醉饱者。

以上各农，或有侧重放牧以作主业者，大农家之牛羊以千计，中小百数，以下依次递降，亦套中之习惯也。

4. 大商　套中经商者，概利用交通不便，蒙人无识，居奇网利，利市三倍，诚有过之无不及也。大商资本银有达五十余万者，其最次者亦十万以上。以白面、小米、稷米、砖茶、白布、糖类及丝棉织物，与蒙人交易牛、马、羊、驼及其皮革、毛绒。两方货价皆估作银两为单位，然以货物交易者十之九，用现银者，只找零凑数耳。此种商人，必须雇用熟谙蒙语、蒙情者为掌柜，东家只坐收其利而已。其对于掌柜及司事之组织结合，系以股东之股本连掌柜、司事之人力，皆配成股数。例如财东出资十万两，作为十股，司事者，视能力之大小，定为人股之多少。最大之人股，不得过于一股，俗名"顶一分生意"。其次，如司事以下之中等司伙，亦自一厘生意起，以至于七八厘不等。设合为十六股，届三年结账时，其红利配作十六股，大家均分。其司事平常不届结算之期，可每年付薪水钱四五十串以至百十串不等。按此种商业立法，全师晋之太原、大同等处，比较南省有薪无红、不共甘苦之司事为善。且财东股定后，不能增加，而司事人力股，可因人力之多，而增加其股数。其初学生意之学生，每年付十串八串之零用，暇则自学书算，成为习惯，不须掌柜之鞭策也。

5. 中商　资本银自一万两以上至十万两以下者，其交易之物，与大商同，惟不必雇定掌柜。自谙蒙语者，即驱载货之群驼，直接与蒙古交易，颇类日本之负贩，惟非组合耳。

6. 小商　资本一千两至一万两者，设肆或不设肆，不雇掌柜，自己经营，不必蒙古，即套中所需者，各处贩运交易。铺中所陈，大半舶来物品。探其理由，实因外货只须子口税一道，余只验单放行。中国土货，必轻重床叠架之捐税。无论货物之良窳不敌，即捐税一端，已居劣败之途，商战云乎哉？

7. 管工　自管工以至短工，皆为受雇人，套中名曰"受苦人"，或以义取，或为苦、雇音韵所讹也。管工每月工资自四两至八两不等，皆主人供膳。其职务主持全田事务，如应时下种、相土择宜、农作物之处理若何，长短工之应用多少，牧羊喂马亦兼及之，皆管工之所有事也。以上为田家管工。至于开渠有开渠之管工，单纯牧业有牧业之管工，值亦不相上下。有妻小住河套者，冬季不回，否则春来秋往，冬日工资因闲而减，后述之长短工亦同。自管工至短工，凡工银概以货相偿，货价一两，可充工银二两。此为习惯使然，非对待者之刻薄也。图垦牧于套中者，不可不知。

8. 长工　每月工银自二两以至三两，视能力之大小而定，如能耕地、下种等各种生活者三两，如只能牧牛、羊、马等粗事者，不过二两。

9. 短工　每日忙时工银一钱二分，闲时八分或一钱。一届收获期节，包割黍、粟、稷等价即飞涨。然亦看天气、人数多少而定，设天气陡冷，落砂、括〔刮〕风，田地将冻，无论何物，每割一亩，可得该物一斗之工资。每人一日，可割三亩余。以一斗值钱一钱计，可得三钱。设天晴不冷，人数又多，则价即减半。包割农作物，皆有揽头承包，由承包者重行散雇。

三　食品

食物分必需品、补助品、嗜好品三种，列述于后。

一、必需品　套中食物必需者，为小麦面、穄米、燕麦面、小米子、砖茶、醋、盐等。面有饼、条、馒、馂〔饺〕等食法，小米煮粥，穄米亦有蒸糕者，以稻米煮饭者，百不得一也。

二、补助品　为黄芥、青菜、韭、蒜、莱菔、芜菁、荞麦、马铃薯（俗名山药蛋，价甚贱，每斤二文，为补助品中之要物）、葱、花椒、冬粉条、大蒜、辣椒、亚麻油（俗名胡麻油）、王爪〔瓜〕、西瓜、茄子、赤豆、菜豆、大豆、蚕豆、鲤鱼、鳝鱼、泥鱼、猪羊肉等，大豆只供马料耳。

三、嗜好品　嗜好以旱烟为大宗，形似南省之青条水烟，丝较细而色青黄，做成宽二寸余、长三寸余、厚约三四分之扁块，来自豫省。凡套中上自财主，下至受雇人，无不人备旱烟袋一支，以时消遣。虽贫无立锥者，亦必以羊骨镶嘴为烟袋以自随。酒有代酒、汾酒之别。代酒即南省陈酒，汾酒即高粱酒，两者比较，以汾酒为较多。五年前，鸦片之风颇盛，近已杀矣。

四　衣服

衣服概属朴素，分男女二类，述之于下。

一、男　中流社会以下，概短褐，即婚丧大事，亦不御长衫。

冬夏皆不离绵裤，恐骤冷也。鞋脸双弦，或以线锁，或以皮缝，而线锁较多。长脸厚底，以本布为之。袜以本布而长腰。小衫内另备似背心，具暖腰之领挂，或单，或绵，或夹，人必一件，钮在右肩之下。此晋风之特有，延及套中者也。帽式，夏秋瓜皮，冬春皮冠，穷民惟蓝布包头而已。羊皮袄裤，不加布面，只以皮对缝而成，颇省事。中流以上，盛行各色洋缎之服装。外货漏卮，虽穷荒如河套，亦不能免，可惧也。

二、女　妇女概不系裙，其裤脚扎缚甚紧，短衫罩悬，弓鞋二寸余，布裤多污垢，耳环孔或单或双，珐琅下坠，双环相触有声，想亦古风之未尽变者。衣之原料，概本布，中上社会亦有以洋缎者，贴身领挂，与男子同。

五　房舍

房舍与南省异式，分精致与粗放两类，述于下方。

一、精致　套中房舍精致者，以庙宇为最，衙署次之。其式亦人字形，瓦顶类似南省。而瓦皆桶瓦，彩壁画梁，丹垩杂出。屋高八九尺至丈余不等，梁自五架至七架，墙阶皆砖砌，屋角飞起，亦有可观。喇嘛庙则平顶方形，四壁有窗，建筑法绝似印度梵寺，则随教而输入者也。

二、粗放　住屋概以土涂七八十度之斜顶，后高前低，檐之滴水，亦有以瓦制者，然不多觏也。梁概三架，后梁普通高六七尺，前檐柱高四五尺不等，而门高只四尺左右，魁梧者入门必垂首。"在他矮檐下，谁敢不低头"，信然。

六　俗尚

套中俗尚分两种，一蒙一汉，蒙俗另见专条，下列只述汉人之俗尚而已。

一、婚礼　套中无固有之婚礼，有之，则以所自迁之地之礼以为礼。故其婚礼大都皆燕赵遗风，因山西、直隶来垦之民，多而且早也。婚礼虽无六礼之繁，而纳采、纳吉、请期、亲迎之礼，犹有存者。惟亲迎之日，婿氏尚帽插金花，披红一幅，为燕赵现时所无者。

二、丧礼　有服者，无论在家、出外，凡未出百日者，必服应服之服，未尝须臾离也。亲丧，白布冠、白衣裤、白鞋、白带，成服之日，背贴"昊天罔极"四字之白布条，为南人所无。闻"父亡母在，母亡父在"，其冠上有特别标记，惜遗忘矣。

三、迷信　套中最信狐，燕赵之俗也。龙王、河伯，奉祀亦虔。而胡大仙之小庙为独多，庙中悬贴红色布及漆板之扁额，其文为"诚则灵"、"有求必应"、"默佑"、"报神恩"等等之不同。而文之中央上缘，必添一"献"字。偶像之装塑颇劣，而彩壁龙蛇有可观者。正殿两侧，设空心亭各一，悬钟鼓焉。信教者以天主为最有势力，然其徒甚少。美国斐里斯牧师，以耶稣教来传者十三年矣，设汉蒙学塾，来学者不收费，亦不限于教徒之子孙，以故远近信仰。且斐君蒙语尤精于汉语，汉人与斐之接谈，亦用蒙而舍汉。耶稣教徒之日益加多，可预卜也。套中求雨水之法，以馒一盘、酒一壶、杯二，供神位前。另以升装粟一升，以充香炉。羊一头，附以剪一、布一、水桶二，致祭于河伯、龙王之前。求雨祈水者，环跪叩首，淋水于羊之全体，以布拂拭，以酒灌入耳中，得羊之振毛一洒，即谓神已鉴其诚恳，允降雨水矣。否则再以水酒淋灌，叩首至地，念念有词，环跪者亦同声诚求，必得振毛而后已。振毛后，随以剪羊耳二分许，取血降神，祈毕，焚黄〔香〕以退。

四、主宾　客来直接登堂，与主人攀谈，随敬以烟茶。客如借宿，主人即备膳留宿，略无难色。别时，客囊稍裕者，报以金钱，或以货物，否则致谢而别，主人初无责报之心也。俗厚民纯，于此可见。平居与土人谈及主客事，伊云客之所以来此者，非求食，即役〔投〕宿。我苟不留，一出此村，即最近亦二十余里，始有村落，风餐露宿，殊非待客之礼，况有意外之虞乎？奚可者。以视南人之闭门不纳者，真不啻霄壤。

五、缠足　缠足之习，殆沿晋俗，不盈三寸之纤细者，比比皆是。妇人执役时，皆不任趾而任膝，且出必策杖。予有竹枝词云："三寸金莲二寸强，凤头鞋子算时妆。青春如许需扶杖，一阵风来快倚墙。"亦纪实也。间尝与晋人谈缠足事，伊谓吾晋之女人所以受此害者，皆男子防闲之作俑。盖恐女子不贞，缠足则不能完全自由行走，动辄需人，庶可免淫奔之丑。然而，不缠足而贞、缠足而不贞者，世所恒有，此亦揣度之辞也。

七　垦法

套中垦法甚属粗放。每于第一年秋季，于将垦之地以火燎原，至春间冻解后，刨其草根，再行耕起表土三四寸，不施肥料，径行下种。其各种农作物之裁〔栽〕培经过、收获法，与北部诸省略同。

除大宗农作物外，其他蔬菜之裁〔栽〕培法，亦颇简约，与南省无大异。惟因气候之不同，小有出入耳。

八　牧法

套中牧业，有羊、牛、马、骆驼等，兹述其最重之牲畜种种于下。

一、牛　分乳牛、力役牛两种。角皆上翘，长不盈尺，内向湾〔弯〕曲。皮毛色呈赤褐，间有杂以白斑者，概属瑞西种，又名山岳种，分述于后。

甲、乳牛　每头值银十两以内，每日出乳二升五合（由南通西门量数改算而来，通量之准，约米一升重二十五两），计值钱七十文。每日先以小牛引乳，继行挤乳法，早晚各一次。挤乳将完，再以小牛引乳。饲料为穄楷〔秸〕、青草，而青草尤多，间以大豆，其他无有也。乳量之不多有以哉。

乙、力役牛　每头值最高三十五两，体躯高大，平均一日力役十小时。一牛之力，可挽七百斤重量之物，行七十里之平地。饲料穄楷多而青草少，间以大豆，每日饲费五分。

以上两种牛皆瘠瘦之至，其管理者，纯为最粗劣之受雇人，稍不遂意，鞭挞随之，甚且以木桩乱击臀部。亲见一牛被击而蹶，愈击愈卧地不起。不识物性，徒事敲扑，欲物之得遂其生，难矣。

二、羊　分两种，一山羊，一绵羊，分述于下。

甲、山羊　每头平均年龄在四牙者，值一两四钱，羊毛不及绵羊之昂。易生疥疮、脑蛆等症，下述绵羊亦然。

乙、绵羊　每头四出〔龄〕者，一两八钱。羊毛每斤值十六两，春秋各剪毛一次，共得毛四斤。雇蒙古妇人牧羊，一人可牧二百头。牧牛可牧三十头，不给工资，只须年给布衫一领，日食炒熟小米半升、牛羊乳半升、砖茶一壶而已。但不定年月，合则留，不合则去，不能相强，设无相当替代人为可虑耳。闻蒙妇并无偷馋行为，且稍解汉语，亦一优点矣。

三、马　体躯矮小，骨健耐劳。毛色有栗毛、鹿毛种种。每匹自二十两至百余两不等，以跑快有力为佳。马之相貌，又属第二义矣。小走代步之马，不甚贵重，每日饲豌豆升半、谷草七斤余。发育完全，胸廓〔廓〕阔大，力大能特〔持〕久。胃堪粗食，四肢特别强健。险峻山路，驰驱时，如履平地，亦习惯使然也。

四、鸡　有黑毛、红冠、白毛、芦花等名。最重者七斤左右。所食无专品，概自寻找。每斤母鸡一百四十文，雄鸡一百二十文，有时不以斤计，只估其值以相售。

五、猪　猪有两种：一全身黑色，一四脚白色而身躯黑色。四脚白色，耳较大，下垂唇际。无一定之食物，以人食之残余饲之，不足则遍野觅食，亦食人遗失〔矢〕。无一定猪圈，宿处即在屋隅之泥污中。价不以斤计，只估大小而定。约百斤以外者，值银五两余，六十斤左右者，值银三两余，小猪值银数钱耳。猪肉价每斤银一钱，计足钱一百六十文。屠猪屠羊，去毛而不刮垢，不食血管。羊肉价每斤二百文，虽六月，亦常食也。猪肉皮厚肉薄，味不如南省所产之美，盖无一定之饲料，以致此耳。

六、骆驼　每头价值自二十两至八十两不等，平均一日行十二小时，可达八十里（负重三百斤）。蒙人较汉人所畜为多，与蒙古交易之商人，非此不克，盖能任重耐旱而不疲也。

七、狗　套中狗，概蒙古种，体躯最高者二尺四五寸。声音粗暴，振耳鼓，面貌雄伟有威。最猛者，日以铁索系柱间，夜则散纵以资防守，恒以之护羊群。

八、猫　有大小两种，小猫与南省无异，大者名狮子猫，修尾竖起时，毛作针状而下垂，颇类前清花翎之摇曳也。

九　领垦

领垦分四种：一粮地，二官包地，三民包地，四租地。分述于下。

一、粮地　由国家设立之垦务局，将蒙古已经报垦之荒地，转卖与民间，计亩升科，即谓粮地。每顷粮银，上地二两二钱，中地一两八钱，下地一两四钱。前由垦务局代官厅收粮，近已直接完与县署。外纳每顷水租四两五钱与垦务局，其三两三钱充修渠费，其一两二钱充垦务局经费。

二、官包地　垦务局永租蒙地，转包与包户之谓。其向蒙古包地之法，系与蒙古订立合同，言明成二十年、三十年之包期，每顷出押租银二三钱不等。每年完蒙古地租银五两，但以实种为限。如包地合同为百顷，今年实行垦种只二十顷，则地租亦只完二十顷，此通例也。故届收获期之前，蒙古地主必来实丈垦种之地，以便按数收租。届包租期终了之时，两方情愿，亦可继续再包。永租云者，因蒙人每届期满之时，所存押租措手不及，遂再行续包，恍若永远云。包户年纳每顷地租十五两与垦务局外，完水租与粮地同，包期由双方议定，期满再议。计官地缠金渠七百余顷，刚目河一百四十余顷，协成渠三百五十顷，沙河渠二百七十顷，义和渠七十顷，老郭渠四十五顷，长洛渠二百顷，塔布河一百五十顷，共二千顷有零。

三、民包地　民间直接永租蒙地，或自种，或转包与包户。其纳租手续等，概与官包地同。近日，民包地已达五千七百余顷。

四、租地　包户向官民转包之地，谓之租。每顷租价，生地五十两（初垦者，谓之生地；已垦一二年者，谓之熟地），熟地二十两至三十两不等，分春秋两次缴纳，设有水旱之灾，即略有拖欠焉。

十　水利

套中垦地之前提，即为水利。质言之，能浇水，即能种，不能浇水，即不能种。考其原因，因西北地势较高，天雨甚少，即雨，亦不能充分湿透表土。地下水因海拔过高，又不能渗透至上层，故非黄河水涨时，充分灌溉，不为功。而黄河又不能直接灌溉，必开相当之渠，与黄河衔接而引其源始便。渠有干、支、官、私之别，分述于后。

一、干渠　干渠上宽三丈，下宽二丈八尺，深四尺。每高一尺，长宽各一尺之一方，需开渠工银一钱三分。计干渠开一丈长之时价，需银一两五钱零八厘，每里计二百七十一两四钱四分有零。干渠四十里，可以灌溉四百顷至六百顷之多。（上之开渠工，是指"丢坑"而言。）

二、支渠　支渠上宽一丈，下宽九尺，深三尺。其开渠工有"背坑"、"丢坑"之别，上述干渠亦同。

背坑，每坑包工银一银〔钱〕八分；丢坑，每人每日可开四坑。背坑只二坑半或二坑二厘耳。图垦开渠者，不可不知。丢坑、背坑之定价，须与工头言定。至于工头对于工人之价值，概不干涉。其开渠之器具，均图垦者设备，即锅碗，亦不可少。

三、官渠　官渠共八道，曰常胜，曰哈拉盖，曰义合，曰沙河，曰阜户，曰黄河，曰刚目，曰缠金。修渠工程，悉委各社经修。官既假手于奸民，奸民即乘机中饱。官民串合，所苦者，出水租之老百姓，只尽水租之义务，而不能享受不坏之渠而完全灌溉也。官之所以视奸民之行而不根究者，因奸民与垦务局内幕要人，合包垦地，休戚相关，上下其手，黑暗极矣。（此指本年及以前而言，不敢诬将来之好官良民也。）

四、私渠　私渠为私人所开之渠，如黄河渠渠梢，即为王同春所经手开浚者。开垦局自有河渠只一二道，其余各渠，本皆王同春所有，后为垦局收没入官者。又美国斐牧师在五原县东南，开渠八九十里，支银一万余两，可浇地八百余顷，已经营十二年矣。闻与蒙人直接交涉，不受垦务局管辖。中国官吏，抑内媚外，此亦一端也。

五、闸坝　有渠必有闸坝，所以资调剂水之大小也。水大则开闸放水下流，水小则闭闸使水高起，以便溢入田圃，为灌溉之用。造闸之法，系以红柳条编障，上列横木七支开缝，底亦列横木七支，以便障之嵌入，容易启闭。横木上铺席其草加泥，以便行路。坝之两块以〔箕〕席〈其〉草和红柳相间，以泥叠成。约闸坝一处，需银二百余两，宽约丈余，高六尺，长五丈。套中每因闸坝争执，盖上游闸，则下游无水灌溉矣。故垦务局规定各户浇水之日数，以息争端云。

十一　官署

有县署、水利局、警局、军营、清源局、厘税局、稽核所、缉私卡等，分述于下。

一、县署　五原古无县城，只有隆兴长一镇市。县治原附设包头镇。甲寅春，由地方人士发起，禀请孔师长掀雯，饬各区公举妥人监督筑城，筑费由合区担任。公举王同春经理。孔师长亦契重同春，故面谕其先行筹垫筑费，由各区陆续缴还。同春遂鸠工兴筑，至是年冬落成。乙卯春季，知事遂由包头迁来，知事王沛生，鲁人，曾任蜀令，老吏也。

二、水利局　水利局原为垦务局新改之名称也，为归绥区都统所辖，有正副局长。正局长徐静涛，原为某处营长，副局长张霖泉。张君老于水利，语多中肯，而不得上官信任。即信任矣，而中央无款整理水利，亦从〔徒〕呼负负而已。阴历六月间，财部于归绥设垦务主任一员，来套专司归绥垦务，一部而独立，不受都统所辖。表面上都统仍居监督地位，实则不然。垦务既有专办，则西北之利源，可不虞窒塞矣。

三、警局　警局有民警、巡警之分。民警巡士五十名，巡警士八十名。警局附设县署内。

四、军营　军营有马队一营，计二百余人。马为公家发给，每月饷银，人马共计平均九元至十元之谱。

五、清源局　清源局为专查烟土之机关，设于隆兴长市中，厘税局、稽核所丽焉。按厘税局属国税，稽核所属地方税，虽荒僻如五原，而征税之重床叠架如此，商几何而不困，民几何而不穷耶？"天高帝远"，彼端拱于上者，又何暇虑及荒僻之老百姓呼！

六、缉私卡　缉私卡事务所设于城内，附卖官盐，闻时有罚款，亦肥缺也。

十二　交通

交通如电报、邮政、水路、陆路，及南通至五原路程川资，分述下方。

一、电报　五原电报设于民国四年冬季，局设城内。

二、邮政　邮政局原设隆兴长市中，近亦迁来城内，汇兑尚不能通。

三、水路　由五原隆兴长之义和渠口，乘船达黄河，斜向东即抵包头镇，计顺流四日可达。自包往隆，逆流而上，须七八日始达。设遇西北风，竟有延至二十余日者。船资每日约需五百文，自备饭食。

四、陆路　陆路自五原向西，经大吉太、强油坊、协成和等处，而至宁夏，约八百余里。向西北经刚茂河，折而直西，过东西皮房，出阴山而达新疆。向东北经乌兰脑包，出如波澜口，而达外蒙，约五百里。向东南经各处至包头镇，有前山、后山两路。前山从黄老楼、西槐木，经扒子补隆，折北至札客气庙，而加格尔旗庙，直向东经达子店，而彬州亥，而土合马浑，即达包头镇矣。后山从五原向东北，经四柜而东南，过二分子，至大佘太，而台梁，而庙圪下，再折而直南，经前口子，而达包头镇。前后两路之比较，平靖时，大都以走后山为多。因路途较为坦平，实亦满地小石块，车轮左右之高低，无时不有五六寸之差度，行路难之叹，仍不免也。去岁匪乱时，后山时有被却〔劫〕者，故由前山往来者较多矣。实则扒子补隆一带，亦时有匪徒出入，不过行路者，有幸有不幸耳。

五、附录　自南通至河套，所经路途时日，及舟车、旅馆、饮食等费，以平均一人奢俭得中者，计算列后，其间困难，亦间及之。自南通，乘汽船往金陵，统舱连小车趸船费共计三元。上〈午〉七时抵宁埠，随上岸，至江边买津浦火车票往北京，三等者十三元，持票即可乘赴浦口之小轮过江。未渡江以前，有一极要紧之手续，厥为将行李交过磅房，过磅极宜注意者，为所携行李之分量。定章，三等乘客行李重量，规定六十斤，逾限即应加价。价不一律，视过磅人及乘客而定。若老百姓不惯出门者，过磅人即信口开河，约略一过，即云逾若干重量，需银几何，短少一文，即将行李扣留，不予过江。爪牙趋势，做好做歹，必达敲诈目的而后已。若惯出门者，或因团体公务者，即可预先递一名片（名片上须有官衔、简略履历，如某处毕业，或前任何事，现任何事），说明从何处、因何事、往某处（其应加谀辞与否，视乘客与对面之身份而定，如军官等，亦有过磅人极力奉承，而犹恐不周者。噫！此诚事实，非臆造也），即可糊涂了事，不过行过磅之手续而已。设过磅人利心太重，亦间有板下面孔而思染指者，神而明之，在乎彼等最细密之脑纹一为运用耳（此次由浦往津，亦曾以名片预先投递，而过磅者尚有难色。因我之行李合计已达二百余斤，所幸同去三农夫之行李无百斤以外者，加以硬着头皮，放下笑脸，说明去某处之事由，始得其首肯。否则伊已出口，需三元左右，始肯罢休，得免加价，幸矣）。过磅后，有搬夫将行李搬去，行李上挂明几何号数之号牌，亦以同号之洋铁牌交与乘客，以便下车时持牌至行李车前对取。此牌万不可失落，一失即费许多周折矣。曾见一〈客〉失去对号铁牌（铁牌为径不盈二寸之圆牌，上有亚拉伯号码与中文数字），向车站警士说明，直俟各客对完，所余各件，由失牌之客，一一说明，内有何物，逐件开看，相符矣，尚须觅保领取。设卸车后，须再乘衔结时间之他一车，经此一种延迟，非该客乘下一班火车不可。老于出门者，因过磅之严限，常将逾限之行李随身携带，另置一处，不交与磅。所磅者，只不逾限之重量耳。如此办法，妙则妙矣，但孤客出门，行李分两起安放，每有顾不及之虞。惟有早到车站，一眼认定忠厚和平之老百姓乘客（须认明其人，不然即有引狼入室之患），与之攀谈，即可托其暂为照管。能有朋友或下人送至车站，则占便宜多多矣。上车赴津，经三十时三十分，抵津站，改附京奉慢车，四时十分抵北京。客栈一夜连饭，约银五角，上午起早，赴京张车站，买票赴张家口。三等票计银二元九角，路程三百六十七里。计经七时，抵张家口，客栈一夜连饭，约银五角。再乘张绥车往大同，三等票银二元七角，计经三百三十二里。经六时抵站，至大同，住客栈与张口同（近已通至丰镇矣，大同至丰镇八十余里，车价三等七角，约经三小时余可达。因沿路多新开之山，岸基尚未坚固，恐有出险之虞，车概慢开，以免意外）。自南通至此，水陆交通便利之途已经阅尽，将日事跋涉驰驱之境矣。自大同雇骡车至归化城，两套车，价十二元五角，车夫一人，食宿乘客不管。两套云者，即一车驾两匹牲口之谓。计行五日，共四百余里。每日黎明即起，日程最少七十里，最多不过一百里。食宿每人每日约需银二角。一路经砂碛微现，高涧深沟，崇冈垒阜，非复平原之景况矣。抵归化，住客栈一夜，再雇乘包头镇套车，四日抵包，价银十元，计程三百六十余里。包头为蒙汉互市最繁盛之场所，居大青山、乌拉山之间，亦防胡重镇也。住一宿客栈，银二角（包镇雇车往后套五原县，其值不能一定，因到五原后，不定有相当乘客来包，如管车者旅居守候买卖，所费不资矣。故以有顺便往套者，或套中来包之车正拟返套者，为最便宜。约一辆两套车，需银十元。如特别专雇，每辆有涨至十五元者）。再雇两套骡车往套，价银每辆十二元。

经五日抵五原县，每日食宿需银两角。凡乘骡车者，以车内坐者为尊，跨辕坐者，概为从人及御车之人。然车内东撞西碰，一不经意，遇高低相距过多之处，竟有击损头皮者。因骡车外帏，虽以布为慢〔幔〕，而车棚概木条构成。且车内之人，正当轴而坐，全车之动荡剧烈处，以轴际为最。故当轴者，名虽尊贵，而实则须耐痛苦、有坚忍之能力者，始能胜任而愉快也。自大同乘骡车至河套，每日所食面条（上浇亚麻油，非芝麻油也）、羊肉（闹市方有羊肉，穷乡只鸡卵而已）、面饼、面块、鸡卵、粉条等。食稻米（稻米名曰大米）者甚稀。所宿惟牛马粪所暖之土炕。所经平坦之地甚少，车辙深近尺许，加以小石块之错落分布，风砂满目，时见飞尘卷起作炉烟袅袅，形高逾十丈，直入云际。包镇至套，一路树极少，白云荒草，相对悠悠而已。自南通至北京，出张家口，经大同、归化城、包镇而达五原，共计程途不足六千里，行路日数共计最速二十二日可达。自大同至归化，而包头，而五原等处，亦有不雇骡车而雇假窝子者。其假窝子系将芦席之半圆棚系于两支横木之上，横木长丈许，前后两端各驾于牲口之背，驼之而行，较骡车平稳，可免剧烈之动荡，价稍昂，乘客较逸多矣。

十三　气候

套中气候，较南省大差，夏至节日中时，温高华氏表八十六度，下午十一时，则降至七十二度，相差至十四度之多，此室内温度也，室外相差，想更多矣。暑伏，早晚须御夹绵，间有御羊皮者。五月披裘，古之稳〔隐〕君子有此高风，不图于田夫牧竖间见之。概古人立异挽俗，亦因时因地而致宜也。据套中人云，白露即霜，霜降即雪，立冬即冰，清明始解。一年间，下雨之次数，只夏季十余次耳，风则四时多烈风，一刮风则尘沙被天，远望之，类龙卷之摇动，盖一挟水分，一挟空气，同为力之作用，成旋涡而上升耳。

十四　动物

套中动物，除前述家畜外，有狼、兔、狐、鹿、野羊、野雉〔雉〕、鼠、天鹅、鸽、鸠、燕、雁、鹭鹚、麻雀、蝇、蚊、蚤、虫、鲤、鲫、虾、鸟、鱼、蛇、守宫等。

其中，兔为常见之兽。天鹅特大，重约十五六斤。雁甚多。蝇至夏至后即渐集，至大暑、立秋节，则满屋呷唔，最讨人厌。鲤最肥，而土人云，五月（阴历）间食鸟鱼，甚补益，不让人参。土人食鱼法，最简便，以鱼入火中薰之，或埋于余火未尽之灰中，经相当之时期，即取出齿食，亦南方所罕见也。

十五　植物

除农家栽培之农作物外，有红柳（柽）、槐柳、枣、林擒、枸杞、席萁、肉苁蓉、甘草、木贼、柴胡、菟丝子、罂粟、黄芥、青菜、韭菜、葱、蒜、莱菔、马铃薯、辣椒、甘蓝、西瓜、冬瓜、苦菜、丝瓜、扁豆、菜豆、胡萝卜、菠菜、茄子、玉蜀黍、蘑菇、芦荻等。其中席萁为禾本科植物，叶似茅，中心特出之茎甚坚韧，长可三四尺，色白而光泽，土人取以编帘。茎之幅圆与麦秆相似，叶脉平行，花为穗状，套中遍地皆是。马铃薯、苦菜所产亦多。

十六　外患

套中地属西蒙，宣统二年后，常有日本人来包头镇购买亚麻子（土名胡麻），间亦来套调查。六月八日中日新约，其东蒙与西蒙之界线，似未确指，彼蚕食之野心，安可测度。设日事侵越，则后患不堪设想。俄罗斯虽远隔阴山，而外蒙古已大半入其范围，再数十年后，俄人之足迹，亦难保必无因外蒙之导线而侵及内蒙者。河套在西内蒙，以膏腴著称，而荒芜不治，越俎代谋，大有人在，不为曲突徙薪之计，及事急，即有焦头烂额之志士，亦无所施其技。东蒙、南满，其先例也。编者亦深愿斯言之不中，而蒙杞人之诮，恐彼经营殖民地不遗余力之外人，有以实其言耳。

十七　匪患

套中本无匪，有匪则自兵始。若土匪，若哥老会，若独规，若乱党，无一非兵警哗变而后为之主动。土匪平时亦等于老百姓，游惰者专事赌博，诱感〔惑〕敲诈，谨愿者亦间作苦工。岁或不登，游惰、谨愿冶为一炉，以阴山草地为根据，掠地索食，尽则复出，时来没于东山沟、扒子补隆（蒙古地名）、东西皮房一带。哨聚之众，或数十人，或数百人，亦有备枪械者，然非兵警之出身，则不易办此。哥老会之名词，在南方似已完全消灭，而套中尚有知其会规而崇拜者，势较土匪为杀，亦有时依附土匪而资其猖獗，人数无一定，入会出会，皆不能按章实施，彼此会之所以失败欤？"独规"为蒙古人之一种，亦与土匪遥为声援，互相利用，以行其强盗事业。按独规，或"独孤"所讹。汉时匈奴有独孤部，为乱之徒，其独孤之子孙乎？未敢武断也。乱党与土匪，实无从辨别。总之，自命民党以筹措军火为名，套中即目之为乱党，实则兵警而已。此辈新旧合参，诡诈不测，常执土匪中之牛耳，无政治革命之目的，有生计问题之恐慌，挺而走险，实长民者无术之有以致此也！

十八　度量衡

度量衡三者，皆简单。不出五十里，即异其制。分列于下。

一、度制　每尺当营造尺一尺二寸强。

二、量制　每一石稻米，合库平二百六十余斤，每石合南省官斛一石五六斗。

三、衡制　通行者为十六两八钱秤。

十九　圜法

河套圜法，银元甚少，大半以纸票为通行之物，不过非一般之钞票形式耳。分述于下。

一、以货交易　汉蒙交易以货为主，以币为辅。例如汉以茶、面、粟、布往，则蒙以牲畜、皮毛来，两值相抵，有不适合时，则以相当之币补足之。

二、老钱　老钱即现行每个当一文之铜钱，光洁厚重，犹南省三十年前之市况也。间有奸商贩运以图利，据云老钱已日就减少矣。

三、纸票　纸票甚滥，稍有资本之店铺，即以牌号刊印纸票，以资周转，亦有以刊印不易得官厅之许可而临时缮写者。往来之金额，概以银之两数为单位，以银票兑现银，例不足数，亦一弊也。

四、银币　银币惟光绪元宝者有少数，余式概不经见，辅币绝少。

二十　物价

民国四年六月，套中各物市价列下。

小麦五两五钱，大麦三两五钱，谷子一两八钱，糜子一两八钱，大豆（黄豆）二两，菜豆四两，白稻米七两，黍子二两，胡麻（亚麻）子三两五钱，以上皆以石计者。

高粱酒九两，小麦干面三两二钱，胡麻油九两，脂麻油四十两，猪脂油十二两，菜子油和入亚麻油中价较贱，猪肉八两，羊肉十两，鲜鱼五两，陈酒（又各代酒或甜酒）十四两，以上皆以百斤计者。

行塘（长三丈五六尺，宽一尺一寸，白色）布每匹一两一钱，行塘蓝布每匹一两三钱，河南水烟每斤三钱，旱烟每斤一钱二分，出布庄（直隶怀宁出产，白色）每匹八钱，出庄蓝布每匹九钱，砖茶（每块重三斤半）计七钱。

二十一　蒙俗

套内鄂尔多斯之蒙俗，其详不可得闻，只述其见闻所及，拉杂列下。

一、衣履　衣简朴，女衣色尚红绿，皆着厚底靴。妇女概长袍，不系裙。喇嘛无裤。

二、装饰　妇人概以发两分，各绞成一束，纳于彩色布帛之袋内，垂于前面腋际。袋长约盈尺，幅类似扇插。露于袋外之发，缀以假珊瑚，黑面绛珠，相映成趣。贫妇以蓝布包头，身份较高之妇，例戴大帽，形似前清冬春纬帽，惟边缘有彩色，及其脑后添钱〔几〕枝二尺余长之飘带耳。未出嫁妾，例行辫发，垂于脑后，不施脂粉，或用膏沐，甚简陋也。

三、婚嫁　小户女之年龄达十五六岁，父母即令其拜马桩，既拜之后，即以马桩为其假夫。至真正之丈夫，可自由结合。设结合后，八九年不生子女，即离异。如生有子女者，较为永久，否则合则留，不合即去，几于人尽夫也。妇人年达五十、天癸已绝者，即将头发剃去，与其夫不同寝处。结婚之年龄，概在二十岁以内、十四龄以外。吾亲见达拉旗王公之子，十五岁即行结婚。是日，新妇之父母，亲送至婿门。新妇为土默旗族，家在包头镇左近，言语、衣服，已同于汉人。新妇革靴剪〔箭〕袖，新郎蓝顶花翎，双双交拜于蒙古包中。包外悬弓矢各一，为新婚所有典礼，尚武如此，宜其入主中夏也。奴才辈帽顶亦蓝白掩映，白事必屈一膝。新郎敬家族戚属之长辈，及座中尊客之酒，例行跪献叩首，长辈尊客，颔之而已。馈赠礼物，概为砖茶、银票、缎绸等。凡送礼者，主人必送回礼。回礼有牛、马、羊、毛毯、织花五彩椅垫、炕垫等物。

四、寒温　无论生熟，客见面后，各以身旁所配之鼻烟瓶，互相交换，仍各将原瓶收回。当交换时，必互相寒温，云"他来受，麻来受"（即牲畜好等语）云云。

五、丧葬　既死之后，例暴于山野，冀野兽之来食，不食则其后引以为忧，必请喇嘛忏悔诵经，至食尽灭迹而后已。

《地学杂志》（月刊）

北平中国地学会

1921 年 12 卷 2 期

（李红权　整理）

论呼伦贝尔形势

吴廷燮　撰

呼伦贝尔，右控胪朐，左扼胡布，当望建、狙越之上游，拊盐泊、黑山之肩背，有室韦等地矿产之饶，有阔连、不余诸湖鱼盐之利，犍河、乌纳之荒，待垦者，不下数十万顷（丙午三月，署将军程德全奏，〈呼〉伦贝尔副都统咨乌纳尔河、札敦河、库拉得河等处，有可垦地段二百余万晌之多），洮东夏之宝藏、江省之巨屏。自汉以来，匈奴、鲜卑、柔然、突厥之东略，盖皆以此为襟喉。室韦之居此，为回纥，则可弱唐。史言俱轮泊四面皆室韦。其后，南则蔓延于卢龙、振武之塞，西则迁寄于仙萼、嗢昆之川，凡达靼等部，皆其支裔，此足见俱轮之可有为也。辽代以后，呼伦地势，尤推严重。太祖开基，即收乌古，移兵乌纳，耕垦海勒、于谐里，日事开拓。敌烈、茶札剌诸部既定，凡经营西北，建置镇州诸城戍，皆取道乌古。阻卜、回鹘诸国之受縻役而不敢抗颜行者，亦以得于谐里等形便之地，耕牧有资也。金初，建泰州，内外边诸堡、萌骨诸部，毕供驱策。明昌以后，北部渐携，完颜襄等，屡次出师，不能逾犍河，而北广吉剌一部，且敢犯大盐泊，合阻卜，为边陲心腹之患。及成吉思汗起，如答兰版朱思之战、阔亦田之战、班尼朱河之誓，刊木涟洲、董哥泽之争汗幕，皆在境内。金人坐视王罕、札木合之纷纭角逐，而不为之所迨〔绐〕，诸部破灭，莫与为敌，而神州之祸，遂不可挽。元合丹诸王之叛、伯帖木儿诸人之平纳浯渡贵烈者，实皆力战于此。元运既衰，脱古思帖木儿、阿鲁台君臣，均建牙于此，亦以土田饶沃，易于凭借，规利并边，自非蓝玉之袭捕鱼儿海，永乐之屡临阔滦，空幕扫间，则北元未必无兴复之望。成吉思汗，以双泉海起，而不余、阔连之间，即为明军犁庭之地，则可知伦境之得失，实关奒夏之消长也。康熙尼布楚御俄之师，亦取道于此，寻以准部扰朔漠，始移种人，置戍〔戌〕列城。其后，又专置总管、副都统，崇重其权，设卡伦、鄂博为防俄之计。乾隆中叶，议于此教耕开屯，使不辍其功，何难化行国为城郭，茂边陲万世之利。卒之拘囿习俗，千里荒旷，而不能杜俄人之刘草伐木、越垦越牧（近人《查勘吉拉林边务日记》：丁未八月二十日，自齐齐哈尔起程，二十二日晚四钟，到海拉尔入城。二十九日下午三钟，行至海拉河渡口，乘俄舟，渡至河边山凹处，宿。九月一日，上冈行约三十里，下冈羊草丰茂，又行二十里，至墨尔根河源小店，宿。二日，至三多耐店，宿。三日，至温泉子，宿。由三多耐至此，地平土沃，水草丰茂。四日，至库克多博卡伦，宿。土脉肥沃，产旱獭。对面俄屯，名四大列矣、粗鲁海图。五日，至根河，不能渡，返过额尔古讷河，宿粗鲁海图屯外。六日，至择里国维屯外，宿。七日，至布林士根屯，宿。八日，行三十六里，至玻璃金子屯，垦地纵横，黄绿如锦，又行三十六里，抵布特雷河沿，宿。九日，至敖乐气屯，沿河越垦地亩约七八十段，至吉拉林金厂分局，宿。十日三钟，渡河至吉拉林沟口，入沟东南行一二十里，河沿有俄水磨二，两小坡上，俄人越垦，直至金厂，三十余里，几无余荒，宿吉拉林金厂，即地图哈喇尔河）。

庚子之变，呼伦先没，而江省即全付沦胥，疆吏筹策之未善，无可讳也。建省以后，创郡邑，新卡伦，议耕议矿，百端草创，而越垦诸端，皆为限制。说者谓睄〔犍〕河之滨，气暖土腴，川渠潆绕，倘以东南治田之法，因势利导，坻京之盛，可期指顾，实边固圉，舍此莫先。若伦境沿边由塔尔巴干塔呼山北至吉拉林，路之平坦者，七百余里，又北三百五十余里，至珠尔干河，则仅有荒僻小路，又北至额尔古讷河，五百五十余里，则连峰叠嶂，林木茂密，求一线之途，亦不可得，故行旅皆假道于俄。条便宜者，谓捐数万之费，即可通邮，则又与治田宜并急者。嗟乎！厚殖富源，固我根本，无事则保守，有隙则进规，钦察出师，奄有天北，固元人之成迹也。

《四存月刊》

北京四存学会

1923 年 18 期

（李红权　整理）

蒙古地志

马鹤天 撰

甲 总论

一 名称

蒙古是我国北方一大部，人民不是土著，地方也无城郭，居穹庐，逐水草，从前历史上所说的山戎、獯鬻、狎狁、匈奴，都是这族。随后一变而为蠕蠕，再变而为突厥，三变而为回纥，四变而为契丹，前后几千年，你兴我亡，都在那个大漠地方。到蒙古起于斡难河，并吞各种部落，几乎要统一全亚，于是论人种的，才用蒙古来代表黄族。以后虽然衰亡，其子弟所分封的部落，依然跨居大漠南北，现在内外〈蒙〉各旗王公，都是他的后代。于是又以酋长的种族，概〈称〉他的人民，渐渐更以种族的名称，名他的地域了。

二 境界

蒙古境界，北接俄领西伯利亚之萨拜喀勒、伊尔库斯克、叶尼塞斯克、托穆斯克四省，毗连约五千多里；南以长城为限；东界东三省；西界甘肃、新疆；幅员约六百万余方里。

三　区分

蒙古各族牧地，分为内蒙古、外蒙古、沿边蒙古等区。各区之中，大的叫部，是以氏族分，小的叫旗，是以政治分。又合一部几旗，或几部几旗成一盟。所以叫做盟者，因他有一定的盟会期，有〔由〕盟长，在一定的地方召集会议，讨论旗务，可说是地方自治。各部人民，虽游牧转徙无常，但各部牧地，都有一定界限，不得逾越。不过界限多用山脉或河流做标准，若是平原沙漠，便叠石作志，叫做"鄂博"，所以往往以部落所在为地名。他的分部如下：

（一）内蒙古　以六盟为主体，今分辖于东三省，和热河、察哈尔、绥远三特别区。

哲里木盟　四部十旗（奉天六旗，吉林四旗，又伊克明安旗，属黑龙江）

卓索图盟　二部六旗（属热河）

昭乌达盟　八部十二旗（属热河）

锡林郭勒盟　五部十旗　附霍硕特（同属察哈尔）

乌兰察布盟　四部六旗（属绥远）

伊克昭盟　一部七旗　附归化城土默特旗（同属绥远）

（二）外蒙古　以喀尔喀四部为主体，科布多、唐努乌梁海附之。

汗山盟　一部二十旗（即喀尔喀土谢图汗部）

齐齐尔里克盟　一部二十四旗（即喀尔喀中路三音诺颜汗部）

克鲁伦巴尔城盟　一部二十三旗（即喀尔喀东路车臣汗部）

扎克河源毕都哩雅诺尔盟　一部十九旗（即喀尔喀西路扎萨克图汗部）

又塞因济雅哈图部　杜尔伯特等十六旗（即科布多）

唐努乌梁海四十六佐领

（三）沿边蒙古　即蒙古与甘肃、新疆等相接壤的边境，现划归各省，与内蒙各盟之划归三特别区域同。

西套额鲁特、额济纳　二部二旗（属甘肃）

青海盟　五部二十九旗（属青海）

乌讷恩素珠克图部落　旧土尔扈特等十三旗（属新疆）

青塞特奇勒图部落　新土尔扈特三旗　附乌梁海左右翼七旗（属阿尔泰）

四　山水

蒙古山脉，分西北、东南两大干，西北是阿尔泰山，东南是大兴安岭、阴山。

阿尔泰山，由天山北麓支脉，绕伊犁河源而北，蟠结于蒙古西北隅。其脉约分三派，由西北向东南作平行势。（一）是阿尔泰山本脉，自科布多东南斜入沙漠，和绥远的哈拉那林乌〈拉〉岭遥接，高度七千多尺，最高峰达九千六百尺。（二）是唐努山脉，高度七千尺，又别出为杭爱山脉，高九千九百尺，东南折东北至肯特山，和外兴安岭相接。（三）是萨彦山脉，横障外蒙古西北境，高度自六千尺至一万四千七百尺。东北入俄界，到白令海峡才尽。阿尔泰山多产金，故从前又称为金山，蒙古人叫“金”为“阿尔泰”，所以名曰“阿尔泰山”。

大兴安岭，是蒙古和东三省的分界。其山脉西南至察哈尔境为阴山，高五千零四十尺。入绥远为哈拉那林乌拉岭，高三千二百尺。东北延长至黑龙江省，高约三千尺至三千二百尺。

蒙古水系，可分作河流、湖沼二种。以西北部为最多，东南次之，其他很少。

河流　西北部河流甚多，大抵注入无吐口之盐湖中。主要的是科布多河（注于喀喇乌苏湖）、查巴喀河（注于奇勒稽思湖）、叶尼塞河、色楞格河、特思河（注于乌普萨湖）等。其中以叶尼塞河为最大，色楞格河次之。叶尼塞河发源于乌梁海之库苏古尔海〔湖〕，由乌鲁克穆、贝克穆及克穆齐克三流合成，即色楞格河，也可说是他的东脉。两河的支流灌溉西北蒙古的大部。此外除乌伦古河灌溉西北部（灌流阿尔泰山之西、准噶尔部之东北）外，可说是没有别的大河。

东南部可称做大河的，是克鲁连河，即古书所说的胪朐河，发源于库伦东北之肯特山，东北流入黑龙江之呼伦池，更出而为额尔古讷河（即黑龙〈江〉之南源）。克鲁连河之北，有乌尔载河和鄂嫩河。鄂嫩河入于西北利亚，为石勒喀河（即黑龙江之北源）。又自兴安岭流出者，有西喇木伦河、滦河等，自阴山山脉流出者，有东洋河等。

中部沙漠，仅金翁河较大。南部除图尔根河、红河外，仅有黄河几个支流。西南部亦无重要河流，惟额济纳河为较大。

湖沼　西北部大湖众多，皆潴于高源之低地。主要的是乌普萨湖（高海面二二三〇尺）、喀喇乌苏湖（高海面三八〇〇尺）、奇勒稽思湖、库苏古尔湖（或作孙古尔泊，高海面五三〇〇尺，长约百七十里）、都尔喀湖、乌伦尔湖等，小者不可胜数。但各湖面积，四时不同，有时干成小池，有时涨为大湖。中部湖沼，除伊连湖稍大外，他不足称。西南部湖沼虽多，著名的少。惟额济纳湖（即《汉书》所谓居延泽，额济纳河入之）为大，此外仅有吉兰泰（有名的盐湖）、鱼海和其他几个小湖而已。

五　地势

蒙古地势，是一个大高原。即有高三千尺到四千尺的几条山脉，屏列在前后左右，把高原包围在中间。高原内横亘一个从西南向东北的戈壁大沙漠。适于人民居住的，是东南部和西北部。现按各部分别写在卜边。

（一）西北部（即科布多、唐努乌梁海及库伦地方）

这部地方，是几条山脉包围的高原。北和西北，控萨彦山和俄领阿尔泰山两脉，西南拥大阿尔泰山脉，东南带阿尔札卜谷特和肯特山脉，东北负哈马尔达班和爱尔吉克达尔额克泰岳两山脉。以广义说，这都是阿尔泰山脉。在这山脉里边，区分各高原面积约九十万方里。高度最低部的乌布〔曾〕萨湖附近，达二千三百尺左右。此外无论溪谷或平原，都高达三千尺到四千五百尺。在这高原的山脉，同是高峻。如大阿尔泰山脉各峰，高到一万尺左右，托萨克托卜谷特高峰，约达一万四千尺。其他各峰，也多在一万尺以上。

这等山脉，各处有横断的岭；但都是高峻。如大阿尔泰山各岭，通常皆在高海面九千尺以上，或有至一万尺者。南阿尔泰山脉著名的乌林塔巴岭，也高至九千多尺。

这部地方，各处情形不同。有的森林繁密；有的矿脉雄厚，地方虽属边徼，利源却是无穷。惟西南和东南各地，淹没在沙砾中，不生树木，山间谷地，都是一样。但虽没有树木，牧草却是很多，所以畜牧盛行。至北方山麓，各处松、杉、桦、落叶松等，到处苍郁。北部的萨彦山脉，两侧树木，更是茂盛。中部山麓也多树木，惟多在北麓。至于阿尔泰山脉，到处都无树木，只见童山濯濯而已。

（二）中部（即戈壁沙漠地方）

这部大半是沙漠，"戈壁"即蒙古语"沙漠"的意思。因其面积广大，又曰"大漠"。往往平沙千里，一望无限〔垠〕，所以又称"瀚海"。这部是蒙古高原中的最低部，约高海面二千五百尺至三千尺左右。地学家考究他的成因，说是太古以前，天山和昆仑之间，都是汪洋大海，以后地壳变迁，沧海桑田，从前的海底，成了今日的高原。又因适当大陆内部，蒸发多而雨量少，土脉不能凝结，所以从前沮洳之处，反成了枯燥不毛之地。夏日旋风最多，但交通有一定路线，旅行多用骆驼。其间有水草的地方，叫沙漠田，旅行者多赖以接济。

这戈壁地方，各部分情形，也不一样。大部分固是沙漠，大风起时，尘沙蔽天，有时堆积成山，掩没数里；有时卷空成柱，散到四方。然有许多部分，是沙岩、黏土之地，土壤坚硬，又加常有岩石嵯峨，泉流滚滚，牧草丰茂，灌木丛生，各种花卉，斗艳争妍。所以戈壁地方，并不是完全沙原；尤其是南部和东南部，土地肥沃，牧草茂盛，春夏的时节，碧绿可爱，宛然和沿海地方一样。古来叫做草地，农业很是适宜，且有不用肥料能生长谷物的，汉人在那里的开垦的不少，可知戈壁沙漠中，并不是没有人住。不过气候寒热都很甚，不仅冬夏，即昼夜晴阴，也大生差异。一日之间，有冬夏两季气候者不少。空气干燥少雨雪，但在夏季，往往雪雨交作的时候，兼降霰雹。

（三）东南部（即大兴安岭、阴山地方）

这部大兴安岭山脉之西北方面，是广大高原。丘陵散在各处，树木苍郁，牧草茂盛，湖沼、河流也不少，所以很饶灌溉之利。兴安岭东南和阴山南方，是坦平原野。和奉天接连的地方，倾斜陡落，高度约出海面千五百尺至二千尺。接直隶、山西的地方，是高海面二千尺以上的高原，更是绝好牧场，因有从兴安岭山脉和阴山山脉，流出的各河，可以灌溉。现在汉人移住的日多，土地开辟，为蒙古第一。从前的牧场，大半已变成农田。自改设热河特别区域，分道及县，更和内地渐渐一样了。

（四）南部（即鄂尔多斯高原绥远地方）

这地东部在阴山之阳，西、北、东三面绕黄河。地势南方高，约高海面六千尺，中部低，约高海面三千二百尺。西北部和西部，沙漠甚多。又各处有低地，因沙中含有盐分，大约是古时的湖底地，现在咸湖尚不少。西部有阿拉善山脉延长的阿尔布资山，挺立在高原上，高达三千尺。东北部大青山（阴山脉起顶）高出海面五千八百尺。绥远地方，土地肥沃，后套尤是著名，因有河渠可以灌溉。近来汉人移住者日多，开垦事业，渐渐进步，人口也大大稠密起来了。

（五）西南部（即阿拉善地方）

这部地在阿拉善山脉的西方，西至新疆、南接甘肃。地势分两大部，一是山地，一属高原。山地在东方，主要山脉即阿拉善山。这山脉崎于黄河的西岸，高低虽不一，大抵在高海面三千三百尺以至五千尺的高原上。更有高出这高原至六千五百尺的，最高部实达一万尺以上，但无达雪峰者。山上很少树木，惟見岩石嵯峨而已。高原在山地之西，最低部高四千尺左右。至于西方，更有低的。额济纳河与额济纳湖，均高三千几百尺。各处又有丘陵，其高约出高原千尺。吉兰泰盐湖，是这部有名的一大利源。

六　气候

蒙古气候，寒热同较内地为甚。不用说冬季很寒，夏季很热，但一日之内，昼夜之间，温度高低，也大不相同。又各地温度很有差异，不能说全蒙古都是很冷很热的地方，今就各地分述如下。

西北部因纬度之高和地属高原的关系，寒冷特甚。一年平均温度华氏四十三度。一月时，降到零度以下，七月时，升至七十九度，每有寒风，特别寒冷。戈壁和阿拉善地方，空气干燥，温度高低变化犹〔尤〕甚。冬季常降到华氏零下二十九度，七月间，每升到百度或百十三度。

戈壁沙漠东南端西湾子地方，一年平均温度为华氏三十七度，二月时零下一度，七月时，九十三度左右。

鄂尔多斯高原的北部，十月即见雪，到次年四月始溶解。冬季特冷，温度到华氏零下二十二度。但南部却相差很大，如绥远气候和北京差不多一样。

蒙古每日气候不同，上已说过。在三月间天刚明时，温度在零下十八度，到正午，房内温度升至六十八度。往往一日夜间，具四季的温度。因其地在大陆内部，多沙砾，少湿气以调节之故。

蒙古气候干燥，夏季虽常降骤雨，别的季节，却雨泽很少，在库伦一年平均雨量不过一零三耗〔粍〕，西湾子地方稍多，也不过四五八耗〔粍〕。雨量所以少的缘故，因其地位在高原，四面环山，自西南吹来含有水蒸气的风，都被他遮蔽了。又其地多霰少雪，积雪到数尺的时候很少。

照上面说来，蒙古因纬度和高原的关系，固然寒冷，但各地不同，各季不同，即一日夜也大不一样，热的时候仍不少。并不是常常寒冷，寒冷的度数，除极北部外，和北京也差不了许多。且人烟稠密，交通便利后，温度当然上升。如久不住人的屋，即特别寒冷，一有了人，温度便高起来，所以蒙古气候，近年来也渐渐的增高，从前人所说"堕指裂肤"的事，现在是绝对没有的了。

七　物产

蒙古地大物博，但因交通不便，许多东西，还没有人知道，现把植、动、矿各物，分述如下。

植物　蒙古植物很多，不过随地面〔而〕异。北部多森林，产松、枞、落叶松、白杨、桦、杉等，到处苍郁。南部阴山山脉附近，森林也不少，多产白杨、桦、柳，和矮小的橛类。北部及东南部，有良好的牧场，牧草茂盛。戈壁沙漠一带，虽树木较少，然许多地方，灌木丛生，杂草繁茂，牧场草地，一望碧绿。其已开垦的地方，农产物更不少。

有益的植物，有药材，如大黄、甘草、红花等，种类不少。惟大黄为蒙古著名特产，输出于西伯利亚和内地很多。

动物　动物种类繁多，产额也盛。除家畜牛、马、绵羊、骆驼外，以狐、狼为最主要，各地都有。此外有羚羊、野马、野驴、猿猴类、熊、野猪、野羊、狸猫、栗鼠、黄鼠等。东南大兴安岭山中，多产虎、豹。鸟类以鹭、鸢、鹰鸟为多，沙鸡、子规、云雀、鹊、雉等亦有，水禽在冬日群集于池沼者很多。爬虫类也不少，中有毒蛇类，为内地所少见。昆虫多蜂、虻等，鱼类也有。

矿物　蒙古矿产很丰富，但没有确实调查，许多尚未发现。已知者兴安岭及阿尔泰山附近，有金、银、铜、铁等矿。库伦附近，有很丰富的金矿。库苏〈古〉尔湖附近，有沙金。乌梁海北，有金矿。凡此诸矿，多为俄人所采掘，尤以库伦的金矿，专属于俄人经营。此外尚有鄂尔多斯部之铁，喀喇沁部之铅，阴山山脉及阿拉等地方的石炭、石绵、大理石、花岗岩等。盐和曹达，更是到处都有。盐系采自湖中，著名之吉兰盐池产额最多。曹达也产自各地湖中，输出到内地很盛。又戈壁地方有一种叫做瀚海石的美石，汉人很喜玩赏。

兹再将调查所得外内蒙各矿产地方列在下边。

（甲）　外蒙古

在土谢图汗及车臣汗二部内者：

金矿　　套来海图　召懋多　莫圭　博克勒　那林哈拉噶那伊流老沟　布公台　补克流尔　苦的尔　那林

煤矿　　那林湖

在三音诺颜汗、扎萨克图汗二部内者：

金矿　　达什陶公旗　扎木养王旗　固尔固木群〔郡〕王旗玛尼公旗　陶保尔济扎萨克旗

铁矿　　　特木尔图台站（蒙语特木尔即铁的意思，图是有的意思）

煤矿　　　额尔德尼贝子旗

在科布多内者：

煤矿　　　扎哈沁旗济尔格朗　杜尔伯特纳米尔

铅矿　　　扎哈沁旗宝尔吉

（乙）内蒙古更多，不及备载，仅将东四盟已开之矿种并坑数，列表如下。

矿　种	坑　数	矿　种	坑　数
金　矿	五〇	水　晶	三
银铅矿	一四	宝　石	五
金铜矿	三	翡　翠	一
铁　矿	一	泥　炭	二
石　炭	八一	曹　达	一九
石　绵	六	硝　石	二
石　油	一	铁　泉	三
硫　黄	一	花岗石	一
萤　石	一	石灰岩	四
砂　金	四	其他矿物	一
合　计　二百零三处			

八　住民

蒙古因气候、土宜等关系，住民很少。实在人数，还没有确切调查，大概有二百五十多万，每三方里平均一人，可知他人口的稀少，为中国各地第一。除气候等关系外，宗教也是一个大原因。盖蒙古人信奉喇嘛教很盛，男子多充僧侣，不准娶妻，所以人口更少。

住民大别为三种：一是蒙古人，二土耳其人，三汉人。但蒙古人占大部分，多住在北部、南部和东南部。中部因有沙漠，住民很少。土耳其人，多住在西部。汉人多住在附近内省地方，但从事农、商业于北部，并行商到各地的也不少。

蒙古人大别为二派：一是"喀尔喀"人，一是"喀尔满克"人。"喀尔喀"人，即世界英杰成吉思汗的部族，内外蒙古人大部分属之，体质上称为蒙古人的模型。"喀尔满克"，即"额鲁特"（亦称厄曾特、卫拉特、瓦特等），更细别为杜尔伯特、土尔扈特、和硕特、辉特、扎哈沁等的种类，有一部分住在青海、准噶尔部（新疆）等地。这部族也出于噶尔丹的英杰，明末清初，称霸于西部蒙古和新疆之地。

蒙古人身体强健，骨格〔骼〕挺拔，肩阔颈大，胸部为弓形，颜面大而扁平，颧骨秀，眉毛和眼皆上吊，鼻宽广而扁平，头发黑，少须髯，声音高亮透彻。皮肤因住帐幕并煤烟、日光熏染的关系，虽色很黑，但不是天然的。气质单纯而稍粗放，性情淳厚和平。

土耳其人以"吉尔吉斯族"为多。体质和蒙古人同，颧骨秀而较低，四肢强健有力。眼光锐利，能达数里以外。鼻突而圆，发和须髯皆黑，比蒙古人多而美，俗以多髯为荣。气质和平而纵放。

汉人多是山东、直隶、山西等的移住民，从事商工的多，农人较少。

此外北部有"布莱雅"族，西北部有"乌梁海"人。"布莱雅"族，纯是蒙古人。"乌梁海"人，是蒙古的一派，和土耳其族也有相类似的地方。

九　言文

蒙古话是多缀的添着话，和土耳其话、满洲话，同属乌拉尔阿尔泰语系。与汉语单缀音稍不一样，他的母音有七，子韵有十七，二重韵有五，喉音及有气音颇不少。

蒙古原无文字，成吉思汗时，用土耳其的"畏吾儿"字和汉字。到世祖时，看见各藩国都有文字，才命西藏僧帕克思巴制作新文字。所以蒙古字，完全是由藏字变化的字体。以后用由叙利亚文字转而为回纥文字，更加变化，才成了现在的蒙古文字，较原来很有变化。现行的字体，是元末以后所确定的，有十二个字头，虽也是纵行文字，但自左而右，是和汉文不同处。所以他的书籍，是由后而前，和西洋文书籍一样。又文句的排列方法，先名词，次助词，最后是动词，和日本言文、朝鲜言文颇相似。试举一例（我懂蒙古话）如下：

蒙语　鄙　蒙古儿　伍格　伊（助词）木得诺（动词）

直译　我　蒙古　话　　　　　　懂得

蒙古话的方言，也种类不同，最纯正的是外蒙古的"喀尔喀"语，到内蒙古，口语稍有变化。次一种是"喀尔满克"语，和"喀尔喀"语不同的地方很多。又一种"布莱雅"语更大异。唯文字则喀尔喀、喀尔满克、布莱雅诸族，同是一样。

乌梁海人，也用"喀尔喀"语，惟吉尔吉思〔斯〕人所用的话，是土耳其语的一派，和乌拉尔阿尔泰语系的蒙古话不同。

蒙古语也分文话、白话两种，不特名词，即形容词、动词，也不一样。其相差异约有两种：一是大致相同，但文话较白话联音长。如"山"的名词，白话叫"乌拉"（Ola），文话是"阿哥拉"（Agola）。"饭"的名词，白话叫"巴达"（Bada），文话是"巴达额"（Badaga）。人的名词，白话是"谁"（Hun），文话是"夫们"（Humun）。一是全不相同。如"花"，白话叫"好阿拉"（Hoala），文话是"基基克"（Chichik）。"酒"，白话叫"阿尔西"（arhi），文话是"泰拉苏"（Taraso）。

总之，文话是蒙古从前的白话，用文字写出的，现在成了古语，但和外蒙古的话相似。可知外蒙古的话，是从文字得来的。文字是内外蒙古一样，所以在蒙古用文话较便利，但懂文字者，仅上流人。

现把蒙文的十二个字头，录出如下：

十　政治

蒙古的行政，因前清优待、羁縻、怀柔之故，任各部、旗自治，政府仅派遣几个监督的官吏。民国成立后，一时顾不到边境，且恐离贰，一切仍旧。所以蒙古行政，可分作官治与自治二种。

官治机关是蒙藏院与派驻官吏。蒙藏院即前清的理藩部，其职权依然是：

（一）封爵权。即授汗、亲王、郡王、贝勒、贝子、镇国公、辅国公、台吉、塔布囊等爵位于各地首长。虽多是世袭，但也按勋劳升降。

（二）征贡权。即管理各王公，每年终来京贡献方物的事。

（三）行政监督权。监督各地王公的内政外交。

（四）刑罚权。判决扎萨克以下的犯罪。各王公若是缺朝贡、觐见的礼，或图叛逆，或行暴政或违命令的时节，可以夺去封邑，并受其他处分。

中央派驻的官员。现在如下：

（一）热河都统（统辖热河道各县暨卓索图、照乌达二盟的事务）

（二）察哈尔都统（统辖兴和各县暨锡林郭勒盟及察哈尔左右翼八旗各旗牧厂、达里冈厓、商都各牧厂蒙旗事务）

（三）绥远都统（统辖归绥道各县暨乌兰察布、伊克昭二盟及

土默特左右翼二旗蒙旗事务）

（四）宁夏护军使（统辖阿拉善额鲁特、额济纳旧土尔扈特二部）

（五）阿尔泰办事长官（统辖哈萨克四游牧、乌梁海七旗、新土尔扈特二旗、新和硕特一旗）

此外哲里木盟各旗，分隶东三省。青海蒙古二十九旗，属甘边宁海镇守使管辖，新疆蒙古，属新疆督军直辖。又三特别区域，有一个巡阅使。

外蒙古自民国四年中俄会议，结果允许作自治区域后，中央派遣的监督官吏如下：

（一）都护使兼充驻库办事大员（统属副都护使及监督车臣汗、土谢图汗二部蒙旗事务）

（二）都护副使分充乌里雅苏台佐理员（驻乌里雅苏台，隶于都护使，除监督唐努乌梁海之二十五佐领外，兼监督外蒙之扎萨克图汗、三音诺颜汗二部）

（三）都护副使分充科布多佐理员（驻科布多，除监督扎哈沁、明阿特、额鲁特各一旗外，兼监督杜尔伯特左翼十一旗，右翼三旗，辉特部前后二旗）

但民国八年，徐树铮以筹边使至蒙，取消自治后，按照筹边使署官制，改设八厅，即总务、财计、商运、邮传、垦牧、林矿、礼教、兵卫等。民国九年，徐失败后，陈毅继任，于九月十日即改名为库乌科唐镇抚使，他的权限，管理库伦、乌里雅苏台、科布多及唐努乌梁海各部民政事务，兼管库伦所属吐〔土〕、车两盟事务，统辖境内军队、蒙旗警备队，及一切军政事务。并受政府的特别委任监督财政及司法、行政，驻库伦。乌、科、唐，各设参赞一人，恰克图设民政员一人，均隶属于镇抚使。民国十年，俄白党侵入后，外蒙独立，中央官吏全被赶回，到现在只有西北边防督办，职权上是统辖外蒙而已。

　　自治机关分旗合〔和〕盟。"旗"是蒙古行政区划的单位，综合同姓或同族的"旗"，成一"部"，联合几"部"成一"盟"。"部"的意思，不过表示同姓或同族，在行政区分上，没什么意味。"盟"的制度，是战时各部落因利害关系而联合的。"旗"的首长是"扎萨克"，蒙古人把"旗"看做一个王国，所以叫"扎萨克"所住的部落为"王府"。实则所有领土，不过广漠原野中，有些放牧的牲口罢了。扎萨克虽有王公尊号，不敌文明国一中流个人的生计。旗内统治机关，也非常简单，因前清用怀柔政策，所以加授爵号的虚荣，实则可说是一族的酋长。普通是世袭的，但无子嗣时，即成了闭〔闲〕散王。各旗扎萨克下，有协理台吉、管旗章京、佐理等员。"盟"的首长是盟长、副盟长，是由各扎萨克中按年龄、才望，由蒙藏院呈请政府任命，不是世袭，从前各扎萨克三年或每年一"会盟"，由盟长检阅所属各旗的军备、边防、刑罚和丁册等，现在早不实行了。

　　各盟、部及旗列表如下：

内蒙古东四盟			
一　哲里木盟	科尔沁部　　（六旗）		扎赉特部　　（一旗）
	杜尔伯特部　　（一旗）		郭尔罗斯部　　（二旗）
二　卓索图盟	喀喇沁部　　（三旗）		土默特部　　（二旗）
三　照乌达盟	敖汉部　　（一旗）		奈曼部　　（一旗）
	巴林部　　（二旗）		扎尔〔鲁〕特部　　（二旗）
	阿鲁科尔沁部　　（一旗）		翁牛特部　　（二旗）
	克什克腾部　　（一旗）		喀尔喀左翼部　　（一旗）
四　锡林郭勒盟	乌珠穆沁部　　（二旗）		浩齐特部　　（二旗）
	苏尼特部　　（二旗）		阿巴噶部　　（二旗）
	阿巴哈纳尔部　　（二旗）		

续表

内蒙古西二盟			
五　乌兰察布盟	四子部落部　　（一旗）		毛明安部　　（一旗）
	乌喇忒部　　（三旗）		喀尔喀右翼旗　　（一旗）
六　伊克昭盟	鄂尔多斯布〔部〕　　（七旗）		
外蒙古喀尔喀四盟			
一　汗山盟	土谢图汗部　　（二十旗）		
二　克鲁伦巴尔城盟	车臣汗部　　（二十三旗）		
三　毕都里雅诺尔盟	扎萨克图汗部　　（十八旗）		
四　齐齐尔里克盟	三音诺颜汗部　　（二十二旗）		
外蒙古杜尔伯特部二盟（即科布多）			
一　赛因济雅哈图〈左翼〉盟	杜尔伯特左翼　　（十一旗）		
	辉特下前旗　　（一旗）		
二　赛因济雅哈图〈右翼〉盟	杜尔伯特右翼　　（三旗）		
	辉特下后旗　　（一旗）		

土尔扈特部五盟	
一　南乌纳恩素珠克图盟	土尔扈特　　（四旗）
二　北乌纳恩素珠克图盟	土尔扈特　　（三旗）
三　东乌纳恩素珠克图盟	土尔扈特　　（二旗）
四　西乌纳恩素珠克图盟	土尔扈特　　（一旗）
五　青赛特奇勒图盟	新土尔扈特　　（二旗）
和硕特一盟	
巴图赛特奇勒图盟	和硕特　　（三旗）

以上内外蒙各旗，都有扎萨克，但喀尔喀四部，与科布多部，现在成了俄国保护下的共和民国。有各部总长和各机关代表组成的国务会议（即国务院），有喀尔喀四部及科布多等处代表所组成的临时国会（立法机关），不是自治，是独立了。中俄交涉解决后，或能如新宪法中所规定的自治，也未可知。

又前清对蒙古封爵分六等，即亲王、郡王、贝勒、贝子、〈镇国公〉、辅国公，外蒙古于亲王之多〔外〕，更有汗爵，现在内蒙古尚仍旧。

十一　宗教

蒙古的宗教，分喇嘛教、基督教、回回教三种。但回回教仅行于西部蒙古，基督教不过内地接壤的极小部分有信奉的。惟喇嘛教亘于蒙古全体，是最有势力的。

甲　喇嘛教

一、起源和沿革　喇嘛教是佛教的一派，西历六百四十年时，即中国唐太宗时代，由印度传入西藏的佛教，加了西藏固有的一种邪神教，遂别开一派，成了喇嘛教。原来"喇嘛"二字，藏语是"优强者"的意思，乃大僧正的尊称，不知何时成了一般僧侣的代名词。所以局外人虽叫他们为喇嘛教，喇嘛僧，他们自己却只称"佛教"，或"佛陀教"。

喇嘛教开教后，几百年间，没有在西藏外传布，元世祖忽必烈时，西藏被其征服，喇嘛僧也带之归来。当时欲利用宗教的势利，图大版图的统一，以喇嘛教为最通俗，遂信奉之。且把西藏的政权，委给大喇嘛，尊为全帝国的师父法王（达赖），于是这教遂传布于亚细亚大陆各地了。蒙古民族，从此专心信仰，在读经念佛上求安慰，毋怪乎政权渐失。前清更利用之，以怀柔蒙、藏外藩，乃有今日支配蒙古人精神界的大势力。

二、教旨和派别　喇嘛教的教旨，不外佛教中所谓脱苦成佛。积现世善根，求来世乐福。忍耐苦行以脱俗界，读经念佛以偿罪业。教因果报应之理，信灵魂不灭之说，禁绝烟酒、娶妻之嗜欲。后世喇嘛僧渐渐趋于枝叶末节，惟知荒唐的迷信而已。

喇嘛教原为一派，以后分作三派：

（一）宁马巴派　即最旧派。自开宗以来，没有什么革新。这派僧侣常着红衣红帽，所以俗称为"红教"。

（二）沙斯克亚派　纪元第十一世纪末叶，即宋神宗时，由宁马巴别立一新派，当黄教未起前，在西藏颇有势力，现在为极微弱的宗派。

（三）恺谷巴派　乃纪元第十五纪初兴起的一最新派。初称为喀巴木派，系名僧喀巴，慨当时红教的过于腐败，往往破戒律，忘教旨，遂奋起而别开一派。势力日进，竟压倒二派，现在广播于蒙古和西藏的大部。这派定有至严的戒律，效印度僧徒的仪容，用黄色衣帽，所以一般人叫做"黄教"。

三、喇嘛　"喇嘛"一语，在蒙古也是僧侣的通称。他的阶级虽有种种，不外下列几等的区别：

（一）佛爷喇嘛　即普通所谓活佛。在西藏有达赖、班禅，在蒙古有库伦活佛（呼图克图）和多伦诺尔的呼图克图等。但近来到处大寺院或巡礼时的大喇嘛中，妄称佛爷喇嘛的很多。实在喇嘛中可称为最高至圣真活佛的，是西藏达赖、班禅。现把他的起因，略叙如下。

达赖喇嘛，是西藏拉萨总本山的"恺谷巴派"，即教宗的管长。说是观音菩萨的权化，受蒙、藏一带民众至灵的崇拜，并把握西藏政权的圣僧，可说是喇嘛大王。原来"达赖"者，在西藏人，是大德中大德的意思，在蒙古人是大海的意。"达赖"号的始祖，是大喇嘛拉古曾罗扎，因元主忽必烈的政略，尊崇他为大元帝国的法王。达赖乘此得握政权的机会，扩张势力，巩固根蒂，自称他是观音菩萨的权化，并谓时常化生，发明所谓本地垂迹之说。即达赖喇嘛寂灭（死）时，必预言再在某地化身转生，他的徒弟，就他所说的地方，求转生的童子，由神托而得圣童。这童子生来，即知现世、过去、未来的事，便迎来奉以达赖喇嘛的尊号。实则达赖自己预备死后适宜的后继者，生时即巡行各地，搜索将来有为并人格具备之童子，死时遗言，作为豫言。所以弊害渐生，蒙古王公或达赖、班禅的亲族，各欲其子弟为转生者，以便扩张自己的权力和资产。于是盛赠财货宝物于达赖喇嘛，以买其欢心。因之近代化身转生者，多是蒙古王公的子侄，差不多成了世袭。前清渐悟其弊，遂改革继承法，而干涉之。即预制二金瓶，一存西藏大招寺，一存北京雍和宫。各处有化身者时，用签写名字生辰，放到瓶中。西藏的由驻藏大臣与达赖喇嘛会同制定，蒙古的，由理藩部尚书与驻京章嘉胡图克图会同制定，选出后继者，这叫做活佛制〔掣〕签，其弊渐少。当选的儿童，便成活佛。

（二）扎萨喇嘛　即政权教权并有的喇嘛，内外蒙古各处都有。除寺院外，统辖土地和人民。行施领域的行政权，和普通的扎萨克一样。如东部蒙古小库伦（绥东县）的锡呼图库伦喇嘛即是。

（三）庙喇嘛　原来所谓喇嘛者，即住在庙院奉佛的僧侣，参与人民婚葬的礼仪。有庙喇嘛（僧侣）与黑喇嘛二种。这些喇嘛凡旗民子弟，除家主相续者外，自七八岁至十二三岁，差不多全入寺院，削发为僧。一家有几个喇嘛，虽王公、台吉子弟亦然，可说是前清一种防止蒙古人口增殖的政策。喇嘛经典，元太祖时，虽有翻译蒙古语之举，但今不可考。普通每日所念的是西藏语的经文。新当喇嘛者，常住寺院，除诵经外，供种种劳动使役。渐渐阶级日进。和军队的组织一样，十人有一长，分担法务。

（四）大喇嘛　即一寺院的座主，总辖寺院一切。差不多是王公台吉的子弟，但不是世袭，时为有势力的僧侣当选。

（五）黑喇嘛　即俗人。如寡夫、寡妇年老时，剃发奉佛，不必穿法衣袈裟，也不必习经文，不过常常手拿念球，口念"我南无阿弥陀佛"或"南无妙法莲〈华〉经"，算是个喇嘛罢了。喇嘛的情形，如上所说，年年养成小徒弟，常住寺内，所以有数百人数千人的。每日除早晚佛前念经外，常应檀徒的招请，去诵经。按檀家情形，定人员多少，每年七月盆会，冬季寒行。

喇嘛的戒律很多，著名的如禁娶妻、吃烟、饮酒等。但仅高僧能实行，其余小喇嘛一到寺外，大半破戒。名为无妻，实则多妻，库伦数百妓女，全依他们生活。且蒙古妇女，有一种迷信，与喇嘛私合能生佳儿，所以妇女喜接近喇嘛。又他们肉食全不戒忌。

喇嘛的阶级很复杂，不能详说。他的服装，随宗派而异其色。大概徒弟用棉布，高级用绢布，黄教徒用黄色衣，上缠赤色或紫色的袈裟。帽子也随阶级不一定。

喇嘛时时巡行各地，有两种目的。一是为建筑寺院，赴各地募捐，或被远地招请治病吊祭，因而飘游各地。旅时服装，合〔和〕平常不一样。一是为修行巡礼各处寺院，或参拜西藏的总本山，库伦、五台山等处的灵庙，负笈曳杖，往往徒步行数千里。

四、寺院　即所谓喇嘛庙，蒙古话叫做"苏谟"，或"斯谟"。虽因大小而构造不同，但大致可说是同规。庙的周围，有高二三尺的土堆，各隔数尺，上立一丈多高的小竿，用白布或赤布细写经文，附在上面，以此为清净的灵域，和俗界区分。这郭内的中央，建立本堂主寺，左右或前后，建筑二三以至十数之副寺。这等寺院的两侧和背后，有数多的小庵房，宛然一条市街。有大喇嘛及各僧徒、杂夫等的住屋，中国人叫做喇嘛街。如达赖罕旗的帽儿庙①，有副寺十二，住屋八百多户，为东部蒙古最大的喇嘛庙。沙漠中极贫地方的寺院，不过是低小的土块家屋，周围有二三蒙古包而已。

寺院大部〔都〕壮丽，其结构宏大庄严，意在引起蒙人的热

---

① 下文作"卯卢庙"。——整理者注

烈信仰。又其附近每有二三"鄂博"。原来所谓"鄂博"，不过筑一土丘，或堆积小石，以作旗界的标识。但在庙的附近者，无不安置佛像，时时行祭礼。这个祭典，是蒙古唯一的大典。王公以下，一律集合。有竞马、角力、假面踊等种种的仪式、娱乐。庙的周围，有许多中国商人，张天幕，卖绢布、绵布及其地日用诸物，供寺院的需要。

庙内大小事，都由大喇嘛职掌。并有赏罚权，除重大犯外，概不烦王府处分，全是一种自治体。大喇嘛之下，有各种役员。又如"毛老苏谟"，是为庙警卫而养成的兵员。庙中有各寺领，有土地及家畜，除由政府给与俸禄外，由王公、旗民布施的不少，所以很是富裕。

今将东部蒙古著名庙寺及喇嘛数举之如下：

所在地		庙　名	喇嘛数
扎萨克特旗	洮南府东北方	葛根庙	一，〇〇〇人
图什业特旗	洮南府西南方	秦哈庙	一，〇〇〇人
达赖罕旗	王府西南方	卯卢庙	五，〇〇〇人
西乌珠穆泌旗	王府西北方	喇嘛克乃庙	一，〇〇〇人
土默特左翼旗	锦王府北方	考戈庙	三，〇〇〇人
绥东县	小库伦	小库伦喇嘛庙	四，〇〇〇人
察哈尔部	多伦诺尔	多伦诺尔喇嘛庙	一，〇〇〇人

乙　回教

一、起源　回教是回部回子所奉的教，所以人称回回教，然非其本名。回教〔人〕徒自称曰"戒教"，或"天方教"。起于天方国（阿刺比亚）之谟罕默特，其支派只及于回部。回部即古之回纥。辽曰"回回"，元曰"畏吾儿"（今改如辉和尔），本为突厥的后裔，初袭突厥之旧居于今客尔波地。元之和林，即其牙帐之处。唐天保之乱，肃宗假其兵，恢复天下，由是回纥常与唐相往

来，结甥舅之亲，后为黠戛斯所灭，部落散往四方，其一支投吐
蕃，投安西都护。今甘肃及天山山南路之回子，都是遗苗。天山
南路，古无天方教，绳〔龟〕兹（今之库车）、于阗（今之和阗）
皆佛教国。其有天方教，盖始于元之征西域。

　　元太祖征西域，国灭者四〇，越葱岭，深入天方教诸国。世祖
继之，更南向破金灭宋，其所驱使之兵，西域天方教诸国之人占
大半，欧人亦加入之，所以统一之后，诸国人之进入中原，不能
拒绝。于是木速儿蛮、苔失蛮、也理可温等诸教士联袂而来。木
速儿蛮是天方的正教徒，苔失蛮是其支派。也理可温（即天主教
徒）元称曰诸色之人，与僧道并行。但世祖最信奉喇嘛，国人信
仰之如狂，所以虽有木速儿蛮、苔失蛮，其力很小。

　　西域如诸王之割据地，元之改〔政〕令不行，奉戴元者，未
必奉戴诸王，初太祖之孙旭烈兀，灭木剌夷（或作木乃兮）、报达
（或作八哈塔八格带）等地，报达（天方教王之所在地）顽强不
下，乃捕哈里发（天方教王）而踏敝死之，戮其众八〇万。此时
虽未信天方教，然不能禁止该教，该教徒之志益坚，久之西北诸
藩王，反化于其教。太祖长子木赤封于钦察部（或作奇卜察克）。
其子伯勒克信天方教，集教士于其牙帐，讲论教律、教理，成吉
斯汗的子孙，信天方教者，由此始。又旭烈兀之曾孙合赞，初奉
喇嘛教，建梵宇，与浮屠之徒，谈燕其中，以与贝杜争位，遂成
了天方教徒，收揽众心，毁坏佛寺。其即王位后不称"汗"称
"苏尔滩"。苏尔滩者，天方教国王之号。天方教由是盛行于诸王
国。而天山南路，属于诸王国，且突厥灭时，逾葱岭西走者有之，
渐次西徙而入天方教国，为天方教徒。原与回回同种，言语相通，
元西征时，其人多与故地来往，天方教遂自然入于天山南路。加
以元衰时元之疏族帖木儿起于撒马尔干，攻略四方，日扩版图。
时明太祖起而灭元，帖木儿率兵将欲由天山南路窥视中原，恢复

元之遗业，半途病死。帖木儿乃天方教徒，足迹所到的地方，都使易其俗，从其教，由是天山南路，全如天方教徒了。

天山南路的回子，既为天方教徒，天方教的教士，来者益多。阿里二十六世之孙玛木特玉素布移住咳噶尔，其族散居诸方。阿里为十叶教派之派祖，所以天山南路的天方教，皆称为十叶派。清初，哈密吐鲁番酋长来贡，清廷许其通商，以羁縻之。其酋长自称为成吉斯汗（与太祖同名，恐系假称）之后裔，然今存者，唯玛木特玉素布族为多。清定新疆，其徒颇有力，清乃以王为王公或伯克，使抚回民，不易其俗，不改其教，所以回子到现在依然奉天方教。

二、礼节　他的经典叫《可兰》，通晓经典的叫"阿浑"，少年而知回字的叫"漠洛"（或作墨噜、毛喇）。回部各城之东，皆有高台，每日五次登台鼓吹，"漠洛"、"阿浑"等跪拜讽经，称之曰"马纳"。普通回子的礼节，对人不跪拜，仅"马纳"时行之。每七日都到礼拜寺，行跪拜礼，讽经，四人合诵以敬教主，"阿浑"亦为此讽经。祈福的教徒，贫者醵钱赠衣帽于阿浑，富者赠每阿浑一人牛、羊各三十头。有大事时，一年之内，阿浑的赠物，千金或至数千金。其寺皆题"清真"两字，"清真"是他的教旨。凡回教徒都以猪为不洁，不食其肉，常吃羊肉，禁忌很严。派噶木巴尔的祠堂曰"玛咱尔"，每年两次群到那里礼拜讽经，以终身一次到天方祖国，拜谒圣迹，为无上的愿望。

回回在前清虽奉正朔，但教中各自有回回历，以教祖避难出奔之年为纪元第一年，已千三百三十余年了。教祖避难之月为第一月，以见新月为第一日，叫第十日为"阿叔喇节"，致斋一日，称曰"小节"。到第九月，致斋一月，自日出不饮不食，不浴不睡，妇女远绝外务，终日缄默，到晚方才饮食，日日如此。疾病的和老幼的不把斋，病痊后补斋。斋满之翌日，叫做"入则"，大小相贺，恰如元旦，故汉人多误为正月元旦，问其徒始知大不然。据说上帝以是月授《可兰经》于教祖，所以致斋，是日即教祖得道之第一日，所以相贺。"入则"的日，阿奇木伯克鲜衣锦鞍，立教主所授的旗纛，鼓乐拥护着去拜礼寺，男女喧杂，观阿奇木的威仪。礼拜毕，齐集阿奇木家，交相拜贺，宴会尽欢而散，称曰"大节"。

前清对回教因其俗，不改其教，然于大城则置"摩提沙布伯克"（或作摩提色布茂特色布）、"杂布提摩克塔布伯克"（或作杂布第默克搭布），使摩提沙布管理经典，整饬教务，使杂布提摩克塔布，专教习念经，无涉他事。阿浑若死，使各村庄的伯克回子，选择通晓经典、性行诚实公正者，推荐保证，经阿奇木伯克呈明该管大臣，然后补充阿浑。又禁漠洛回子等念诵黑经（由克什米尔地方经商来的回子等，往往用巫蛊术惑人，叫做"喀喇尔术"，"喀喇"是"黑"的意思，所以其经典曰黑经）诱惑无知回子，惹起事端。这是满清制驭回回之术，因天方教徒，意志颇坚，团结力亦强，一旦变乱，扑除不易。如同治之乱，前后十年，才得平定，较之对蒙，难多多了。

丙　基督教

基督教的始入蒙古，在纪元第十三世纪之末叶。当时罗马法王尼喀莱斯第四世，派遣曼德考〈耳〉比老氏赴印度，曼氏由印度陆路入中国，受元世祖忽必烈的招聘，始传布天主教。当时考耳比老虽把《圣经》译成蒙古语传布，但现在已不存在。以后元朝与罗马法王虽屡往复交通，但至元灭明代时，天主教渐次为喇嘛教的势力压倒，遂归于衰灭了。其后第十九世纪的中叶，有阿柏克哈克者，虽带罗马法王之命，来到蒙古，但因当时基督教刚被迫害之后，不能传道而去。近日西北方面，天主教势力又渐渐澎〔膨〕胀，甚或有地数百顷，成一特别区域，行政、司法，几全归教会掌握，国人不可不特别注意。

丁　天主教

天主教布教区域，仅三特别区邻内省的地方。至深入蒙古内部，尚没有布教的形迹。

戊　希腊教

希腊教受俄政府保护，传布区域，慢慢扩张。库伦、张家口、满洲里、海拉尔等处，同设有教会。别的要地，亦派有力的牧师，专任传教。蒙人信徒，现虽尚不大多，但牧师对于传道，很锐意，很热烈。所以像那库伦、恰克图附近的地方，已经现出几分成效了。

己　基督新教

基督新教是在十九世纪开初，有两名希腊教的信徒，借彼利亚笃人的绍介，才在蒙古开首传教。近来伦敦教会爱兰长老教会，和美国各派宣教师，统统来在各处，热心传教，但信徒也只是满、汉移住民的一部分。不过有几位牧师，在各处热心传教，将来恐要渐渐的扩大。

如上所说，各国牧师，在蒙古传道运动，虽那样热心，然蒙人对喇嘛教的信念渴仰，依然有牢不可拔之势。加之地旷人稀，交通不便，种种困难，不可备述。所以外国各宣教师，无不叹蒙古的传教，较耶稣基督最初的布教还难。

总而言之，蒙古民族，对于喇嘛教，信仰甚深，欲使他遽然改宗，决不是容易的事。不如先改善喇嘛教义，救援彼等于沉沦堕落之渊，然后再慢慢引到新进发展的境域。

十二　教育

蒙古人有教育观念的很少。其民族的大部，现在依然是逐水草而移居，可看作蒙古从来的教育法者，完全是个人的。不过欲养成担任旗务的官吏，遂聘教师，习蒙古语、汉语和蒙、汉书籍。至于一般的旗民，全没有教育的机关。作官吏的旗人子弟，八九岁即念书，等到认识蒙古字母并学得少许词章后，使读习公文书，此外再教以关于古英雄的歌谣俚谚，教以汉语的很少。教育机关，既然没有，图书等，因之寥寥。

明清以来，历代对蒙古的政策，同是愚民主义。所以前清禁翻汉书为蒙文。自元至今的主要蒙文书籍，列举起来，不过《成吉思汗传记》，蒙译一切经典，《理藩院则》、《蒙古律则》、《蒙古源流》、《蒙古里〔回〕部王公表〈传〉》等。以外尚有《圣谕广训》、《三字经》、《三国志》、《列国志》、《金刚经》、《心经》等经典数种。至关于一般涵养智识必要的书籍，译成蒙文的，全然没有。因之现在蒙人识字者，千不过三二人。即比较识字的喇嘛中，其毫无学识，有足令人惊异者。因为他日夜所诵的经，是西藏文，太祖〈时〉翻译的一切蒙文经典，今日仅不过作为大喇嘛庙的装饰品，用之者很少。于是彼等多谙西藏经文，不懂蒙古经文的极多。至通晓汉文的，更是寥寥了。

蒙古教育这样不振兴的原因，虽说是明、清各代愚蒙政策的结果，但是蒙古人生活状态，也不能说是无关系的。因为蒙人大半是以牧畜为本业，牧畜的性质，是逐水草的，家家远隔，不能聚而为大村落。所以集其子女于一处而教育之，是很难的事。不知教育价值的民族，要除这种困难，真是不可能的事。加之印刷术不发达，交通不便利，同是重要原因。唯歌谣俚谚，比较的发达，且丰富，听说其中也有可采的。

蒙古民族的大半，目不识丁，已如上所说。但近年以来蒙人有力者，也慢慢知道教育的必要。他们觉得汉人日移月往，生聚繁殖，置府设县，缩其唯一生业的牧畜地，逐次垄断他们的利益者，全由于蒙人没有知识，懒惰无为使然。所以有心的王公，在他的王府，设立私塾式的学校者很不少。新式学校已经开办的也有几处。如博王府设立的小学校，按照北京教育部定章，旁参了些日本味。理化器械，亦无不备。可是他的组织，还不脱旧日习惯，凡生徒皆限于有家资的子弟。喀喇沁对于国事，更是热心，近来教育事业，大见进步，然仍有迟迟不振的现象。

蒙古各部落，彼此互相远隔，通学制度很难。学校无寄宿舍，教育的目的即不能达。若建设寄宿舍，成完备的学校，在今日蒙古王公的财力，又属不可能。为今之计，惟有联合二三贫弱的王府，建一校舍，慢慢养成一般人的教育思想，然后再图教育的普及，不然须赶快移民改县，筹大款建设学校，或者有点希望。如内蒙古许多地方，土地日益开垦，满、汉人移住的，日益加多，因之通汉语的很多，能汉文的也间有。若已改县的地方，差不多全懂汉语。外蒙古受俄国文化的影响，年来长足进步，但通汉语汉文的，依然很少。

十三　风俗

甲　衣、食、住

（一）衣服

蒙古人的服装，普通是前清的服制。虽各地方有多少差异，但大致一律。比前清满、汉人的，更宽大些，上衣多用赤、紫或黄色，身很长，解带便拖及地。所以睡时往往用作被盖，穿时提上，用带紧束，因之背部皱折很大。带的前复〔后〕左右，不是烟包烟管，便是吃饭用的小刀或燧石。足穿皮制或布制的长靴，烟管有时即插在长靴里面。头常戴帽子，或用手巾缠裹。颈吊佛像。手拿念珠，出外时，一定拿个鞭杖。

普通便服，贴身单衫，上面大衣，分夹、棉、皮三种，材料因贫富关系有绵、绢、缎子等种种分别。大衣之上有马褂，或坎肩，和满汉人差不多一样。但妇人的衣，大不相同，即大致类于男衣，有身份的，上衣身长，遮蔽靴面。

通常便帽，春秋二季同用汉人冬季所用的普通小帽。冬用毡帽，夏用麦稿帽。

蒙古人服装，虽与汉人类似，但生活程度较低，多用棉布，用绢布的很少，惟喇嘛多缠黄服。又蒙人衣服穿上身后，永不洗刷，也不修补，不管怎样秽污，怎样破烂，全不介意。到大破时，才换新衣。再蒙人没有清洁的观念，吃饭后用污手擦在衣上，盘碗也用袖或衣端擦净，加以天天接近家畜，骑马，坐地上，不避风雨，当然衣服污秽不堪。

妇人大半宽袖长靴，不缠足。但同穿耳，吊种种的耳环，且附以饰物，多不戴帽，插花簪。

（二）食物

蒙古人的普通食物，不外乳茶、羊肉、黍和杂谷、小麦面、干馄饨、野菜等。但因气候和土宜并开垦与否的关系，各地有多少差异。如在开垦地地方，和满、汉移住民的食物，渐渐一样。即多用高粱、小麦、粟、黍，和其他的杂粮野菜，用牛乳和其制品的很少。与开垦地邻接的地方，以黍、粟为常食，混用牛乳，并其制品，及兽肉、野菜类。大兴安岭山麓地方，黍很稀少，多吃兽肉并牛乳，和其制品。今将各种食物概要，分别说说。

牛乳　蒙古人把牛乳，用作食品，法很巧妙。但生乳不吃，恐生痢病。除过已开垦的地方，到处牛乳丰富。因他的畜牧，用天然草，所以榨乳全在有野草的时期，冬季不取。一牛一日平均能榨取四五合，一家往往养十几头，妇女专任榨取。

奶皮子　把牛乳盛入锅内，稍用火煮，把上部凝集的脂肪，分两三次取去，别贮起来，叫作"奶皮子"。一部分混在茶内饮用，大部分制成"牛酪"，味颇佳美。因奶皮子是牛乳中的精，非常贵重。

奶豆腐　原来锅中残留的部分，移在桶内，作种种的制造。煮去水分，移入箱内，晒成冻豆腐样子贮藏起来，以备冬季之用者，叫作"奶豆腐"。在内蒙古各地，把种种的果汁，混入奶豆腐内，成种种的模样，颇费意匠，但在外蒙古大半单用手握干而已。奶豆腐是牛乳制造中最多用的，旅行时无不携带，好而干者很坚硬，食时必先用火烤炙。

乳酒　再把他发酵起来，照酿烧酒的方法，便制成一种"乳酒"。

羊乳　大兴安岭的西部，有用羊乳的，稍带色，有一种之臭气。用途用法和牛乳一样。

牛酪　吃黍时混用之，或装入干羊胃囊内，贮备冬季之用。其一部在满、汉界的市场贩卖。

乳酒　无色透明，无臭无味，恰合〔和〕清水一样，但饮时觉醉。原来蒙古人极好酒，家家制造乳酒，但同不多，故亦不常用。

茶　蒙古普通人，爱多吃茶。茶叶虽由内地输入，但茶的用法和满、汉人不同，即茶中混合牛乳，并咸盐，叫作"奶子茶"，或"蒙古茶"。在蒙古凡说茶者，即指这种。煮肉时，也加点茶。但近来已开垦的地方，渐渐仿效内地的吃茶法了。

鸟兽肉　牛、马、羊、猪、鸡，和鹿、兔、野羊、野鸡等野生鸟兽肉，蒙人同吃。但牛非富家有特别事时，不轻杀用，平常仅吃已死的牛、马肉。羊肉全蒙古到处多用，猪、鸡在已开垦的地方才用，然亦很少。野兽肉，兔用的最多，野鸡也不少。鹿和野羊，一部分地方用。各种兽肉，往往作成干肉，以备不时之需，叫作"肉干"。

杂谷和野菜类　杂谷以黍为主，其次是小麦粉。满、汉移住民所用的高粱、粟等，蒙人用的地方很少。野菜类、白菜、葱、胡瓜〔瓜〕等，仅已开垦地方，使用一点。其他西北地方，绝不见野菜，惟有野韭，但不多食。小麦粉或干馄饨，不过王公上流人等吃点，普通蒙人的饭，是很粗恶，往往白天吃几次茶，黄昏时才吃饭一次。

　　燃料　蒙古的普通燃料，是兽粪。羊和山羊的粪，最上等，其干者最容易燃烧，火力很强，可以炼铁，效与煤同。其次的是牛粪，再次马粪，骆驼粪最下等。内蒙古畜牧既多，兽粪到处都有，旅客容易拾得使用。但湿润或不十分干燥时，燃烧困难，所以旅行蒙古，要预先准备干燥的兽粪。沙漠少牧草的地带，兽粪难得。然其地灌木丛生，枝根同可用作燃料，天之配剂，真是不可异〔思〕议。其他如西喇河上流和札赉特方面有桦、柏、杨、柳等森林，多用木材。近开垦地的〈地〉方，多用高粱秆。

　　（三）居住

　　蒙古人是以牧畜为生活，所以每家须有宽广的地界。若成村落的集团，没有什么利益，且生活因之困难。于是自然隔离散居，一个村落，多不过二三十户。他的房屋建造，全不毗连。村落之距离，也彼此隔绝。远者相距数里以至十数里，近者也一二里。村中的寂寞，实出吾人意表之外。故蒙古除开牧地外，一个市场也看不见。他的家屋构造，按地势和水草的丰枯为差别。原来蒙古人全住帐棚式的蒙古包。随人文的发达，渐次有建造定住的家屋。现今家屋的构造，可分别如左：

　　一、大兴安岭的东南部　在这地方，若四时水草充足时，几全不移转，故住房多属定住的规模。家屋均是满、汉式，用土集和砖瓦制成。家屋周围，筑土墙，或柳树栅围绕。门前悬挂一尺大的红白色小幡旗，上书经文，飞扬空际。家之附近，又筑围家畜的土墙。前面或左右，堆积燃料牛粪，形为小丘。若大兴安岭山

麓周围，及沙漠地的住民，即纯然是住蒙古包，或类似蒙古包的
小土屋，此等住民，亦不移住。小屋周围，回绕树枝围墙，墙外
配置车辆。

二、大兴安岭的西北部　这地的住房，均是幕帐式的蒙古包，
一到春融雪解的时节，即到低平的平野，逐水草而转住。屋包的
周围，常排列车辆五至十数辆，准备不时转移之用。夏季炎热、
草少之时，移转一处，牧养不过四五日，即又顺次移转别处。一
到冬季结冰之时，就选择山腹向日的地方居住。此因冬季雪多的
时候，一片平地，草被雪封，山上风吹雪去，可得牧草之地。融
解之雪，可供饮料。此等地方，屋包周围，没有一定的设备。惟
选定冬季移住的地方，须预先观察有无兽粪之堆积。现就家屋的
构造，再述大要于下。

蒙古包　游牧地方的居民，依然不脱往古蒙昧之风，总以居处
毡幕为习惯。其构造极其简单粗陋，不过仅能防避风雨，稍御严
寒而已。但于解折〔拆〕携带，十分容易。故其随逐水草，移转
行动，最为便利，这即称为"蒙古包"。蒙古包亦有大小数种，普
通所用的顶高约十三四尺，周围高约四尺。中径随包之大小，有
七八尺至十七八尺之圆筒状。圆筒上载伞形的屋盖。圆筒部的骨
用径一寸内外的柳条做成，组立分解，十分容易。屋盖质料，亦
用柳条为之，其形俨如伞状，可以自由开闭。唯尖顶部，有窗框，
以便自由开闭。屋盖柳条之上，全部包一重或二重之羊毛毡子。
恐其飞动坠落，用骆驼毛所作之绳，自外捆缚上下左右，但留尖
顶一部分毡子，可以移动，用绳开闭。开时，阳光可以送入。屋
包内烟之散出，也很容易，恰如中国的顶窗。屋包的入口，均开
于东或南面。门高三尺五六寸，宽约二尺五寸，门作二个小扉，
或挂绒毡作垂帘。也有扉上再挂垂帘的。

蒙古包的内部，除中央一部分外，铺设毡子，殷富之家，又于

正面设立高座。入其包内，左方是男子所居，客来也在那里设座席。正面或稍斜左方，设置木柜，柜上供奉佛像或活佛的照像。柜前设备佛具及乳和肉等，叫做圣檀。朝夕必须礼拜，卧时亦不敢向之。妇女居于右方，此处设置藏纳贵重物品的大小柜，及水桶食料等物。中间空地，设一尺余高之铁架圈，内烧牛粪，可以造饭并取暖。此等屋的内容，仅容数人，所以殷富之家，均有如此之数个屋包。

就寝时，即于土地上铺设毛毡，随身衣服，就是铺盖，惟须解带而已。蒙古人虽然不洁，因其携带屋包，随逐水草而居，所以并无积秽污物，但毡子上虱子繁殖，十分不洁。

屋包的构造成立，均属妇人女子之事。因常常移动，装制惯了，所以很是灵敏。移转之时，瞬息即可构成。

夏季在他所属的疆域内，选择牧草繁茂的地方，移转居住。但所移的区域，自有一定界限，决无随便移转的事。譬如某族自何处可达何处，不过在一定区域内，择水、草均良的地点，转移居住，断无超过旗界以作游牧者。

冬季只择丘陵山腹，向阳的地方居住。此时作为定住，冬尽春开，方行移动。

冬季以燃烧兽粪为需要，须于夏秋采集，预为堆积，布置于冬季所居的附近地方。

特古尔苦尔　又开垦地邻接的地方，由移转式的蒙古包渐次变为固定式的蒙古包，以至进于类似内地的家屋。蒙古人叫移转式屋包为"乌尔古苦尔"，固定式屋包为"特古尔苦尔"。"突〔特〕古尔苦尔"是"乌尔古苦尔"进化的。由其外观的差异，固定的构造，不过周围的毡子，代之以土。这样〈的〉家屋，仅可说是由蒙古包改良的中间式。盖因缺少内地式房屋的材料，构造不易，所以采取折衷的构造法。

乙 婚姻丧祭

（一）婚姻

蒙古人的结婚，也有早婚之弊。男子到十六岁以上，很少未娶妻的，但女人总比男子大二三岁，甚至四五岁为常事。结婚的权，在双方父母和媒人，男女本人，不必有相当的合意。定婚时，由男家送物品与女家，女家并无答礼赠物，可以说是买卖行为，男家送来的物品，宛如买女的身价。婚约既成，女之父和二三亲戚，偕往男家。到屋包内，向佛擅〔檀〕前礼拜，佛前供羊头、牛乳、绢布等物，礼拜既毕，共同饮食而回。迎娶的日期，由喇嘛选定，结婚之日，男家派人往迎新妇，迎者到女家，待于门口，不得入内。新妇的亲戚朋友，走出户外，排列成圆形，似拒新妇不忍相离之意。新妇突出户外，直跨马身，回转自家周围三回，随男家导引疾驰到指定的屋包。这屋包预先安置于新郎的父亲近旁，新妇一到，邻人和双方亲戚朋友，陆续走来祝贺，并送礼物。新妇先受姑舅指示，礼拜佛像，喇嘛旁立念经，次拜灶神，以至新郎的父母和亲戚朋友等。新郎亦于近旁小屋内，集会新妇的亲戚，并行礼拜，和新妇一样。然后宴会，通常接连数日，食品无非酒肉、乳茶、烟草等，并招乐师作乐，宴席很是庄重。

离婚的事，也常有之，但无何等形式，极其简单。唯离婚之意，若发生于男方，则送妻到女家，将离婚的意思，通告其父母而已。若发生自女身，亦只归宁后，宣告意旨于男家，但须将婚约时所受礼物的一部，送回男家。既离婚后，则男女随意再婚，决无何等手续。夫妇之间，全按夫的意思行事，无论在家出外，均是夫倡妇随，毫没有妇人置喙之地。

男子正妻而外，自由纳妾。但是家政一切，均归正妻管理，妾妇不能参与。

妻妾同处一个包内，正妻命令，妾不敢违，宛如姐妹的关系，大有一家和合的气概。

生子亦分嫡庶，妻出为嫡，庶出为庶，嫡子有承受家业、督理家政的权，庶子不得。若无嫡子时，须得王公许可后，亦可继续承督家政。

婴儿落地，由助产妇拭抹清洁，包以布片，饮以草根木皮之汁，在若干日间，须助产妇看护，一个月后，招请喇嘛行祝福的祈祷，并请邻里会食。

（二）葬仪

蒙古人的葬仪，大体别为三种：一、把尸体纳入棺木内埋葬之。二、远弃尸体于野外。三、火葬尸体，纳骨于灵地。

邻内地边境和长城附近的蒙古人，多用第一法，与汉人风俗相近。

普通各地，均用第二法。运死尸到山顶幽谷之中，使风吹雨打，狼犬噬尽才为荣。这习惯本出自喇嘛教之教义，但实在也是游牧地方生活上的必要。因其移转无定，不能如有固定部落的土民，株守先人墓地，得以追远供奉。放置死尸于山野时，三日后必须去看，若野兽没有吃尽，仍得聘请喇嘛诵经追吊。大兴安岭附近山麓地方，专行此风。

第三法普通稍富裕者间用之。烧时请喇嘛诵经，全体烧完后，将骨拾起，经大喇嘛的许可，把骨粉碎，加些麦粉，练〔做〕成饼状，或收藏于灵塔内，或奉送到五台山，藏于灵地。

蒙古地内，一般少有墓标，大兴安岭的西北部，更是少见。唯限于特别人或王公，方能建立墓标，然也在大兴安岭东南地方，若西北部，绝难看见。

丙　娱乐

（一）乐歌

蒙古人最普通的娱乐，是唱歌与单一音乐。乐器有胡琴、月琴两种，惟月琴不如胡琴普通，其音甚低，很像欧西的乐器。若几个人集合奏乐，弹唱，可以合调。一部落中，仅有乐器两三具。

蒙古人的唱歌，多含男女恋爱意味，流于鄙猥。试举一歌的内容，说：从前某王公宠爱一姬，以后失宠，暗恋想一个小喇嘛，不达目的终至闷死云云。由此可知一般的习俗。

（二）角力

角力是蒙古人最喜的游戏，从前很是盛行。每逢鄂博祭日，必行角力。日本武士的相扑，或即由此传去。角力时，穿皮制的单衣，着长皮靴。二人登场，分东西进行相角，极像日本的相扑。惟胜负之别，仅以倒者为败。平素部落中，三五少年，往往聚而相扑。祭典演此游戏时，旗长之王公一族，同去参观，照例对胜者给以奖品。

（三）竞马

竞马，可说是蒙古人的特别娱乐。也在鄂博祭日行之，其他狩猎或放牧的途次，遇有机会，亦常常行之。

又因为试验自己所有马的速度，也往往行之。譬如某马性质精悍，在某某地间的距离仅半日即达到，即定他为一简单标准，比较其迟速与持久力。因之每日所乘之马，时常由牧马群中交换，使其劳逸平均，同时并熟知马的性情，且可借以调教乘马。

凡大规模之狩猎时（狩猎是蒙人演武的一法，一旗举行，或数旗连合，规模再大，则一部落结合，或数部落结合。大有尚武的精神），或鄂博的祭日等，互以跨良马为荣，争得第一名之名誉。所以同在自己马群中，预择良马，以壮者为骑手去竞技。这种好马，叫做"走马"，爱若至宝。百头群中，不过仅有真走马一二头，所以终生不肯卖去。

蒙古人门前，常系备鞍的马。出门办事，均以乘马为惯习。所以老少妇女，都惯骑马。小儿五六岁，就相随父兄［半］往来于牧场间［协］，父兄骑马，或抱或背小儿。到十岁左近，就能巧于骑马，乘坐马上，自由回转，这是自幼从小，由家庭自然习染的教育。逐日亲近于马。并日不间断的骑马做事，故能极乘驭之巧妙。

蒙古人的骑术，殆为世界之冠。其先祖自昔蹂躏世界的大半，骁名轰震，亦实由于骑术之力。其骑乘时，上体垂直，膝下少曲向后，无论如何摇动，上体毫不移动，下体亦无移转，可说是与马体合而为一了。若乘时上体少倾向前，而马骤然疾驰，骑者于其疾驱中，直立上体，也无转鞍的事。终日在马背，从一无疲劳态度。蒙人素日绝少活动气象，作事甚形迟钝。然一旦骑马，精神焕发，动作轻捷，疾驱数十里的行程，如游邻里一周。概由彼等缺乏距离的观念，如偶有旅行之外人问路，距离本在数里之遥，他们也答以"门前"，可知他们的距离观念了。

蒙古妇女，和男子一样，也有乘马的习惯，其骑术不让于男子。

十四　礼仪

蒙古民族，因其祖先以武名，所以明上下之分，对长上的命令，绝对服从。家中动作，一切秘密。尤其对于王公的恶德，不但自己不说，且在他人前掩盖，认为应尽的忠诚。现今所行的礼仪，虽随屋包的构造，因地方有多少不同，大致如下：

甲　礼式

一、在室内时　访蒙古包的外客，末〔未〕下车马前，先以大声呼主人，请其看犬。主人出后，下车马，由主人引导入口，挂马鞭于近门地方。入门后，先说"蒙道"或"阿卯要"（安好）的应酬话。入口向左方坐下，出鼻烟，彼此互呈，各于鼻端作真吸状。再互问"库利斯蒙得"（家中无恙）、"阿特塞罕尼"（马群良好）等几句话，在问话时，即互还鼻烟，客更与主人的妻子、兄弟，一一呈交鼻烟并应酬。如有先来的客，不管识与不识，同如上法应酬一遍，然后谈话。客说"太伯尼"（烟），且出右手，主人即交给烟管，客装入自己的烟，点火交还主人，主人同样将自己的烟，装入客的烟管，点火送给客人。客再问同室的人，一一行之。主妇对客，温茶，让吃〈奶〉酪、奶皮子或奶豆腐。客辞去时，家人全送至室外，往往待至上车马行后，才回，谈话时茶和烟不绝于口，虽无要事，也往往久坐，客若尊于主人，主人必让自己的座，使归正座。客若低于主人，主人比客更执谦和之度。入蒙古包时，对入口的正面是上位，右为妇人席，左为普通的客席。蒙古妇人，来宾时，必行礼招待。其礼法，内蒙古各旗大半跪坐，俯首，外蒙古多直立，两手前出，来客以掌触之，宛如握手。

十五　旅客的接待

蒙古人若会遇他族或满、汉人及别的外人，则讯问所抱的来意。有逐次传播其话语怎样于邻部落的风俗。因为外国人来的时候，不厌道路的遥远，到所管的佐领报告外国人几名，携带何物，向某地旅行，尚须将重要事项由佐领更派人报告于王府。其他于邻部的事件则互相传递，其迅速之事，恰如电信电话。至蒙古内地对于一般外国旅人之接待状况如下：

一、官吏之保护旅客，即护卫兵或官吏随从伴道而为向导者。一切办理甚为谦逊。且由向导或护卫兵，得随地干涉，调办食物及其他诸般之物资。又蒙古人若为王命，不论何事亦不拒绝而喜应之。报酬之赠否、多寡等毫不介意。

二、蒙古人对于单独旅行者或不依官吏保护者，凡所需要，置之不理。而旅客至其地之主宰者所在地，必先请求保护。不然，虽至蒙古地方之何处，亦被拒绝宿住。总〔勉〕强要求，亦或常以病、事辞退。虽偶得宿所，其待遇亦冷薄。甚至不唯不给丰富之牛乳，野宿门前之旅客，汲水亦所不许。故于蒙古内地之旅行，虽蒙民亦须准备携行天幕、食品等一切之需要品。

十六　卫生

古来蒙古民族间毫没卫生的观念。人生之优胜劣败，自然演出，所以得抵抗风土与病魔。强壮者则生存，否则必死，就中小儿之死亡率很大，而羸弱者早夭折，其余为最顽强壮健者。所以蒙古人的体质现今虽〔不〕仅强健，而其身体如铁，峻烈刺骨之寒气，亦不能犯，连日奔驰牧野之劳苦，更不介意，此真具备好战者的体格。旅客常所惊的，于晚夏既觉冷气，小儿尚为裸体而走游，父母也置之不理。

但是蒙古人不是绝对不用医药，又非全不解医术。于喇嘛中早攻医术，如草根、木皮多有用途。其医学校者，即现在西宁附近之塔尔寺。喇嘛中往往到此处修医术者不少。究竟喇嘛为伴布教之仁术而修得，宗教的腐败，所以生出种种弊害。于是疾病总为恶魔之作用，为恶魔退治不用医药而行祈祷。企贪过分之报酬。由此富者得受喇嘛医的来诊。一般贫民仅因喇嘛之读经，而祈其平愈耳。照这办法，想除去疫疠的猖獗，不是很难吗！但常流行者，则为梅毒。而次于这的则为眼疾也。其他头痛、腹痛或腰痛者也很不少。

蒙古地方的害虫与满洲差不多。如污秽特产物的蝇、蚊、床虫、虱、蚤之类不少。蚊为数无几，不至妨害安眠。床虫于土造家屋屡次发见，数亦不很多。唯蝇、虱与蚤，到处群生而困旅人。于游牧地方这总算奇异的现象。家畜繁多的结果，蝇之发生亦从而夥。虽属豫〔预〕想，然出家畜牲离屋的周围而放牧，蝇亦随之而远屋围。其他一般土地干燥，地面为短草所蔽，且部落之户数无几，害虫发生之原因亦少，少传染病的流行也算当然。

蒙古境内虽有寄生于牛、羊等牛虻之类或床虫之发生，然比内地式家屋其数尚少。蚊与虻于夏季多在谷间之水边。一般蛇虫甚少，其他毒虫亦稀。

旅行者豫防害虫应携之药品，以少量之石油与除虫菊亦足。饮料水一般用天然水，故虽甚有危险，然于官道附近择水脉之近所而穿井，仅迄水面五六尺。水质良好。然东部郑家屯、洮南府附近，到处得用井水，水质多不良而含有曹达。

于游牧地混用井水与潴水，特是有隔一二日行程才得水饮。故行人于这种地方须逢村落去走，不然便要携带充分水量。

要之，饮料水与燃料则为去蒙古者最注意之一事。就中于饮用水更为必要。若仅取官道而行，则于驿站供给之水，不感困难。故于蒙古地方之旅行，不唯须有同伴通晓饮水之所在之引导者，其往无水地方，亦须准备携行便宜之水桶，遇良水，汲而贮之。普通所用水桶高一尺二三寸，系椭圆形，约容水量一斗者。

十七　社会之状态

蒙古人之社会状态很单纯，而其阶级则大别为三，王族、喇嘛及平民（蒙古人谓之黑人）。

王族　多为元朝之后裔，或其重臣的子孙，而受封爵为各旗之酋长，其中台吉以旗人居下，其总数极多，对于一旗内人口三万，计王族约有三四千，这样多数的王族，却不能保持王族的体面，亦不足怪。彼等中单有尔〔等〕级，也有没财产的。

喇嘛　同为蒙古社会之上流者，其势也不可侮，高德喇嘛之片言只语，虽王公也不能反背。喇嘛者，为蒙古人中稍通事理者，故着眼于蒙古之经营者，必不可轻视喇嘛社会的势力。

　　黑人　除王族与喇嘛，则皆为黑人，而黑人也有种种，从前为蒙古人奴隶的子孙，或满、汉人之常住其土地者，旗人之庶子而非喇嘛者等通属之。而于政治上虽在各旗之下，精神上却受喇嘛的支配，渐次脱杀伐之风而喜平和，于半开化民族之中难免这种习俗。各旗间少有反目争斗之事，对于外国人虽多少有嫌忌之情，然无故也不加害，外国人之旅行较为安全。然蒙古人对于外国人之所有物，多怀奇异之感，往往于宿舍而窃取之，旅客人少时，无不视为奇货而企劫夺者，若瞪目一喝，也不难驱逐。

　　要之，蒙古社会为单调的，没有激烈生存竞争，利欲的观念也冷淡，盗贼匪徒仍少。但如偶然遗失财产、家畜，别人拾得也易要回，故能保持意外的平和。然在东蒙古东省地方，向来马贼很多，就中郑家屯及小库伦附近土地错杂，且为不毛之区，而草匪便于潜匿，甚且马贼出没，不分昼夜，恣意劫掠，假令遭官兵之讨伐，亦不难灭其踪迹，同时该地开垦与牧畜之蒙古人或不至如今日失其本业而无恒产者，同投入匪徒之群，逐成现在的猖獗。望现在的官厅切实注意这事，使蒙古生产得以安全发达并引导蒙古同入于正轨，和内蒙一样的发展与进步。

《西北半月刊》
北京中华西北协会
1924 年 1—5，7—15，19—20，1925 年 21—29 期
（李红权　整理）

入蒙须知

阎化邻　撰

一　去库伦时，沿路没有旅舍，所有的即是汽车站店。须携带应用食品，怕冷之物，恐不耐用，最好是饼干、面包、罐头等物。

一　乘用汽车，四日能到库伦，沿站尚有站房。

第一站　由张家口至滂江。

第二站　由滂江至乌得。

第三站　由乌得至叨林。

第四站　由叨林至库伦，均系蒙古包。

一　骑驼赴库，如没有雨雪之阻，三十日能到。如骑加快骆驼，亦约需二十日。沿路村舍寥落，且无客邸，应自带帐幕，以作寄宿之用。

一　库伦市镇分三区，即东西库伦和东营子。来往其间的，均坐俄国式马车，价洋二角。

一　外蒙气候严寒，除四、五、六、七、八五月外，均须穿戴皮衣，若遇大风大雪的时节，入屋不可抹面、向火，须俟血气缓舒，才可随意抹擦。

一　外蒙农业不振，五谷鲜少，食品以牛羊肉为大宗，次是麦面，系产自库伦后地者。

一　蒙人性质，率多朴实，无论何族何方的人，能说蒙语者，投宿寄居，概不拒却。衣食缺乏的时节，亦有供给的，甚或经年借住。日无一事，也照常招待，没有怨言。

一　外蒙之人，不知耕种，不营商业，其地虽肥沃，不知垦种。即妇人孺子，亦皆从事畜牧，故问富，则以畜数对。倘路上遇蒙人，或到他家中，须殷勤先问家畜安否，然后及人。因他饮食、衣服，皆仰给于家畜之故。

一　库伦川道，东西长约二十里，南北十有五里，东、南、北三面有山围绕，西面无山，出东南口是去张家口的路，出北是去恰克图城的路，出西是去乌、科、唐古、新等处的路。各路要隘，地势形险，实是天然巩固之区。

一　库伦南有汗山（土人称博克多山，即神山的意），松林稠密，禁止砍伐，内藏兽类，不准猎捕。每到秋季，由公署派员往祭，这是清代遗例，土人至今行之，可知土人迷信的一斑。河由东向西流，名曰土拉河，水极清丽。又有色勒毕河，由北向南流，会于土河。津口要道，皆有桥梁。

一　库伦街市，及蒙、汉人所居房屋，无一土筑之墙，皆以土栅为垣。

一　活佛居庙有三处，分东、中、西。冬居东，夏移中，西庙常不住。庙东有动物园，象、鹿等兽俱全。

一　东库伦有庙一所，庙脊上有金顶，土人叫做金顶庙。凡于庆贺之事，活佛亲临，均在这庙举行。华人称曰"喇嘛圈子"，蒙人名曰"东库伦"。库伦之名称，即由此处，库伦者，在蒙语是"喇嘛庙"的意思。

一　蒙人夏则居柏升（柏升，即房之称），冬则居毡包，其所建之房，除前面户窗外，其余三面，均用木板作成。屋底架木空悬，距地有一尺多高，以为夏居透递空气之便。

一　库伦地属寒带，用水亦异。一到冬日，井水封冻，不能汲用。夏载河水，冬运河冰。冬天各家储冰如山，以备随时化用。

　　一　库伦食粮，皆赖外埠运入。南则由张家口、归绥及安西，西则由古城、新疆等处。库北百余里外，有耕田，华民甚夥。然该地仅产大麦、菀豆等粮。库伦食品，多半亦赖于斯。蒙人虽惯用奶汁、酪浆为食，但近年以来，少食牛羊肉，亦惯食米面了。

　　一　居库蒙人，以锯木做烧柴。居各旗者，以马、牛、羊粪为燃料。

　　一　外蒙分黑、黄两派。黑者，即王公、平民，黄者，活佛及众僧喇嘛。喇嘛着红、黄、紫三色的衣服，王公着蓝、紫衣者居多。无论男女人的衣袖，长过膝下，冠高顶尖，冬、夏统着皮履。

　　一　蒙人新年敬礼，以结手为贺，相见时，先问安好，次问有何新闻。无论男女，会见时开口都是此语，概成习俗了。

　　一　外蒙人民，行时以车为室，止时以毡为庭，逐水草而居，夏则住柏升，冬则住蒙古包。往来迁徙，没有一定地方。所以外蒙人数，很难调查。

　　一　外蒙虽以牛羊肉为大宗食品，但不像内地的烹饪煎炒，惯用清煮，不加盐料。近来库伦及附近蒙人食用肉面之法，渐和内地一样。他部虽有米面，不过用作果点，仍以向来煮食牛羊肉为大宗。

　　一　蒙人习惯，冬、夏皆穿长衣，男女均匝布带，袖长过膝，足穿皮靴，拖累不知改良，可知其守旧之风很坚。

　　一　蒙地习惯，人各自带刀箸碗，因到处皆不多置碗箸，须自带杯碗、刀箸，以备应用。

　　一　外蒙沙漠万里，人烟稀少。近年虽汽车往来其间，然仅能供乘客之用，且取资昂贵，设非殷商、富贾，必为经济所拘束，不能乘坐。要运重笨货物的，仍用牛、马、骆驼，所以去库伦贸易之人，皆结队而行，或车或驼，满载货物。按驼两包，约四百斤，脚价三四十元不等。

一　库、恰间之交通颇不便，虽有电报可通紧急消息，邮政可递信件，但运货之具，大都拙笨且缓。由绥远或张家口、库伦等处往来者，多用骆驼及牛车，由库至恰，其所用骆驼及牛车，每载四百斤，价洋十六元左右，至行人往来，则须乘俄国马车，惟近年已通汽车。

一　库伦商务，分为两区，即东营子与西库伦。两处相隔有十余里，营业也不相同。东营子为大宗批发庄，西库伦乃门市零售。其麇集于东营子的均系西帮，其分市于西库者，则以茶庄为多，运来货物、砖茶、生烟、绸缎、布匹为大宗。

《西北半月刊》

北京中华西北协会

1924 年 1、2 期

（李红权　整理）

包头调查述略

吴怡庭　撰

一　概说

包头昔名博托，蒙古语也。清道咸间，为极小之市镇，设有巡检，隶萨拉齐厅。同治十年，始修有城堞，民商渐多，街道略备。民国成立，巡检废去。二年，设有萨县驻包承审员。十二年，划萨县之西南区、五原县之东南区，改为包头设治局，面积纵横各二百里，城周二十四里，东西径七里，南北径五里余，有东西大街横贯其中，因舟车之便，故商民群趋若骛〔鹜〕，一日千里也。

二　人口

包头人民，平时不过六七万口，民国五年，卢占魁滋事，乡人纷纷来城寄居，几满二万口，后因地方平静，相率归去矣。民国十一年冬，铁路抵包，内地人民来此者日众，骤增至十万余。民国十二年，因股匪滋事，绑票勒赎，日夕不安，乡民来城避祸者，与由内地来此者，源源不绝，竟添至十四万余口（警局调查）。但户数尚少，仅三万余户，因寄居者占多数也。城内房价，由一元涨至三元，房屋缺少，可以想见。人口种类，自以汉人为多。回人有一千五百余，满人有三百余口，蒙人有七千余口。然满人已同化于汉人，无痕迹可资分别。蒙人亦因饮食、衣服、言语多学汉人，大多数已失固有性质，仅有少数喇嘛僧侣，常着红绿大衫，则一望而知为蒙古人也。其剪辫者，亦常有之。至内地人士来此者，以直、鲁、豫三省为多，江浙、两湖次之。一因民国以来，军民两政长官，常系三省人氏，二因三省人稠地密，交通便利，多闻包头之富裕，群趋以谋生计。此直、鲁、豫之实力，日日向西北发展也。

三　生计

包头远居塞外，与内地甚为隔绝，奇异物品，市面罕有，人皆粗衣粝食，其耐苦茹艰，实有三晋遗风。迄至今日，交通便利，百货麇集，而土著之民，仍不改其故态，其笃厚之处，实非他处所能及。但自政体改革后，税局林立，利尽锱铢，兵匪摊派，异常繁苛，直接虽取之于商，实间接取之于民，因之人民生计，大受影响。其着老布土鞋而蓄短发者，则土著之民也。其着市布京鞋、形状怪俏者，则客藉〔籍〕之民也。土著者所食，为玉米、莜面、荞面（每斤铜子七八枚，日食一斤即够），月有一元余，即可无饥矣。夏着老布，冬着无面之老羊皮袄，年有数元，亦可无寒矣。客居者，衣服华丽，食料多为白面、稻米、鱼肉等等。若能省衣节食，刻苦自砺，则包头生活程度仍低，亦一乐土也。至工资一项，农牧小工，年约二十元左右，商人自十余元以上，无有一定，土著较低，东路客商甚贵，其余泥木、缝染、铜铁等项工人，则又因专门技艺，工资较普通工人为高。惟妇女终日踯躅炕上，不出户外，坐吃坐穿，无业可做。进〔近〕

年烟土流行，吸者十之六七，有资产者，则有所恃而无恐，余则多驱之于卖淫，以营皮肉生涯。是亦生计问题之最大关键，急须救济者也。

四　商务

包头北通西蒙，西接黄河，南临陕，东达京，在昔已为百货荟萃之区，矧时至今日，舟车辐辏，交通便利，商务之发达，不言可喻。考其内容，分为两种：一曰晋商，一曰客商。所谓晋商者，因此处昔属晋省，故晋省之人，如祁县、崞县、太谷、忻县、太原、平遥等县来此营商者，实属多数，朴实耐劳，诚信素著。门面多系旧式，外表难观，而储藏丰富，辄以数百万计，迥非客商之专讲门面者可比。每一字号，远如库伦、甘、凉、兰州、宁夏，无不有其分号，运输四达，呼应灵通，审时操纵，如握左券。所运货物，多为本地及蒙古、甘肃日用必需之品，去以粗货来换皮毛，营业利息常有一倍，更以与蒙人交易，辄获十倍之利益，因蒙人不辨度衡，愚昧可欺。此本城度物出售之尺寸最小，而衡入银两之戥秤最大。此种狡猾技俩，值此五族一家之时，亟应从速改良，以示均平。商权握在晋人之手，牢固不破，凡会长、会董，客商无插足之余地，惜脑筋简单，思想太旧，对于固有事业，保持太过，新式商业政策，毫无所闻，故以西北之重心与中心点，如本城乃简陋如故，滞塞如故，此不能不归咎于手握重权之晋商也。其客商一项，仅民国改革后之洋货、绸缎而已。新修门面，金碧辉煌，照耀耳目，而内容薄弱，不及晋商，殆所谓虚有其表者乎。此种业以京津人来此经营者为多，苏杭人亦间有之矣。入口货，晋商所经营者为河南老布（年三千万捆）、蒲州水烟（年二千万担）、湖南砖茶（年二千万箱）、黑白车糖（年三十万包）、五金杂货（年三千万担），并本地烧酒、鞍鞯（年各五百万担，均销蒙古）等项。客商所经营者，为绸缎市布（年二百万担）、洋货（年二百万担）、鞋帽（年五十万担）、薰茶（年五万担）、果品、罐头、海菜（年十万担）、纸烟（南洋年一万元，英美年十万元，大美年七万元，永和太年三万元）、煤油、洋烛（美孚年十万元，亚细亚年十万元），其余照相、镶牙、钟表等，亦渐发达，无足轻重也。出口货，晋商、客商均为之。皮张如羊皮、羊毛、羊绒、驼毛、驼绒、牛皮、马皮、狐皮、杂皮、猪鬃等（年二千万元），药材如甘草、党参、鹿茸、黄芪、肉芙〔苁〕蓉、防风、枸杞等（年得一千万元），粮食如糜子、麦子、谷子、胡麻子（年五百万元），杂项如羊肠、发菜、蘑菇、胡麻、油麻、线麻、麻纸、地毯等（年百万元），此皆出口货之最著者，其余出产，不胜枚举焉。

五　商场

包头商场之建议，肇自民国十一年春，当时绥远都统马福祥听某士之策，以为包头绾毂西北，度〔庋〕藏丰富，辟为商场，足以招徕远迩，开发实业，移民渐多，边防自固。此种计画，诚知所本矣。未几，即委总、会办，着手开办，借债进行。四界地址，自南门出城至黄河岸东，自二道沙河，西至脑包，面积一百顷，地亩价值，每亩自四元至二三十元，分为四等，业已收买少许。只缘地方风气不同，多持反抗态度。而办事人不能开诚布公、启人疑窦，至十二月间，卒因征收车捐，惹起风潮，而商场遂告停顿。十二年夏，又新委总办，无如一丘之貉，毫不事事，且因城外匪患时起，所有居民，纷纷入城，商场事业，已等于零。城外地皮，前因一时争购，每亩已涨至百元，今则恢复原状，无人过问，建设之难，岂其然乎。为今之计，政府既无款进行，地方又难于筹措，欲赓续办理，惟有借款一途而已。借款非不可行也，以低价收买贾〔买〕地亩，划分商场、街道、马路、衙署，以高价随时放领，任商家自由修屋，一转移间，债款有着，商场克举，借款亦不难也。以若大重要地域，或向直、鲁、豫（因三省在此投资者，日见其多）资本家借款，或向本地巨商筹措，说明利害，予以诚信，无不可行，并委得力人员，以肩斯任，限以五年犹豫期间必须竣工；〔资〕商场既已开办，来者必觉日多，闻风投资，发达无疑。至城外之小股土匪，与各地位编〔遍〕生雀〔萑〕苻，乃系一时问题，容易解决。第一，切实清乡，根株自净。第二，城外驻军少许，人民自安。惟盼当道以地方为重，生计攸关，毅力举行之而已。

六　金融

山西昔以票号著称全国，包头为山西辖境，事属一体，自政体改革，银行制兴，律以新法，而旧式票号，遂无形消灭。现时包头银行，国有者为中国、交通两行，区有者为绥远、丰业，私有者为晋胜。此外尚有本地钱号三十家。国有银行，资本三十万元，专营京、津、沪、汉汇兑。区有银行，资本十余万元，为区政府之借款、存款，以活动政费、军费之用。私有银行及钱号，资本各数万元，专营归化、大同、丰镇、太原等处汇兑之业。各银行钱号，近因商务发达，汇兑增加，营业颇有可观。如果开办商场，工商大增，银行专营抵押、放款诸项，只要债务者，有确实抵押品，虽贷以巨款，又何患乎。金融既流通，市面生计，亦形活泼，债务者借此可增加收入，债权者又可得高利贷借，一举而数善具焉，实计之得也。惟本城货币之流通，巨款仍以银两计算，虽有洋元，必折合银两。若系零款，则用制钱（俗曰麻钱）。又有满钱（足钱）、花钱（归化以五十四文为一百，本城以八十文为一百，与宁夏以九十文、兰州以九十四文者，同一习惯）之分。铜元亦渐见输入，故市面金融，有元宝、散银、洋元、角票、小毛、铜子、满钱、花钱及各项帖子之分，交易上极感不便。他日若能开铸银元、铜子，划而一之，便商便民，庶乎两利。又北京之盐业、中南、京城、劝业、汇丰、边业、实业、正金等银行之帖子，亦颇见流通。只因无兑换之机关，商民多不肯使用也。

七　交通

包头地处绥远西隅，为西北中心，北通库伦，四十站可到，西通甘肃，十五站到宁夏，二十七站到兰州，南通陕西，七站到榆林，二十五站到西安。东有铁路，直达京津，一日可到。若黄河开时，由宁夏船行到包，七八日耳。大抵甘肃之货，概由船来集中于此。西蒙之货，多经五原，由船顺流而下。京包铁路，虽有展修至五原并宁夏之议，然苦无款，若能暂修汽车〈路〉到五原，亦一权宜之计。至包库交通，无论汽车、铁路，均不易办。救急之法，惟有暂修马路到滂江。此处距滂江八百里，由滂赴库，汽车甚多，若能与滂江衔接，则外蒙物产，尽萃于此。商务发达，岂有既乎。

八　工艺

包头手工业，除毡毯以外，几无出品可言。毡毯在北方，为用甚大，为人户所必需者，惜制造粗粝，毡条不及宁夏，绒毯不及榆林。然因交通便利之故，运销京津，为数甚巨。至此种制造毡毯之原料，如羊绒、驼绒等，以之织呢及毛袜、衣巾，实为上等材料。全其余之原料，可供制造者，如牛羊油之于洋烛、胰子，果品、兽肉之于罐头，石绵之于电灯芯及火汽布，麻秸之于纸张，皮张之于制革，麦子之于机器面粉，稻子之于机器造米，废骨之于肥料等，此皆荦荦大者。原料既丰，价值又贱，工值且低，实业家肯投资于此，无不利市三倍。又目前最为需要而未着手者，则为电灯、电话、自来水、土木厂、织袜厂等，皆可迎合社会潮流，操必胜之权者也。

九　教育

包头人口，既以十余万计，学童之数，至少有八千，而调查现时之教育，则仅包头公立高初两等二百二十人，清真校一百八十人，女学三十余人，以包头十四万人口，仅四百学生，尚不及千分之三，教育之不发达，恐无与比伦者。私塾亦有十数处，但一般冬烘先生之技俩，内地且不见容，尚何论乎边塞。为目前之计，宜由官厅督促，多办国民学校，并由热心教育者，捐款设立平民学校及讲演会，实为简易救急之法焉。

十　结论

夫以包头地当冲要，交通重心，原料丰富，生计简易，而必待至民国十二年，始为设治。即商场甫办，旋告停顿，当局之漠视地方，已可概见。语云："往者不可及，来者犹可追。"吾切望当局之对于匪患、交通、商场、教育、移民诸政策，极力整顿而进行之，并望国内之资本家、实业家及海外之华侨，群策群力，热心投资，庶宝藏开辟，地无弃财，边塞无空虚之虞，人民得资生之取，岂只边关之幸，实国家之福利也。

《西北半月刊》
北京中华西北协会
1924 年 8—10 期
（李红权　整理）

黑龙江鄂伦春族近日之状况

姜松年　撰

我国民族复杂，汉、满、蒙、回、藏外，南方有苗、猺，黑龙江则有鄂伦春及索伦、达瑚尔、毕喇尔、厄鲁特、新巴尔虎、陈巴尔虎、札萨克图、奇雅喀喇、赫哲喀喇、额登喀喇、飞雅喀喇、奇勒尔等族。此外，又若沃济野人，元时叛服靡常，前清太祖，亦尝征窝集。按窝集，即沃济，其种族不知何在。即后时小黄室韦、大黄室韦、黑车子室韦及南北室韦等部落，被征服后，其种族，亦不知散居何处。但其种族，为前述种族之一，今更其名，亦未可知。皆因地处边陲，荆榛遍野，荒烟蔓草，满目苍凉，人为何种之人？古社成墟，空余瓦砾，残碑没字，半付蒿莱，考文献而无征，听传闻而鲜据。于此而欲详核调查，殊不易易。仅将所得鄂伦春族之近日状况，述之如下。

一　沿革

考《大清一统志》，于"外藩疆域"，末附云："盛京东北濒海，有鄂伦春诸部落，各沿海岛而居，每岁进貂皮，设姓长、乡长等职以统之。鄂伦春设佐领，供调遣。各隶于宁古塔、黑龙江两将军，地虽极边，人则内居，故不列于外藩。"云云。《盛京通志》于鄂伦春诸部落之疆域四至、户口、沿革，亦一字不提。则此诸部者，既不获列于外藩，又不获列于内地。往往称国初声教，迨〔达〕于使犬、使鹿诸部，而使犬、使鹿诸部，地在何方，想必因其为游牧民族，迁徙无常，所以古书亦无同样之记载。《圣武记》载云："黑龙江北，有索伦、鄂伦春、达瑚尔等部。其种族散处山林，非有酋豪雄长抗衡上国，而两朝招携之故，则见于天聪八年，太宗谕征黑龙江诸将曰：'兹地人民，语言、骑射，与我国同，抚而有之，即皆可为我用。攻略时，宜告以尔我先世，本皆一国之人，载籍甚明，毋甘自外。'"云云。由此观之，鄂伦春等族，与满人，先氏是否为一族，太祖当能深悉。故由太宗之言，即可知鄂伦春等族，近于满族矣。《圣武记》又载云："吉林东北，又有库页部。海岛袤广，过于台湾，亘混同江口外，其岛杂有赫哲、鄂伦春之人。"就此又可知，现在库页岛上，亦有鄂伦春人之足迹。《圣武记》又载云："混同江北岸迤东，复有鄂伦春诸部，所谓使犬、使鹿之国也。"就此又可知，鄂伦春人，非使犬部，即使鹿部矣。《圣武记》又载云："鄂伦春有使马、使鹿二部，使鹿鄂伦春在使马之外。虽编佐领，供调遣，而丁不逮额。使马鄂伦春距齐齐哈尔城五六百里，使鹿鄂伦春距齐齐哈尔城千余里。"按使马鄂伦春，当在今黑龙江拜泉县东北地方。数年前，拜泉尚有该部出没，以木支帐，行则负载，止则张架，以游猎为生活，故来去无常。刻拜泉境内，人烟日渐辐辏，荒僻之地，骤成繁盛之区，鄂伦春乃渐北徙于山林之间，而不复见矣。《盛京通志》、《八旗通志》皆不载黑龙江诸族。但自清太宗崇德以后，编东北之鄂伦春人为黑龙江之兵，自此索伦骑射闻天下。于是，后编八旗之鄂伦春、达瑚尔等部，黑龙江人概呼之为索伦。说者谓索伦骁勇著名，鄂伦春、达瑚尔等族，亦喜假他人胜名以自豪，居之而不耻，其实不然。因前清招索伦、鄂伦春等人为兵，编为一队，无以名之，故曰索伦兵。《圣武记》又载云："得朝鲜人十，不如得蒙古人一。得蒙古人十，不如得满洲部落人一。"天聪三年（明崇祯二年），北京城下之盟；崇德元年（明崇祯九年），清兵南至保定，五六十战皆捷，俘人畜十有八万，可见当时满洲部落民族之强杆〔悍〕矣。前清同治初年，吉林东北一带土匪，会合金匪，四出劫掠。将军富明阿奏调布特哈、鄂伦春兵五百，一战而定。光绪九年，将军文序奏设鄂伦春八旗，每旗分四佐，凡十六佐。设总管一人，以满人充之，总管八旗兵丁，名曰镇边军总管。以下更有佐校等官，均由该族首领选充，并于墨尔根（今嫩江县）城东北隅，建总管衙门，于光绪十二年竣工。及二十一年，复经将军增喜奏请取销总管，改设五路协领，仍以满洲人充之，一曰毕拉尔路，二曰库玛尔路，三曰多普库路，四曰阿里路，五曰托河路。第一、二两路，均在岭北，第一路，辖两旗、四佐，协领衙门在瑷珲东南车陆屯，距瑷珲三百余里；第二路，辖四旗、八佐，协领驻瑷珲城内，未有衙署；第三、四路，均在岭南，后因鄂伦春人太少，两路并为一路，名曰阿多路，辖一旗、两佐，协领向有专员，自民国四年，协领一职，归西布特哈总管兼任；第五路在岭西，辖一旗、两佐，协领驻呼伦贝尔，未有衙署。自分路以来，尚无大变更。

二　职业

鄂伦春以渔猎为生活。骑马、使枪，为其特技，常有搏及猛兽者。所获之禽兽，有野鸡、傻鸡、树鸡、飞龙、野猪、熊、虎、狼、水獭、貂等，而尤以狍、鹿、狐、灰鼠为最多。汉人于数年前，往往以布数尺，可换狍、鹿，以米数升，可换狐、鼠，以酒数斤，可换貂、獭、虎、狼。又有以酒、肉、米，宴请猎得禽兽者，彼即将虎、狼、貂、獭之皮，赠与汉人，亦不惜。以是奸巧黠商人，利用机会，以低贱土物，易渠贵重佳品，转售于市，获利倍蓰。今彼中人，亦渐开误〔悟〕，不似昔日之愚昧矣。

三　衣服

大半用鹿皮制成，毛向外、向里不等。亦闻有用粗布制成者，但甚少。因其常在冰天雪地之下，非有毛皮，实不足以御寒也。狍皮所制之衣服，有大毛、青毛、红毛之分，春、夏衣红毛者，秋日衣青毛者，冬日衣大毛者。足着卡卡墨，即靴之意。其筒，冬用皮，夏用布；其底，冬用狍脚皮，夏用狍脖皮，春秋两季，与冬时同。儿童之帽，有用狍角，加以皮制成者。故见头戴狍角小帽之儿童，即知其为鄂伦春人矣。

四　食品

米面既难得，遂视为贵重物品，不能常用。其常用者，为禽兽之肉，盖势使然也。

五　居处

随所在之便，以木斜搭为架，名曰撮落子，上尖狭，下圆阔，夏日，富者围以布，贫者用桦树皮及苇围之，冬日，富日〔者〕表里皆围以大毛皮。在外者，毛向外；在内者，毛向内。贫者仍用桦树皮及茅草围之，再覆以雪，更以水浇之，使成冰为止。盖无冰覆其上，恐遇大风，茅草被吹落故也。春秋两季，富者用小毛皮、或狍脚皮围之，贫人与夏日同。凡撮落子之上，开直径尺余之隙，以通空气。撮落子之内，掘地为坎，方圆不等，纵广三尺左右，焚柴其中，坎旁厚藉茅草，上加狍皮，即卧处也。卧时，或藏身大皮囊内，乍睹之，莫辨其为人为兽。俗本游猎，居无定处，冬居山之阳，夏住河之滨。彼此互问所居时，必问居某河。近年渐就开化，知习农耕，有建筑屋宇者。

六　器具

因生活简单，故所用之器具，亦甚简单。日用必需者，惟米、面、酒及枪与弹而已。凡此数种，均由谙达供给之。谙达者，即运鄂伦春人所需物品，至山中易取禽兽皮革而鬻之城市者也。此辈以汉人及达瑚尔人为多。诸物既仰给外来，设置自难完备。即盛贮饮食者，亦率用桦树皮制成，或方或圆不定，箱箧亦然，佳者，上刻精致花纹，多为妇人所制造，男子习游猎，不暇及也。妇女亦能骑马射击，但妇女所用之马鞍，不许男子混用。

七　教育

大小兴安岭附近，山谷之中，川流沿岸，鄂伦春人聚族栖息其间。渔猎之外，他无所事。近年来，黑龙江北，俄国人荐居日多。江南荒地，中国人亦渐开拓。人烟浸密，禽兽亦渐少，鄂伦春人将被淘汰，不能生存矣。况彼等游牧地，隔江即为俄境。鄂伦春人通俄语者颇多。日与俄人交际，所得禽兽，尽售于俄人，购枪械、子弹以归。长此以往，与俄人之感情日厚，与我国人之感情渐疏。大小兴安岭间之道路，又较他族人熟悉。俄人方将利用其愚，我国人漫不加察，不早为之所，图结其心，一旦疆场有事，持俄国利械以向我者，安知非此族之人耶。苟施之以教育，尚有可希望之一日。民国以前，此地向无教育。民国二年，黑龙江省视学邹君，奉令视察省北各县学务局时，见此民族之不可忽视，遂将其近况详确调查，呈请朱将军庆澜，拟在嫩江县及宏户图、车陆屯等处，各设一国民学校，经费应由筹蒙项下指拨，专收鄂伦春子弟入学。议上后，嗣于民国三年春，又呈请巡按使选派校长，分赴嫩江、宏户图、车陆屯三处，以宏户图为第一校，车陆屯为第二校。该两校均于民国三年秋开办。嫩江为第三校，先于三年春开办。对于造屋、凿井、垦荒等事，无不教导之。七年秋，邹君复于省议会建议，提倡鄂伦春教育，经大会通过。八年春，鲍督军贵卿委邹君为国防筹备处委员，兼监察鄂伦春学务。邹君任职以后（按鄂伦春情形，拟定国民教育简章四十条，通令各路协领，及嫩江、瑷珲两县，按章办理），一面督饬各路协领、佐领，就地筹款，创设公立国民学校，已成立者，库马尔路为第一、第二两校，河多路为第三校，并于九年春开办，每校学生三十余人。同时并将嫩江县之省立第三国民学校，改为第一高等小学校，有学生四十余人，已于十一年冬毕业一班矣。又十年春间，将省立第一、第二国民学校毕业生，合组为第二高等小学校，学生五十余人，校址在瑷珲城内。省立、公立诸校，皆为男女合校。计高等小学校二、国民学校五，凡七处，学生凡二百余人。学生入校后，不能任便回家。因其家游猎，迁徙无定，非其家人到校，亲为提携不可。诸学校于嫩江县开运动会时，有射击一项，得选上者，皆鄂伦春学校中十四五岁之学生也。鄂伦春儿童入校半年，可通汉语，五年，能作明顺之汉文。至于欺诈、诳语等恶习，在鄂伦春学校中，为最少见之事也。

八　嫁娶及产育

将嫁娶时，先由媒说合，婿即诣岳家，向其长老行稽首礼。

反，即以牛马数匹致岳家，为聘礼，间亦有用野猪一二头、酒四五十斤者。届嫁娶期，婿亲迎女归。有送嫁者，婿一一为之稽首，新妇亦为婿家长老一一稽首。乃备酒宴，尽欢而散。盖亦有汉俗之遗意也。妇孕将产，必别造一撮落子，令妇独居。产后一月内，他人不得近前。妇所食物，以长木杆远立，挑入与之。虽至亲，不与同居。其避忌之意有二：一、恐与小孩命运冲破，不利于儿；二、恐被秽气所染，不能侍奉鬼神。儿生时，无论冬夏，概浴以冷水。最忌出痘，一人偶染，群众皆徙，或迁出痘者于林中，待其愈，而后归。偶至城市者，辄发痘症，故欲入城市居，则必先种痘，以预防传染。

九　丧葬

人初死，置诸撮落子之外，乃赴告宗族、戚友吊唁，略如汉俗焚纸钱，环泣志哀。用桦树皮裹尸，择吉送出。悬置树上，待尸腐，桦树皮败烂，骨落于地，复拾而掩之。然亦以两木槽盛尸其中，合而葬之者，则稍近棺椁之制矣。

十　祭祀

凡家中尊长之生前，命画工为之画像。幅纵广约一二尺许。此与写真摄影，意无大殊。惟身没后，则此遗像，卷而藏诸桦树皮之匣中，供于撮落子后之树上，若汉俗之为神主者然。至其家中所奉之神，名曰拔拉罕，或用木制，或用皮制，藏于皮袋中，悬于撮落子之后方，二三枚不等。非贵客至，不得坐卧于其处，意以为最尊所在也。朔望、令节，焚香虔供。每年有大祭、小祭两种。大祭用野猪为牲，小祭则用野禽。凡杀牲，先剥去其皮以荐，然后烹而再荐之。礼毕，颁胙于众，必即日食尽，想亦祭肉不出二日之义乎。

十一　交际

本族尚俭朴，仪文疏略。然观其与汉人往来，亦颇有交谊。常馈汉人以禽兽，汉人则赠之以米、面、酒、布。戚友中有嫁娶者，贺礼为衣物或钱，凶丧者，吊礼仅纸钱及香而已。

仅〔谨〕按：鄂伦春种族，既常滥于索伦劲队之中，血统又与满洲族为近，语言亦与满洲同。虽榛狉浑噩，然自其游猎特性而外，其与汉族尚无凿枘扞格不相入者，考其近年之教育成积〔绩〕，可知矣。况勇敢沉挚，有足多焉。五族共和帷〔旗〕帜之下，固不当独使向隅，尤当防其铤而他走也。

《地学杂志》（季刊）

北平中国地学会

1924 年秋期

（王芳　整理）

唐努乌梁海述略

黄成垿　撰

唐努乌梁海，在民国九、十年间，屡与俄白党开战，白党将定，红党即由乌素呼图羼入。盖是时俄境内，均归红党占有，白党无立足地，故追踪而至海境，始而尚与中国合剿白党。乌梁海人，因其与白党有仇，亦不能不与红党接近。嗣闻库伦被白党攻下，乌里雅苏台、科布多等处白党继起，华官出走，白党又会同蒙古，分两路出兵，一由金吉里克赴唐努东部，一由乌兰固木赴唐努西部，冀图复收海人，海人因与白党结怨甚深，于是出死力对待。三数日间，将所有白党驱逐净尽，复恐库伦白党复仇，又与中国隔绝，不能救应，始与红党联合，冀图暂维现状。近又闻俄红党，干涉乌梁海内部政权，俨如俄属地。按我国政府所定新官制，唐努乌梁海，设正副参赞两员，副参赞为克木齐克乌梁海总管，名布达尔呼，此人现尚在旗，仍为总管，其族叔即副盟长达克丹达喇嘛，在旗中均有势力。贝子金巴，系政府新设总管，原管十七佐领，为三颜〔音〕诺颜汗部三贝子旗所属，后因随军出力，严专员呈请改编成旗，此人亦忠于民国者。

唐努总管硕诺木巴拉球尔，往年为余首先收复之人，后封贝子。又将唐努乌梁海五旗，编为一盟，设盟长一缺，即该贝子兼署，其副盟长即达克丹〈达〉喇嘛。

陶吉旗尚在捕猎时代，地处万山中，茹毛饮血，四季风云之时较多，一切政治，不问不闻。地不产羊马，只畜叉，俗名四不像，形似鹿，古之所谓使鹿部，此亦一种。乘骑及乳肉，均为土人之必需品。

萨尔吉克旗乌梁海，在俄人占领之际，已暗投外蒙扎萨克图盟嘉汗增胡图克图为沙毕（即门徒意），冀图脱离俄人范围，其用心亦良苦矣。后华兵入境，亦甚效力。

库布逊诺尔乌梁海，清制原为唐努乌梁海之一旗，后于第一次蒙古独立时，编入外蒙土谢图汗部为一旗（现仍归外蒙治内）。

乌梁海人性质最暴而残忍，概由捕猎时代习惯而然也。惟善战，用之得宜，一以当百，勇于任事，嗜酒较俄蒙为最，见酒则不顾性命矣（清制，每三年由乌里雅苏台将军亲查卡伦一次，所有往来路程，需用台站、帐房、食品等项，每次需数千金，均例由乌梁海各总管承当。有一次至查卡伦之期，海官员已将差事办齐，将军由乌里雅苏台已到海界，见所备帐房净洁，羊马裕如，甚乐，赏给承差总管酒数瓶，借以示奖励之意。不意伊等饮醉思家，连夜骑马逃散，将将军抛下，后无法，雇骑而归，即此可见海人之性也）。

海人与外蒙素不相合，与杜尔伯特亦然，盖素业偷盗者甚多，邻人均畏之如虎。

清季岁贡貂皮五百七十四张，须亲送至乌里雅苏台将军转解。每年届贡貂皮之时，来人甚多，借便在乌城购货。每逢同旗时，一出乌城，沿途偷盗牲畜，蒙人畏甚。其后凡闻海人入贡，住户均避入他处。

语言，除库布逊诺尔乌梁海与外蒙同化外，其余均与外蒙不同，与回回语大致相类。无文字，用蒙文，就中陶吉语言，尤与各部分不同。

据海人自称，伊等原为东方人种，祖居何处，不甚明晰，为元代之一军，从征布哈尔（今为俄属），归时即在今处居住，相沿至今。

出产甚丰，凡有山之处，即有森林参天，禽兽、虫蛇、五金皆备，金矿一项，据俄人调查，有七十余处之多，为俄人已开者，二十四处（白党帝制时代），并有硝矿，可作火药。

有水者，可通船筏，稍加疏浚，即可通轮船。鱼族甚多，并可引水灌田，盐碱之湖有数处。土人喜食石盐，出乌布萨湖北端，与杜尔伯特交界处，其性最热（乌梁海妇女，年十四五岁，即生子女，相传即喜食石盐之效）。

平原土厚草肥，宜耕宜牧，能产棉花、瓜果等类。

尝有俄人逃难至彼处，一身以外无他物，居之一二年后，即能小康。其他利如何可知矣。余常谓外蒙之有乌梁海，如福建之有台湾，无怪俄人必争也。

乌梁海人甚精巧，凡外蒙人所不能之工作，伊等均能仿作，如铁炉、皮鞋等类，均可制造。

唐努乌梁海东西两面，均邻俄国，背面丛山叠嶂，高耸入云，夏季泥水载途，冬季风高雪大，为天然障界。俄国帝政时代，用尽气力，在山南设一城，名乌素呼图（城意），并修筑土路。遂将天然之形势打破，清政府竟不闻问。其后乌素呼图建设得手，又入唐努腹地，在克木毕齐尔地方（海土语译河义）设一城，名为必利察斯克（俄语言白王）。具备形势后，因我方会同蒙兵，进励〔剿〕白党，被蒙兵将此城破坏，今闻俄红党又建设矣。

乌梁海兵，昔随余征白党时，尝出探，以八名之兵，击毙俄兵三十余名，并夺其全付枪马，海人时有击俄易、击兽难之谚语。

辛亥年，外蒙古独立，华官回京后，是时唐努境内，俄官所谓廓木萨尔者，早已由乌素呼图移至克木毕其尔原地方，建市立署，乘外蒙独立之时，将唐努四旗总管之印信收去。此印系乾隆年制，

银质方式，另换给俄文印信，并勒今〔令〕合〔全〕体海民投邅
〔递〕降俄文书，主其事者，为廓木萨尔之司员马利切夫，此人深
通蒙古文语，嗣于民国七年与华对抗者即系此人，带兵败后闻被
俄红党所毙，海官民被迫，以不谙格式为辨〔辩〕。马利切夫尚为
亲手编就一纸，今〔令〕其照文誊写，用印文呈邅〔递〕。海官民
俟伊等走后，即将马利切夫所写之文底，全体签字，秘密保存，
备作将来华官恢复唐努时之铁证，其用心亦良苦矣。其爱主国之
诚，尤应钦佩。嗣后余到唐努时，该旗员首将此事声明。据此而
谈，海民始终未有投降俄国之文，已可概见。至其印信，后因俄
内部之乱，恐唐努谋叛，已经发还。直至前年（民国十年），尚在
唐努总管之手。

　　余按唐努全境，峻岭回环，巨川萦绕，人性强悍，出产丰富，
与俄与蒙，均有夙仇，对于主国，始终倾向，用之得当，将来可
作收复外蒙之前锋。五〔吾〕辈负边事之责者，讵可忽诸。

《西北半月刊》
北京中华西北协会
1924 年 15 期
（冀萌萌　整理）

察哈尔通信

郑 业 白　撰

记者：

承询察哈尔现状，略陈如左：

察区集宁县

（名称）集宁县土称原名为老鸹嘴，京绥线称平地泉。

（地势）平地泉为京绥中段要地；在察区将为政治、军事及商业之中心。

（位置）在丰镇西北百二十里，西距绥远十站（火车站）；管辖有三百里宽。

（市面）东西十余里，南北七八里，只三年前建筑；街上皆大马路，东西行者，约平列二十余条。

火车站在中部，截全市为东西两部；站为二等站。

现于市之东部划出一城；掘沟取土堆于里面如城，盖口外新城皆如此作，可以拒守。城内有为区都统划出之公署地址，闻察区现住张家口之都统将移住之。

（居民）多山西人新移居者，其次直隶亦不少。又因地始开辟，各省人民皆有之。

民性强悍（盖此方新住多系内地豪强，敢作敢为，甚少忌虑），骑马尚武。常有白昼平庸无异之农人，到晚即跨马带枪，出行抢掠者。盖此地居民多有枪者，富户在官厅注册领枪，即贫者亦不难买得枪弹。盖军匪不分，急则受抚为兵，缓则转变为匪。

职业以业农者为最多。大地主甚多。每个有名之地主，皆有数十顷地（口外地一亩的有内地二亩有奇），即数百顷地之地主亦不少。而每个地主，外视皆素衣无异常人。——据云口外地方，常于若干地亩之内设□伙房，以俱〔聚〕集工人；常有一个伙房聚数百人者。盖口外地方土匪横行，出没无时，故一般人民常聚居、住扎军队之地亩中（此口外大城独多，而小村绝少之故），大地主常区分田地，于春夏耕种之际则设立伙房，任专人经理其事。

工人多山西或直隶人，每于务农时期，则结伙出口，山西俗称"找工"。闻平地泉每年夏季，常有外来找工之工人五六万。此地工资较内地为高（如山西应县春际作工，日资仅廿四个铜钱，即夏日最忙之际亦不过十二至念个铜子），但生活费较内地亦高（平地泉普通店中房租费——小房一人住的——约须一角至二角），故山西工人恒于赚得钱后，而稍闲时，仍回家居住。

（出产）麦与小麦为大宗；畜类马与羊最多（缺乏木料，故房甚贵）。普通人出行多乘快马；大街上塔塔不绝者，马行声也。

（宗教）天主教最有势力。当集宁未开辟以前，平地泉已为天主教势力。教堂中有枪有马，土匪不敢犯，故人多入教。及集宁拟建筑时，官厅与教堂交涉，欲买其教民地，教堂拒绝，虽特别区为军事区域，政府固予官吏以极大权力，亦无可为〔如〕何。本于平地泉之北，俗称老鸹嘴者建城；今集宁亦称平地泉者，盖隐报政府也。——又有同善社，极拉笼地方绅士官吏。

（政治）政界多直隶、山东人（直隶系有势力），顾〔雇〕耕山西人。官厅权力颇大，又因土匪多，人民甚仰望官厅，但民性强悍，官厅亦不敢严格办事。

（住兵）地方游缉队人数的〔约〕两营半，皆骑兵（兵力最强，打匪最著名；营长一人，武万义原系土匪出身，故游缉亦多本地匪徒好手。盖论个人战斗力，较其余住军皆强）（两营半，分住丰镇一营，本地一营，隆盛庄半营），中央第四旅（在此地一营，丰镇一团，设旅本部，系直系势力），骑兵团一团（察西镇守使乔管辖，计住陶林一营，其余分住各要卡），警察六区，各设巡官一人，每区骑十名，余系站岗步兵，皆属警察所长管辖。

（商业）粮店最富，约二十余家，资本在十万元以上，大小字号千五百家；小商号多直隶人，粮店多忻州人。

（教育）只有高小一座，国民教育亦甚旧。

附注一　夏日工人约五六万，或聚居城市中，或聚居大伙房。

附注二　教育极须人材。

附注三　初开辟时期，只须勇敢有为者，即不难入手。

附注四　房屋贵，土匪多，找工之人不能久居。

《向导周报》

广州向导周报社

1924 年 62 期

（丁冉　整理）

内蒙古及热察绥三区近状

麟　符　撰

此处所谓内蒙，即就热、察、绥三区中，含有蒙古民族质素之地带而言。二百年来，内蒙民族已大半为汉族所同化，热河、察哈尔、绥远三区最著，其概况如次：

（a）帝国主义者之侵略　内蒙矿山、林牧久为外人所垂涎，此时日本人置产聚居，有成村落者。洋货亦展转输入，洋布一尺，价值大洋一元，余可类推。内蒙当游牧时代，与汉族手工业竞争之结果，已成困惫不堪，况在洋货输入时代，其生活艰苦可知。

（b）北洋军阀之蹂躏　北洋军阀虽乏经略蒙古之实力，而无时不加以零碎的袭击，凡军队驻在地，牛、羊、妇女，均不能保全，因此，蒙人对中国军队，至为仇视。

（c）王公之压迫　历来北京政府对蒙政策，为羁縻〔縻〕蒙古王公，以制驭其平民，故王公向为其统治阶级，对于平民，严刑苛税，无所不为。

热河、察哈尔、绥远三区，其政治、经济、教育及其他各种情形，都大致和直、鲁、晋相类，分述如左：

（a）经济状况　历年洋货由直、晋间接输入，价格高出内地一倍，鸦片税之征收，每年约四五百万元。官绅合办的兴业银行，即区区十数元，亦不能向外汇兑。

（b）政治状况　直、奉战后，三区已在直系半统治之下，因为三区行政长官均尚非直系嫡裔。奉系唯一目的，即是收回三区统治权。当直、奉战时，热河人民苦奉暴政，起而助直驱奉，奉之一师数旅，多被乡团缴械，全归无多。此时三区人民深恐奉军前来复仇，又因苦于直军之苛索，渐渐觉悟自治之必要。

（c）民间实力　内蒙三区，本为多年凭陵中国之蒙古民族和二百年来直、鲁、晋之新殖民混合而成，其反抗之精神与实力，可于其乡团征之。此时三区乡团所有枪支，热河约有四万，察哈尔约有二万，绥远亦约有四万。此种乡团，全属农民，勇悼〔悍〕善战；三区警全由农民更替充任。

绥远之哥老会，为农民、商人及手工业工人（毛毯匠、木匠、铁匠）、回民等协同御侮之结合，全数七八万人，有武器者十分之一；马福祥亦知之，而无如之何，只极力笼络其首领，使之暂时宁帖而已。

（d）军队状况　内蒙直无所谓驻扎军队，三区军队，统共不过四万，而其派别有数十系之多，不但不能统一作战，而且时时互相排挤。

《向导周报》

广州向导周报社

1924 年 75 期

（朱宪　整理）

外蒙民国

佚 名 撰

一 外蒙独立运动之始末

外蒙古之区域，南界内蒙，西南界新疆，北界西伯利亚，东北界黑龙江；其位置原与中国本部，有鞭长莫及之势。其民族均属于喀尔一系，而共戴哲布尊丹巴呼图克图为其归向之中心；故能自成为一体，较他处蒙古颇有团结力。自满清末年，备受疆吏之苛待，人心离散，已达极点，乃于一九一一年冬，由喀尔喀各汗、王公、喇嘛等，秘密会议，共推哲布尊丹巴呼图克图为君主，乘武昌革命之机会，驱逐满清官吏，宣告独立，而设为蒙古帝国，建共戴元年为纪元。

蒙古共戴五年即一九一五年，中、俄、蒙在恰克图开三方会议之结果，外蒙古被承认为完全自治区域，与中华民国只有领土上一部分之关系，仍戴哲布尊丹巴呼图克图为博克多汗，自设自治政府以统治之。一九一九年北京政府特任徐树铮为西北筹边使，旋将外蒙古之自治权完全取消之。一九二〇年冬，俄国白党之败将巴龙恩琴率领部下，侵犯库伦，于一九二一年春攻破之后，驱逐中国军队，仍利用哲布尊丹巴呼图克图，恢复其君主之名义，而自操纵其主权，俨然僭为外蒙之皇帝矣。

自美国威尔逊总统提倡"国际联盟""民族自决"主义以来，蒙古民族亦受其影响。于一九一九年俄国之白党谢米诺夫，利用蒙人之归附，遂招集布里雅特、内蒙古等处之蒙古代表，准其在达乌里地方，组织蒙古全体中央政府，暂设内务、财政、陆军、外交四部，而统之以国务总理，以便号召。后因不受其指挥之故，又自行摧残之。同时外蒙自治政府，亦被取消，遂引起组织蒙古国民党之机缘。凡外蒙所有之青年志士与布里雅特蒙古之志士等，互相联为一体，在恰克图组织国民党，招集蒙古军队，于一九二一年春，攻破恰克图，建设蒙古国民临时政府，与巴龙恩琴所恢复之专制政府相对而立。旋即知照苏俄，双方合力会剿。于蒙古共戴十一年即一九二一年夏进取库伦，遂将巴龙恩琴之党羽除灭之。

蒙古共戴十一年蒙历六月初六日，组织正式蒙古国民政府，仍承认哲布尊丹巴呼图克图为其君主，惟限制其权力，几等于无，不过徒留其虚名，以收拾各级蒙人之归附而已，设内务、陆军、财政、司法、外交五部，组成国务院，置国务总理以统率之。各部设总长各一人，主事员各一人，秘书各一人，书记员各若干人。其内分司、科者，特设主事员以专理之。至于特别自成为机关直接属于国务院者，一曰蒙古国民党中央委员会，一曰蒙古青年党中央委员会，一曰学术馆，一曰审查司，一曰国民合作公司中央委员会。其他如教育司则附设于内务部，税务司则附属于财政部，警察司则亦属于内务部。惟尚有统治全境军事机密之机关，而操大权者，蒙古全军参谋部是也，设元帅一人、参谋长一人以统率之。其下又特设内防处，以防内乱之发生焉。

二　外蒙国民政府之最高机关

现在外蒙之国家主权，握于三大机关：一曰国务会议，系由各部之总长及其主事员或秘书以及各机关之代表等组成之。凡关于对内对外临时发生之重大问题，均由该会议议决施行之，即所谓外蒙国民政府之国务院是也。一曰临时国会，系由喀尔喀四部及科布多、达里干、阿沙毕等处派选之代表等组成之。凡关于立法问题均由该会议决之，此即外蒙国民政府之立法机关也。一曰蒙古国民党中央委员会，系为外蒙古国民党之总机关。凡关于对内对外政治上之方针，及关于随时发生之各种重大问题，均由该会讨论指导之。虽经国务会议议决之问题，亦有否认之实权。且国务总理及各部总长之人选亦由该会提出之。即观现任所有委员七人及其他参议之分子，均系各机关之重要人物；故外蒙国民政府之最高机关，虽有三处，其实操纵一切者，惟有蒙古国民党之中央委员会而已。

三　内治之改革

内外蒙古之蒙人，自归附满清政府以来，即被编为札萨克、王公贵族之奴隶，凡其生命、财产及干政之一切自由权，完全剥夺之。民国虽能推倒满清政府之专制，而以保障民权为宗旨，然对于蒙民族则仍优待其王公贵族，而准其享受满清时代所赐之专制特权；故蒙古民族虽列于中华民国五族共和政体之下，然于民权则并文字上之准许尚未得之，至于外蒙古，则虽于民国四年得有完全自治权，然对于内治，仍施行帝王贵族专制制度，而蒙人受黑暗奴隶之痛苦，亦自若也。

自民国十年蒙古国民党建设国民政府之后，凡对于各机关，均定有规章，不容徇私。即对于民权问题，亦能具体讨论。民国十二年正月十五日即蒙古共戴十二年冬十一月二十八日，经临时国会及国务会议议决之后，由内务部呈请博克多汗公布，关于限制札萨克王公及非札萨克王公之条件十四条，关于各部及沙毕等处之地方制度五十八条。其结果只留贵族之爵位俸禄，其实权则完全划归地方自治议会范围之内，将其数百年生杀予夺，惟我所欲之黑暗空气，始能一扫而澄清之。至于地方制度之组织，则采取选举委员制，虽王公贵族，亦必一律服从其条例焉。

四　军政之实况

外蒙国民政府之军政，除由陆军部管辖一切外，尚有参谋部为其最高机关。凡军事上之所有计画，及其训练、调度之实权，均由该部操纵。

现在外蒙所属境内所有骑兵常备军，约一万五千余人，其在库伦一带者，约四千余人，以为保卫政府之用。其在达里干驻防者，七百余人。乌得一带驻防者，七百余人，此其南路之国防军也。其在散贝子旗内驻防者，一千余人，塔木斯克寺驻防者一千余人，此其东路之国防军也。其在乌里雅苏台者，约有五百余人，其在科布多南境驻防者，七百余人，此其西路之国防军也。其在恰克图一带驻防者，二百余人，此其北路之国防军也。至于其与苏俄军防守相应者，在达乌里，有苏俄赤军约一万余人，而与外蒙东路之国防军，只隔二百余里。其驻防于布里雅特蒙古共和国所属之恰克图者约有一万余人，而与库伦相距七百余里，一旦有事，均有首尾相应之用。其他散于各部落及各旗、佐者，约有七千余人。此外已经六个月之训练，得编入预备军者，尚有三万余人。

外蒙民国政府自一九二一年成立以来，即注重训练国民军，在库伦设立蒙古军官学校，选入常备军所有之连、排长一百五十余人以教练之，至一九二三年夏，举行卒业者一百余人。现已重新由莫斯科聘来骑兵、炮兵及机关枪各科之教练官二十余人，组织三百余人之正式军官学校，一九二三年秋季业已开办矣。

外蒙国民政府之军队，完全为骑兵，并酌设炮队、机关枪队、汽车队以辅之。现有常备军一万五千余人之军马、军衣、军粮，均归官备。每兵每月发给津贴白银二两，作为杂费之用。凡征队伍，训练六个月后，即令其送回本旗，另征入其他新兵以训练之。凡军队之口令及其军乐军歌，均用蒙语蒙音教练之。

国民政府因防止内乱起见，又设立内防处。其总机关在库伦。凡出入外蒙边界及居住其境内者，未领护照之前，必先报知内防处，具出证人取得执照后，始能由其相当机关领去护照，以便旅居。至于出入关卡之时，亦必先经内防处所派人员搜查后，始得放行，倘有行踪可疑，图谋不轨，一经其查获者，即按照军事机密手续处治之。

五　经济之状况

外蒙国民政府之财政，以税务为大宗。现库伦税务总司，每日收入，平均约计白银一万余两。乌里雅苏台、科布多、恰克图等二十余处税务司，每月收入，平均白银一万余两。牲畜捐每年收入约计二百余万两。并将其他杂项所入合计之，每年收入约有一千余万元。

现在外蒙境内金融界上流行者，为中国白银、银元，及俄国金洋、银元四种。凡纸币钞票之类，一概无之。闻外蒙国民政府拟有组织国家银行发行纸币之计画，目下尚未举办。查外蒙自独立迄至取消自治为止，凡其政府各机关之人员既多，而各部总、次长之薪俸，每月均为二三百两之优，并且外国商人，均不照章纳税，其收入常不敷支出。现因国民政府各机关人员既少，故其收入尚能维持其军政各项经费，一九二二年尚余百余万元云。

外蒙国民政府为发展经济起见，设立国民合作商业公司。其资本为一百万元，总公司设在库伦。其他如乌里雅苏台、科布多、恰克图等二十余处，均设有分公司。其重要分子及其人员，均为国民党及青年党人物，故其实权亦操之于国民政府。

其关于牲畜之改良者，设有预防牛疫药水制造厂，由内务部承办之。关于库伦、恰克图间之公有农业，由国民合作商业公司承办之。

六　法治之精神

外蒙国民政府自成立以来，对于刑赏异常严明。即如一九二二年，国民党领袖博多乃第一任国务总理兼外交总长者也。因操持过急，与本党大起冲突，又有联络旧派推倒国民政府之嫌疑，乃被逮捕，卒被枪毙。同时被杀者，尚有十五人。一九二三年春，旧派人物八名又因图谋不轨之案暴露，亦被枪毙。此为国民政府施行国法之一例。一九二三年由外蒙国民政府，赏给建设国家时尽力之布里雅特同志四人各白银一千两，此乃国民政府施行国赏之一例。

国民政府为防各机关人员之舞弊起见，又设有审查司，随时用明暗两法，查考各机关所办之大小事务，并有提交查办之权。若一经查出置诸不理，或明知情弊，徇私不问者，又有国民党及青年党之各机关从中督察，代行弹劾之义务。故国民政府之人员，上自汗王、总长，下至书记、兵士，莫不兢兢业业唯恐溺职，其吏治之尚不至坠落者，盖以此也。

七　交通之发达

自外蒙之库伦南达张家口，相距二千四百余里。现有中外商人之汽车一百余辆，往来通行，颇为便利。其速者三四日可达，迟者六七日亦可至。此外载货之牛车，运货之驼队，亦常络绎于道，自乌得抵库伦，又有国民政府所设之官驿。自库伦北至恰克图七百余里，现亦时有汽车通行，并有国民政府所设之官驿。一九二三年夏国民政府特在哈拉河筑桥以通之，名曰"革命第一桥"。运货之牛车，载人之马车，时常过之。自恰克图北达布里雅特蒙古共和国之新都上乌金斯克城四百余里，夏秋二季，有轮船通行。故自库伦达到西伯利亚铁路，相距一千一百余里，又有舟车之交通，其对于欧化亦颇有关系。

其电报仍以库伦为中心，其南线自乌得与中国电线相联，其北线自恰克图与苏俄相联；东线通车臣汗部之汗府；其西线则现已从事设架。并在库伦、恰克图、乌得、车臣汗府之间，建置电话，以便接谈，其间相离皆千里之遥，在亚洲中为最长线之电话矣。又有徐树铮镇守库伦时代所立之无线电台，凡世界各处之消息，亦常得之。至于公文书信则均由官驿递送。

八　教育之振兴

外蒙国民政府尚未专设教育部，就其内务部，特设教育司兼行其事。现库伦设立速成国民大学一处，人数约四十余名。中学校一处，人数约六十余名，其制服均为自备。小学校三处，人数约二百余名。其设于各旗者，亦有十八处，人数约八百余名，以上各学校皆自一九二一年国民政府成立以来所倡办者也。

国民政府之教育行政机关，除设教育司于内务部之外，又设有国家学术馆，直接政府之一部分。其作用一面搜集各种蒙古之古书、古物等品，以为国家图书馆之筹备处；一面编纂各种蒙古图书印行之，以为将来之国家印书馆。凡关于蒙古之新旧学术文化之事业，均由该馆主持之。

外蒙国民政府设立之学校，由小学以至国民大学，均用蒙文蒙语教授之。其各种教科书，亦皆用蒙文编成，所用教员，亦皆系蒙古人。凡体操所用之口令，学生所唱之歌曲，亦系蒙古语蒙古音。其学生制服之形式，参酌西洋式而折衷之。

九　宗教之衰微

蒙古人本为信仰喇嘛教最诚笃之民族。满清时代，利用其弱点，视为愚弱蒙古民族之一种政策；故特崇其喇嘛教，尊哲布尊丹巴呼图克图为国师。并规定蒙古人有兄弟二人者，其一必为喇嘛，而归呼图克图等管辖之。自一九一一年外蒙古独立以后，哲布尊丹巴呼图克图俨然为其皇帝，凡政府之一切设施，均有喇嘛操纵，以致政教合一，其黑暗情形，较前尤甚。

一九二一年外蒙国民政府成立以后，即规定哲布尊丹巴呼图克图为虚名君主。其原有之商卓特巴衙门，只能管理喇嘛教所属之庙寺事务，亦与政治完全脱离关系，至于蒙人对于活佛及其他喇嘛之关系，则听其自由信仰，不加禁止。惟活佛对于沙毕之关系，则根据政府公布地方制度之条例，已非其奴隶，而为国民政府之国民矣。

外蒙古之喇嘛教，现因失去政治之势力，又因屡经外侮之蹂躏，及国民党、青年党大声疾呼，输入国民常识之结果，喇嘛教人一面感生活艰难之压迫，一面受破除迷信之影响，自行散回各旗谋生，而为负义务之国民者渐多。此亦国民政府消极的取消喇嘛教势力之一种手段也。

十　党派之内容

外蒙古国民政府之建设，既为蒙古国民党之告成，故其唯一的政党，亦自为国民党。该党不隶属于共产党，亦不称社会党，只名为蒙古国民党。其党纲大意，以民族、民权、民生为宗旨，其贯彻目的之方法，即以组织强有力的国民政府，以从事建设为方针，此其对内之关系也。若有主义相同意见相合之党派，则不论其为中国、俄国，皆希望互通声息，互相扶助。至于对于中华民国政治上之关系，则视中华民国之如何待遇而定。若中华民国范围以内之各省及各民族苟能根据民族自决、各省自治之大义，采取广议的联邦制度，则外蒙国民政府，毫不反对加入其联邦。此等见解，亦用明文订于党纲条文之内，此其对外之关系也。

该党之组织法，采取委员制度。在库伦设立国民党中央委员会，以干与国政外，凡于各部落、各旗佐，皆设有分会，以督促各部落及各旗佐之政治设施。中央委员会每年招集全体大会一次，议决各项关于本党内部及政治上之问题，该中央委员会之委员，即由大会中推任之。凡各党员如有不遵其党章，并有恶劣行迹者，一经查出，即由本党逐出，并声明剥夺其公民权。

蒙古国民党之外，又有蒙古青年党。其党纲大概与国民党相同。惟其分子之年龄，以不过二十五岁者为限。并且不能直接干与国政，专注重开通蒙古青年之知识学问，以完成民族、民权、民生为目的，即国民党之后盾也。其组织法完全与国民党相同。现因该党之势力颇为发展之故，与国民党亦有直接参加政治之趋向。如青年党中央委员会之领袖，亦加入国民党中央委员会之一分子，即为明证。现该党之在外蒙各处分子，已达三千余人。

外蒙古除国民党及青年党之外，并无第二党派。从前虽发生喇嘛与贵族派合力破坏国民党之举动，后经一九二二年复及一九二三年春二次捕获淘汰；又因各部总长及各机关内，均礼用汗王及旧派人物之故，乃能融洽为一体，所谓汗王旧派者，现亦自命为国民党之分子矣。

十一　外交之胜利

外蒙古国民政府建设后，其对于外交上第一次之胜利，即其劝告苏俄红军撤退蒙古境内是也。苏俄红军之撤退，虽出其不欲侵略之主张，然当时国民政府之内部，业已设置坚固，确能担保维持地方秩序之故耳。其第一次外交上之胜利，则与苏俄订立平等待遇之国际条约；一面被苏俄政府承认为独立国家；一面国民政府亦承认苏俄为独立国家，派正式全权代表驻于苏俄之京都莫斯科，而苏俄政府亦派代表驻于外蒙古之库伦，其护卫队有二百余人。

国民政府自成立以来，其对外发生国际关系者，只有苏俄；而苏俄政府，既以国际平等待遇蒙古，故将其帝国政府时代所订立之各种条件，一概取消之。凡旅蒙古境内之俄商，皆服从国民政府之法律，照章交纳税捐，不敢违抗，即其他英、美、法、德诸国之商人亦如之。且于一九二二年曾有俄人二名犯人命案，即由外蒙国民政府捕获后，照章判决死刑，照会苏俄代表枪毙之。此外蒙国民政府不受外人领事裁判权之胜利也。

外蒙古国民政府之财政，既能维持其经费，亦无须借用外债；故其矿产、森林、路权、税关、邮电等项，均无抵押外人之事。并因未设铁路，及其金融机关尚未与外人发生关系之故，其经济界既不受外人操纵，亦不蒙其影响，此外蒙古国民政府不受外交上干涉内政之胜利也。

十二　社会文化之设施

自外蒙国民政府成立以来，即发行《蒙文周刊》，现已日渐发达；凡其所施之方针，及政治上社会上国内国外之重要消息，均由该报纸传播之，亦系为外蒙古社会上唯一舆论之代表，颇有左右舆论之势力，即国民党之机关报也。现有印刷机关两处，一为国民政府之印刷所，一为俄蒙印字馆，足供印行书报之用。

自国民政府成立以来，常借内外各种纪念日，在广场演台上，举行国民演讲大会，演述世界大势以开通民智。其演讲员均为各机关之重要人物，蒙古人民之环集而听者，数可万人。上自王公、喇嘛，下至妇孺、兵卒，莫不有之。每逢一员演完之后，群众蒙人之欢呼声与蒙古军乐队之奏乐声，振动远近，发人深省焉。自国民政府成立以来，最受蒙人群众之欢迎者，厥为青年党员所组织之新戏剧，该青年党一面为提倡社会教育，一面为募集经费起见，用蒙文蒙语编成新戏剧。而选练本党会员为演剧员，时常举行之。宗旨乃以描写现社会上各种黑暗情形，而指示其改良维新之方针。其戏剧中如"成吉斯汗之睡醒"，及"卖国贼之报应"等，则与民族自决主义有关系矣。现在外蒙古国民政府之都城库伦中，物质文化如电话、电灯等均有之，凡各机关内任事之蒙人宅舍，皆已安置。又如打电报、接电话、开汽车等职务，亦均由蒙人自为之。本年夏由莫斯科运到科学用品，如望远镜、显微镜、地球仪及物理、化学试验品多种，又有关于科学及工业之各样影戏片，以备学校教育及社会教育之用。此虽无关紧要，而实系输入物质文化之一端也。其他如中西旅馆、澡堂、饭庄、戏园等，亦均有之。

十三　民气之澎涨

从前满清时代，将内外蒙古之人民，分为贵族、喇嘛、奴隶三大阶级；凡奴隶人民遇见王公，则必跪而迎之，王公之视奴隶，则同牛马；即各机关之人员，对于各上级官长，亦犹奴隶之对于王公焉。自外蒙古国民政府成立以来，一切政治组织，既皆尊重民权；凡各机关中之人员，均以尽职为贵，不以阶级为别。且由平民为总长及主事员者，亦多有其人；故其向来贵贱悬隔之风气，平民为奴隶之制度，业已破除。即如出入各机关及求见各机关之人员，亦颇为简易。

蒙古民族自归附满清以后，既享太平日久，又为贵族压制之故，凡关于地方之治平，政治之善恶，早已淡忘之。自一九一一年屡经兵燹之涂炭，渐启其自觉心。迨至国民政府成立以来，凡其政治主权，均由平民主持；又因国民党、青年党之大声急〔疾〕呼，提倡民权之故，蒙人群众，现已引起政治上注意，对于国家大事，及国民大会之演讲，均为异常热心。

外蒙人民自十年以来，屡经外族军队之蹂躏，已不堪命。加以中国军队，被白党击退之时，将蒙人之老幼妇孺，迫入蒙古庐内火焚之惨剧，及将蒙人之妇女，轮流奸死之奇辱，痛恨中国军队，深入骨髓，仇视之心，人皆同之。故今后我国对蒙方针，不可不注意此点也。

——北京《晨报》

《东方杂志》（半月刊）
上海商务印书馆东方杂志社
1924 年 21 卷 4 号
（王鹤璇　整理）

十三年来蒙古的进化史

谦 撰

本报三四册，将蒙民的生活，与苗民作一番比较，好像他们都是保存着太古遗风。然自民国以来，蒙古实是突飞进步，虽说是一部分的智识阶级，不能以概全蒙，但究比苗民开化多了。现在我们叙述他最近的一段开化史。

辛亥年冬，乘着革命的机会，外蒙的喀尔喀部可汗、王公、啦嘛等，尽逐满清官吏，宣告独立，共推哲布尊丹巴胡图克图（活佛）为君主，建设大蒙古帝国，其纪元为共戴元年。

共戴五年，就是民国四年，中、俄、蒙在恰克图开过一次三角会议，结果还是承认外蒙为完全自治区域，与中华民国，只有领土上一部分关系（虚荣），仍戴哲布尊丹巴为君主，自设政府，以统治外蒙。

民国八年，中国政府派徐树铮为西北筹边使。小徐以极辣的手腕，把外蒙的自治权，完全取消，改设民国官吏。民国九年，俄国白党领袖恩琴，在本国已无存身之地，于是率领部下，侵犯库伦（外蒙政府）。次年春天，攻破，驱逐民国军队，仍用哲布尊丹巴为傀儡君主，而恩琴实操纵其主权，俨然是专制的大皇帝了。

欧战议和，美总统威尔逊"提倡民族自决"，蒙古也受了不少的影响。俄国白党谢米诺夫，利用蒙民的动机，遂召集布里雅特内蒙各处代表，准其在达乌里地方，组织蒙古全体中央政府。暂设内、财、陆、外四部，而统以国务总理，以便号召。后以不受指挥之故，又自行摧残，同时外蒙的自治机关，一概取消。这一次引起外蒙许多青年志士和布里雅时〔特〕青年志士，组成蒙古国民党，召集蒙古军队，民国十年春，就攻破了恰克图，设立政府，与恩琴对峙。旋又照会苏俄合力会剿，当即进取库伦，除灭恩琴羽党。是为共戴十一年，六月六日，蒙古国民政府宣告成立。以上叙述他经过的历史，以下再说他近来的建设。

统治机关　蒙民政府，仍尊哲布尊丹巴为君主，但不过奉为偶像，以便号召各部蒙民，毫无实权。他们的设施，有国务总理一人，以下设为内、陆、财、法、外五部，组成国务院。此外还有四个机关，是直接国务院的：一国民党中央委员会，一青年党中央委员会，一学术馆，一审查司。他们的行政权，是由国务院和四大机关的代表，组成国务会议议决施行。立法权，属于临时国会，是由各地代表组成的。而国民党的中央委员会，实有左右政治之权，一切用人行政，都要听他们指挥（真比汉族的国民党叫面子）。内部的措施，确有法治精神，王公贵族，一律服从，能将数千年的黑暗政治一扫而空。

军事建设　现在已有常备军一万五千，以四千拱卫库伦政府，其余分驻四路，以充国防。训练军队，是征兵制度，征自各旗，训练六个月后，遣回另征。去年秋间即成立一所军官学校，学员三百余人。军项〔饷〕每月二两，充作杂费，其军衣、军粮，均归官备（不像汉人的兵，十几月不发饷，还要打仗）。

财政计画　财政以税务为大宗，库伦的总税务司，每月平均收入一万多两，其余还有二十余处分税务司，每月收入也是一万多两。此外牲口税及各项杂税，每年总计收入，在一千万元以上。现在金融界通行的是中国的银块、银元，俄国的金元、银元四种，纸币一概不用。现由政府设立国民商业合作公司，资本一百万元，预备经济的发展。

法治精神　民国政府成立以来，刑赏极为严明，第一次先拿着国务总理开刀，就是第一任的国务总理博多，原是国民党的领袖，后来发现有联络旧派倾覆民国的嫌疑，立即逮捕枪毙了。同时被杀的十五人，都是政界重要人物。去年他们又赏布里雅特四个领袖白银各一千两，那是开国元勋。司法方面，特设审查司，专查各机关弊窦，若知而不举，则国民党中央委员会、青年党中央委员会，都有弹劾之权。所以上自汗王，下至书记，莫不兢兢，唯恐溺职。

交通发达　库伦南抵张家口，二千四百里，现有商家汽车一百余辆，驰骋往来，速的三四日可达，迟亦六七日可达。自库伦北至恰克图，七百余里，亦有汽车通行。电报亦以库伦为中心，南线自乌得与中国电线相联，北线自恰克图与苏俄政府相联。又有徐树铮所设之无线电台，世界消息，亦极灵通。近又在乌得、恰克图、车臣汗与库伦之间，设立电话，相去皆千里之遥，在亚洲可为最长之电话。

教育振兴　库伦设速成国民大学一所，人数四十余名；中学一所，人数约六十名；小学三所，人数约二百余名；其设在各旗之小学共十八所，人数八百余名，此皆民国政府所倡办。又特设国家学术馆，一以搜集蒙古古书、古物，为国家图书馆之预备；一以编印蒙古各种图书，为将来国家印书馆，此馆实主持蒙古的新旧文化事业。学校用书均属蒙文，教员亦系蒙人，体操口号，亦皆用蒙语。

宗教衰微　蒙民受清代之愚弄，迷信佛教，兄弟二人者，其一必充当喇嘛。啦嘛中活佛之尊严，驾各旗王公而上。所以辛亥改革以来，哲布尊丹巴一跃而登帝位。自民国政府成立，仅予哲布以虚名君主，其权仅及于啦嘛。至对一切沙毕（奴隶），均须根据民国条例，不得视为奴隶。民国亦听其信仰自由，不加干涉。惟一面大声疾呼，唤醒迷梦，灌输常识，所以各处啦嘛，自行解散，各谋生活者甚多。

外交胜利　外蒙改建民国，第一次即与苏俄交涉，互相承认为独立国，互派公使，取消以前帝制时代不平等之条件，所以俄民在蒙者，悉遵蒙古法律，照章纳税。外蒙虽仅与苏俄有正式交涉，然英、美、法、德之商人在蒙的，亦实不得不遵从蒙古法律，无所谓领事裁判权。较之中华民国，在国际上，犹为光荣。

文化设施　现有《蒙文周刊》，代表舆论，实则国民党之机关报。一面有青年党组织之新剧团，尤受蒙民欢迎，凡所演剧，均足破蒙民之迷惑。

民气恢复　蒙民向分三大阶级：贵族、啦嘛、奴隶。凡奴隶之见王公，必行跪拜礼，其生命财产，均听贵族自由处分，等于牛马。自改建民国以来，一律平等，各机关办事人员，均以尽职为贵，且知尊重民权。向来的贵贱阶级，一扫而空，蒙民诚破云雾而得见天日，今后发展，未可限量。

（本篇所述，系外蒙政府最近现状，是极少数的蒙民领袖，未足以概普通之蒙民。前册《苗民、蒙民生活的比较》，是多数蒙民的现状，观此即知人无文野，惟在进化而已。）

《兴华报》（周刊）

上海兴华报社

1924 年 21 卷 5 期

（张爱麾　整理）

蒙古的人生观

沈士舞 撰

我们内地的人，住在温暖的地方，在家里安居乐业的，杜门不出，甚么重要的事，也不去关心，不去考究，处在这列强竞争的时代，实在是可怕的很。因为自从欧战以后，东西各国无不重视我们中国，而最为觊觎的，就是数千年没有开辟的一块肥肉似的蒙古的土地，所以日本的"二十一条"上说，满蒙地方日本人有优先权，而数年来西洋各国，暗中在我们西北地方，置民居住，大发财源的，实在不少；我们内地的人，若是仍然漠不关心，将来蒙古的大好山河，一旦丧失，再来忧悔，岂不晚了。敝人前年游蒙，见过蒙人的生活和一切的风俗人情，提出几样，先行报告阅者，俟将来得暇，再将蒙古地方应当开办的事项，贡献出来，想诸君也是乐闻的。但是敝人学识浅陋，言词鄙俚，尚望阅者教而谅之。

一　蒙人的起居

蒙人在沙漠荒野，驱逐水草而居，若是这地方有好水草，他就从远方移到这里，他们不管旷野不旷野，有邻居没有邻居，任意迁移，无人过问，以大半是距离几十里地一家，独居的很多。他们住的屋子，俗名叫作蒙古包，是用柳木条编作架子（因蒙古大

〔天〕产柳条林很多，无论汉、蒙人民，随便砍用，内地汉人有编柳条手艺的到蒙古发财的很多很多），外面铺以羊毛毡子（蒙人以游牧为生，羊毛毡子，也是内地手艺人每年春天到蒙地造成卖与蒙人，到秋天回口，所以久走口外的，能够大发财源），如同内地乡间的圆草垛一样，房顶开以天窗，向东南有矮小红色木门两扇（木器一类的东西，也是内地的木匠夏天来到口外作工，秋天回家，剩个几百块的东西，因蒙古地无钱，以物换物，手艺人则给牛、羊或皮张，带到内地一卖，虽不能大富，也可赚个几百块，够一年的过活），一进行必须弯腰低头。屋子当中，即一圆形炉灶，上设铁锅一口，迎门偏右，即佛龛宝座，两门关闭，内供何佛，外人不能观看。佛龛前方，即小供桌一张，客人不准坐在佛前，佛龛左边，即系客位，客位之下（偏左），即女人赔〔陪〕客之地，女人对面佛龛之右，即男人坐位，客人进门时必须坐上位（即佛龛左边），如坐下位（佛龛右边男人位），颇为主所不齿；若坐女人位，当时主人即将失礼客人拉起，让到客位。客人进门时，务要将马鞭放在门外，如带进屋内，主人很不喜乐，当时就拿到外边，放在门口。最忌讳的，不准倒坐门坎。舀水须用勺子，不准拿碗下缸，坐下时务将右腿跪下，左腿支起（因蒙地无桌凳，均席地而坐，若盘膝而坐，亦是失礼，地下铺有毡毯，或各种皮张，富家更是讲究），当时主人，把小长方木桌（如内地小板凳之样）放在客人面前，先摆上奶豆腐，后上点心（这点心是买内地的麻油饼等类，价钱很贵），有的也摆上黄油、炒米、各种的奶食，然后烧水沏茶，烧水时先搁锅里少许石碱，后放砖茶，或青梅茶，然后再放咸盐少许。灶内用牛粪或柳条作烧柴，不一时水即翻开，又搁几勺牛奶，这就是蒙人日用的奶茶。喝在嘴里，真是又咸又涩，五味俱全。蒙人每日早晨，四点起来，先烧水沏茶，盛在大铜壶内（如小桶然），用饭碗一碗一碗的喝了二十多碗，这才完了，有客人来时，又为烧水沏茶，一天也不知道喝几次哪。每天晚上，太阳一落，天色将黑，他们也不点灯，就都预备睡觉了。早起早睡，这样的起居，很合乎自然的卫生，我们开通文化的人，实在不如他们了。

二　蒙古人的饮食

蒙古人民以游牧为生，不种五谷，所以日用的饮食，多以肉食为需要。每日除了饭用无量的奶茶之外，日用两餐（穷人有一餐的），多用牛羊肉，或各种的奶食，如黄油松胡鲁（即干奶豆腐）、奶豆腐、奶皮子等等，多半是常用的食物。炒米和筱〔莜〕面，都是口里的商人，用牛车（牛车造法很简单，车轮、车箱、车缘、车轴，均是木制，价钱十余元，在蒙古各处行走平坦草地上也很方便）运到蒙地售与蒙人的。他们一早起来，妇女们挤完牛奶，喝完奶茶，这就做饭，所做的饭与内地大同小异，筱〔莜〕米面、山药蛋的做法与口里相同，有时他们无论大人小孩，跑到野地里找来一种野草，名叫臭韭菜，又细又嫩，拿来切碎，掺和些个油、肉、咸盐，外面包上筱〔莜〕面做得了，就是韭菜馅的饺子。最不容易消化的，就是炒米和奶茶泡在一块儿，还有生筱〔莜〕面泡奶茶，也可以当饭。所食的肉类，煮在锅里，没有十分钟，捞出来上带血筋，也不蘸盐，也不搁酱，白淡无味的拿过来，大吃而特吃，真是吃的香甜无比。若有贵客来到，或是真与他有交情的，他就特别优待，最讲的是请客吃羊贝子，甚么叫羊贝子呢？就就〔是〕献全羊，无非是一支整羊做来的，足有一百多样儿，平时把一支大羊分作八块儿，风干了以后，存蓄起来，专等贵客临门，那时现烧火现煮，肉煮得了放在盘内，用手指和快刀割了半天，才能割下，真是大块的敬客，吃的越多越好；吃完了肉，还有奶子煮粳米，黄油泡了饭，你倘若是伤寒痊愈，病后贪食的时况儿，准保吃一次蒙古的大餐，能彀〔够〕叫你病复原状，落一个饱死鬼。有时候吃完了饭，主人还敬一种交开（交开系蒙语，即凉奶子，如酪者）。如遇最高上官来到，或有喜庆的事，主人先献哈达（哈达就是一尺余长的一块绸子，铺子里专有卖的，蒙人家内也预备临时卖给），后敬奶子酒（蒙人屋内都放一缸，专为用奶子作酒之具），全家轮流献毕，才吃茶点，用酒饭。最奇者吃完了饭，无论尊卑、长幼，贵客男女，全都把所用的脏碗（碗多系木制，有钱之家，碗内镶上银里）用舌尖舔的干干净净，然后拿衣服一擦（擦时多用□肋或膝盖行之），放在怀内。如果手上有吃肉的油，也是往身上一抹，他们若是身上没有油腻，显见他不吃肉食，不算阔绰，这也是蒙古的民人特别的风俗，大概诸君也是创闻了罢。

三　蒙人的工作

蒙古人最好的卫生，合乎天理的工作，就是每日早晨，天一亮就起来，操作一切的事情，到了晚上，太阳落了，天将黑就睡起觉来，比我们内地的人，日事游嬉，以夜当日的强到万分了。但是他们一天的劳累，从早晨到晚上，都是妇女们操作，男人一天的吃饱了，甚么事也不去做。每日早晨四点钟，妇女们就起来，先挤牛、羊、马各种的奶子，然后放牲畜饮水。有一个十八岁的幼女，挤完奶子，放出一千多支羊去到水井旁边木头槽里，一罐一罐的打水，一会儿的工夫，一千多支羊都要饮完，然后回家，烧水沏茶、切肉作饭，吃喝完毕，收拾家具，又造各样的奶食，接着又烧水沏茶作晓饭，有工夫还要作些个针绣；不然，就是放羊牧牛，拾掇圈内粪土，或到野地捡拾牛羊粪，晾晒白粪，预备烧火，这都是女人所作的事。一天忙到晚，没有一时闲暇，所以我们蛮子（蒙人呼内地汉人为蛮子）到了蒙古地方，常说蒙女能够养汉，不用男人操作，就可以生活。凡来到蒙古的汉人，在那里与蒙女结亲，成为夫妇，有吃有喝，不想回口的很多很多，这样看来，真比我们内地的千娇百媚，倚赖男人，软弱无能的妇友〔女〕们大有天渊之别了。

四　蒙人的信仰

蒙古人，信仰喇嘛教很深，全蒙有二万多所喇嘛庙，人人从小儿时代，都信抑〔仰〕神佛，所以每一家中全都供设佛龛。出门行路念佛，在家坐着念佛，庙里有泥塑的佛，山顶的柳条子，和石头块儿也是佛，没有一处不是佛（听说内地的画匠，每年春天到蒙古各大庙或各家内，靠着画佛像和油塑泥像，挣个千八百块钱的东西，到了秋天回口一卖，所赚的钱，真可以置下十亩八亩）。他们迷信的法子很多，如今一样一样的说出来，请阅者诸君研究研究，我们用甚么法子打破他们的迷惑，拯救我们五族中的一种傻同胞，叫他们开通风气，进化文明，将来可以建立得着啊！

（一）迷信打卦。蒙古人无论男女老幼，从十二岁以上，都会打卦；打卦的法子，是用八个制钱合在两手掌当中，上下摇动，然后放在手心上，一个一个的摆好，用目一看，就知道所问的事情，是吉是凶；如前次有一牧马人放出马群在野地吃草，这牧马人一时偷闲苟安，跑在山坡上去睡觉，及至醒来，群马遗失，毫无踪迹，这牧人不得已，乃报告主人，主人当时用钱一打卦，即知向西南方跑去，当时备马追赶，不料跑了一天一夜，果然在一百里之外寻着了，所以蒙人遇有疑难大事，常时必得摇钱打卦，问问吉凶，但是有时也有很多不灵之处，不过置之而已。这次也是偶尔之事，十回未必准有八回灵验，他们还是信服到底，至死不改，实在可怜的很哪。

（二）崇信《玉匣记》。蒙人的家内都有蒙文的历书和《玉匣记》，若有甚么兆候，一动一静，必要查查历书，看看《玉匣记》。有一日，我到蒙人家内，与一蒙人言谈投洽，该蒙人立刻拿出历书，看看今日是好日子否，不料一看果然是好日子，于是该蒙人大喜，特别优待，献给全羊，更要与我结为盟兄弟，我想倘若今日不是好日子，他们还不把我赶出去！这样看来，蒙人的愚昧，还是五百年前的胸想〔臆〕，我们素存热心慈悲为怀的诸君子，快想法子拯救拯救他们罢。

（三）献子出家，蒙人的风俗，一家若有两个儿子，大儿子必须出家。当喇嘛拜佛烧香，若有三个儿子，头两个必须当喇嘛，留一个在家娶妻生子，管理家务。因为这人没有献佛出家，所以管他叫作黑人。黑人没有喇嘛尊贵，喇嘛住在庙里，有人服事，吃喝都很富裕。喇嘛庙建筑的工程也很宏大，喇嘛若是供养缺少的时候，大家出来，到各处的蒙古包募化，人人都很愿意捐钱捐牲畜。平常喇嘛庙亦牧养若干牛群马群，作他们的香火钱，所以喇嘛到处颇受欢迎，甚至妇女们，也自愿出家当喇嘛，若是谁家的儿子得了大喇嘛（大喇嘛系庙内掌权者，管理庙内一切之事）。真比得了大总统还荣耀。你看罢，不是这家来道喜，递哈达，就是那家来庆贺送羊支，真可谓荣幸之极了。

（四）崇拜活佛。蒙人信佛既深，所以除各家供有佛龛之外，每支箭（蒙地分八旗，每旗分若干支箭，每支箭若干里）都设立一个喇嘛庙。庙里都从西藏请来一位活佛，甚么叫活佛呢？据他们蒙古人说，就是他们喇嘛的首领，掌管一切权柄，凡去朝拜活佛的，若受活佛亲手抚摩头顶的人，都认为非常的荣耀，因为这活佛真有点灵验，活佛要是死了，死活佛还能转生活活佛，可

〔于〕是大喇嘛到西藏问西藏活佛，西藏的活佛，指明这个死活佛，转生于哪合哨，这合哨两个字，阅者谅来也不懂得，"合哨"就是哪市哪镇的个意思。西藏活佛，既然指明，这个大喇嘛，就寻找到那个合哨，那家见着这个活佛转生的小孩，他自然就问这个喇嘛，我的饭碗在那里放着没有？或是我的筷子在那里放着没有？总要问几样儿，没有一样儿与他所说不符的。这个喇嘛就知道他是真正的活佛转世，从此就把他请到召里（召字是蒙音，就是庙字，无非庙里住和尚，召里住喇嘛）供奉，仍然在当活佛，个个活佛都是如此，有这样灵机，所以往往有人去求他，只要你能往他身上摸一摸，一辈走好运气，你没有看见西藏班禅来到北京，蒙古人所为活佛一摸晋京朝见的，大有山阴道上，应接不暇之势，就这些日子，他们所耗费无益的金钱，合计起来，若是拿来建设蒙古的实业，不知能够办到多大事业了。可惜一般傻同胞们多少年无人眷顾，实在是缺憾的事情。如今幸而遇见贤明长官，以开辟西北为职责，盼望极积进行，将那蒙昧无知的傻蒙古，从地狱里提拔出来，叫他们见一道曙光，那个功德实在不小啊。

　　（五）祭祀敖包。蒙古地方既是那们多的喇嘛庙，每座庙的活佛，若是属哪个支箭，就在哪个支箭的最高山顶上，建设一座敖包（敖包是在山顶上敷设几块碎石块，或是柳条子，堆成一个土包，富足的活佛，建盖砖塔，虽说是迷信的风俗，但是蒙地旷野，易迷方向，凡是旅行的人，都拿敖包当作道标。于迷信之中，寓有利益，这也是不可废的事呀），每年在一定的日子（如四月初一、初八、十五等日），应当哪支箭祭祀哪支箭的人，全都来到敖包前方，支搭帐幕，预备祭礼，茶点、肉食、奶酒等等，本旗的长官，从总管到佐领（蒙官名），靴其帽，袍其套，翎顶耀煌的，全都预先来到，恭候活佛，等了半天的工夫，真如同大旱之望云霓似的，这才前拥后护的，几十匹马里头，现出了黄云缎子缠身，

高缨帽子，骑着双提胸肥马的一位活佛来，真是人高马大，特别
的威风。活佛到了，先入正位打坐念佛，陪佛喇嘛八名或十二名
不等，主祭喇嘛（地方公用者）献奶茶毕，各官长和兵丁，全都
依次向活佛跪拜行礼，活佛用手一抚头顶，各人以为无上的荣耀，
行礼完毕，然后一同来到敖包前方，四围环绕，有献全羊的，有
献煮熟五脏的，有献点心、烧报香料和奶酒的。大家拿着礼物献
祭，口中呼喊归呀！归呀！归——呀！——不知说些什么，后来一
打听，这才知道是说每年所宰杀死亡，或卖去的牲畜，恐怕不能
回来，大家祈求上天，盼望那些牲畜，复还原地之意。活佛同着
众喇嘛喊嚷完毕，围绕敖包，转旋三次，念佛之外，还有吹打乐
器，什么人的脑髀骨、大膀骨、大海螺、大喇叭、牛皮骨等等的
吹打，也很像律吕调阳，动人听闻的转完了咒，即是小儿赛马。
这赛马的法子，很是希奇，挑选五六个十一二岁的小男孩（人数
多少不定），和这一方很快的马（这马在一月以前，就练习不给饱
吃，专等待夺头标），不备鞍子，小儿不穿裤子，从十余里之外，
一同向此敖包赛跑，跑到之后，头马、二马、三马，都有奖赏，
所奖的东西，就是一串制钱，听说在前清时所赏的，很是值钱贵
重，现因改变民国，不过例行公事而已。比赛三次完毕，即是二
人贯跤，将所有来祭的青年人，用纸写好名签，献在活佛面前两
个竹筒内，活佛从每筒内各抽出一人，当时应差喇嘛唱名，被抽
出的二人，从下头跳舞来到活佛面前行礼，然后下来在幕外，彼
此较力角胜，很有尚武的精神，若是一人斗胜，急速跑到活佛面
前，鞠躬待赏，活佛赐与奶食一块，当面吃完，荣耀至极。一对
一对的逐胜完了，大家赴祭的，和来宾一同分食祭物，将那差不
多生的羊肉，和五脏，用柳棍穿串，人每一二串，我真不敢下咽，
送给别人，他们吃完，还有不足之样，这也是蒙人身体强壮，蒙
地天气寒冷，嗜好肉食，习惯成自然了。吃完祭物，又饮马奶子，

这奶子是大补的东西，其味酸涩，据蒙人说，喝多了能够醉死，属酒一类的性质。喝完马奶，大家恭送活佛，各归各家，这就是蒙人祭祀敖包的风俗，诸君阅之，也必想要到蒙地游历一次了罢。

五　蒙人的性质

蒙古人有一种天生的性质，就是无论对于何种人，全都绝对的服从。他们家里的大小男女，都有一种和平气象，就是几多的小孩，也是安安静静的帮助家里作事，格外听从父母长上的话，总没有听见有一回争吵的。因为年幼的，对于年长的，不但恭敬，而且爱慕；年长的，对于年幼的，不但慈爱，而且教养。所以养成一种朴实无欺，坚忍耐劳的性质，比我们内地近世的家庭梦如乱丝，人心巧诈可强的多多了。他们更有一种怕见官的天性，若是这人稍有职分，如骁骑校、领催、笔帖试（均蒙古官名）等等，他们就不敢冒见，恭敬的如同天父一般，我们蛮子如果穿一件好衣服，他们不知道你是甚么官，你要到他们包里，真是大家看希奇海儿是的，这也来看，那也来瞧，可是不敢正视，偷着来看的，实在不少。倘或那时你要用威力一吓虎，他们就不知道怎样好了，当时就许给你闹个枣木狼（磕头）。所以有许多无知的汉人（大半是商人），知道他们蒙古人的诚实胆小的性质，真是欺压的蒙古人没有翻身的日子，就是各商家的小徒弟，也是虐待蒙古的小孩（山西人在蒙地势力最大，欺压蒙人也是更甚）。

在二十年前，有一个山西商人，在蒙地为商，起初仅有牛车两辆，买卖也不见好。有一次，蒙人因汉人欺压太甚，不知何人将一别家商号的伙计害死，抛在两旗界限中间，地方官长全不负责，这商人用无赖子的行为，将死尸背负到蒙古总管家内，居然讹诈了二千元，在该地开设一个货庄，欺诈取巧，无所不为。现在该商号的资本，约有几千万，在山西老家置买房地无数，在蒙地分号有数十处，牲畜马匹不计其数。但是听久走口外的人说，该商人虽说用敲诈而富，可是永无平安的一天，不是争吵诉讼，就是害病缠身，儿女浪费，不能制止，家宅不安，一世无穷，这也是平日欺心所得的结果。盼望在蒙地为商的诸君，存心务要公道。虽说所为多赚些个门钱，但是也要讲些个道德才是。不要欺压五族的傻同胞，使他们离心离德，如前年库伦失守时，大杀汉人哪，更要顾虑的，就是天道好还，天谴难逃，上帝鉴察人心，审判至为公道。法律森严，赏善罚恶，报应不爽哪。

又有人说蒙古人的性质，是贼眼佛心，我现在也要打破这些个欺世欺人的言语，为蒙古人鸣冤。大概蒙古人居在荒郊旷野，没有见过许多的物品，也不知道物品的价值，所以无论看见一样甚么东西，他们全都以为希奇，爱如至宝。奸商们知道蒙人的心理，所以谎价十倍，蒙人因为贪爱之故，一还价即入罗网，奸商又恐他们讲妥价钱，反悔不要，故意的用一两样不值钱的东西，叫他们拿去，所为他们买妥后不能不要，其实已经利过十倍，蒙人自己还以为是十分便宜，甚至奸商硬拉强卖，如蒙人走在街上本无心买物，奸商们不问青红皂白，硬上前去拉，蒙民天性老实不敢争论，像这样做买卖的，与那强盗有甚么分别呢！如今楞说蒙人贼眼佛心，岂不冤死人了么！

六　蒙人的嗜好

蒙古人，无论男女老幼，除了嗜好多量的肉食和奶食之外，还有四样天性的嗜好。就是吃烟、喝酒、骑马、打猎的特性，这四样嗜好，是他们蒙古人，一生不能脱离的东西。一年四季之中，也不知道耗了多少钱财费了多少的力量，他们每日工作完毕，不是吸姻〔烟〕（东生烟，非是纸烟）就是饮酒（烧酒），男人尤甚。小儿间亦有之。所以每年内地的商人贩运烟酒，是大宗的出口货，有一商人用九十几元的东生烟，运到外蒙，换来灰鼠皮一千张，一张灰鼠皮价值三元，一千张就是三千元，如此看来，可见蒙人之愚而嗜好之深，物值几何也是不顾，此时最好的是交通不便，蒙地没有纸烟，设若火车通行，纸烟一物，还不盛行蒙地么！到了那时，流出外洋的金钱，又不知有多少万万了，这也是为政诸公不得不预防的事。甚望当轴者，开拓西北，建设铁路之先，怎样的可以利不外溢，筹出良善的方法来，我们中国的金钱，也可以少叫外人夺去呀。他们饮酒的嗜好，比吸烟的嗜好，更是利害，差不多男女长幼，都会饮酒，并且酒量还是真大，有时因为在朋友家饮酒，贪的过量，归家时，躺卧荒野为野兽所啮，不知音信的，也是不少。

常见他们酒后，闹出各种现象的，真是数不胜数了。我们蛮子久走口外的，因为天气寒冷，风俗熏染，也都嗜好喝酒食肉，变成蒙古的状态，他们自己还说甚么走胡地随胡礼等等的话语，可见风俗移人之深，一时不易改变了。至于蒙人嗜好骑马的风俗，那是从上古的习惯，山野的趋向，天性使然，他们自幼小五六岁的时候，就是常的练习骑马，因为他们望看亲友一走几十里地，就是极穷之家，也要蓄养一二匹老马，作为代步之用。若是何处有赛马会，无论多远，他们都要到会看看，谁夺头标，谁得头彩。最讲究牧养的是上海马（因上海马贩子来买，专为外人赛马会之用，每匹数百元不等），谁家要有几匹上海马，那家就是个小财主，主人也很讲外面儿交朋友，你要来到他们家里，不是给你唱个蒙古曲儿，就是请你吃大餐、饮烧酒，再不然，就给请一位不列根（蒙语大嫂子）谈谈。他们打猎的嗜好，也是古时候的遗传，因为蒙地旷野，兽类颇多，人民都有古风，嗜好打猎，甚至女子们，也能打枪、逐兔，况且若是猎得一张狐皮，真能卖个三四元，足够喝酒吃肉的（一张狐皮卖三四元，经商人手一转卖即卖十五六元，可见蒙人不知物价了）。这样看来，蒙人的嗜好，虽说无益也无大害，比我们内地人日夜的呼么喝六，喷云吐雾的众恶缠身摧残肉体的，可胜强万倍了。

七　蒙人的婚丧

蒙古人娶媳妇、订婚姻，与内地的风俗差不多。起头儿也是有媒通说，先送女家的小帖儿于男家，男家请人合婚，合妥了之后，拿到活佛面前，请活佛打卦，是否吉凶相合，全赖活佛决定。如活佛说不吉祥，即作罢论。如说无妨碍，这婚姻即为定规。从此女的把辫子改为耳下两把，头上带珊瑚子，这种人名叫不列根（大嫂子之意），可以随便了。等到若干日（数年不等），选择一个好日子，男女两家，也都撒帖请份子。到了了日，宾客来到，大摆酒席，特请近亲倍〔陪〕伴新人。男家新郎，十字披红，便衣官帽，左右二人相陪，骑着大马，来到女家迎娶。到了女家门口（蒙人住房无墙，门口即蒙古包前），有桌一张，上设香炉，烧着檀香。新郎与新妇，一同环绕三遍。当时男女和娶送亲人，一同骑马（有钱之家新妇穿袍褂坐马车）来到男家行礼，递哈达，拜活佛，也是递哈达。大概他们多以递哈达为重礼。晚半天亲友散尽，也是燕尔新婚，洞房花烛夜了。成婚以后，也是几天一回门，多少日子住对月，从此就成了夫妇，安分的过日子。

至于他们的人，要是有病，那就任凭天意。因为没有药铺和大夫。有蒙古的大夫，也不过是用扎马的法子，给人扎。或是平日上野地去，找些野草，存留起来，等到有病人时，他去到那里给些个野地的生草药。有时药与病相碰，就许好了，若是药不对症，或是病到垂危，无法可治，也就听凭天命，坐以待毙而已。倘或是人已死了，他们就请来活佛和喇嘛，到他们家里，大家一同念喇嘛经。念完了经，把死人往深山荒野一扔，特〔待〕教狼吃（他们说是吃肉还肉）。过了两天去看看，狼要没吃，就说这个人一生没作好事，狼也不吃他，只得去求活佛，派几个喇嘛，与他念□次经，再送到深山里，总以狼吃了为止。他们这种风俗，也真算特别了。

八　蒙古的生产

蒙古地方人民，都以牧养牲畜为业，而大部分多半是靠着牧羊的。羊的繁殖最快，倘使今年养羊一千，明年就变成二千，所以得利很丰。牛、〔羊〕、马、骆驼也是大宗出产。问人家的贫富，只要计算他所有的牲畜，就得了。他们虽说有广大肥美的土地（蒙地广阔，多未开垦，仅就察哈尔境内距离张家口较近的土地而说，其已开垦者，多系黑土，肥美之地其未开垦者，尚有很多很多，有时骑马行走三日，全是荒地，甚至大鼠所拓之穴，都是黑土，可见蒙地肥美），可是会耕种田地的实在不多，所以荒地千里，货弃于地。蒙人不但不为开垦田产，就是地上天然的各种生产也是不去设法开采利用，改良进步。即如蒙地的盐诺尔｜诺尔即水池之意。蒙地食盐分二种，一种是白盐，产于阿腾达喀苏地方。白盐系由雨水冲刷地面，积于低洼之处，经日光曝晒，沸〔浮〕于水面，蒙人下水捞出，卖于盐坊。各处盐贩来到产地转运，骆驼厂专为喂骆驼用者（其内杂有硝质，人食不良）。一种是青盐，产于乌朱木沁、多伦以北约千里，系由诺尔池内凿捞，捞完一层，翌日又结一层，厚约二三尺。但此诺尔系蒙人把守，不叫汉人临近。他们以为至宝。每年四月至九月青草茂盛时，蒙人用牛车经过巴颜库伦、巴颜门都克力更（蒙古名）、三卞，运到多伦犹石达木诺尔二号等处，然后上税，运至口里各地发售。这两种盐是蒙地大出产，一年进项若干万万，碱诺尔（也是极大水池结晶成块，每年春季，用牛车进口的无数），鱼诺尔（蒙地有几处大海，出产金眼鱼无数。每年春天渔人打捞上来，大胆商人，用牛车贩运，甚至售到关东，价钱很是便宜，一元钱约买十四五斤。为何必须大胆的商人呢？因为鱼诺尔系山东人掌管，匪人很多。设若胆小，或与匪不认识，不但鱼不能贩来，且连人会送掉，牛车和本钱全归渔家，真是危险万分了），柳条林（蒙地天产柳条林多处，随便砍用，无税无本，所以很多汉人前去砍用）和各种的矿产（蒙地五金、宝石、煤等，各种的矿产很多，因蒙人迷信风水，不准开采，故多宝藏于地下，闻已发现者约有数处），他们都是听其自然，即或有人采用，也不过使那上古的老法子（如捞盐），决不会研究一个适意的方法来利用，所以若大的利益，全部放弃了。还有他们各种牲畜的皮张，和死兽的五脏、骨头，他们不是贱价出卖生货，就是扔在荒野不要（如五脏、骨头等）。有很多的穷人，到蒙地捡拾牛、羊、马各种的骨头，运到张家口，经外国人收买，数枚钱一斤，用火车转运到天津。听外人亲口说，每一敞〔趟〕车赚洋三百元，可见其利益之大，全叫外人夺去。

　　我们中国人无衣无食的，何止千万？最可惜的就是没有人拿出资本来，提倡提倡，设立一个大工场，制造各种的生货，免得叫外人运走生货，制造回来利市十倍（听说一张羊皮卖与外人，不及一元，如从外洋炮制已成擦汽车所用的羊皮十余元一张，这样看来，我们中国利益的损失，何等的广大？）。其余如羊肠子、牛犄角、口蘑、驼绒、羊毛等等，都是蒙古的大宗出产，也全都叫外人转运回国，制造好了，再销于我们中国。

　　以上八条，均系敝人游蒙所得，尽记其事实，言词通否，在所不较。甚望阅者诸君，多明蒙事者，亦为贡献一二，极力提倡，互相辅助，使西北地方，大为发展，则敝人不胜为蒙人呼幸，更为我中国抱乐观也。

《西北月刊》

北京中华西北协会

1925 年 25、27、28 期

（李红权　整理）

蒙古之今昔观

蔡受百　撰

蒙古位于中亚细亚之东北部，在北纬四十度至五十二度及东经八十七度至一百十八度之间。其四周多高山，西北及北方为阿尔泰山、萨扬岭、肯特山及外兴安岭，东方为内兴安岭，西南为蒙古阿尔泰山脉，惟东南系戈壁沙漠，其北为俄国，南为中国本部。其政治界线，几处处与天然地势相吻合也。

风土志略

蒙古境内，大半为高原，西北部多山，地势甚高，东南较平坦。西北部土地之平均高度为五千呎，东南部则约高出海面三千七百呎。除边境多山岭外，有杭爱山脉，伸入蒙古腹地，自西北至东南，绵亘逾四百启罗米突（以下简称粁），高度平均八千呎。其中部为塔尔巴哈台，出海面万二千余呎。泛言之，蒙古境内多山岭，多河流，有湖泊无数。有数处风景极清幽，青山隐隐，绿水悠悠，而遍地野草如丝，为轻风所拂，芳香扑人，尤足引起无限之快感。其南部多沙地，有数处沙漠，阔达十粁至三十五粁，经过时，只能乘骆驼而行。此种多系流沙，其移动迟缓而稳定。蒙古之东部，多广阔之平原。地面遍长野草，高可隐人，但水源极少，是其特色。每每在数十里内，纵极小之湖泊而无之。一望但见青绿无际，不啻一绿色之沙漠也。

蒙古之地，土无论山脉、草原或河岸，其土质之主要成分，大都为片麻石及花冈石，不见有黑色之粘土。耕种用最佳之泥土，为一种灰色者，凡沿大河之处，如鄂尔坤河、色楞格河、图拉河等，其两岸大部为此种地土也。此外产盐之湿地亦多。各地之泥层皆甚薄，通常其厚度鲜有逾四吋至九吋者。有数处泥土尚未变化纯净，其中大都为砂砾也。

境内之河流及湖泊，为数多不胜述。兹择其主要者，略及一二。（一）克鲁伦河。发源于大肯特山之东南，流入黑龙江省，潴于呼伦池，约长一千粁。（二）色楞格河。其源有七，皆出杭爱山别干西南诸山。其左右支流甚多，只一部属蒙古境内。河水流甚急，流域面积极广，至少达四万方粁。（三）特斯河。约长七百粁，水流急而清洌。其下游约阔三百五十呎至四百二十呎，约深七呎至十呎。（四）科布多河。源出科布多阿尔泰山之阴，东北流折东南流，潴于哈喇乌苏，约长五百粁。流甚急而清澈。其下游约阔四百二十至四百五十五呎，约阔〔深〕七呎至十呎。（五）札布干河。源出于塔尔巴哈台岭，近乌里雅苏台镇，注于阿拉克泊，约长六百粁，其水流较缓。下游约阔一千零五十呎至一千四百呎，平均约深五十六呎。有数支流，当夏季多干涸，且河身每有迁动，有数处其两岸多系湿地，故涉过时每多危险也。蒙古之河流，有一特色，即每年当春间雪溶时，及夏季雨量充足时，有二度之潮泛，而夏间尤甚，因蒙古当冬季雪不甚多也。

除河流外，其地湖泊极多。在山边及平原间，无虑数千百。但所含水量不多，面积不广。惟库苏古不〔尔〕泊，为此中之巨擘。长一百二十粁，广四十粁，深达一千四百至一千七百五十呎。其他各湖泊之在科布多者，如乌布萨泊，长一百粁，广七十五粁。吉尔吉斯泊，长六十粁，广二十粁。爱拉克克，长十二粁，广五秆。乌布萨、吉尔吉斯及哈喇乌苏诸泊之水，多辛辣不可食。此外湖水之含有盐量者，多散处于蒙古高原，有数泊，其水可煮成极佳之食盐，当地居民多用之。蒙古又有矿泉甚多，中含硫磺、铁质、盐等。但概括言之，蒙古之水源，实虞不足。其河流多比较的短而浅，湖泊虽多而皆狭小，且大都在西部也。

长城附近之狼烟台

蒙古地势既高，水源甚少，且距海面辽远，四周多崇山峻岭，将自海来之雨水隔绝。有此数因，故其气候极干燥，温度变迁迅速。冬季严寒，雨水既少，且在一年间，分配极不均匀。六七及八月为雨季，其余数月，即不见雨。冬季时雪亦不多，惟大湖泊之左近，情形不同，多有甚厚之雪层。五月起为春季，五月底时，野草渐蔓生。十月起为冬季，但八九月间，有时已见霜雪。该地降雪不多，且干雪易为劲风吹散，而地面冰结甚深，击之作声如铁。

蒙古之动植物

　　蒙古因气候严寒，故植物不繁。境内森林极少，只北部有之，南部则为一片平原。树林多滋生于山岭之北及西北斜面，大半为结球果类。主要者为松、柏、枞、杉等，次为白杨及柳树，榆木及桦木甚少。灌木中常见者为垂杨、车轴草、覆盆子、接骨木等。沙地内有一种杜松，生长极盛。南部不见树木之踪迹，惟有花草。普通者为箭猪草、野葱、零陵香草等。

　　动物亦不甚繁盛。家畜中有骆驼、马、山羊、绵羊、豕、犬，及猫。野畜中较重要者为棕色熊（在库苏古尔泊一带）、狼、野驴、野猪、狐狸、猪獾、野猫、黑貂、鼬鼠、松鼠、龈鼠及各种羚羊。禽类有鹰、鹞（为数极多）、天鹅、鹜、鹤、鸵鸟、雉、乌鸦、小鸦、四喜鹊、鸮、啄木鸟、天鷾、鷦鹩、麻雀、乌头鸟、小鹬等。其他毒蛇甚多，蜥蜴、火蛇等，为常见之物。鱼类中则普通者为鳟鱼、鲈鱼、梭鱼、鲤鱼等。因蒙古风俗向不食鱼，故滋其生长，繁殖日盛，图拉河内之鱼尤多。

人口之稀薄

　　屡有对于蒙古之人口总额加以估计者，但因缺乏可靠之统计，故其估计，多凭一己之主观，不甚准确。其中以民国七年所调查者为比较的最近情，惟所调查者只包含外蒙古之蒙古土人。按户口调查一事，即在最文明之国家，尚难十分准切，况在蒙古。故下列之数，只可谓与事实相近耳。按民国七年之调查，外蒙古之人口总额为六十五万，又据俄国探险家科基莱夫（Koucheleff）之调查，内蒙古人口，约达一百万。但有人以为此数过大，以之减至六十万。今若以所有游牧民族尽行并入计算，则内外蒙古之人口，约为二百万。即以此数观之，觉该地人民，何其稀薄也。

观其土地广大而人民稀少，可知其人口每方粁之平均密度自极低。单以蒙古民族言，每方粁平均约有〇·四四人。若以所有民族计入，每方粁约有〇·五二人，以此数观之，则虽谓蒙古为一荒野之地，亦非过言也。

现今蒙古人民，仍属于游牧时代。其民族之种类甚繁多，大别之可分成三部。在外蒙古者，大都为喀尔喀部。在内蒙古者，有土默特、察哈尔等部。而额尔〔鲁〕特部，则散处于金山（即阿尔泰）及天山之间。此等部落，有时和洽无间，有时互相仇杀。但综观其全部，则渐有互相混合之趋势。此等人民，分散于蒙古各地，多寡极不平均。大概气候温和、地土肥沃者，人民多趋就之。人烟最稠密处，每一方粁内平均有二·八五人，而最僻野处，每方粁只〇·〇二人耳。

人民之生活状况

蒙古人民分成五阶级，酋长、贵族、平民、奴仆及僧侣是也。此外尚别有一阶级，其人多系一无亲故者，私生子即属此级。酋长居最高级，通常每区内有一世袭之酋长，其亲属皆为贵族。贵族亦世代相传袭，大都据贵显之官职，关于纳税及法律方面，皆享有特别优益。平民阶级，似当为人民中之中坚分手〔子〕，但因人数不多，故不能占此地位，惟仍为主要之纳税者，为蒙古经济生活之主要分子也。

奴仆乃酋长及贵族之家奴及扈从，其地位与平民实无大区别，惟对于其主人有服务之责任。而一方面可免去军事义务，可免纳税，实较平民为优逸。僧侣别成一阶级，为数甚众，一称喇嘛，为蒙古人民中最重要最有势力之分子。有一部分居于寺院内，亦有仍度其世俗生活与眷属同居者，但大部分，则立誓不婚娶也。

蒙人多身材适中，体质强健。面部广阔，颧骨甚高，鼻略平，皮肤略带棕色，眼小而齿牙极白，颔下几不见有髭须，而发则黑而丰厚。其人民中常有面目极清秀者，而女子中亦每有娇艳可爱，不愧为美人者。但概括言之，蒙人之面貌，多不甚美秀。身躯每嫌略肥，以至行动迟缓，但体质则精壮者多，可耐艰巨之工作。故尚可谓蒙人为一种精强康健之人民。此盖因其地生活艰苦，羸弱者多于幼时夭折，只强健者遗留也。但一方面亦常见有面带病容，且疾病甚深者，小儿则每患肠病。又因空气内多尘沙，故每有患眼病及皮肤病者。此外花柳病亦甚流行，初由中国传往，最近则由俄国传往也。

至于性情方面，蒙人最大之特色，即其懒性。吾人固不可谓其不能工作，遇必要时，可经长时间之工作而不疲倦，但通常多厌恨工作，好燕居度日。男子尤富有此种懒性，在蒙古一般妇女及儿童，必须工作，前者在家室内操劳，后者则从事牲畜，而男子则多在其毡制之棚帐内，消磨时光，间与邻近之亲好，晤谈终日，一无所事。吾人有格言曰："时者金也。"而蒙人则谓君子从无有皇皇终日者，惟盗贼如是耳。又谓一年间之时日正多，何必匆迫自扰耶。

蒙人多污浊，从不谙用肥皂。虽常洗涤面部及双手，但不沐浴。所御之长袍，亦永不澣洗，待敝旧不堪时，方弃去。故其衣服多油腻污垢，染烟痕殆遍。所用之器皿，其表面常有一灰层，垢腻不堪。而蒙人不以为忤，甚至其无论何种食品内，多含有尘垢。彼等且有一种迷信，谓洗去污秽，不啻自剥其幸福，故结果污秽愈甚。虮类繁殖极盛，此亦上述疾病蔓延之一原因也。

蒙古一般人民，智识程度之低，实可惊骇。舍少数高等之喇嘛及酋长外，其余普通人民，实际上竟一无所知，于其民族过去之历史，亦尤丝毫印象。人民之能书写者，约占百分之一至二。因智浅识陋，故民间迷信极盛，多信有鬼怪妖魔，能扰害人类及牲畜。又其地淫风颇盛，不以卖淫为违法或羞弱之事，而视之为一种合法、有荣誉、获利甚丰之职业。此外蒙人之优点亦可得而言者。其人多诚实和平，富于服从性，极重交谊。能于广大无垠之沙漠内，辨识途径，如我人之安步于康庄大道。若有商队，已行于数里外，欲追踪之，极为易易，自能知其所趋之方向。若己有之牛羊，混入他人牧群内，一寻即得。凡此皆吾人所惊为奇技者。蒙人多极乐观，但见其笑口常开，频出谑言，鲜见其抑郁现愠色者。又极好客，无论何人，入其棚帐，皆备受欢迎。为主妇者，立即捧茶敬客，主人则欣然出其鼻烟壶。故凡行数百里路程者，离家时多不携带一切需用品，盖沿途自有人能供应之，决不虞缺乏也。以前彼等竟不知贼为何物，而今则风气亦渐浇漓。但蒙人之忠实，固不可掩者也。

　　蒙人之衣服多质朴无华。成人于夏间多内衬短衫裤，外罩一长袍。袍之右方有纽，腰间围一阔带。逢宴会时，则衣丝制之袍，边缘及领际，多镶以锦缎。戴高顶之帽，帽后有丝带及缨络。袜系以薄毡制成，靴则革制，其前端向上翘，行时似不甚便捷。腰间悬一打火石及一长刀，插入鞘内。腰间内藏有一小袋，中置烟草及烟壶，靴筒内则插一烟管。此乃夏季之服制。冬季多不用衬衣，但着羊皮裤及皮袍，袍之式样，与夏季者同。头戴皮帽。若有远行，则袍外复罩一羊皮袍，以御寒。是乃男子之普通服制也。女子之衣服，大概与男子相同。儿童之衣服，则尤为简单。五六龄以下者，多裸体，惟冬季着一皮袍。此后其衣服即与成人同。

　　蒙古人食品亦极简单，大都系其牲畜之所产。当夏季时，几完全以牛马等畜类之乳及乳制品为食料。茶则无论冬〔四〕季皆为一种重要饮剂，绿茶最流行。饮时和以盐及牛油，长日消耗极多。冬季之食品较劣，牛乳不多，茶则与面粉相和。每日必食肉，凡牛羊和以盐，骆驼之肉皆食之。间亦用中国之米，煮成薄粥为食品，但不常见耳。此外饮酒之风有〔甚〕盛，有自制者，〈有〉由中国及俄国输入者。蒙人虽喜饮，但不过度，一切饮酒之弊端皆甚少也。

兴安岭中之落叶松

蒙人多以毡覆置木架上，即成其居处。毡之一端，有绳可卷起，以容纳日光。当门处置一木制之高台，台上置宗教用品，如偶像、铜杯、经书等，此乃彼等所视为圣地者。台之在〔左〕方近墙处，则为卧床。其右则置一木架，架上有食具及一切家庭用品，如水桶、茶杯、盆、壶等。架上悬一袋，内贮马奶、牛油等。又有一食箱，贮一切粮食。台之左方，有鞍具、缰、辔、绳索等物。衣箱则置于台之两旁。是乃一普通蒙古家庭之状况，其陈设备极简单。可于二小时置〔内〕，布置妥帖。一切用具，但用骆驼两头，即可载之而行。家具之简单，于彼等至有利益。因其无论冬夏，多不株守一地，须随其牧群，往居于草地邻近。此方之草食尽，即须另觅一新草地也。至于一般贵族及富翁，其居处自较奢华。所用之器具，有自俄国输入者，如铁炉、钟、表等，有自中国输入者，如桌椅等。有时亦特建坚固之房屋，以铁皮为屋顶，窗牖、门槛等皆备，但此乃少数例外。蒙人之住所，大都为毡覆之棚帐也。

蒙人结婚甚早，大都在十六与十九岁之间，亦有未及其年龄即婚嫁者。新郎与新妇间，年龄有时相差甚远。结婚时有种种仪式礼节，先请喇嘛祝福，然后遣冰人至女宅赴宴之后，即将女送至男宅，由喇嘛再予以一度之祝福，婚礼即告终。蒙人大都只有一妻，但因其宗教并不禁一夫多妻制，故贵族及富翁，有拥二三姬者。尚有一点，颇饶兴趣，即酋长及贵族，不可娶同等级之女子，必以较低级之女为妻。盖所有酋长及贵族，彼此多有亲族关系也，彼等于此举颇觉危险，恐其阶级因其而退化，每思避免之，以维持其高贵之血统云。

其家庭内多互相和睦。为夫者居首领地位，受法律之优待。妻妾若有受虐待情事，则无法律之保护。但无论夫或妻，有自动愿离婚者，并无法律束缚之。因其男子方面之威权，亦有限制，且其地女子在家庭内之地位，实较男子为重要也。凡孩童多为一家之宠物，受父母周密之护持，而所受教育则极浅薄。当三四龄时，即谙习家庭内之工作。六七龄时，即习骑射，至草地牧畜。十五六龄时，已了然于处理家庭之道，凡成人所能为者，彼无不能为之。其学习之时期，亦至其而止。大概儿童鲜有读书者，一区内亦只一二文人学士。人民多恪守相传之遗规，父母多笃爱其儿女，而一方面儿女须绝对服从其父母之训诲也。

蒙人从不惧死，对于死之问题，极淡漠。将死时，多自信其灵魂必仍降世，为某种生物，故安然静候其末日之降临。其人民对于死者尸体之处理方法，颇奇特。蒙古之宗教，不许将尸体埋于地下，须听鸟兽啮食之。故不掩埋尸骨，但用毡毯裹之，弃置野田内，上覆以粗布，然后由喇嘛略致祈祷，哀礼即毕事。野兽摧毁尸体极速，加以风吹日洒〔晒〕，不久即消灭矣。

若逢纪念日或飨宴日时，不但有庄严之祈祷，且有种种娱乐，如竞走、角力、射击等，以表现其体力及技能。每年当秋季，各[文]地商人多麇集于一处，认定一临时之市集，约延长五日至七日不等。所有出口货及牛马等牲畜，多于此时交易，除营业外，并举行种种游艺，以号召顾客［客］。蒙古虽游牧之风仍盛，但亦有人民有固定之居处，不常迁动，故全部人民，可分为市镇［可］及游牧二种也。

蒙古人之放牧

重要市镇志略

蒙古有佛教之寺院无数，散处于各地。凡一区内，几莫不有一寺院，间亦有一区内有二三寺院者。每一院内，于〔有〕庙宇数所，其四周则为僧侣之住宅。通常僧人只三分之一居于院内，其余多居于其自备之住宅内。逢大典时，方起〔赴〕院内祈祷。其居于院内者，彼此之居处，用以篱落隔绝，不相侵越。区内之酋长，其营帐多在寺院相近之处。

寺院在一区内为政治及宗教方面之中心，故其左近居民最多，因之遂亦成为商务之中心。若寺院规模宏大，负□盛名，能吸引极多之人民，则该地商务因之兴盛，别处之店馆，亦来附归，终乃成为一市场。吾人于一区内，但观其寺院四周商店之多寡，即不难略测知该地之人口及财富。如库伦、乌里雅苏台、科布多等，乃其中最大之商务中心也。

库伦为蒙古之首府，商务最盛。约建立于一六五〇年，初只为一寺院，且时时迁移。于一七七九年起，始固定于一地，在图拉之北岸。该院后逐渐扩大，终乃成为中国及俄国代表驻留之处。而在商务方面之地位，亦渐重要。库伦所占之地势甚优，南北皆高山，树木森密。其南方之山，蒙人视为圣地，不可掘动地土、欲〔砍〕伐林木，亦不得在林内游猎云。库伦镇内之寺院其〔甚〕多，其主要之寺院，居于中心。四周有中俄人民之居地，中有宫院及一切行政机关，并有市场、商店、工厂、中国戏院、俄国建筑物等。院之东为俄国工厂，距厂约四五里，则为中国买卖城。

库伦人口，现约达十万。概观其表面状况，甚为奇特。东方及西方文化，互相掺杂，故处处有矛盾之现象。自镇内有电报、电话、汽车、印刷局等，而一方面则有佛院，有头戴尖帽手持念珠之红黄教僧人，有污浊之市场。屈曲狭隘之街道，秽物狼藉，臭恶触人。凡初到者，见之多有一种奇异之感觉也。

乌里雅苏台及科布多二城，皆系十八世纪时所建立。初但为二炮垒，中国之戍兵，多驻防于此，后乃渐成为政治中心。喀尔喀总督，即居于乌里雅苏台。科布多亦为各部落之中失〔央〕行政机关。后于一八六九年时，有某部落，起而反抗中国，境内骚扰颇甚。于一九一二年，民国成立之初，俄国嗾使库伦活佛独立，我国克复之，于是科布多复遭一度之兵燹，其遗迹今犹能见之。科布多名为依附库伦，实则有半独立性质，不完全受库伦之节制也。

乌里雅苏台与库伦①二炮垒，不久其四周即有中国市场之兴起，人烟渐盛。自一八七〇年后，俄国人民渐侵入。而今该镇内大都为中国及俄国人民，蒙古土民极少。镇内之情形，与库伦大相径庭，并无寺院，即通常之喇嘛庙宇亦绝少。二镇之存在，虽皆已二百余年，而并不足为蒙古人民生活之中心。每镇之人口约三千，蒙人不及一二百也。

蒙古最重要之地方区域为区，每区由一世袭之酋长统辖之，其部下复有若干助理。酋长须负责维持一区内之治安，监督人民是否遵守法律，并办理征税等事宜。彼有权委任、革黜及惩罚所有地方行政官员，又须管理寺院庙宇，募集兵卒，强迫人民担任军事服务。当酋长因事他出，不在区内时，即由该区之助理代行职权。惟重要问题，仍须由酋长亲决。每年区内人民，公奉定量之牲畜及茶予酋长，以供给其自身之需要。若彼有何债务，由全区负责偿付。此外彼并有扈从及仆役，皆由区内募得者。凡人民为酋长服务，多视为无上荣誉之事。每区之助理计七人，此外尚有低级之职员、仆役等。各助理并无规定之职务，系互相轮值，每人办公一日，值日者即办理该日一切事务。其薪俸皆一律，通常每人每月约得茶砖二块，羊数头云。

每区为便于管理起见，分成较小之数部。每部有一专负主持，其人直接受各助理之节制。每部复分成若干段，每段由一选去之专员主持，约有住户十五至二十五不等。是乃行政方面区分之大概情形。至于军事方面，各区之分划方法，与此不同。计每区分成若干队，每队约有住户一百五十至二百，有一队长，总理队内一切事务。若遇有战事，每队须选派骑兵一百五十名。除区外，

———————

① 从上文看，应为科布多。——整理者注

尚有由宗教方面划分之地方区域，区内并不分队，无军事方面之职务，其首领非酋长而为一高僧云。上述之制度，由远古相传至今，不稍变更。直至最近，俄国布尔塞维克思想，输入蒙古，于是久静之水，顿起波澜，生活方面，遂有种种革新，其详情容后述之。

近数年间蒙古政变之经过

蒙古现今之政治及经济状况，在外间宣布甚少。报纸对于其事，间有片段之记载，但于真实情况，多语焉不详。实则于近数年间，蒙古政治方面所起变化甚多，其地位已今非昔比，吾人不可不注意也。

外蒙三音诺颜旗

蒙古于前数年，曾一度为俄国内讧之战场。俄白军为苏维埃军所迫，遁入蒙古，于一九二一年二月，该军遂占据库伦。红军从而驱之，于该年六月间，库伦复为苏维埃联军所占领。自该时起，蒙古可谓完全在布尔塞维克势力之下。其荒野畜牧之区，遂为该主义蔓延之区。人民渐中其毒，不期而入苏维埃政治及经济势力范围。现蒙古人民，为数约达百万，其人在历史上尝一度为欧洲之恐怖物，至今有黄祸之称。其后数百年间，脱离世界政治漩涡，自度其悠悠之岁月，几与世人相忘。名为受中国管理，而实则关系甚疏。其人民历年受其部长及喇嘛所治理，墨守祖传之旧规，与世界文明，完全阂隔。只于最近十年至十五年间，因受俄帝国政府政策之影响，欧洲文化，方逐渐输入，遂成今日之局势。吾人于此，不可不叹世事嬗变之急也。

自一九一一年十一月十八日起，外蒙古之历史，可谓开辟一新纪元。其精神领袖活佛，于该日忽宣布独立，与中国脱离关系，自组独立政府，活佛为首领。其事之由来，实非一朝一夕。其远因盖在庚戌、辛亥之间，其时前清政府为舆论所鼓吹，大有经营蒙古之意。于是行新政、练新军，以至内引蒙人之恶感，外招俄人之猜嫌，是其独立之远因。其近因则在民国革新之际，我国方致力于本部之刷新，未遑经营边疆。活佛乘我不备，乃萌异志，欲以帝王自娱。我国当时除通电促其取消独立外，亦未有何种方法也。自此俄人在蒙之势力日张，俄政府转派军事家、理财家以及其他专家名人至库伦，襄理一切行政事务，并特设一俄文专修学校，而蒙古青年之遣赴俄国留学者亦甚多。当时并组织团体，考察境内之富源及经济状况，并计划拟由库伦至恰克图建一铁道。俱可见其励精图治之精神也。

自有一九一三年十一月及一九一五年五月之条约，于是蒙古之政治地位，乃经确定。其对内仍有自治权，对外则仍承认中国有最高主权，为中国疆域之一部分，并不得任意单独与各国发生外交关系，自此俄国之势力稍衰。后欧战爆发，继而俄国国内发生革命，纷扰之余，俄遂无暇注意于蒙古外交。于一九一九年，我国政府派兵入蒙古，迫其取消自治及独立政府名义，一切政权，操自中国官吏。俄国之政治势力，至是乃完全消灭矣。

后俄国在西比利亚及外拜勒勤起内乱，结果白军战败，布尔塞维克之势力愈巩固。其国际共产党联合会，即倾其全力，以对付蒙古。并于该地组成一国民革命党，其宗旨系使蒙古独立，并力谋与苏俄联合。该党受俄国之津贴，渐组织军队。是时蒙古实际上复与中国脱离关系，并拟要求承认内蒙古独立。但于一九二四年五月三十一日之中俄条约内订定，中国对蒙古仍有最高主权也。

"赤化"之蒙古

而今蒙古一切政权，实际上操之于国民党，而该党则受俄国国际共产党联合会之指挥，故蒙古实为该会所治理。观于该会势力之强盛，可知蒙人中布尔塞维克主义之毒之深。而其境内政局之纷扰，操政者之纵恣，情形亦与苏俄相仿。惟其内幕情事，不常宣泄于外国耳。关于一九二二年，有国民党领袖十五人被枪毙；于一九二四年八月间，国民党召集第三次集会时，因党内之争执及阴谋，其总理亦被害；此外各偏僻区域内之惨剧，尚多不胜述。蒙古本民智简陋，风气闭塞，向为酋长及僧侣所治理，而谓其人民能一旦彻悟马克斯之学说，共产主义之真诠，固无是理。所谓国民党，其党人并无何种政治学识，徒以苏俄政府之援助，遂攫得政权，自设政府。而一切行政，实完全依遵俄国共产党联合会之规律，为其傀儡。蒙古本为一世外桃源，而今则成共产主义之新试验场矣。

于一九二四年八月四日至三十一日，国民党要人举行第三次集会于库伦。关于蒙古各种行政，皆有报告及讨论。兹略记其□，可由此窥知该地之最近概况也。开会时有中央委员会委员某演说蒙古之国际地位，略谓凡小国因其势力微弱，故其前途之荣枯，无自决之权，须视列强之意见如何而定。蒙古不幸，即此类小国之一。蒙古之人民为数甚微，俄国有人口一万五千万，日本六千

万，中国四万万，而蒙古尚未达一百万，故无时不可为强邻所并
吞。而今之犹能残存者，只因国际情势，不容有并吞蒙古之举。
蒙古之背面，尚有苏俄以及全世界之革命党人也。又谓中国大半
为军阀势力所支配，图蒙古甚急。蒙人享自由已三年，其后当努
力奋斗，恢复当年成吉思汗之精神。近国际风云甚急，将来若发
生新战争，蒙古当置身事外，惟任何国内若发生革命，则必起而
救其被困之同胞云。其时会众大都系来自草原之牧民，于此等言
词，闻所未闻，多极注意云。

蒙古包

继民党教育部长谓有人称述蒙古为未开化之邦，实无稽之谈。
当元太祖时，蒙古为世界文化最发达国家之一。当清代末叶时，
在库伦及其左近，尝创办学校数所，并尝设一女子学校。各酋长
及喇嘛多恶之，平民亦多不表同情，但结果究造成人材不少。现
今公民教育，方在发轫〔轫〕之时，全蒙古计有国立初等学校十
二处，生徒六百人。初进行时，极感困难，贫苦子弟，多不愿入
学，有由军队强迫捉入者，后一般人民渐知读书之利益，初等教
育之施行，遂无困难。现已创设一国民大学，有习中、英、俄等

外国语者，四年毕业后，可遣赴各国留学。此外尚有法律科、教育科等，二年或三年毕业不等。现应用之课本，甚感缺乏，印行之书籍甚少，将来拟设法增添，并拟建一蒙古图书馆，以提高民智。近有欧美科学书多种，正在翻译中。并组织一委员会，专审定蒙古新名词云。

继有内务部长，报告其部内举措之经过。略谓各区于一九二三年起，已实行地方自治。初由各区派代表至库伦，关于选举事宜，先练习一月。一月后，各归其本区，在政府代表指导下，办理选举之事。现进行大致甚满意，各区之旧有世袭酋长，已十去八九。新选之区长，任期定为三年，每三年重选一次。现各区选举，行将竣事，待完成后，拟召集一蒙古国会云。又谓以前关于蒙古人口及牲畜之统计，多不准确。此种统计，于施行新税制，最关重要。俟地方自治制度成立后，即拟将各区之人口及牲畜，作详细之调查云。以前之酋长，今皆设法废［废］除。各区前以酋长之名为名，今多改以山名或水名代之，今〔以〕示革新。现惟科布多，尚未能实行地方自治，因其地僻远，而民智尤低，故须审慎，但将来势在必行云。

后有国民党学部报告，报告者为一少女，甚怯弱。彼谓以前蒙古妇女，无论在国在家，皆无地位之可言，而今情势已大变。但一般女子之愚昧无智识，仍与前相仿。如娼妓，众视为正当营业，不以为耻。晚近娼妓之盛，实由于各家庭之贫乏，被迫而出此。且中国单身男子之寄居于此者甚多，此亦其风行之一原因。今欲改进女子地位，须提高其智识，提倡女子职业，并须教失业女子以谋生之技能云。

会内曾讨论及蒙古之陆军情形。多谓一般兵士之生活状况，甚不满意。其起居饮食，皆不周备。因政府持节俭主义，故兵饷常虞不足。其营房则潮湿污浊。原规定兵士每日操练三小时，而实际操练，鲜有逾一时者。指挥官之懒惰，与兵士相仿，军中全无纪律。军用汽车甚少，且多污旧，汽车夫多为俄人。现关于航空之设备，尚付阙如，不久拟购置军用飞机。并拟施行强迫征兵制，凡属男丁，皆有当兵之义务，即喇嘛之已婚者，亦不可免。惟立誓不娶者不在其例云。

　　继由财政部长报告蒙古之经济状况。谓蒙古无实业，故输出者多系原料，输入者多系制造品。每年输入货物，约达一千七百万吨，输出约一千五百五十万吨，入超为一百五十万吨，故于蒙古颇不利。现为便于人民赊款起见，特与苏俄合办蒙古工商业银行。已开办数月，资本金二十五万元，将来拟加以扩充，现因资本缺乏，放款最长期为一年。将来拟在张家口、乌里雅苏台等处设分行云。又谓现酒业已归政府专卖，以免利权外溢。尚有木炭，亦实行公卖，并拟增加煤炭，减少木炭之消费，以保护森林。现方努力提倡农业，蒙人之耕种者，已较前增多云。由以上各执行委员之报告，可略窥知现今蒙古之状况。当局者办事虽甚努力，而缺乏经验，且人民智识简陋，故现今之蒙古，可谓完全在试验时代。将来未知尚有何变化也。

《国闻周报》

上海国闻周报社

1925 年 2 卷 30、32 期

（李红权　整理）

绥远新城

齐乐山　撰

　　我是一个最喜欢研究各种风俗的人，今天忽见本志有"吾乡的生产风俗"的征题，于是便引起我作这篇纪述的动机来，欲纪述这个风俗，我可以把他分作三个时期来说：

　　1. 妊娠期；

　　2. 分娩期；

　　3. 既产期。

　　妊娠期　妇女月经总是每月来一次，但如有一次完全不来时，便知道这是有孕了，这时便与自己的丈夫"截房"（就是与丈夫不在一间屋里住），如果真是有了孕，她们的腹便一天大似一天。至七八个月时，膨胀的格外利害，于是一般妇们便能看出她（妊妇）将来产生的婴儿是男，是女。她们怎样看法呢？就是看妊妇腹部膨胀的形状而定：腹部完全膨胀，而尤以腹之正中（即肚脐上一二寸处）膨胀最高的必生男；腹部完全膨胀，而显不出哪一部分膨胀最高的必生女。这种看法，说也奇怪，十之八九都是很确实的，如果问她们这是什么理由呢？她们便说不出；不过是由经验上得来而已。

　　分娩期　在未分娩的前几天，便要请"老娘婆"（即收生婆）和"搂腰的"来吃一顿饭，及至妊妇感到腰疼，腿酸，发呕……诸痛苦时，便知道这是要分娩了。于是便把请吃过饭的老娘婆和搂腰的找来，好给产妇布置一切。老娘婆来了，看看妊妇果真是要产，便用红色的布把家内的神像挡着。然后取一个瓦盆，内盛沙土，产妇骑在盆上，搂腰的由后面抱着产妇的腰，这时老娘婆不住的用手摸索产妇的肚子，及至有很多的水由产门内突然泻出时，便知道这是浆包（即包裹胎儿的膜）破了。此时产妇靠在搂腰的身上，将两腿伸直，老娘婆仍是不住的摸索她的肚子。至胎儿经过骨盘〔盆〕，到产门的口头时，产妇便十分的疼痛，于是便把家内的门啊、柜啊、箱啊、抽屉……都开开，同时老娘婆便不住的叫道："生……生……生……生……"叫至胎儿产出为止。这是什么理由呢？她们以为门、柜、箱、抽屉……都可比作人的产门，门、柜、箱、抽屉……若开了，其中的物件一定是很容易的能拿出来，由此也可希望产门也开的展展的，而使胎儿快快的出来，好减少产妇的痛苦。当胎儿产出时，如果面向上，便叫作"莲花生"，以为是很吉利的；如果面向下，背向上，便叫作"背母生"，以为是很不祥的。将生下的婴儿，无论是男是女，老娘婆在剪脐带时必要在他（婴儿）身上重重的打一下，如果婴儿能呱呱的哭出来，便是很好的；反之便是很不好的。

　　既产期　产妇一将胎儿产下，便得喝一碗"定心米汤"，如果此时头还有些晕，使又喝些"童便"。她由产时至"七天"，在这七日以内的饮食，都是些极稀的米饭和红糖。由"七天"至"半月"仍吃的是米饭，不过稍多一些罢了。由"半月"至"满月"，在这十五天内，方许吃点极稀的面饭。至四十天（由产期计算，即"满月"后的十天）后，方能与平常人吃一样的东西。总之在这四十天里，除了以上所说的食物外，其他食物，一概不能入口，如果在这四十天内要是吃了猪肉，过了产期，必要脱去头发，吃了鸡蛋，必要牙痛。说到产妇的起居更苦，由产出婴儿至"七天"的七日内全是在炕上坐着，无论日里，夜里，都得坐着：即睡觉也得坐着睡。"七天"过后，方得下地；但下地只得行走，不得操作。过了四十天后，方得操作如常。还有一件最不人道的事情，就是，产妇如果因产事废命（指胎儿仍在腹内的），于是便把她抬到旷野，用炭火把尸体烧了，烧还不算，在未烧之前，还要把她的肚子剖开，取出胎儿，同时一并烧毁了。为什么人死了反而还烧她呢？据一般人说，如果不烧了，恐怕日久要变成"墓狐（？）"。

哈哈！亲爱的姊妹们！你们看看，像我邑这种种野蛮的风俗，是何等的可笑哟！

《妇女杂志》（月刊）

上海妇女杂志社

1925 年 11 卷 7 期

（朱宪　整理）

纪绥远特区

受　百　撰

自民国成立，将内蒙古划成热河、察哈尔及绥远三特别区域。绥远北接外蒙古，东邻察哈尔，南凭长城，西包河套。其北方有绵亘之山岭，与外界相隔，腹部则有黄河为其主要水源，河势婉曲如弓。其流域河套，地质腴沃，农产最盛。全境面积约在十万方哩以上，计有三蒙古部落，曰土默特、乌兰察布及伊克昭。现其地分为九县：归绥、萨拉齐、托克托［多］、和林格尔、清水河、武川、固阳、五原及东胜是也。各地由蒙古酋长管辖，惟名义上，则此辈无行政权耳。至前清末叶时，当局方从事组织垦务局，将绥远一部分荒野之牧场，垦为熟地，将土地分租□佃户，所得租金及税金，由政府与地主平分云。

绥远特区之首府曰归绥，乃归化与绥远二城之合称。全区一切军民事务，由都统管辖。其属下设有种种行政机关，与各省制度相仿。自绥远至北京，计程一千二百启罗米突，有京绥铁道，可乘车直达，约经十二小时，故京绥间交通甚便利。近将京绥路线，沿展二百六十启罗米突，直通包头镇。其地在黄河北岸，为假水陆输运之货物集散及分配中心。包头上部之河道，若当未冰结时，船舶可通行。货物由甘肃及关外输入时，大都假此水道，由宁忧〔夏〕顺流而下，至包头，数日即达；但逆流上行时，需时半月有余。此专言水运情形，若陆运，多假牲畜或车辆。其主要商品为五谷、羊毛及煤。货品由水道上岸时，其主要登陆处曰南海子，在包头之南约三哩许，而现今之铁道车站，则在河道与该镇之间。包头为货物分配中心，已历有年所，今在商务上所占地位，日趋重要。闻已有人提议，辟该镇为商埠云。

绥远地势甚高，沿铁道之平原，距海面约三四千呎，多山之地，高度犹不止此。其地大部分约在赤道北四十至四十二度，故冬季严寒，植物在一年间生长之时期颇短促。当八月杪、九月初时，河流即冻结，至次年四月间，方溶解。但气候虽寒，普通植物仍能滋长，故农产仍盛。长年惟夏季有雨，按北京天文台于近十年间之纪录，每年雨量平均约十七吋，因水分不足，故其土质偏于干燥。惟河套不然，其地气候温和，水源充足。绥远大部分土地虽干燥，而质甚腴沃，宜于种植。其农业方面最困难者，厥惟水源问题。沿铁道有河流无数，当夏间雨量充足时，多有涨溢之患；冬间则全部干涸，即未涸者，亦皆冻结。惟山间泉流甚多，若能设法潴积，可利用之以灌溉大段田亩，以补天然雨量之不足。境内泉井甚少，彼此相距遥远，惟向地下挖掘，则得水亦甚易易。盖绥远附近井之泉，平均深不过十五呎至二十呎也。其全境若能与〔兴〕办水利工程，于种植方面，颇有改进之可能。惟有数处沙漠地面，则无可救药耳。现于五原左近，于改良水道方面，已有相当成绩。该处约近百万亩地，前系荒野干燥之区，今已成熟地。其生产力，与沿长江各省之田地相较，并无愧色。不幸最近匪风日炽，当年所筑水道运河，年久失修，渐污〔淤〕塞。农业之进步，因而稍沮。现当局方计画修理河道，图将来之发展云。

凡利用山涧灌溉之田地，俗称红水地；用井水灌溉者，则称清水地；用运河灌溉者，则称渠地。此种水分充足之湿地，颇宜于种植小麦、大麦、蕃薯、雀麦、豌豆、大豆、胡麻子等物。而燥地，即未经灌溉之地，则多种高粱，因其地质富于天然肥料，故鲜有施肥者。各城镇左近果园及菜圃甚发达，西瓜为该处最著名特产之一。近年来，因当地政局纷扰，征税过重，其地价日益涨高，然沿铁道，地质肥沃而未经灌溉之田地，犹可以每亩一元之代价购得之，但水利工程完备之地，则价格约十倍于此。该地农夫每人平均所有之田产，远过于内地各省农人所有之数。大概每一人有牲畜二头，即可从容耕种田地五十亩至百亩。种植之方法，至简单粗陋，下种后即听其生长，既无须施肥，亦无除莠、耘土等事。盖纯赖天时，不假人力，故产量甚低。以小麦论，每亩平均约产半担余，又因田产大都为大地主所有，租予佃户种植，地既非种者自有之产业，故于改良种植方法、兴办水利工程等，多不甚关怀。且其地农人大半由山西省移入，一年间只种植时留居其处，收获后即返故乡，其实际情状如此，故难言改良也。

至于距铁道较远之处，则人民多以畜牧为业。其地土民以及蒙古人民，习于游牧生活，每人牧羊一群，凡四五百头，东西飘荡，不好株守一地，从事于耕植。除羊外，间亦有畜牛群者。绥远羊毛及牲畜之输出额，年有增进。外商在包头及归化设采购经理处者甚多，如国际公司，每年由该地采购得羊约达二十万头。该地人民生活情状，虽不能谓为隆盛，但因人口稀薄，较之内地各省之农家，似逸乐也。兹将河套县普通农家每年收支预算之估计数额，列示如次，于此可窥见其地农人生活之一斑：

支出（两）	地租（假运河灌溉之田地五百亩，每百亩值银四十两）	二○○
	劳工（一工头、四助手）	一二○
	牲畜（骡及牛共六头）	一○○
	农用器具及车辆	一○○
	房屋（瓦房六间、草棚一间）	五○
	当地税务	三○
	绵羊及山羊（共五百头，绵羊每头价一两七钱，山羊一两三钱）	七五○
	马（二匹，每匹价二十五两）	五○
	驴（备骑乘及运货者共三头，每头价十五两）	四五
	食宿及其他杂用（人及牲畜所需食料大都取给于田内产品，向外间采购者甚少）	六五
	共计	一，五一○
收入（两）	五谷（三百担，每担平均银三两）	九○○
	绵羊及山羊（原有牲畜五百头，牡牝各居其半，今估计一年间境〔增〕殖二百五十头，每头于产出后第一年值银二两）	二五○
	骡马等牲畜	五○
	共计	一，二○○

上述之数，指第一年工作之结果，此后若无意外，则收入可逐年增进。上所示支出额，内有多种系生产方面之费用，以后不必再有所耗费。故以后支出额可递减，估计此后数年间，每年实际支出数额，约三百五十两至四百两，可得净利八百两。凡此估计，系指河套普通农人而言，尚有优于此或劣于此者，但吾人于此可知其地农人生活，泛言之甚愉快也。

绥远各种农产，以雀麦及黍、粟为最重要。其地人民，即以此二者为其主要食料。黍、粟最宜于燥地种植，当五月初时下种，先以地亩加以耕犁，于九月初时收获，每亩平均约产一担，每担约重二百余斤。雀麦及小麦，则宜于湿地种植，当初春时，薄施马粪等肥料，其播种及收获方法，与其他各省相仿。雀麦约于七月中旬以前收获，每亩可产担余。小麦则每亩产量，大都在一担以下。大麦种植者较少，但欲产量丰裕，须灌溉得宜。胡麻一物，种者极多，在河套尤盛。所产者，一部分专供榨油，由当地人民用以燃灯，其余多运赴天津，以备输出。当五月初时播种，八月底收获，每亩产量约一担，收获后，干部多任其朽腐于田内，或用为燃料，鲜有知其干部之纤维，可用为纺织原料者。高粱在燥地为主要产品，生长时，吸水分甚少，每亩约产一担又十分之二，与内地诸省产量相较，不及远甚。大豆及豌豆，亦有于隙地随意种植者，用以为食品。蕃薯于近年方始种植，成绩甚佳，无论于干地、湿地，皆极适宜，将来必为其地之重要产品也。

当清代末叶时，方创设垦务局，总局设于绥远城，九县除东胜外，皆设有分局。该局名义上直接受财政部管辖，实则财政部不甚过问。其性质仿佛为地主（即蒙古酋长或喇嘛）与佃户间之中间人，对于开垦土地及改进种植状况，转不甚注意。当最近三十年间，在绥远各县以及甘肃、陕西省内，向蒙古各旗购得土地约三百余万亩，预备开垦。此等土地可分为二种：一为放垦地，即自由垦植之地，人民经某种手续，将需要费用付清后，即可将地据为己有；一为永租地，即永远租借之土地，租借时亦须经某种手续，付某种费用，但名义上此地仍为蒙古原地主所有。兹略述其土地分配情形。先由蒙古酋长自动或由当局强迫，将某段地亩交付垦务局，由该局将地略加测量，按其土质之腴瘠，及地势之优劣，任意估定其价值。若系放垦地，则农人可自由请求，愿耕种某地，按所规定数额，预缴现洋存款若干，即可开始在该地耕种。在最初三年内，多无纳税义务，自第四年起，每年须付税款若干，若佃户能按年缴税，无拖欠等情，则历若干年后，地即正式为彼产业。至于税款之多宽〔寡〕，随地质之优劣而异。最优等湿地，每百亩征税九十两；劣等燥地，每百亩收税十两。一为永租地，名义上须由垦务局先与〔兴〕办水利工程，然后租与佃户，每年之租金，通常优等土地，每百亩四十两；次等者三十两，三等者二十五两，最末等者二十两。每年租金之收入，须提出百分之二十，专备开掘沟浍河道之用，余者由垦务局及原地主平分。但因无严格之监察，此中弊窦甚多。租金大部分入经办者之私囊，而运河沟道等，则日渐壅塞，又加以土匪之骚扰，故农产目今颇为不振。惟今当局方励精图治，前途或有发展希望也。泛言之，现今绥远之土民，方开始由游牧时代入务农时代，至于制造工业，则尚未之知。归化各家庭内，织羊毛毯及粗羊毛布者甚多，但其出品只能销售于当地，价格甚高，决难与外间市场竞争。不特此也，输出时，沿途所经关卡，皆须纳税，故成本愈昂。包头及归化，虽为羊毛市场之中心，但绥远毛布之市价，较在北京及天津为高。即煤产，在绥远城北方所产甚多，而市价则较北京之煤为昂。归化近已设有一电气厂，目的在发展工业，但现今颇衰颓无生气，绝少自振之机会也。

《国闻周报》
上海国闻周报社
1926 年 3 卷 14 期
（李红权　整理）

鄂托克富源调查记

周颂尧　撰

绪　言

近年以来，我国一般人士，关心开发边地，都知道绥远特别区内，有一个河套，得黄河的水利，物产很是丰富，可算得是我国西北边地的一个富源地方。大家也很想从事经营，以便开发地利，巩固边疆。连那东西各国传教士、野心家，也都借着游历的名义，先后到河套地方，游览调查，由此可以推知，这河套地方的价值了。但是按之实际，他们一般人所说、所到、所注意的，乃是河套的一部分，名曰后套。在后套的西南，还有一个广漠无垠、人迹罕到的黄金世界，大家都不甚知道，这是什么地方呢？就是鄂托克旗。这鄂托克旗，是内蒙古西盟蒙旗之一，沿革情形，详详细细的记在本编，兹不赘言。单说这个地方的地利，倘若有人经营起来，整理好了，那发达开展，真是无穷富厚，不可限量。鄙人服务在鄂尔多斯各旗一带地方，很有许多年了，早知道这个地方的富源很厚，但是格于职务的关系，不及详细考查，二十年来，常常作为憾事。前年因为有事到绥西去，就便牺牲了好几个月的时间、旅费和精神，沙漠奔驰，不惮劳瘁，算是把积年未竟之愿，得以相偿了。关于这个地方的一般情形概略，都随时记在日记上，游历回来之后，又详细编纂，尽个人调查所得的情形，撰成这一本《鄂托克富源调查记》，虽不敢说尽详尽明，然而也足可以做关心筹画边事诸君子，和那喜悦游历旅行者的阅览参考。编述的功夫，也很费了一番心血，所以不肯藏之行箧，秘而不以示人。因此将原稿稍加删润，付之手民，很盼诸位看见这本拙著的方家大雅，赐以指教改正，那就是鄙人愿望了。

蒙旗的沿革

现在要研究鄂托克的一切情形，首先须将沿革来历，一一说明，方可知其根据。说起他的"沿革"，当明朝时代，大青山、黄河以南，都被那蒙古元太祖的十五世孙达延汗后裔占据了，在明朝的时候，始终不肯内属。到了清朝天聪八年，太宗征服了察哈尔、土默特以后，把那鄂尔多斯的左右翼前、中、后各三旗，改设了札萨克，余外又增设了一个前末旗，共成了七旗，锡号叫作伊克昭盟。考鄂托克旗的由来，裔出于额璘臣族子善丹，于崇德六年来朝，顺治七年封了札萨克多罗贝勒，世袭罔替。现在承袭的札萨克叫噶勒藏鲁拉木旺札勒札木苏，还是一个郡王，并且得了帮办盟务职分。札萨克的驻所在锡拉布里多诺尔，游牧地方，就在腾格里泊，即是地图上的古屠申泽。除了札萨克以外的编制，设有东西土萨拉齐各一员、东西梅楞各一员、合硕札格齐一员、章京八十三员、札兰十九员，共同管理全旗八十三苏木的事务。每一员章京有管蒙户十户、二十户、三十户不等，以现在的计算，每一员按十五户均匀计算，共有一千二百多户，每一户男女大小四名口计算，总共有四千八百多人。札萨克公署办事，有长史一员，俗称白通达，又札萨一员、章京一员、毕齐克齐二名、保什户八名。所有办事人员，两个月轮流换班一次。从前札萨克每值年班，都要赴京觐见，此种惯例，刻下已日见免除了。至于权限上是秉承盟长，受绥远都统的管辖，蒙藏院的节制。掌管旗务，每年所需的经费，除征收上稍有点补助以外，其余都是由蒙民完全担负，而且没有一定的额数，若是摊派下来，都不敢违抗的。专制余威，民国以来，蒙部内大半未改，亦是蒙民愚昧所致。近年来虽有少数蒙人起了"独规"——"独规"二字，译义就是"革命"——一时尚不能达到目的，不过萌芽已生，恐要渐渐的膨涨起来，若不赶紧改良，鄂托克旗的"独规"一定要扩充大的，现在札萨克异常的注意，加意的防范，可是办事上仍是一味的专制，将来旗务总不免有一番的纷纭，若欲补救，非赶紧开化不可。究看札萨克醒悟不醒悟，利害关键，就在最后的五分钟。我述的这一节，就是鄂托克旗务上的沿革，以及今昔大略的情形。

召庙的喇嘛

蒙古人的性情，最迷信的是神，并且从前为上的，用的是愚麇政策，所以两个蒙民，就有一个去当喇嘛，若是弟兄三个，就有两个去当喇嘛。这是甚么缘故呢？因的是当了喇嘛，不但旗下的负担一概免除了，而且还有人来供应他、布施他，那个人方面，亦很是自由的，所以蒙古人都愿意去当这个喇嘛。大半每一旗、部落，全不注意生计，到了后来，人口日见的衰弱，家计日见穷窘，然而迷信最深，无论如何，总不能破除。将旗〔来〕蒙旗亡种的危险，恐怕就在这些喇嘛身上。就以鄂托克旗说吧，召庙共有四十六处，喇嘛共有两千七百余人，按以全旗户口计算，喇嘛到占了十成内的六成了。再把召庙的名目、距离的方向远近、喇嘛的人数，详细的列了一个表，阅者就知道实在情形了。

鄂托克旗召庙名目、距离、喇嘛一览表

召庙名	距札萨克驻在地方向	里数	喇嘛人数
新召	正北	九〇	五〇〇
壕沁召	正东	九〇	二〇〇
哈达图召	东南	八〇	四〇
察哈甲达图庙	东北	一四〇	二〇
克泊庙	东北	一六〇	三〇
哈达冤庙	正东	一六〇	二〇
察汉吉力庙	东北	一九〇	二〇
吉拉木图庙	东北	一九〇	四〇
桃梨庙	东北	二一〇	二〇
乌兰吉拉庙	东北	一八〇	三〇
毛乌素庙	东北	八〇	二〇
苏木图庙	东北	一九〇	二〇
捣拉庙	西北	二二〇	四〇
察罕鹅鹁庙	西北	二五〇	二〇
耳居图庙	西北	二八〇	二〇
保拉格斯太庙	西北	二九〇	三〇
桃期图庙	西北	三七〇	二〇
察布气庙	西北	二三〇	四〇
迭拉斯太庙	西北	二〇〇	二〇
柴太庙	西北	二八〇	二〇
拉僧庙	正西	二二〇	一〇〇
阿桂庙	正西	四五	三〇
捣拉阿桂庙	正西	八〇	三〇
巴彦托罗亥庙	正西	七〇	三〇〇
毛脑亥吐盖庙	西南	四〇	三〇
海流图庙	正南	七〇	二〇
啊贵庙	西南	一七〇	三〇
馒头庙	西南	一八〇	二〇

召庙名	距札萨克驻在地方向	里数	喇嘛人数
补龙庙	西南	一七〇	一五
喇嘛庙	正南	一〇〇	四〇
哈套庙	西南	一七〇	二〇
归乌素庙	西南	二一〇	二〇
什拉鸡汗庙	西南	二六〇	五〇
哈拉哈通庙	西南	二三〇	二〇〇
阿太庙	西南	二三〇	四〇
尔素庙	西南	二二〇	二〇
五虎洞庙	西南	二三〇	三〇
毛盖图庙	西南	二四〇	二〇
拉麻庙	西南	二七〇	一〇〇
巴拉庙	西南	二七〇	三〇
土圪旦庙	西南	二八〇	二〇
召荒庙	正南	二七〇	二〇
什里庙	正南	二七〇	二〇
哈力哈图庙	东南	二五〇	三〇〇
朱拉开庙	东南	一八〇	四〇
克尔格根庙	东南	一八〇	二〇

以上召庙共计四十六处，喇嘛共计二千七百三十五人。

面积的疆界

鄂托克旗，即是伊克昭盟鄂尔多斯的右翼中旗。在汉朝时代为朔方郡的南境，临戎、广牧两县界内。到了魏晋，全都荒弃。晋末的时候，又被赫连勃勃所据，后来赫连氏又为后魏所灭，改建夏州，立为化政、阐熙、代名三郡。隋得之后，将朔方郡移住于此。到了唐代，改为宥州。五季时，又被季〔李〕夏占据，属了宁夏路。明为蒙古侵踞，始终不为内属。到了清代，方肯来朝。民国改革以后，一切依然照旧，相沿至今。这个地方，在甘肃、宁夏东北三百五十里，绥远临河西南一百五十里。由札萨克驻在所计算，东至察罕札达海泊七十里，接右翼后旗的界址，即是杭锦旗。南至贺通图山（俗名回回墓）三百七十里，接右翼前旗的界址，即是乌审旗。西至察罕托辉二百五十里，接外蒙赛音诺颜左翼右旗界。北至马阴山一百一十里，接右翼后旗的界址。东南至库克陀罗海一百里，接右翼前旗的界址，即是准噶尔旗。西南至横城口三百三十里，接边城界。东北至鄂兰拜一百二十里，接右翼后旗的界址。西北至阿尔布坦（又名省嵬山）二百二十里外蒙古赛音诺颜部的界址。这鄂托克旗幅员的宽阔，比较各旗是大的多了。综计东面南北斜长，北自察罕鸥鹁图才登冯起点，南至镇罗堡的边墙，共有五百六十里。西面南北斜长，北自吉圪堆脑包起点，南至横城堡的边墙，共有四百八十里。北面东西斜长，西至吉圪堆脑包起点，东至察罕鸥鹁图才登冯，共计四百二十里。南面东斜长，西自横山堡黄河起点，东至镇罗堡的边墙，共有五百六十里。北界杭锦旗，东连乌审旗、杭锦旗，南接边墙，同那〈山西〉、陕西两省，并那阿拉善、额鲁特旗地方，面积之大，地土之广，合计起来，总有土地达十三万七千五百九十余顷，能与五原、河套的面积，相差无几，实实在在算是绥远西边的一个"富源"所在，可惜多少年来都没有人注意。现在情形可与从前大不相同了，因为包宁汽车路已经修通了，交通便利，这个"富源"的所在，就有开发的希望，愿我西北志士、实业大家，努力的图维，勿要辜负天生这一段良好的新世界呀。

户口的数目

　　鄂托克旗地内，人烟很是稀少，缘故就在交通阻塞，若是交通通畅，早已发达。现在包宁汽车路，已经修筑，若是火车告成以后，这鄂托克旗的"富源"自然的要十分发达。兹将目下户口的数目，列为一表，以备阅者参考。

鄂托克旗村落、户口表

村名	户数	人数
五堆子	九〇	三〇〇
巴音套海	三〇	一五〇
陶乐湖滩	三〇	一五〇
察汗根	一五	六〇
新地坑	六〇	三〇〇
旧地坑	七〇	三五〇
康家巷	八〇	四〇〇
脑包池	三〇	一〇〇
杨子院子	四〇	一五〇
杨家圈	四〇	一二〇
刘家圈	五〇	一五〇
五堡滩	三〇	一〇〇
十字井	四〇	一五〇
草滩墩	三〇	一二〇
公布井	一五	一〇〇
赵家圈	一五	五〇
井家湾	一五	六〇
天成永	二〇	一〇〇
黄虎梁	一五	一二〇

村名	户数	人数
二道梁	一五	八〇
义什梁	二〇	一五〇
报橙滩	二五	一二〇
堆子滩	三〇	一五〇
陈家圈	二〇	一二〇
张家圈	一五	八〇
李家圈	一五	七〇
杨家圈	一六	九〇
石屯子沟	五〇	三〇〇
家家寨子	七〇	二〇〇
刘贵湾	四〇	一五〇
宁条梁	二五〇	八〇〇
月牙湖	三〇〇	八，二〇〇①
草山梁南土山中，散处农民，穴居，不成村落	四五〇	一，五〇〇
鄂旗西、南、东边界，散居商民	一四〇	六〇〇

以上三十四村等处，共二千七百十一〔二千一百七十一〕户，计男女大小八千六百四十〔八千二百六十〕名口。

按以鄂托克全境地方说起来，村落很是星散的。南部分似较繁多一点，东、西、北三面边隅的地方，人民居处，都是土草建筑，东南方面，率多穴居，就是土窑。村落大点的，就是宁条梁、小桥畔、城川、黑梁头、堆子梁、石屯沟、白泥井；西南方面，就是新旧地坑、陶乐湖滩、五堆子这些地为大②。西北、东北两方面，人烟很是稀少的。最可叹的，就是各国人所设的教堂、神甫、

① 原文如此，应为八二〇。——整理者注
② 这里的村落名称，与前表多不对应。——整理者注

牧师不远数万里航海而来，所有塞北沙漠无人烟的地方，总是先有了外国人，立了教堂，凭借他的帝国主义，来到我境内实行那殖民政策。年湮代远，这鄂托克境内，无形的成了天主国了。这个样看起来，外国人的冒险心，固然令人佩服，然而我们一般同胞，不要说不能到人家国内去做点事业，连自己门前的"富源"，反叫人家来经营，说起来真是令人惭愧无地了。就以这鄂托克旗说吧，小小一个沙漠蒙部，数起教堂就有十一处。今将教堂所在地及所有教民户、人数口也列出一个表，以备考查：

鄂托克教堂表

教堂名	教民户数	教民人数
白泥井教堂	一五〇	七百
黑梁头教堂	六〇	三百
城川教堂	七〇	二百四十
堆子梁教堂	一二〇	五〇〇
仓房梁教堂	八〇	三二〇
沙路芧子教堂	九〇	四〇〇
硬子梁子教堂	一五〇	六〇〇
胡家窑子教堂	一二〇	三〇〇
毛团圐圙教堂	一四〇	四四〇
小桥畔教堂	二四〇	八〇〇
宁条梁教务府	五〇	三〇〇

以上教堂十一处，教民一千二百七十户，计男女大小四千九百名口。

总计全境回、汉的人民，共有三千四百十一〔三千四百四十一〕户，男女大小一万三千五百四十〔一万三千一百六十〕名口。人烟不能繁盛的原因，确因交通不便，若是交通便利，人烟自不难稠密了。

山川的形势

鄂托克界内山脉的来源：北面本诸贺兰山、祁连山的支脉，南面就是六盘山的支脉。在鄂托克旗西北的，总名阿拉不素山，南北长约二百五十里，东西宽有一百里左右，周围有六百里，高有五千尺。内中接连小山，曰桌子山，曰银山，曰保拉斯太山，山脉均出在那阿拉不素山，南边的贺通图山为最大，又名曰草山梁，蜿蜒环绕东南方面，东西长约一百里，南北宽有六十里，脉出在六盘山东尾，崖壁峭削，山势狭窄。山中所出的矿质，多系白花岗石磨片等类。雨雪时积山腰，草木均不生长，全是气候的关系。因每年月〔九〕月间，将已结冰，到了第二年四月间，始行解冻，常年雨量甚少。狂风时起，北风居多，春天尤烈。按以气候比较，寒暖与五原、包头、绥远相差二十多日。三冬旋风起平地，直冲霄汉，人马卷于风内，不能自主，几难自保，土人所谓白毛旋风，大半起于山崖幽壑，寒气最易侵人，蒙古喜于饮酒，亦系防御寒气之故耳。境内除南北山以外，西南部内五堆子、月牙湖的东边有沙梁一道，南北斜长二里、四十里，宽有三十、五十、七十、八十里不等，高有一二十丈；又横城的北边，有沙漠一段，长有七八十里，宽有四十、五十、六十里不等；又钢达气、乌素淖一带，有沙梁一道，曲折入东北乌审旗界，长约二百余里，宽有七八十里及一百余里不等，高有三丈、七丈、八丈不等；又正南召荒庙一带，有沙梁一道，曲折入东北乌审旗界，长约二百余里，宽有四十、五十里不等，高有三丈、五丈、七丈、八丈不等；又东南部板橙滩一带有沙漠一段，四周约有六七十里；又东南部石屯子沟东北，有沙梁一道，曲折过宁条梁，东入乌审界，长约一百余里，宽有四十余里，高有三丈、五丈、七丈、八丈不等。说起来鄂托克南部，大半明沙高粱甚多，莫不曲绕相连。小段沙碛，到处皆是。若以面积说，沙砾可也占的不少。至于河流，则以黄河环绕于地的西北方面，成一字形，经甘肃中衡〔卫〕、宁夏石嘴子，进长城，过磴口，入于后套。以西北界而言，环绕七百余里，可算上通西宁，下达临河。运输船只往来的航路，每年舟楫多半聚于石嘴子、磴口。由包头上驶宁夏的货，也不过杂货、布匹这些物品。如由上游行驶包头，皮毛哪、盐碱哪、粮食哪，都是运输出境行销的大宗货物。运输处所，全赖石嘴子、磴口两处。是包头商市的兴衰，要视黄河上游货物运输来源如何，所以包头是个水陆的码头，就是这个由来。在这境内黄河渡口，共是六处：一曰磴口渡，在鄂托克西北界，有渡船六七只，以渡行旅，渡口使阿拉善派员管理；一曰二子湾口，在鄂托克西界，有渡船七八只，虽属杭锦旗派员管理，以每日蒙人牲畜过渡甚多，竟行自制船以代往来应用；一曰石嘴子、磴口，在鄂托克西界，自制船以代两只，并设蒙员办公处，就近管理，应支经费，取给过渡之人，每年盈绌不等；一曰五堆子渡口，在鄂托克西南界，有船四只，系属甘肃平罗县官渡口；一曰流沙子渡口，在鄂托克西南界，有回民渡船两只，以为生活；一曰横城堡渡口，在鄂托克西南界，系属甘、绥连界要点，渡口船只甚多，为省区往来的孔道。又境内东南隅八里河，水的来源有两处，在陕西定边县东南，阴阳山涧至边里梁庄二归为一，流入鄂旗堆子梁教堂的东南十余里。河身宽有一丈二尺，深约八尺，水色与黄河相同，环绕境内长约四十余里，可以浇灌地亩一千余顷。前清时，汉、教人民争水兴讼，经定边县判定，汉民每月用水二十天，教民每月用水十天，始行了结。如遇天旱水缺，仍不免争斗，利之所在，人所必争，也是事实上免不掉的。又东南部大岔河，又叫烂泥河，宽有三四十丈，深有十余丈，自草山梁南而北流，曲折入乌审无定河，尚无航路。

将来如能修理河身渠道，开淤疏畅，鄂托克水利的"富源"岂可限量。

水利的进行

鄂托克的山川形势，前章业已说明大概。至于水利方面，沟渠的所在、里数的长短、深浅同那宽窄，以及桥梁的处所，都有切实的调查。兹特分别甲乙两种列载于后，就知道详细的状况了。

（甲）沟渠

（一）保尔格斯太沟，系在旗境西北、磴口东南一带，曲折东行，长约一百里，宽深均约数十丈。其沟西口有窄深三处，长约六十里，宽有二三丈不等，为甘肃、阿拉善等处同那各蒙旗旅行出入必经的道路。

（二）乌兰布龙沟，系在旗境西北部，由那敖龙脑包折入东南，宽深均有九十余丈，长在七八十里之多。

（三）杂袋沟，系在旗部〔境〕西部巴彦套海，曲折东入寒盖格一带，宽有九十余丈，深有五丈至三十丈不等，长约一百余里。

（四）都斯图沟，系在旗境西部都红崖子北，曲折东入沟口崖等处，长约二百余里，深约四十余丈，宽亦相同。

（五）苦水沟，系在旗境西部，北由杂袋沟曲折南入都司图沟，同那沟口崖等处，宽深各有二百丈上下，长约一百余里。

（六）冰沟，系在旗境西南部月牙湖南，东西长约有四五里，宽深各在四十余丈。

（七）水洞沟，系在旗境西南部横城迤北，其水由那边里清水营，流入边外黄河，长有二十余里，宽深皆有十余丈。

（八）迈林沟，系在旗境西北部银山一带，为伊克昭盟旗入出的要路，长有五六十里，宽窄三五丈至十余丈不等，深则由十余丈至二百丈不等。

（九）石拐沟，在那草山梁南源，由那边里红柳河，曲折北入大岔河，长约一百余里，宽深都有百余丈，还是绝壁悬崖，淤泥无底，虽有独木小桥，亦不过所谓羊肠鸟道而已。

（十）羊门子沟，在那草山梁南源，由赵官涧曲折北入大岔山，宽深各有一百余丈，长约六七十里。

（十一）喜鹊涧，在那草山梁南源，由赵官涧曲折北入大河，宽、深、长均与羊门子沟相同。

（十二）赵官涧，在那草山梁南边墙的北面，宽深均有一百余丈。这一道沟，即是羊门子沟，同那喜鹊涧各水的来源了。

（十三）察汗根渠，系属力民所挖，南北不过长十余里，宽深亦不过三四尺，渠路采择，都不合法，以致年来不能得享水利，将来非认真改良，不能收效果的。

（十四）五堆子渠，自那马太渠曲折北至五堆子，长有二十余里，宽约七八尺，深也有五六尺，渠路通畅，每年浇水甚多，人民多半赖以耕植。

（十五）陶乐湖滩渠，这地内的渠，计有两道，自流沙子至青沙洼，各长二十余里，宽深均有六七尺。现在人民，日见其多，渠道亦日见整理，如再实力经营，所浇的地亩，尚不止此，究看一般农民，能否进行，与那横充的精神①。

（十六）月牙湖渠，月牙地湖地亩最称膏腴。自前清贻将军委派委员张济清，前往甘肃平罗县设局大放，皆以交通不便，遂致搁置，原有渠道，亦多淤废。到了民国十三年，马都统又复派员

---

① 原文如此。——整理者注

继续进行，一般回民遂得投资认领，极力经营此渠，查现已挖长十余里，宽深三四尺渠道，以便浇灌地亩，如能力加修挖，月牙湖一带水利，是不可限量的。

（乙）桥梁

（一）八里河桥，在石屯子沟西，系土木筑成，可容单车行走。又西北尚有同样一桥。

（二）大岔河桥，在小桥畔迤西，系木板搭架，只能过往行人，不能走车。

（三）石拐沟桥，在石拐沟底，系一独木小桥，仅能过人，同那牲畜往来，大车仍不能行走。

（四）赵官涧桥，在官涧桥底，亦系独木小桥，不能过往大车。

交通的道路

鄂托克居在那沙漠的地方，人烟很是稀少，所以一切实业，都不能发达，而以"富源"蕴弃于地，无人采取。推原其故，交通阻塞，就是第一个大原因。幸致上年有包宁铁路建筑的进行，并且要修黄河两个大铁桥，绕道鄂托克的北〈部〉，将来若是告成，这个富源的地方，自不难发展了。现在先把道路里程的情形，略为述一述，就知道实在的状况，留心西北的志士，也可以参考参考了。

（一）台站的大路

蒙古的部落内，都没〔设〕有台站，来往传递公文，克托克尤为甘、宁赴京最要紧的驼路。由石嘴子赴〔起〕点东行，过铁盖苏木，计有七十里；由铁盖苏木到赛乌素，计有六十里；由赛乌素到捣拉阿桂庙，计有二十五里；由捣拉阿桂庙到巴彦托罗亥庙，计有四十五里；由巴彦托罗亥庙到鄂托克札萨克驻在所，计有七十里；由驻在所到察汗淖，计有三十里；由察汗淖到巴彦淖，计有九十里；由巴彦淖到克泊庙四十里；由克泊庙到乌审、杭锦两旗地界，计有四十里，共计台站道路，计有四百四十里。此项台站一总名曰河西六台。其名曰河西察罕札达亥台，属于蒙藏院所辖杀虎口台站处管理，每站设有章京、昆都、站丁，受节制于札拉克，以资传递文报，不过近年废弛得很了。

（二）普通的道路

（甲）由乌审、杭锦两旗地界起点西行四十里到克泊庙，由克泊庙四十里到巴彦淖，由巴彦淖九十里到察汗淖，由察汗淖五十里到新井；由新井四十里〈到〉察汗脑包，由察汗脑包三十里到乌量素，由乌量素十五里到白彦格，由白彦格十五里到乌胡图，由乌胡图三十里到铁盖苏木，由铁盖苏木七十里到石嘴子，综计此路，共长四百三十里。

（乙）由札萨克驻在所起点西南行，八十里到都思图，由都思图五十里到补隆庙，由补隆庙五十里到西土萨拉其营盘，又由西土萨拉其营盘八十里到沙亥庙，由沙亥庙八十里到横城堡，综计此路延长四百里。

（丙）由札萨克驻在所起点西南行，五十里到毛脑亥吐盖庙，由毛脑亥吐盖庙八十里到沙拉才磴，由沙拉才磴二十里到钢达其乌素淖，由钢达其乌素淖八十里到毛盖图才磴，由毛盖图才磴九十里到旧地坑，由旧地坑六十里到花马盐池，综计此路延长三百八十里。

（丁）由札萨克驻在所起点东南行，五十里到乌兰布拉格素，由乌兰布拉格素四十里到小尔克图，由小尔克图六十里到可力盖，由可力盖九十里到克图鲁达布素，由克图鲁达布素二十里到察汗陶拉亥，由察汗陶拉亥一百八十里，分抵安边、宁条梁等处，综计此路，延长四百四十里。

（戊）由札萨克驻在所起点东南行，三十里到乌兰才磴，由乌兰才磴三十里到哈达图庙，由哈达图庙二十里到乌兰陶拉亥，由乌兰陶拉亥七十里到克客淖，入于乌审旗地界，综计此路，延长一百五十里。

（己）札萨〈克〉驻在所起点西北行，过新井三十五里到巴音，由巴音十五里到新召，由新召四十里到大沐内，由大沐内三十里到捣拉庙，由捣拉庙一百里到察汗鹧鸪庙；由察汗鹧鸪庙三十里到杭锦旗地界，综计此路，延长二百五十里。

（庚）由〈宁〉条梁东行过小桥畔，六十里到乌审旗地界，又由宁条梁西行七十里到安边，此路均系通山西、陕西两省以及各蒙旗大道。

（辛）由札萨克驻在所起点西北行，二百二十里到捣拉庙，由捣拉庙六十里到耳居图庙，由耳居图庙一百一十里到磴口，综计此路延长三百九十里。

（壬）由乌审旗西行，过里圪旦十五里到城川，由城川三十五里到黑梁头，由黑梁头四十里到白泥井入花马盐池、安边、定边等处。

（癸）由石屯子沟起点东南行，过高家寨子十五里到四路沟，二十五里到赵官涧。此路系属入陕属镇罗堡、宁赛堡等处的要道。又由石子屯沟过大沙湾四十里到庙芧子，六十里到石拐沟，经孙家要险八九十里，曲折合路于镇罗堡等处。

按：以鄂托克地方面积是很大的，所载的道路，不过择要记述，其他支路纷歧，殊难细载。

（三）铁路的测勘

鄂托克这个地方，面积之大、"富源"之多，就是因受了交通上阻滞的影响，以致不能发展。自京绥路局提议，从包头展修到宁夏，若是真能实行，这个"富源"所在，可有了无穷了〔的〕希望。政府亦注意于此，曾经任命王瑚为包宁铁路督办，实行兵工政策。交通部复拟筹借比款三千七百万元，以竟全功。并由京绥路铁路管理局，委派工务处周良钦，为包宁路线测勘主任兼甲队队长，依限测勘。据以民国十四年九月十九日报告，择录于下，即知测勘的实在情形了。

（一）自包头测至五原，路线计长一百七八公里零四一一。由包头车站迤西起点，沿毛凤章营子，经韩庆窑子、尹六窑子至武英窑子前面，上慢坡，登高原，过昆都仑河，走杨家台、海燕脑包，直趋乌拉山南麓，傍山而行，迤逦以至桃儿湾，再经瓦窑店、加格尔其庙后，沿山根径抵鞑子店，至西山嘴、双阙店入后套，过西槐木、燕安河桥至隆兴长而达五原县，其坡度最陡的，有一百八十五分之一。此次测勘，选择路线，以乌拉山后山路线，与前山比较，后山线长逾十六公里有奇，坡度不如前山平顺，工程用费，亦较前山为多。更有昆都仑沟的险阻，可较与居庸关沟工程相同，约须多费三百万元，当年行车、岁修各费，尚未计及，自宜舍后山，而就前山，其利有五：（1）路线短，（2）地势平，（3）工程易，（4）需费省，（5）竣工速。有此优点，似应采用前山南线，较为适当。至后山乌兰捣包，虽属后套商业荟萃所在，苟取道前山，该处商务，亦不难潜移默运，渐趋隆兴长地方，此因铁路吸收的功能，理势当然。其舍此就彼，仍与后套商务无关得失，不过市尘〔廛〕转移而已。

　　（二）自五原县至西山口，路线计长二百公里五九七，其〔由〕滥粮台直至西磴口。若沿黄河北岸而行，均逼近沙漠，无法绕越，故路线不得不入沙漠。所谓沙漠，就是无数丘陵，重叠绵亘，一望无际。探其来源，系沿两狼山同那贺兰山相距处，泻入西偏新疆的大戈壁，每见大风吹动，有若河流，沙质轻松，忽聚忽散，成为广汉〔漠〕沙碛无涯，路线至此，择无可择。后遂改由滥粮台，跨过黄河，沿卓子山至西磴口，刘河地势又凸凹不平，山沟又多丛错，工程较为困难，其坡度最陡的，有二百分之一。但由五原县以至滥粮台一带，计长一百四十余公里，地势平坦，多属膏腴，移民垦种，诚为天然"富源"的区域，农民得此肥硗〔沃〕土质，不患耕耨无人，只要交通便利，将来人民繁殖，业务自必蒸蒸日上了。

　　（三）自西磴口至宁夏，路线计长一百七十六公里零七三四，如由磴口沿黄河北岸至头道坎，全是沙漠，近年雨雪稀少，流沙泛滥，河边之地，地被沙压，不能用与〔于〕道路。而南岸沿卓子山麓至石嘴子，计长七十余里，地势崎岖难行，最急坡度亦可做到二百分之一，其间有挖坝之处数小段，或需开小山洞。西磴口至石嘴子过黄河之处，地名有四，曰头到〔道〕坎、二道坎、三道坎、石嘴子，此四处两岸均有石子石块，河道亦窄，将来兴工时候，审择一处，诚无巨大工程。过河之处，尚有沙碛，过道坎至石嘴子，即可脱离流沙，由石嘴子而至宁夏，地势下湿，沟渠众多，尚无困难之点。不过宁夏四面是湖，建设大车站，很不容易，再三审勘，均无相宜地点。自磴口至石嘴子，平均坡度二千六百之一，由石嘴子至宁夏，地尽平坦。

　　综计包宁全线共长五百四十余公里，估需建筑等费共约三千一百九十三万六千余元。就工程论，自包头经五原县，西至滥粮台三百余公里，都是平易之线。不过经滥粮台六十余公里至磴口，

多属沙漠，无法绕越。再［皆］由滥粮台跨黄河南岸沿卓子山麓
而至石嘴子，计长一百三十余公里，其间又有黄河桥两座，横亘
其中，地势高下，谷涧纷岐，是为全线最费工费时的所在，过此
以达宁夏，计长九十余公里，即是平原沃野，工作甚易。至于沿
线地方状况，地多荒芜，民居寥落，商务稀少，一俟路成，而后
交通便利，再加移民开垦实边，自然的边民蕃殖，商业发达，前
途进步，正复无量，西北开拓，亦实胥基于此也。

（四）汽车的运输

包宁来往交通的阻滞，为发展西北的一大窒碍。民国十四年春
间，冯督办进行西北事项，最注意的是交通。是年夏间，李都统
秉承斯旨，转饬积极的进行，所有包头设治局、大余太设治局、
五原县、临河设治局，莫不分段修筑，又复加派兵工，不惮劳苦，
包宁的汽车路，不数月而全路告成，其办事迅速敏捷，为他人所
不及。按以包宁道路，系由包头起点，经乌拉山前、麻池、乱水
泉、召湾、荷叶萨齐、加格气庙、公庙、西山嘴，计二百九十里。
再由西山嘴，六十里革余，循西北，经西槐木、阜恒兴、黄脑楼、
燕安和桥、东牛犋，八十里已达五原县。转西南，过邬家地、杨
福来，一百八十五里抵临河设治局。循西南，傍麓河，经黄家木
独、乌拉河、补隆淖、天兴泉折正南至富家湾，三百四十里至磴
口。复正南，循黄河，经官地村、百子地、河拐子、耳子地，一
百八十里至石嘴子，又九十里至平罗县，再循西南一百里抵宁夏。
综计共长一千三百二十里。沿途道路，多系冯军第八混成旅所修，
在鄂托克西北一带之路，计长六百余里。不过初创之际，道路尚
有坷坎不平的地方，磴口一带，沙碛甚多，汽车往来，时有损坏。
冯督办并饬令于汽车路两旁，栽植杨柳等树，不但提倡林业，且
为护路。闻由绥远实业厅画计进行，约需树秧一百八十余万株，

果能栽植成活，则西北林业前途，岂可限量。汽车现在无多，一经损坏，修理为难，虽暂时卖票，多为军用，乘客不能及期往返，是一缺点，尚望注意于斯。添办客票车辆，沿途修站，以备休息，多设汽车工厂，借资修理。如能责成地方官，对于汽车道路、沟渠、桥梁，时加补修，包宁的交通，定能极形便利的，那末西北方面的富源，何患不能开发了。

按以鄂托克西界毗连甘肃、磴口、石嘴子、平罗县等处，确为包宁铁路必经之点。又修黄河铁桥两座，穿插其间，交通最称便利，是以闭塞的区域，将来交通一经便利的时候，其"富源"的发展，真是不可限量的。愿我西北志士，及早注意，筹维进行，千万不可错了这个莫大机会，致贻后悔。

关津的险要

鄂托克这个地方，现在说起来，是沙漠，无限精华尚未发泄，将来要是发达之后，也是绥区西鄙一个要地。所有关津的险要，自应预先记载，俾得有所参考。

一、巴彦套海　在鄂旗境西部，当札萨克驻在所往来乌审旗台站的要道。接以地方，可以西通甘肃，南抵横城，北达磴口、阿拉善、后套一带，境内所出炭、碱，皆由北路输运。考以地势，确为鄂托克紧要门户。

一、保尔格斯太沟　沟在旗境西北部磴口的东南，东西斜长约有百里，宽约五丈、十丈、三十丈不等，尽西稍窄，曰为驼路。内中有五六十里，小泉绕流其间，不过悬崖绝壁，每至秋夏的时候，山水时有暴发之虞，旅行危险。此路系由阿拉善暨各蒙旗往来必经要地。

一、冰沟　沟在旗西南部，东接沙梁，西通黄河，宽深均在三十丈以上，长约五里，底有苦水小泉，沙壁甚多，旅行时苦不便。系属牧畜良好地点，又为旗境的险要处所。

一、横城堡　为甘、陕往来要路。按以地理考查，系在陕西，因有横山绵亘，榆林道境为桥山北麓，山崖高峻，连延千里。宋沈括、种谔请城横山以御夏人。明代成化年间，有余子俊就横山故址铲山为墙，计长一千五百余里，即现在陕西西北部的边墙，并设横山县以资控制。

一、石屯子沟　在旗境东南部，为山、陕赴甘的要道，又系陕属各小路的咽喉，并为鄂扎〔托〕克冲要地点。

一、旧地坑　在旗境南部，与大盐池一带相连，东通乌审各旗，西抵横城，南至安边、定边两县，以及花马池等处，北抵黄河，为交通便利扼要地点。将来发展，税收机关，舍此莫属。

一、宁条梁　在旗东南部，沙梁围绕。有商铺四十余家，民居一百余户。靖边设有县佐一员、税收机关一处，教堂、教民甚多。耕种之地，多在附近。为山、陕赴甘必经之路，并系鄂托克第一冲要地方。靖边明时名为靖边营，清置为县，民国仍依其旧，属于延安，即现在的陕西榆林道。

一、石拐沟　在草山梁的南边，沟宽百丈，陡壁绝崖，淤泥无底。虽有独木桥可通往来，非有土人引导，不能畅行，其险要可知。

一、单门子沟　在石拐子东北，险要相同。

一、喜鹊涧　又名马厂河，险要与石拐沟相同。

一、赵官涧　在草山梁的南边，边墙之外，为单门子沟、喜鹊涧等沟的来源地方，险要仍与石拐沟相同。

一、烂泥河　又名大岔河，横于小桥畔迤西，沟底皆红泥，人畜时有险入之虞，此处亦险要地点。

一、新召　东通乌审、杭锦两旗，西达阿拉善、宁夏等处，北连杭锦，以达后套、包头等处，亦属冲要地方。

机关的处所

一、官署　宁条梁当陕西靖边县的西北，在宁塞堡的北面，地属绥区，管辖治理权，则归靖边县。从前宁条梁镇上，设县佐，以资治理。

一、税卡　宁条梁镇，为绥、陕毗连要地，又为商贾贸易处所，牲畜、皮毛产量尤多。故靖边县署设有征收皮毛税卡一处，以资征收。经费支出为限，并未专设机关，不过委托商家代办。草山梁南孙家要险处，亦设有征收牲畜税卡一处，从前为商家增盛油坊包办，每月包纳税款仅二十元，不无中饱。

一、税局　鄂托克南部内，有白盐池、脑包池、苟池等出产甚富，汉蒙人民运销附近一带售卖。盐质虽逊于阿拉善吉兰泰所产红盐，然一般汉蒙人民，莫不图贱购食。所有各盐池，鄂托克旗札萨克均设有税局一处，委派蒙员常川驻守，专收盐税。按以则例，每斤收取制钱一文，谓之出境税，相沿已久，至今仍照旧章办理。

邮电的状况

鄂托克远在绥西，人烟稀少，交通不便，所有邮电，不过甫有其名，毫无实际，而且关于蒙事，皆由台站转递，动辄数月不能送到，其传递困难，不问可知。将来地方发达，首先应办急务，就是邮电。

一、邮政　鄂托克旗向无邮政局、所的专设，只有东南方面宁条梁镇内，设有邮传递处一所，委商家代理，借通陕、甘等处的信件，交通阻滞，颇费周折。

一、电报　西北方面，仅有包头以达甘肃兰州的电线，沿途得以传递消息。鄂扎〔托〕克北鄙，就是包兰电线经过的地方。由磴口到石嘴子，其线则注于鄂托克，然尚未设置电局，遇事必须由磴口或石嘴子方能传递消息，其困难可想而知了。

古迹的考查

鄂托克地居沙漠，所有古迹，代湮年远，不易考查，大都荆榛掩蔽，狐狸穴居，茫不可指。今将所知，略为记述。

横都城　在鄂托克札萨克驻在所东南三百余里，宁条梁的北界，所谓统万城，即赫连夏故都是也。前清道光年间，陕西怀远县知县何丙勋奉令考查此城，从县城外围水西渡出边墙，又西渡磨姑河，又西渡西水河，又西渡无定河，地势渐高。在怀远县西九十七里，其地有土城，周围三重，俱系土筑。渡无定河西行二里许进头道城，又西半里许进二道城，又西数十武进三道城。头二道城内，仅余瓦砾，三道城内南面西隅钟楼，东隅鼓楼，鼓楼已毁，仅存基址，坚筑白土墩，高五六丈，无级可登。钟楼高十余丈，鸡笼顶式，大厦一间半，倾圮已半，悬钟屋顶，形迹宛然。周围飞栏八层，插椽孔穴，历历可数。所有木料，多半为蒙人揉升，折而为薪，不过尚能登眺。南面列有土墩七处，硬如石头，似系台楼的基础。北头有白土坡，似系宫殿的地基。北城东、西两角亦有土墩，所谓转角楼。内城东西不及一里，南北约一里有余。据土人说，每逢朔望昧爽时候，空中辄现城阙。及至民国七年董君延琛前往调查，一无所有，仅存基址而已。

临戎故城　又名曰贺葛真城。《元和志》："永丰县在丰州西一百九〔六〕十里，本汉临戎旧地，后汉末废。周武保定三年，于此置永丰镇。隋开皇五年，废镇置永丰县，永徽元年，复置。"《延绥志》："临戎〈县〉故城，唖把湖在其内。"

蓝城　在鄂托克西北，黄河东岸，城阙已无，仅存基址，何时建筑，已无可考。

气候的观测

塞北地方，向来很是寒冷的。鄂托克在于绥远、甘、陕边境，居于西经八度至十度，北纬三十八度至四十度，人烟稀少，地气闭塞，沙漠旷野，空气异常干燥。雨泽缺少，冬季严寒，春天辄有暴风，飞沙走石，冬令亦然。所谓蒙古只有夏秋二季，气候使然。若在夏令，大雨日暮以后，冷风一起，寒气即增。谚云："早穿皮袄午穿纱，围着火炉吃西瓜。"节气相差，至于如此。如立秋后，霜雪纷降，即有西北暴风俄起，数月不息。按以气候的观测，鄂托克地方含有大陆性、沙漠性，故常年多风，而以西北风为多，如雨泽减少，黄沙飞走空中，弥漫无际，良以空气干燥所致。绥远观测所所长王君恩著，由民国四年起至十三年止，十年中，所测每月温度暨雨量，其表分列于下[1]，以资参考。

绥区民国四年至十三年十年份每月温度〔雨量〕平均比较表

年份 雨量 月份	四	五	六	七	八	九	十	十一	十二	十三	十年 总合计
一	0.0	25.5	0.0	0.0	—	0.0	25.5	—	7.2	—	53.2
二	0.0	12.8	16.2	5.1	—	27.4	—	48.1	10.1	0.0	119.7
三	0.0	0.0	0.0	10.6	8.4	—	18.0	0.0	16.7	—	53.4
四	9.0	5.2	5.6	11.6	0.0	9.0	0.0	12.3	22.8	—	75.5
五	27.5	18.0	35.6	23.7	29.1	37.8	86.6	11.5	—	3.3	273.1
六	47.5	46.6	46.9	65.9	77.1	95.3	160.3	42.1	2.1	160.5	744.3

---

[1]　未见每月温度表。——整理者注

续表

年份 雨量 月份	四	五	六	七	八	九	十	十一	十二	十三	十年总合计
七	164.1	43.7	105.2	40.0	115.3	64.5	151.4	42.1	42.1	74.1	842.5
八	117.7	57.4	11.0	144.5	193.2	52.0	43.5	191.4	105.8	87.1	1003.6
九	57.1	74.8	47.1	23.1	76.4	536.1	13.6	37.8	38.0	10.0	914.0
十	30.9	25.5	14.2	7.9	18.5	71.4	77.5	0.0	0.0	11.9	257.8
十一	0.0	23.1	—	17.5	—	—	—	0.0	—	0.0	40.6
十二	0.0	0.0	0.0	0.0	0.0	50.8	0.0	0.0		0.0	50.8
全年总合计	453.8	332.6	281.8	349.6	518.0	944.3	571.4	385.3	244.8	346.9	4428.5

查雨量一项，系用英尺计量，用〇三九改计成密理米突，表内填载数目，均系密理米突数。

矿苗的性质

鄂托克当阴山的阳面，又接连甘肃贺兰山，同陕西横山、六盘山各路山脉，是为北条、中条昆仑山系，性质以火成岩为主。按以分脉说起来，近于甘肃方面，大半属于花岗岩、片岩为主，惟空气干燥，成为砂碛。近于陕西方面，除了花岗岩、片岩、石炭岩、砂岩，各种矿质的组织，近于绥远方面，除了花岗岩、片岩外，其他石灰岩、石炭岩，到处甚多。据矿学家言，花岗岩即蛮石岩，矿质之主成分，为长石、石莫与云母石。其中长石，居其大半，岩之颜色，亦随所含之长石而异，有石略带粉红色，惟大多数之花岗岩为淡灰色，虽品体甚稀，颗粒纯匀，是为完全之晶结形。至于粗粒之一种，状如米粒，光者如玻璃。比如英石，裂文分明，乳白包内色者，为长石；状如鳞片，密布如星，光彩闪烁者为云母。花岗岩性质坚硬，多大块之石，实为良好建筑材料，然抵力甚弱，遇火即毁。至于石灰岩，此岩属于石灰石，或石灰石之分解物，其间多含有动植物之石迹，故名曰"生物岩"，为动物、植物所成。而片岩则有绿泥、滑名、角闪、千枚等类。所以鄂托克矿产丰富，优于甘、陕，无如交通阻滞，无人注意，利弃于地，良深可惜。兹将其要略择列于下，以备将来有志矿业家的实行参考。

（一）鹊尔沟　是处距札萨克驻在所二百余里，炭苗甚旺，四周计二十余里。民国四年间，为商人邓万福包办开采，每年给与鄂托克旗地租钱五十千文，行销于石嘴子一带，获利甚多。

（二）毛尔哈吗乌素沟　是处距札萨克驻在所二百八十里，有炭矿一处，四周计六里。民国四年间，为商人王嘉宾包办开采，每年给与鄂托〈克〉旗地租钱五十千文。其矿苗与鹊尔沟相连，只能在附近一带销售。

（三）拉僧庙　是处距札萨克驻在所西二百五十里，有炭苗富，四周约五里。民国四年间，为商人张喜荣包办开采，每年给与鄂托克旗地租钱五十千文。其矿苗与鹊尔沟毗连，销路甚旺。

（四）保尔格斯太沟　是处距札萨克驻在所西北三百里，在银山、卓子山之南，面积长约一百里，宽约一十、二十、三十里不等。炭苗甚富，惜未开采。

（五）蒙古山　各〔名〕曰银山，蒙古者，即言其如银也。距札萨克驻在所西北三百里，面积周有六十里，高有三里。苗质殷富，年来尚无人开采。

物产的种类

鄂托克的实业（富源），以及状况，均已分别详述。所有出产如药材、盐碱、牲畜、皮张，每年的产额，很是不少的。兹再分别记载，以供阅者对于实业方面，有所研究。

（一）药材

鄂托克药材出产，以甘草为大宗，质料亦佳。综计产区有二十三处之多，兹特列表胪列于下，以知真相。

鄂托克药材出产表

地名	种类	距札萨克驻在地		每年出产斤数
		方位	里数	
波罗代	甘草	西南	三〇〇	二〇，〇〇〇
桃葫芦	甘草	西南	三三〇	二〇，〇〇〇
毛巴素井	甘草	西南	三〇〇	二〇，〇〇〇
土圪旦庙	甘草	西南	二八〇	四五，〇〇〇
蟒盖图庙	甘草	西南	二九〇	二〇，〇〇〇
巴彦井	甘草	西南	三〇〇	一五，〇〇〇
四个井	甘草	西南	二六〇	二五，〇〇〇
补合井	甘草	西南	二八〇	二〇，〇〇〇
蛮合图	甘草	西南	二四〇	一〇，〇〇〇
哈力乌素	甘草	西南	二四〇	二〇，〇〇〇
蛮汉乌素	甘草	西南	二四〇	一五，〇〇〇
小庙召	甘草	西南	三〇〇	二〇，〇〇〇
三台吉壕	甘草	西南	二二〇	一〇，〇〇〇
唐林秋	甘草	西南	二六〇	一〇，〇〇〇
爱力圪气	甘草	西南	二三〇	二〇，〇〇〇
一把树	甘草	西南	二六〇	一〇，〇〇〇
大沙头	甘草	西南	三〇〇	一〇，〇〇〇
石山阿保	甘草	正南	二四〇	二五，〇〇〇
五虎墩	甘草	正南	二二〇	一二，〇〇〇
札布素	甘草	西南	三六〇	一五，〇〇〇
西喇嘛庙	甘草	西南	二〇〇	一二，〇〇〇
白通达壕	甘草	西南	二〇〇	一〇，〇〇〇
大石洞	甘草	西南	二〇〇	一〇，〇〇〇

甘草以外，尚有其他出品，并述于左：

枸杞　出于鄂托克旗西南部，每年所产之数，不过千斤，由草厂内代收。

豆根 鄂托克旗遍地皆是，苗质甚旺，惜无人采取。

发菜 形如人发，故谓之头发菜。鄂托克西北隅山沟之中，坡梁之上，到处皆有。曾有商人郑万福采取，以交通不便，销售不畅。而宁夏所产，由水路抵归绥，转销上海一带，获利甚厚。

锁阳 锁阳为补肾之要品，出产于鄂托克西南部沙梁一带，每年能产八千余斤，为草厂所收买。

柴胡 出于鄂托克西南部，每年可产四千余斤，亦属草厂所收买。

（二）牲畜

西北一带的实业，本有"牧一林二农三"之说。因牧畜事业，西北最为适宜，是以汉、蒙、回族的人，莫不注意于此，每年获利，牧畜为第一。鄂托克地方，虽沙漠无垠，而水草丰富，天气寒冷，对于畜牧，尤为相宜。是以鄂托克汉、蒙、回、喇嘛，莫不视牧畜为唯一的生计。所产的牲畜，骆驼为最佳，牛羊次之，马再次之。按以蒙人孳生牲畜总数在十二万头以上。游牧逐水草而居，并无一定地点。蒙人素不知工商振作，温饱以外，更无余事。每日食用，不过牛羊乳的原料，制造方法，计分食品、饮品两种。食品有三：曰奶油，系取乳面浮油，摅以粗布，制造而成；曰奶豆腐，系取乳底沉淀，熬煮而成；曰奶果子，以面和乳，渗〔掺〕以糖奶，用油炸成，或以奶和糖、面，制成饼饵，均为无上之品，非贵客不与食。饮料亦有三：曰奶果，系以鲜乳和茶制造而成；曰酸奶子，系以鲜乳和水，俟其微酵带酸味者为佳；曰奶酒，系以制奶豆腐余剩之浆，使之酵发，变其性质，味酸醉人。其他除奶油为蒙人供佛祭品之外，更属寥寥。

牛 鄂托克牛种不大，分食肉、食乳两种。交尾之期，〈在〉四六月之间，一牡牛可配合牝牛十余头，使用期间，牡牛由三岁至十岁。生产之数，牝牛一支，每年可得牛犊一头，每三百为一群，五百为一大群，小群不过十头，生息最蕃，究看经营如何。然不如多伦牛种之良，常年时有牛瘟发现，治疗不甚得效，死亡亦甚重。牧放多由蒙人招揽，工资不过砖茶数方。所产之牛，销售于甘肃、磴口、绥区包头，每支价值仅十余元至二十元。牛皮出产在八千余张，大都为磴口洋商所买，用三联单运拉天津制造出成品，复入内地售卖，其利权外溢，可见一斑。

羊　牧畜之利，以牧羊为最大。其种分山羊、绵羊两种，肉为食品，无所分别，皮则运用不一。交尾之期，在十月至十一月之间，牡羊可配合牝羊二十余头，生产之数，每年可得两胎，否则二年三胎。山羊易于孳生，而时多病，每三百为一把，五百为一群，或共同孳养者亦有之。其种较绥区良佳，天寒之故。每支能剪毛三斤，足供工资之需。羊支每年可产一万余头，售销包头，每支价值在四元以上，其皮出产数在一万五千张以上，绒毛亦在二十余万斤之多，均为洋商吸收，辗转取利。

马　蒙古马匹，多产于秋季，因为野草繁茂，饱食肥大，故古人有秋高马肥之说，然而牧马利益，逊于牛羊，故人多不注意。交尾之期，在四六月之间，一牡马可配合牝马十余匹。骑用期间，牡马由四岁至十岁，牝马由四岁至十二岁，骟马由四岁至十五岁。鄂托克地方，沙漠居多，不良于牧马，且马习驰于沙，经石坡硬土，多不良于行。每年出产不过五百余匹，马匹不过一二百匹仅供零星售卖，以及本地骑用而已。

骆驼　蒙古骆驼，体质强大，最适宜于载重。惟鄂托克居于沙漠，骆驼出产尤佳，不过生育最晚，八岁以外，始能负重，负重之力，由三百斤至四百斤为率。按以鄂托克每年所产，不下五万余头，行销甘肃、磴口一带，现在每支价值在七八十元以上。因其性温和，能跋涉于翰〔瀚〕海戈壁，蒙商借以输运获利，舍此莫属，故俗称旱船，即指此言。毛绒每年脱落一次，为数不下五十余万斤，均为洋商收买，现在每百斤价值在八元以上，其销路畅望〔旺〕可知。

综以牲畜、皮张、绒毛状况而言，牧养方法，亟宜改良，治病之法，亦应研究，牲畜孳生，不难进步。至于所产皮张、绒毛等类，筹设工厂，就地取材，认真制造与经营，但服用有所取给，亦不致利权外溢，愿我有志实业家，努力进行，尚可挽回。

（三）盐碱

鄂托克地居沙漠，盐碱出产最富。比较张家口、阳高、天镇等处所产，质料尤佳，可惜无人经营，致使弃于地，此时如能筹维制造销售，其利必巨。〔兹将所产〕

鄂托克所产盐碱一览表

地名	距鄂托克札萨克驻在所里数	方围里数	质料	销路	备考
大池盐淖	三四〇	二四〇	尚佳	靖边、定边两县	由鄂旗派员设局提取收税，凡商民购买者，每斤收价制钱一文，税钱一文
苟池盐淖	三六〇	一二〇	较大池盐淖所产稍次	鄂旗附近一带	由鄂旗派员设局提取收税，凡商民购买者，每斤收价制钱一文，税钱一文
脑包地盐淖	三八〇	一四〇	较大池盐淖所产稍次	鄂旗附近一带	由鄂旗派员设局提取收税，凡商民购买者，每斤收价制钱一文，税钱一文

续表

地名	距鄂托克札萨克驻在所里数	方围里数	质料	销路	备考
察斌达布素盐淖	一八〇	三二〇	盐质细白如面，其味美	系为鄂旗蒙民自食之盐，向不售卖	并不招商包采
察汉碱淖	三〇	二〇〇	碱质甚佳	运销甘肃、绥远等处	商人郑万福、张三两家包办，以十年为期，每年纳租银五千元
巴彦碱淖	一二〇	二〇〇	较察纳〔汉〕、纳林两淖所产稍次	运销甘肃、绥远等处	前清光绪年间，曾有忠义西以银一千五百两包办，由三十年〈至〉三十二年，因赔累歇业
大纳林碱淖	八〇	一二〇	碱质最佳	运销甘肃、绥远等处	惜无人开采
小纳林碱淖	八〇	一〇〇	碱质最佳	运销甘肃、绥远等处	惜无人开采
唔吗碱淖	二〇	一五〇	碱质最佳	运销甘肃、绥远等处	惜无人开采
敖龙碱淖	一五	一二〇	碱质最佳	运销甘肃、绥远等处	惜无人开采
大克泊碱淖	一六〇	一五〇	所产似碱类硝	不易销售	无人采办

地名	距鄂托克札萨克驻在所里数	方围里数	质料	销路	备考
小克泊碱淖	一五〇	一二〇	所产似碱类硝	不易销售	无人采办
伊肯碱淖	四〇	二〇〇	碱质甚劣	不易销售	

以上盐碱淖，共计十三处，其它尚有水占〔淖〕，尚有十六处，一并列记，以知真相。

鄂托克盐碱水淖一览表

地名	方向	距鄂托克札萨克驻在所里数	方围里数
乌素淖	东北	一八〇	一五〇
达拉吐噜淖	东北	一六〇	三〇〇
皂素淖	东北	一六〇	一六〇
沙拉可图淖	正东	七〇	四〇〇
毫赖图淖	东南	六〇	一五〇
哈达图淖	东南	七〇	二〇〇
乌尔杜淖	东南	一〇〇	一五〇
可克淖	东南	一五〇	二〇〇
哈比里汉奴素淖	东南	一五〇	一五〇
叨好图淖	西南	一〇〇	一二〇
钢达气乌素淖	西南	一六〇	三〇〇
可克乌素淖	西南	二二〇	二三〇
沙拉乌素淖	西南	二五〇	八〇
毫类甲达亥淖	西南	二七〇	一〇
迭不拉亥淖	西南	一九〇	一二〇
察汉淖	正东	一六〇	一五〇

附说

鄂托克盐碱湖状况，皆已列表言及。内中由郑万福等二十六人，共集了一千股，每股一百元，合洋一十万元，于民国十二年间，在绥远实业厅呈请备案，定名曰大兴碱业股份有限公司。所有营业概算，择列于下：

收入项下：

（一）察汗淖湖，全年约出碱在一百七十万斤，熬制成锭，共约出碱一百万斤。每百斤价洋二元，共计可收洋二万元。

（一）那林淖湖，全年约出碱在九十万斤，熬制成锭，共约出碱五十四万斤。每百斤价洋二元，共计可收入洋一万八百元。

（一）哈吗圪太淖湖，全年约出碱在九十万斤，熬造成锭，共约出碱五十四万斤。每百斤价洋二元，共计可收入洋一万八百元。

以上三湖，共计可收入洋四万一千六百元。

支出项下：

（一）支察汉淖湖租，每年计洋二千元。

（一）支那林淖湖租，每年计洋一千五百元。

（一）支哈吗圪太淖湖租，每年计洋一千五百元。

（一）支三湖宁夏学堂公益捐，全年共洋七十五元。

（一）支三湖绥远实业厅领照费，全年共洋一百五十元。

（一）支三湖雇用挖碱人工，全年共洋一千七百元。

（一）支三湖载运碱茬车马，全年共洋五百元。

（一）支三湖熬碱柴炭，全年共洋七千元。

（一）支三湖熬碱人工，全年共洋五千元。

（一）支三湖熬碱器俱杂费，全年共洋一千二百元。

（一）支总分公司办事人员、工匠薪水，共洋一千五百元。

（一）支总公司一切杂费，全年共洋二千五百元。

以上共支出二万四千六百二十五元。

按以收支相抵，每年约获利益，洋一万六千九百七十五元。

附各盐淖图以资参考：

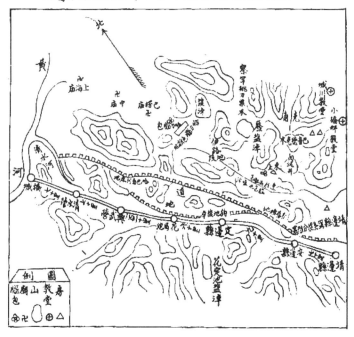

垦务的综述

　　鄂托克旗的"富源"，已说了一个大概。然而发纫〔轫〕的基础，还是"垦务"，一天不发展，一切实业，是不能起色的。要说起来，鄂托克的面积，合计地亩，总有一十三万七千五百九十余顷，可也算不少了。

　　自从前清光绪末年，贻谷将军办垦以来，到了如今，连同官放、私垦，以及教堂租种，为数有限。一片广漠无垠的天然"富源"，任其废弃，真是可惜极了。在下把那"垦务"的状况，分别综述，阅者就知道详细情形了。

（一）前清时"垦务"的状况

前清光绪二十九年六月，贻谷大臣札饬伊克昭盟王公派员前来包头，以便筹商报垦事宜，当经鄂托克旗札萨克贝勒格勒增噜录玛旺札拉札木苏，遣派蒙员鄂尔德呢、朋苏克巴勒珠尔，报垦旗境的南边熟地一段，东至乌审旗相连的界址，西至巴汉马申，长有二百里，南北宽阔三十里、四十里不等。嗣因距离绥远太远，饬令另报。复又将在旗境东北的游牧地报垦，南至大山，北至黄河，东至杭锦旗界，西至磴口，南北宽阔十里、二十里不等，东西延长一百里，遂即委派许尚洁、博勒合恩，带兵五名、帐房三顶、乘马七匹、驮马二匹、乌拉齐五名，前往验收。七月间，鄂托克旗呈复遵照，并据包头垦务局总办姚学镜转详："按照原指四至，周履勘验，东界杭锦旗的塔拉察汗鄂罗木，西界干沟对岸的磴口，北界黄河，南界大山，东西长有八十余里，南、北、中宽七八里、二十里、三十里不等。内中沙石山坡不能耕种的，也有一半。况四无居民，水利难兴，将来勘丈的时候，招垦不易。原报的南边，曾有游牧地一段，年久成熟，或胜于此，不若设局时，再行查看办理。"到了三十年二月的时候，又将蒙众有益的项巴噶习克尔鄂博、汗托果哩木、察汗托果哩木，所有三处盐淖尔，同那西北黄河边滩地一段，东至沙滩，南至察汗沙地，西至黄河下流，北至塔布葛堆，长有六十余里，宽有一二十里不等，此地能在黄河支流开渠，可耕种地实有一千余顷，除了巴彦淖尔碱淖一段，一律报垦。当即札饬李得功、包头垦务局，会同查勘。嗣以进行在即，鄂托克旗呈报札萨克贝勒，年未及岁，印务由土萨拉齐台吉等护理。六月间李得功报称驰赴各盐淖查看，查得该旗所报盐池碱淖，出产甚多，销路颇旺。每年看雨水的大小，即知出货的多寡。所有盐池，均属旗内蒙人自行开挖。碱淖现有商人承办，租约业已期满。并查得所产的盐，行销陕西榆林、高家堡、山西碛口、汾州等处。运输的道路，由陕省三皇卯盐湾一带经过，沿途尚有锅煞〔熬〕小盐，厘税收数，甚属无多。如开办时，必须会商陕西行政官，准予盐驼在境内行走，方免绕越的弊病，且可以节省脚费。报告核办，即派常文俊、殷仲连前办先行办垦，并咨陕甘总督部堂，通力合作。又札饬甘肃宁夏府知府高熙喆、甘肃宁夏办理蒙古人民事务理藩郎中全瑞，协同办理。一面又札饬西梅楞额尔德呢、记名图萨拉克齐绷苏克巴拉珠尔、贝勒噶勒桑噜拉玛旺雅勒札木苏，襄助一切，旋又加派总管札尔古齐庆来宝，随同办理。鄂旗遂将黄河巴彦托和郭林琥等处地亩指请验收，并呈请以旗下欠有赔教银一万两，现在穷困已极，已将乌兰莫多山地一段，押给教堂，东至东山河沟，南至南山河沟，北至黄河自流，东西宽有十里，南北长有廿里，欲思回赎，苦无现金，垦〔恳〕请核发一万元，以便回赎。又因二十九年借教堂银一千两，三十年六月，又借银一千二百五十两，所欠本利银两，又将巴音达库木地一段，押给教堂，东至阿拉托罗盖（即额韧苏），南至习札，西至旧堆子连界，北至察汗托果哩木，东西宽二十里、十五里不等，南北长四十里，并请代为筹拨赎回。三十一年六月，因那旗债负累甚多，无可生活，惟有呈请报垦，尚可救穷。遂将磴口南界南察汗托辉地一段，东西长十余里，南北宽一二里不等，又有宁夏平罗黄河东岸，巴音托辉、红山嘴（即红崖子）、五堆子、桃韧、虎庙滩、月牙湖、格尔杜道海，是地南北长二百里，东西宽一二里至二十里不等；又灵州界哈巴图阿麻等处地一段，南北长二十里，东西宽十里；又定边县东北察汗桃郭哩木地一段，南北长十里，东西宽五里，共地九段，一并呈报开放。七月间，又将西南所有年久耕种成熟地亩一段，南至乌审旗相连柴金和滩，北至诺察和滩，东至旧堆子，西至边墙，长有四百里，宽有三四十里不等，此地系属民人耕成种熟，情愿尽数报垦，当由委员殷仲连函报。赴鄂之便，查勘乌蓝莫多山矿情形，遵即驰至包头，雇用石匠一同赴程。七月二十八日行抵三道河子教堂，询悉闵主教先期他往，晤商白教士，遣派教民高国有同至磴口，偕同蒙员阿有什、棍布色令、什巴楞、拉什德韧格尔等，依次查勘。勘得此山，总名曰乌蓝莫多山，在河拐子对岸，其形势由东北以至西南，东由原指塔板葫芦山下小沟哆罗奇起，至西抵下拉古韧沟止，长二十余里。由南原指克克嘉目沟起，至北抵黄河自流止，宽有二十余里。自山麓至山巅，高约二三百仞，其山皆石衔，含浮沙，色俱赭碧。当即凿取土石数种，复在该处上侧，寻得旧迹新苗，剜取沙石矿质三种。继离东头北山西面，其中间的山，名干得格尔山，旧有孔穴，又凿取土石数种，复在山孔内左侧，觅得旧迹新苗，剜取矿石，确有银苗，应请设法赎回开采。遂将矿苗八袋，委派绥远城协领普祥，解交北京东路公司委员左树珍，就近化验，一面札饬平罗县知事姚钧，协同办理垦务。据姚钧报称：距县东三十里灵沙堡东永顺堡，有自南而北黄河一道，黄河迤东平罗县外五堆子地方，约有居民数十家，民地二百余顷，该处即与鄂托克旗毗连，常委员办理垦务，精细明白，现时广为劝谕，以期招徕领垦，力之所及，自应尽心图维。九月据包头垦务局总办姚学镜报称：鄂旗垦局常文俊函称，鄂旗士〔土〕旷人穷，地多纠葛，回乱余黎，隔省相招，动多疑猜，旗下事官，为债所迫，皆愿报地求放，以了旧欠。蒙民虑地垦放，难为私索，散布闲言，加以甘省兰州及鄂旗密迩宁夏等处，现已次第办垦，农民缺少，两省兼招，实不容易。所以领地的人，或虑部院，或虑本管官，或〈虑〉黄河无渡，或虑河岸倒塌，或虑黄河漫溢，处处疑虑，大都裹足不前。农业上的关系，允为设法筹办。其他盐湖、碱湖、煤矿，以及苪茇制筐莒、水草畜牧各事，因碍蒙部生计，故仍归蒙部自治，不过回人心术叵测，隐患堪虞。凡遇指垦之处，地属偏僻陬区，莫不杜渐防微。现在宁夏、平罗二县河东之地，经王、殷两委员浼同张维新赴村开导，陶乐湖滩地旧商王秉义等六人商妥，领地八顷，随交押租银一百八十两。又会同平罗县姚钧往五堆子勘分民粮地界，王献廷一同随往。传到旧商曹建温等曲加开导，领地八顷，交银一百六十两，张嘉荣、王元交银二百两，具状领地。李玉英案前在蒙地滋事，经部院断结，闭地后地又犯他案①，拘押平罗县署内，河东四案迄今始定。新垦民户，渐有认领月牙湖地三十六七顷，陶乐湖滩地一百余顷，他如红崖子、五堆子等处愿领的人，亦属不少。统计可放地三百余顷，荒价每亩银在二钱三钱之间。陶乐湖滩地高，咸虑无水，必须引水浇灌，方易招放。拟筹一官资民力之法，由局垫银一百余银两，制造水车五六具，发给备用，之资〔资之〕灌溉，造成演式，尚属合宜。此外渠道、草坝、木闸等项，饬民估计，约需三百两。拟集垦户之力，官先备垫，事后按亩摊还，渠事公举妥人经理。此间回教甚多，赴乡招户，情多隔膜，特用回民吴钧，借作乡导。平罗一局，事关紧要，有系民望，年终不便遽撤。招户首事诸人，奔走出力，或思酬给地亩，或思荣以顶戴，可许以事成代请。殷委员现赴安边、定边两县，查勘鄂旗南路，平罗县姚钧升任贵德同知，失一帮手，事属可惜。并查鄂旗"垦务"，远邻甘省，地广蒙贫，乱余民少，颇难着手，幸有常委员不辞艰瘁，苦心经营，得以渐次就绪，并故以上闻。复据鄂旗结报：查得迤南东北适中，设立土堆三十二个，六十间房民蒙并无争夺情事。嗣因界址关系，派委张震会同平罗县，渡黄河迤东五堆子地方查勘。五堆子之名，

---

①　原文如此。——整理者注

即旧有墩台五座之故，年久颓圮，形迹已无。由五堆子迤西，地接黄河，东、南、西三处，均与蒙地接壤，五堆子地居南北适中，民户计有数十家。由五堆子迤南，有小土堆子十五个，即系蒙汉旧立界堆，每年清明，蒙旗边官、县属公正堡长，公同将界堆之土，加高培厚，今复加高，以清界限。由五堆子迤北，只有界堆二座，中有南北沙硬〔埂〕一道，计自由南而北，共有界牌三座，分为南、北、中，年久牌已扑地，即饬照旧竖立，以杜日后争夺。民界的有原额地二千二百一十四亩六厘，除水冲荒芜外，近年实征夏秋粮一十四石八斗五合，地丁银七两七钱九分六厘，转报咨行。十二月知州景禔、知县张光翊会呈内称：窃维中国地大物博，钦产之富，甲于全球，惟以风气未开，每致弃遗大利。近年以来，各国官商游历内地，对于矿产一门，调查颇详，往往勾结土人，私立合同，随意开采。遇有缪辕，或至酿成棘手事件。夫以中国自有利源，不自浚辟，坐听攘取，不特情事之颠倒，抑亦流弊之堪虞。职等伏读邸钞，窃见商部奏准清厘矿产，饬令各省设局，实行调查，用意深远，钦佩曷胜。兹查蒙古伊克昭盟鄂托克旗境内，乌兰莫多山地方，原有矿山一段，由该旗质抵教堂，得银还债。职等前曾派员前往查看，验有锡、铁各苗，当向该旗事官，暨该处比国教堂主教神甫闵玉清、南怀义等嗟〔磋〕商，愿将蒙旗所欠教堂银两，由职等设法措还，赎回矿山，自行开办。嗟〔磋〕商多日，该主教、神甫等方始乐从，蒙旗官民，均各应允。伏念钦差将军，自莅边以来，凡有国计民生之事，无不力求整顿，期与有成。职等仰体德意，现拟筹集股本，设立公司，将鄂托克旗乌兰莫多山矿产，承领试办，并请发给官本，官商合办，得以互相维持。所有商股，仍限制专集华款，不入洋股，总期挽回权利，杜绝弊端。将来办有成效，获利丰盈，除照章纳征课税外，仍拟酌提成数，报效国家，以尽职等食毛践土之义。奉批照准，仍候咨明商部立案。三十二年正月十九日，呈报设立分局，名曰办理鄂托克旗垦务分局，颁发钤记启用，并札饬新任平罗县知县雷光甸助理。四月分局委员常文俊函称：鄂旗之事，客秋迄今，初有头绪。可放之地太少，居民亦少，经费、工程费，需款甚多，难望出入相敷。宁夏、平罗两县，河东之地，尚属可为。垦局经费、修渠支出、水车所需，均属出易收难。都司王嘉猷，奉札赴准，失一臂助，恳请另派人员办理，俾得及早告竣。未蒙邀准，王嘉猷仍回分局办事。六月开浚渠道，制造水车，均办有端绪，地户纷纷挂号请领，事务较前繁冗，添派张济清绳丈委员，借资襄理。七月呈报出月牙湖地六十顷零，陶乐湖滩渠地放出十四顷五十亩，五堆子蒙地放出三十余顷，红崖子地放出二顷，巴音套海湖、塔布格地放出二十一顷零，察罕套海地放出五顷五十亩，共计放出地一百三十余顷，共应收银三千二百余两。开办之初，宁夏人民，多系疑虑挟制，不过陶滩官渠已开，"垦务"拓基已立，宁夏旗人良才，系属都护奇建亭之侄，投垦报效，宁夏将军恨怒，遂将马甲扣除，恳请恢复。七月呈报沿河地美而险，易于蹋〔塌〕陷，每亩收租价二百五十文，如获秋收，可收三十余千。试种官田，为虫灾害，并请假回里，骁骑校札拉哈苏为之看守。九月地户曹建温等欲变动，一再弹压，始行领地八顷，五堆子姚进贵等领地六顷，李藻、李凤林等十顷，共计丈地三十顷三十五亩零。九月西盟垦务总局详报：陶乐湖滩地亩，光绪初年间，平罗县民人谈鸿德病故以后，其子谈道联合王秉义、徐芳、叶发、王进财、王德政等，领票修渠租种，嗣以河岸塌倒，民力不足，渠遂草积泥淤，废弃不能利用。三十二年，委员赴地，传谕商议，人民等闻知垦务章程，不如部院领地便宜，均不认垦。并且宣传谣言，他户都是观望不求〔前〕。竭力劝导，王秉义、徐芳、叶发、王进财等四人，始行具结认领，谈道、王德政，仍不认领。

谈道渠拟修挖接通李家渠，仿照后套办法，改为普济渠。不过旧渠狭浅，废弃已久，非劈宽挖深如〔加〕长，不能浇灌。并拟择中建桥筑坝，渠稍修通，庶可水有可浅，地有可浇。共计干渠开长二千五百八十二丈七尺五寸，口宽二丈四尺，底宽一丈八尺，深四尺。又开东支渠长一千二百五十七丈，口宽一丈二尺，底宽八尺，深三尺。又开子渠三十道，干渠适中建筑大桥二座，枝渠适中建〔建〕筑小桥一座，渠稍、渠口做闸二座，共需银八百一十五两六钱。

　　附图于左，以备参考。

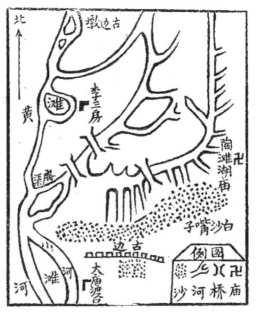

　　同月，西盟垦务总局详报：巴音套海地亩，有平罗县民人张嘉荣与甥郑万福合租，嗣后为利所动，龃龉如仇。所种之地，与石嘴山隔河一道，放地时，互相推诿，中人徐成荣出为划分，共计认领二十一顷零。又详报月牙湖地亩，据胡仲纶、丁良科、吴文俊、吴耀祖等，声请小户分领，惟以开渠财力不足，请借官款，开通水渠，方能分领等语。查得此地与宁夏县属通昌堡开黄河一道，约七八里，而通昌堡除胡仲纶一家外，其余均是回民，垂涎此地已久，百般刁狡，不肯认领，地亩尽邻地户不敢染指。遂由公家自行开渠，地户又复恳请开渠借用官款，免收利益，照准后，人民莫不踊跃领垦，此地遂告结束。前次所报熟地，经委员勘得此段系属旧牌子地，坐落毗连陕、甘两省，从宁夏府属灵州安定堡界起至花马池，为界连甘省之地界，向东南为陕西定边县界，靖边县至宁条梁，为毗连陕省之地界。乾隆四年杭锦旗盟长七旺巴勒角，放给民人开垦，划界立堆，明定章程，民人春耕冬归，每年按大〔小〕牛对，收租银一两二钱，小牛对，收租银八钱，共有十成。设一札尔古齐、二甲郎、十章对，达拉古不计其数。民人有寨堡河恃，即不言归。安边同知派有总甲、牌头以司其事，租款交于总甲，总甲交旗。分宁夏部院与安边同知分年秋巡，地方居民稠密，几似内地，宽一弓，长一千二百弓，谓之一牛对。每年每对租钱一千四百二十文，每年可收四百余千，注载红簿。安边同知所管，又有黑簿，租钱多少不一，甚至二三百文，亦种一牛对。此系蒙人私立征取，虽经安边同知，黑簿与红簿同收，民蒙不从。地之镣辖，一地竟易数姓，争讼不休，挟教抵制，地方官竟不能断，习惯所致。内有巴音德克木地一段，长三十里，宽十余里至二十里不等，东至德韧苏，南至习里，西至白泥井堆子，北至察罕桃力果木。其地土性属沙，中含下湿，苜蓿一望无际，蒙民十余家，星罗散处，台吉半之，掘井建房，已历多年。附近蒙民借款于此，牲畜繁多，惟地押与教堂，作银二千三百五十两，连息合计三千两。闵主教意欲据有〔为〕己有，交涉费手。兹将原图附列于后，可知梗概。三十三年五月鄂旗报告：本旗西乌尔图台吉闲散人等，在乌审旗下聚集"独规"，恃势威吓，讹索霸占，旗下公事，不肯遵从，种种扰害，实属不法。鄂旗因为保护起见，难免两造相争，滋生争端，西南教〈堂〉密迩，亦恐牵连，应请鉴核。六月，据西盟垦务总局详称：鄂旗所报各地，滨临黄河，地质尚佳。前经常委员审度地势，修挖渠道，制造水车，可与后套地亩不甚相差，无如僻处边隅，人烟稀少，加以郡王、札萨两旗报垦，同时开放，河西民户，莫不舍远就近，以致领地寥寥。设局两年，放地不过百顷，收入有限，用费不资，非是办理不善，实因情势使然。拟请暂时裁撤，俾免虚糜，奉批照准。十一月，结束回包，未完事件，责成平罗县办理。综计自光绪二十九年七月开办起，截至三十三年十二月底止，共放地一百七十五顷三十三亩四分，应征押荒银四千三百六十三两八钱三分。内分四则：上地每顷四十两；中地每顷三十两；中下地每顷二十两；下地每顷一十两。按以征起银一千五百六十七两六钱，提用三成经费，银四百七十两二钱八分，一半归公，银五百四十八两六钱六分，一半归蒙，银五百四十八两六钱六分，未征银二千七百九十六两二钱三分。三十四年八月，由平罗县招放中地一顷，中下地二顷，下地四顷，共应征银一百一十两。此即是前清"垦务"的状况。

鄂克托克巴普德克木略图

（二）民国以来垦务的状况

鄂托克旗的"垦务"，自前清撤局停办，就近由平罗县兼理，可算是有名无实了。及至民国以后，仍是无人过问。到了十一年九月间，绥远垦务总局以此项垦款，平罗县代征，积欠在洋一万四百一十二元一角一分七厘，呈明遴派委员苏鼎瑞前往提取，并咨宁夏镇守使代为收取，拨抵军费，一面由咨议马腾蛟协同招放。十二月据平罗县知事周泽勋呈称：所有一切"押荒"、"岁租"各款，或征收无几，远未解交，或实欠在民，悬无着落。推原其故，皆由垦户贪多冒领，继复放弃就荒，终则废业骗租，相率效尤。加以地气冷薄，人民惰贫，一年不收，任其荒弃。河东各地三千余亩，或被沙压，或被河塌，宁夏所属月牙湖垦地一段，计中下地六十余顷，自前清光绪三十二三两年领垦以来，缺乏渠道，人民苦于有种无收，随垦随逃，地多荒弃等语。十二年一月函请发给收款执照，二月呈报五堆子地方。自宣统二年河塌之后，近来陆续澄出新滩地一段，约十余顷，地面虽凸凹不平，尚堪耕种，已由原户认领。四月函报月牙湖地户，均系宁夏县属通昌堡人民，均以地势高昂，不能浇灌，前清殷委员试作水车，亦无效果，水利不兴，民多观望。陶乐湖滩可耕之地甚多，渠道淤塞，垦种不易，拟由原渠加宽，以便浇灌。一面对于月牙湖水利，设法进行，并将原有废渠放弃已久，旧迹尚在，拟将渠口向前伸挖，迎合水势，直入老渠口旧甬，经过黄河古渡长城之下，不过此渠经过沙梁十余里，时被压没。在流沙子山北，修一退水，借以冲刷宣泄，不致有淤塞后患。再由流沙子山尾，修入陶乐湖庙滩东渠，耗费虽大，浇地极多。所修之渠，估计口宽五丈，底宽二丈，深一丈五尺。又陶乐湖庙滩，旧日渠口褊浅狭小，进水不多，亦应设法修挖。附绘原图，以资参考。

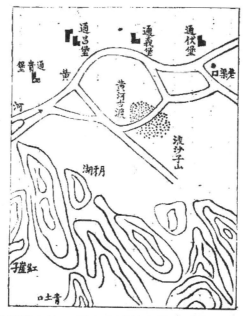

按以渠图所拟办法，即由宁夏镇守使马鸿宾垫款照修。绥远垦务总局又复遴委张庆荣、刘居彬，前往调查渠垦，有无设局必要。函复报告：鄂旗地亩，除历年放过数百顷外，膏腴地亩，为数甚多，如能开挖渠道，设局丈放，不数年后，定可发展。并查得月牙湖至五堆子一带，计水地约有二千余顷，旱地约有一千余顷，均属膏腴之地。自从平罗县代办后，一则无人保护，蒙人牲畜，任意践食田禾。民东作虽劳，西成无望，因以时见逃亡，土地荒芜，蒙人借以游收〔牧〕，勒收水草，以饱私囊。二则县署吏胥可恶，对于垦户，任意苛索，领地非先索贿，否则从中作梗，"垦务"废弛，大都由于此弊。拟请设局，以收速效等语。四月令饬西盟垦务分局筹维进行，鄂旗来咨，请将巴彦托辉、吉兰托固力呼、察罕托辉、察汗额拉苏等处地亩，重行勘丈。并将平罗县人民侵占地数千顷，一并办理，咨复照行。委员苏鼎瑞函请就近设立绥远报垦处，又复函请立办公处，均未施行。十一月，西盟垦务分局呈称：查得鄂旗报垦界内，水地约有二千二百余顷，旱地一千三百余顷，共计可种之地，约三千五百余顷。此外人民私种，在所不免，若能实力整顿，自月牙湖至五堆子一带，尽属膏腴之地，开挖渠道，招放极易，鄂旗报垦，当然踊跃。前次设局开放，实因委员办理不善，故半途废弛，地面日见荒凉，深为可惜。综计设局后，不独旧欠押荒万元，可望征收，未放之地，亦可切实招放。按照前次等则规定，平均计算，可收押荒七万余两等语，据情转呈，准如所请。拟具办法，即于十月设局开办，一面咨催鄂旗速将前报南段地，计长一百里，宽三四十里不等，北段地计长一百里，宽十里、二十里不等，派员指界，以便勘放。据自十二年十月开办起，十三年九月底止，丈过上地五顷八十五亩，每顷四十两，应征银二百三十四两；中地三十八顷五十五顷〔亩〕，每顷三十两，应征银一千一百五十六两五两〔钱〕；中下地一百四十五顷二十七亩七分五厘，每顷二十两，应征银二千九百七两五钱五分；下地三百二十九顷六十九亩一分七厘，每顷一十两，应征银三千二百九十六两九钱，共放地五百一十九顷四十六亩九分二厘，共合银七千五百九十四两九钱六分七厘。又原地改则五十三顷二十七亩五分，共加征银八百一两九钱三分五厘。此外平罗县、月牙湖、陶案〔乐〕湖滩，丈过未放地，七百二十顷，合银三千二百两。灵州、哈巴图、阿麻，丈过未放地，九百一十八顷，合银二万四千六百八十两。定边县东北察罕桃郭里木，丈过未放地二百二十九顷五十亩，合银六千八百九十五两。共计地一千八百六十七顷五十亩，合银四万四千七百七十五两。鄂托克"垦务"，正有起色，嗣因时局影响，又复中途而弃，尤属可惜。至今停顿，不知何日始能着手赓办，此即民国以来"垦务"的状况。

（三）人民私垦的状况

鄂旗的地亩，札萨克素不注意，任其人民勾结不肖的蒙民，私种私垦，以致复来缪辗横生。兹将调查所得分列于下。

（一）红崖子　距离札萨克驻在所正西二百六十里，在平罗县［东］西六十里。有回民马胖子私垦河滩地一段，长宽均约里许，计地六顷，土质红、黄、黑三种，为鄂旗最优之地，每顷可值五十两。

（一）阴湾子（即清沙洼滩）　距离札萨克驻在所西南三百里，在平罗县东南六十里。有河滩新淤地一段，宽一里许，长约六七里，计地在三十顷左右，多半种植。这一段地，是民国二年前，由鄂旗西土萨拉克齐，私租与杨素梨子唐福仁等耕种，每年每顷平罗市钱十二千文。土质红黑色，为鄂旗最优的地。每顷可值银四十两。

（一）陶乐湖滩　距离鄂旗札萨克驻在所西南三百余里，平罗县东南六十里。有河滩新淤地一段，宽约三四里，长约十余里，约计地三百顷左右。此地系属宁夏回民苏林等私自垦种，有二百余顷，王〔土〕质黑色，亦属鄂旗最上之地，每顷可值银四十两。

（一）五堆子　距离鄂旗札萨克驻在所西南二百八十里。有民蒙新淤中滩地一段，长约二十里，宽约十里，计地千顷左右，时被河水侵没，每顷可值银四十两。

（一）杨家浣子　距离鄂旗札萨克驻在所西南四百余里，盐池县北五里，有红沙地一段，东西斜长二十里，南北宽约三五里至十余里不等，约计地有五百余顷。边民星散垦种，约在一百顷左右。井深八尺，水微咸，能种"糜子"、"荞麦"、"莞豆"等类。每一犋牛，向纳旗租钱一千八百文，每顷可值银二十两。

（一）十字井草滩墩　距离鄂旗札萨克驻在所正南三百六十

里，定边县北十五里。东西斜长约三十里，南北宽五里至十里不等，约计地在八百顷，边民开种有二百顷。土质多系红沙，能种"麻籽"、"糜籽"、"莞豆"等类。每一犋牛，向纳旗租钱八百文。井深十二尺，水微咸。每顷可值银二十两。

（一）头边外　二边里、圪拉乌素，有苜蓿草滩地一段，距离鄂旗札萨克驻在所西南四百里，盐池县西北一百里。东西长十余里，南北宽六里，土质红沙，约可种三百顷左右，开垦寥寥。边民多在此处牧放牲畜，如种地，每一犋牛，向纳旗租钱九百文，每顷可值银二十两。

（一）公布井子　距离鄂旗札萨克驻在所三百七十里，定边县北四十里。东西斜长六十里，南北宽三十里不等，约计地三四千顷，边民垦种之地，约有千余顷。井深九丈，系属甜水，能种"糜籽"、"麻籽"、"莞豆"、"菜蔬"等类。每一犋牛，向纳旗租钱一千二百文，每顷值银二十两。

（一）黄虎梁、二道梁　距离鄂旗札萨克驻在所正南三百三十里，定边县东北四十里。有黄沙土青滩地一段，长十里，宽二里，计地一百余顷，边民垦种者三分之一。井深三丈，甜水，能种"麻籽"、"糜籽"等类，每一犋牛，向纳旗租钱一千五百文，每顷值银二十两。

（一）板橙滩、义世梁、四大号　有黄沙土草滩地一段，距离鄂旗札萨克驻在所正南三百四十里，定边县东北三十里。东西斜长四十里，南北宽五里，计地八百顷，边民垦种约二百余顷。井深一丈，甜水，能种"糜籽"、"麻籽"、"莞豆"等类，每一犋牛，向纳旗租钱一千五百文，每顷值银二十两。

（一）陈家园、李家园　有混水地一段，距离鄂旗札萨克驻在所正南四百余里，定边县东九十里。东西长十余里，南北宽五里，计地二百余顷，均已开种。土质微带碱性，引八里河水浇灌，每

年可浇地十分之六七。井水丈余，能种"小麦"、"糜籽"、"麻
籽"、"荞麦"、"莞豆"等类。每晌五亩，每年收获二石左右，每
一犋牛，向纳旗租银一两，每顷可值银四十两。

（一）堆子梁村　有混水地一段，距离鄂旗札萨克驻在所东南
四百里，定边县东一百余里。长三里，宽四里，计地五十余顷，
均用八里河水灌溉，能种"小麦"、"糜籽"、"莞豆"等类。井深
丈余，水甜，是地为鄂旗上地。每晌五亩，收粮二石左右，每一
犋牛，向纳旗租银一两八钱不等，每顷值银四十两。

（一）张家寨、杨家圈　有混水地一段，距离鄂旗札萨克驻在
所东南四百余里，定边县东九十里。长三里，宽三里，计地四十
余顷，均用八里河水灌溉，能种"小麦"、"糜籽"、"莞豆"等
类。井深二丈余，甜水，每晌五六亩，〈亦〉有每晌四亩，可收粮
二石左右，为鄂旗最沃之田。每一犋牛，每年向纳旗租银一两二
三钱不等，每顷可值银五十两。

（一）富家寨子　有混水地一段，距离鄂旗札萨克驻在所东南
四百里，定边县东九十里。长二里，宽一里，计地二十余顷，用
八里河水灌溉，能种"小麦"、"糜籽"、"麻籽"、"莞豆"、"篙
〔高〕粱"、"玉黍"等类，每晌四亩，可收粮二石左右。井深二
丈，甜水，每年向纳旗租银一两，亦属鄂旗膏腴地土，每顷值银
四十两。

（一）石屯子沟地　有红泥地一段，距离鄂旗札萨克驻在所东
南四百里，定边县〈东〉九十里。宽五里，长六里，计地二百余
顷，用八里河水浇灌，能种"小麦"、"麻籽"、"糜籽"、"莞豆"
等类，每晌四亩，可收粮二石左右。井深四五丈以至七八丈不等，
甜水，每一犋牛，向纳旗租银一两至二两不等，地畔栽植柳树甚
多，可为鄂旗最肥之地，每顷可值银四十两。又有黄红沙土地一
段，长宽各有四里，计地亦在二百余顷，种植与水地相同，现在

大小柳树，计有一万余株，每晌四亩，可收粮一石左右。井深七八丈至十余丈，甜水，每一犋牛，向纳旗租钱一千文，每顷值银三十两。

（一）草山梁　距离鄂旗札萨克驻在所东南四百余里，有土山地一段，自贺通图山南至边墙，南北宽七十里，东西一百里，山形类如馒头，内中沟涧极多，农民数百户，凿山穴居，兼有土草筑屋，亦不过十分二三，大半零星散处。所种之地，均在山之四周，土质红硬，能种"麻籽"、"糜籽"、"莞豆"、"荞麦"等类。每晌五亩，亦有三亩三分，每一犋牛，向纳旗租银三钱至五钱不等，每顷可值银二十两。按以山中险要，业在前章言之，综计此地共有三万二千余顷，可垦亦在一万六千余顷之多。

（一）宁条梁东、刘贵湾　有黄沙土地一段，距离鄂旗札萨克驻在所东南四百里，靖边县西北一百余里。南北长约六里，东西宽二里，计地四十余顷。井深四丈，甜水，能种"莞豆"、"麻籽"等类，杨柳栽有一千余株。每晌五亩，每一犋牛，向纳旗租钱八百文，每顷可值银二十两。又东南梁镇堡四周草滩地一段，土质红白，距离宁条梁一里余，宽一里，长五里，计地三十顷左右，边民种植十余顷。井深六丈，甜水，能种"糜籽"、"麻籽"、"莞豆"等类，每晌五亩，每一犋牛，向纳旗租钱六百文，每顷值银二十两。又宁条梁西五里大梁一带，有能垦沙地一段，长五里，宽三里，计地三十顷，已种之地二十余顷。井深二丈，甜水，能种"莞豆"、"荞麦"等类，所栽杨柳，业已成林，每顷值银十两。

（四）荒地坐落的状况

鄂旗地段，幅员辽阔，情形最为复杂。前已将前清、民国放垦经过情形，以及私垦状况，分别纪述。兹再将荒地坐落的状况分晰列载。

（一）沙蓝滩草滩地　距离鄂旗札萨克驻在所西南二百余里，南北斜长六十里，东西宽五十里。滩皆寸草，土质黑黄，蒙人游牧，多在是地。除沙碱，能种之地约在千顷左右，将来丈放，每顷可值银十两不等。

（一）横城堡北河滩地　距离鄂旗札萨克驻在所西南四百余里，长十余里，宽百步，计地二十余顷。地质红黑，土多带碱，每顷可值银二十两。

（一）天成西正北二边外　有苣荬滩地一段，距离鄂旗札萨克驻在所西南四百余里，灵武县西北九十里。东南、西北斜宽约长十余里，西南、东北斜长十里，计地在五百余顷。土质黑红，将来招垦，每顷可值银二十两。又正南头边外二边里，有地二段，长十里，宽六里，计地一百余顷。土质红色，每顷可值银二十两。

（一）黑圪达　距离鄂旗札萨克驻在所东南五十里，内多沙梁起伏，遍地生长红柳、荆条，长宽各三十里。井水不深，可以开垦。

（一）伊克乌素　距离鄂旗札萨克驻在所东南三百六十里，毗邻乌审旗界。有南北草滩地一段，长四里，宽五里，计地四百顷上下。土质兼有黄沙，井深不过四尺，甜水，移民开垦，最为合宜。每顷可值银二十两。

（一）伊克才登　距离鄂旗札萨克驻在所三百里，毗连乌审旗西界六十里。有苣荬滩地一段，内多沙梁起伏。南北斜长十余里，东西宽八里，计地五百余顷。土质红黄，井深不过四尺，用水甚便，且系甜水。每顷可值银二十两。

（一）亲盆才蹬　有寸草小滩地一段，距离鄂旗札萨克驻在所东南三百六十里。长一里，宽二里，计地十顷。土质红黑，井深亦不过四尺，甜水。每顷可值银二十两。

（一）哈达素柴蹬　有苣荬沙滩地一段，距离鄂旗札萨克驻在所二百四十里。南北长十里，宽二里，计地一百余顷。土质兼有黄沙，井深四尺，甜水。每顷可值银二十两。

（一）哈达图　距离鄂旗札萨克驻在所东南二百五十里，毗邻乌审旗。南北宽〔长〕十余里，东西宽八里，土质兼有黄沙，计地三百余顷。井深四尺，甜水。每顷可值银十两。

（一）杭格陶勒滩　距离鄂旗札萨克驻在所三百三十里。长宽各有五里，计地在一百顷之多。土质兼沙，井深五尺，甜水。每顷可值银十两。

（一）可客淖　距离鄂旗札萨克驻在所正东一百六十里，淖北毗连乌审旗。有草滩地一段，南北长约十六里，东西宽六里，土质黄沙，计地三百余顷。井深五尺，水有碱性。每顷可值银十两。

（一）大圪都素滩　距离鄂旗札萨克驻在所东南二百二十里，距察汗巴拉格素东北十余里。有草滩地一段，南北斜长二十里，东西宽一二三里不等，计地二百余顷。全系黄沙土地。井深五尺，味甜。每顷可值银二十两。

（一）小爱拉克图　距离鄂旗札萨克驻在所正南八十里，沙梁曲折蜿蜒。内有寸草滩地一段，长二十里，宽一二三里不等，约计地三百余顷。土质黄沙黑土，带有碱性。井深三尺，味甜。每顷可值银二十两。又东南一带沙梁之内，多生红柳、荆条、葛针之类，长宽各有二十余里，将来堪以开垦。井水亦不深，并且味甜。

（一）乌蓝布拉格素　在鄂旗札萨克驻在所正南。南北计长二十余里，西至高土梁，东至高沙梁，东西宽二十余里，计地二千顷以上。土质红白，内杂沙石。井深四丈，甜水。每顷可值银二十两。

（一）察汗淖　距离鄂旗札萨克驻在所东北三十余里。淖之东北，有苵茇草滩地一段，南北长七里，东西宽六里。土质红黑，计地在二百顷左右。井深丈余，水味甜。惟地多带碱，种植时多需肥料，方可收获，每顷可值银二十两。

（一）滴力半思（又名高土梁）　在鄂旗北面。按以此梁，自巴彦托罗亥庙东南起，曲折入东北杭锦旗地，长约二百余里，宽约十余里。梁多平草，地质红白硬土，微带米沙豆石，共计地在一万顷左右。井深不易取水，非雨涝不能收获，住户亦无。在此梁南里许，有井水深十余丈，甜水，如交通便利，不难招户承垦。又梁北新井子、巴音厂一带，北至新召，地属平原。南北斜宽七十余里，东西斜长一百余里，土质情形，与高土梁相同。井深二十余丈，甜水。游牧大都麇集于此。

（一）大木内　距离鄂旗札萨克驻在所正北一百余里。东西斜长约一百五六十里，南北宽有一百余里。土质红白色，内多沙碱。井深在二十余丈，非雨涝之年，不能收获。

（一）黄河东岸河头地　距离鄂旗札萨克驻在所已〔西〕三百里。长八九十里，宽三五里不等，计地五六百顷。多系红白土地，微带沙石，然靠河甚近，如能开渠引水，浇灌最易。每顷可值银一二十两。

（五）教堂的状况

（一）草山梁，距离鄂旗札萨克驻在所东南四百余里，靖边县西北六七十里。东西长约十余里，南北宽四五里，计地二百余顷。地质红土，为教民所耕种，每年分给教堂十分之三。每晌五亩，收粮一石，能种"糜籽"、"莞豆"等类。井水缺乏。每顷可值银一二十两。

（一）硬地梁子、沙路茅子、毛头囫囵，均为生地滩。距离鄂旗札萨克驻在所东南四百余里，约计地在一千四五顷。除沙梁，能种之地有千顷之多。井深三四丈不等，甜水。是地黄沙土地，能种"糜籽"、"麻籽"、"莞豆"等类。每晌五亩，能收粮一石左右。均系教民耕种，每年分给教堂十分之三。每顷可值银一二十两。

（一）小桥畔、胡家窑子，沙滩地。距离鄂旗札萨克驻在所东南四百余里，靖边县西北八九十里。南北斜长约有十余里，东西宽约七八里，计地四百余顷。开垦地亩无多，栽植大小杨柳树秧，约计十顷。井深五六丈，甜水。每响五亩，收粮一石。均系教民耕种，每年分给教堂十分之三。每顷可值银一二十两。

（一）布夺滩，一名营盘堆子梁，距离鄂旗札萨克驻在所三百八九十里，宁条梁北四十里。东西长三十里，南北宽七八里至十余里不等，计地一千余顷，均系红土好地。内中苜茇草滩居多，荆条成林，内有教堂经营之地最佳，因能引用八里河之水灌溉。约计东西长七八里，南北宽三五里至七八里不等，共地四百顷，皆系水田，可谓鄂旗沃腴之地。教民分种，每响五亩，收粮两石以上，每年分给教堂十分之四。井深二三丈，甜水。每顷可值银四十两。

（一）城川，有黄沙土草滩一段，西自黑梁头，东至黑圪旦，距离鄂旗札萨克驻在所东南三百余里。东西长约六七十里，南北宽七八里至十余里不等，共地二千余顷。开垦之地已有十分之四，为鄂旗中等地亩。能种"糜籽"、"麻籽"两种。井深八尺，甜水。大都蒙古人游牧为业，教民耕种尚少。每顷可值银三十两。

（一）圪丑滩，一名白泥井，又名榆树壕，距离鄂旗札萨克驻在所正南四百四十里。东西斜长四十里，南北宽二十余里。土质黄沙，地在三千顷左右，为鄂旗中等地亩。开垦之地已有十分之三，均系教民耕种，教堂每年应分三成。井深九尺，甜水。每顷可值银三十两。

（六）台站地的状况

鄂托克地方，内中尚有台站地亩，为台站台丁的养赡地。到了民国八年一月，伊盟盟长函请杀虎口台站管理处，咨转绥远垦务总局，谓及所属第六台，察汉札达垓站地界，与乌审、鄂托两旗毗连，迄未划清。该台兵丁困苦，应请转饬两旗派员会勘清楚，以免缪辖，当经委派周庆慈办理。五月间呈覆，于四月二十二日驰抵该站，面晤蒙员章京尔居巴图。初不承认，严重交涉，一再劝导，始行允可。五月五日划给站兵五十户地四百顷，章京办公地一百顷，公共牧场地六十九顷七十亩。按以河西六台站，幅员辽阔，平方四十里，计地八千六百四十顷。能种之地，不过一千余顷，土质沙石居多。毗连鄂、乌、杭三旗，因被乌审旗"独规"反抗，鄂旗又复居中干涉，对于报垦一事，故多阻滞。询诸农民，每顷中地可值银十两，下地可值银五两等语。然以河东、河西十二台前拟全行开放，蒙藏院以蒙边多事，稍涉纷更，恐碍台务为词，请暂从缓议。铨叙局局长吴廷燮，又以前清贻案覆辙为印证，遂致停顿。九年一月，绥远垦务局总办元恺，呈请继续设局清理，九月财政部核准照办。关于六台察汉札达垓，十一年十二月地户曹培贤、屈能恕、李福、王殿邦等具呈请领，十二年二月站民出为争执。四月遣派委员关喜禄，会同台站管理处耿效鹏前往丈放，并由绥西游击司令派兵保护。六台章京呈请再给召庙地一百顷，以维香火，嗣又声明并不阻垦，恳请应分押荒，照数核发。五月，垦务总局加派委员刘贵前往办理。六月，台站办事员耿效鹏假公需索，撤去差使，改派秦瑜。九月，章京额勒哲依巴图，呈请取消民人曹培贤所领台地，仍请全数发还，恳〔垦〕局不准。鄂旗蒙民数十户出为阻挠，咨行伊克昭盟长转饬各安生业，不得节外生枝。旋由关喜禄呈报办竣，勘得此地，东界杭锦旗博音珠色楞垓音核托；西界至乌审旗察汗脑色〔包〕；南界乌审旗模克温都尔乌拉；北界至鄂托克旗拉马泰克；东北界至博尔泰圪忽素；东南界至哈拉忽素；地〔西〕北界至察汗什格尔提；西南界至包禄爱力更爱力托诺垓。内中有召，名曰察汗扎达海召。台路由南绕行西北而去。计碱淖六处，曰大康巴尔海、小康巴尔海、康巴尔海、模克淖、竹箕滩、察汗札达垓海。划留台丁办公牧场地，自大康巴尔海东畔起点，至爱力更爱力托诺垓为止，计宽四里半，共地一千二百顷。又划留赡召地四面各一里半，计地四十八顷六十亩，除不堪耕种地外，曹培贤等净领地八百顷。十一月间，达拉特旗咨请垦局以民人曹培贤蒙蔽，将我八千顷之地，作为八百顷，现在曹姓转放他人已有二千五百余顷之多，恳请追还。当时未能解决，岁租援照鄂旗成案，每顷核减八角，归台自收。十三年十二月垦局咨复达旗以章京出具印结，实系下下地八百顷。十四年三月台站在实业厅，恳请办理划留地内熬碱以资生活。这就是台站地的实在状况。

综以鄂旗的地亩，计算起来，到〔共〕有一十三万一千五百九十余顷。现在开种的，不过十分之一二，将来要是全行开辟，这个地方的“富源”，真是取之不尽，用之不竭了。

结　论

在下的这一篇《鄂托克富源调查记》，至此已是终了的结论。文字不计工拙，难免贻笑大方。再者或有人言及，这个荒僻沙漠的地方，没有甚么注意的价值，你来做这一篇调查记，说得天花乱坠，耸人听闻，将来如有实行家努力的去做，能如愿以偿吗？哈哈，在下确敢担负这个责任。诸君不知，边业是个救国最要紧的一个大计画。你看西历一千八百四十九年，美国的克力福尼亚洲〔州〕尼罗达、屋利赣的勃兴，又一千八百五十一年奥大利亚洲的突盛，又一千八百六十七年南斐洲的发达，按这些地方，当初都是榛荒不毛，荆棘纵横，人烟稀少，闭塞无闻，仅仅不过用以为流徒〔徙〕罪犯之场而已。如克力福尼亚洲〔州〕，自瑟忒氏经营以来，不数月间，移民竟达十万人，旧金山一处，骤增户口五万，犹以为未足，又在尼罗达、屋利赣、落机山一带，增户拓地，不六十年，悉变成繁盛之区。至于奥大利亚，在一千八百五十一年极力经营，不数十年，而此三百万英方里的大海岛，变成了富厚膏腴，利源涌盈，英人恃此，得与列强竞争。再南斐洲发达后，橘樊两河流域，户口渐众，好望角一带，船舶林立，商贾辐辏，每年产额在美金五千余万元。这些地方，都是由榛荒而变繁盛，可见事在人为。北的"富源"，到处皆是，不止鄂托克一隅，究看有志西北的伟人志士，注意不注意吧。

《绥远建设季刊》

归绥绥远省建设厅

1929 年 1—4 期

（朱宪　李红权　整理）

热察绥三省中之蒙古人

协 必 撰

（一）人种

热、察、绥三省中蒙人，十九为蒙古人种之喀尔喀族，他部蒙人甚少，近来因内地移去人民日渐增多，汉、蒙二族之混合种，亦渐不少。原有蒙古人大都体强健而不甚伟大，面貌扁平，头少宽广，颧骨高突，鼻则甚低，且很广头，发直而黑，皮肤黄而带褐，眼为蒙古人特有之眼，形倾斜，内地人称之曰直眼鞑子。男女幼年，亦婉美，及乎年长，姿容顿衰，丑陋之甚，难以言形。虽然，不能一概而论也，徐娘半老，风韵犹存者，亦非稀奇也！

性质一般粗朴，能耐劳苦，好勇斗，不喜奢华，有为〔上〕古遗风，惟居三省南部蒙人，习染华风，性情、习尚多与汉族同化，较之北部蒙人截然不同，食杂粮，居房屋，务农耕，姓汉姓，俨然文明人也。

热、察、绥三省蒙古人之人口向无统计足征参考，兹就英、俄两国人之调查推断，则全蒙人口约在三百万，更据日人调查，热河省人口约在八十万或百万之间，汉、满杂居者约在二十万，大约一方里不过二十余人，其毗连内地者人口稍形稠密。吾人现在若合热、察、绥三省之蒙人，总在一百五十万左右。

（二）语言文字

热、察、绥蒙人所用之语言，其组织同于日本语、满洲语，音声低濡，其母音七、子音十七、二重音五，喉音及气音颇多，为乌拉尔阿尔泰系统中之喀尔喀语，由复音而成。蒙古初无文字，成吉思汗时代，习用土耳其族之练伊奇哥尔文字，是为蒙古用文字之始。及世祖时，西僧帕克巴变化藏文，制蒙文字母四十一个，是为蒙文之始，彼此互相并合成音。缀合之法，与罗马相似。西藏经典在昔时书写之方，以苇尖含墨书于纸上，今则多用毛笔。虽至此即〈有〉蒙文译本，而高僧仍多用藏经。现今之蒙文，为元末所确定者，字头一百零四个，盖孳乳浸多也。其文自左而右，纵行，文章以其为添着语，附于语根，用种种之助辞，排列方法，先名词，次助词，最后为动词，数目字不如汉字之简易，回文、阿剌伯数目字之通行。其文牍间仅能述生活之大略，而不能记述科学之奥意，是以蒙昧而不克进化也。

（三）分布之概况

蒙古民族，不郭郭，不宫室，不播殖，穹帐中寄居，而水草是逐。史称游牧行国，其来已久，迄今文明大进之时，蒙人尚未脱曩昔之旧，故其住民地之状况，依其生活程度而言，自不得不有多少之差，因概别之为五类：

（一）纯游牧住移转式之蒙古包之部落；（二）半牧半农住固定式之蒙古包之部落；（三）半牧半农住建筑家屋式之部落；（四）纯农耕移民住居之部落；（五）喇嘛庙之部落或称喇嘛街。

（一）移转式之蒙古包（构造详住宅）　仅存于西北隅之乌珠

穆沁、诰齐特、阿巴哈纳尔各旗及外蒙而已。盖以近时热、察、绥边境，日渐拓殖，家产之集困，与其牧畜事业不能相容之故也。

（二）固定式之蒙古包　在热河省如克什克腾、巴林及兴安岭以东地方，均渐次由移转式变而为固定式，周围绕以墙壁，家屋附近有几畦之耕地，然其本业仍事牧畜，大部之村落尚罕见及，通常不过二三或四五户而已。

（三）建筑式家屋之部落　自汉、满移边之实行后，毗接内地之地方，日见开发，建筑家屋，虽所在恒有，然亦无最大部落，依然以牧畜为本务，农耕为副业，仅对于自需粮食为少数之种植耳。

（四）移住民之部落　为纯农地方，其家屋多为砖木造成，有数十或数百户之集困，村中有大小市街，商贾幅辏宛如内地。

（五）喇嘛庙之部落　建筑工程之冠绝蒙古各地者，即喇嘛庙是也，庙之周围，建有许多大小喇嘛之住宅，麟〔鳞〕次栉比，其结构虽随所在人民之贫富而大小不同，然构造概系砖制，极宏壮之大观，若以他之蒙古家屋相提并论，终有霄壤之别。其大者户数数百，收容喇嘛达数千，小者亦数十或数百，其附近喇嘛信徒之张幕居住，与汉商设天幕而贸易者，殊占多数。

蒙古人居住之状况，已如上述，法国旅行家所撰《蒙古游牧地之情形》，言之颇详，兹再节述之如下：

　　蒙古者，地大物丰之所在也。村落之群居，都市之经管，美术工艺之昌明，贸迁有无之事业，绝少概见！去文明之曙光也远甚！极目平原，湖水渺茫，河渠蜿蜒，山岳巍峨，与黄沙白草连接于无〔天〕际而已，忽焉鸟飞兽走，始见有人栖息于其间也。至于居民之蒙古包，恍若气珠之自天而下，牛、马、豚、羊之散见于远近者，千百成群，忽有健儿策马特〔持〕竿以疾驱，女子榨牛乳或饲小犊，老幼妇女争拾兽粪，始知大有人在，非无何有之乡。迫乎翌日，前之经见者，倏焉无存，仅留烧残兽矢，食余肉肋〔筋〕，与莽莽平原辉映夕阳已也。

（四）风俗人情

昔者成吉斯汗之慓悍英武，铁骑驰骤乎世界，此震天烁地之勋业，凡谈蒙古民族者，尝饫闻之矣，何以至今阒然也？以朴直殷勤之性质，易喜易怒之感情，自愉快感想之急变，竟陷于悲哀沉痛之境，而迷信喇嘛教，超然于生死利害之观念外，生存竞争冥焉罔觉，与牛马羊豕游，嗜茶烟，贪醉眠，唪经皈佛祈冥福于来世，所谓鞍上无人，鞍下无马之勇，概究何在也？然其御悍马以纵横于旷漠之野，虽妇女亦足胜任，遗风未邈，利用此动机之所发，鼓舞而兴起之，一洗旧染，安在不联五族以捍外侮雄飞世界哉。

热、察、绥三省区域颇为广泛，风俗习惯，未免因地而殊，大概以兴安岭为界限，自东南各地与西北各地而二分之，又由西北部以外蒙及锡林郭勒盟、察哈尔而三分之，东南部及既开拓地方与接近开拓地方及兴安岭山脉之麓，而又三分之，特略述之如左：

蒙人性情真挚，其对于同族勿论已，即对于外来者，倾盖如故，有举家欢迎之风，故或旅行者当日暮途穷时，叩户乞宿，常蒙殷勤之款流〔待〕。然至人烟稀少，行政不及之地，匪徒出没，村落远隔，少与外人交往，往往对于去者而生恐怖心，不轻许以入室，倘外来者人数略多，则可随意假住，蒙人惊疑，有空室以逃避者，反之则或被其侮蔑，但有土著向导，或官厅旅行护照，则无他虑矣。然以地多荒僻，无与外国人近者，假有外国人至彼，不免周章，狼狈以趋避，乃一经习见，即恬不为怪，甚或比昵之，唯与日、俄接近方面，尤有昵敌之虑，我国商人之贩贸于其地者，奸诈狡猾重利盘剥，以骗致其土地财产者不一而足，且时加重侮，蒙人纵知之而苦于无法诉讼，加以官吏、兵弁亦数数苦之，以天真烂漫之蒙民，爱小利喜窃取，富于猜疑心，抚后虐雠，其欲不致贰于敌以祸边也难矣！

　　蒙古民族盖以游牧社会而递进于宗法社会者也，其部族间自总长以下每族各设族长一人，于家族间则系家长制，家长之力享有一家之全权①，然终无以女子为家长、族长者，惟家长幼稚则其母得代子而有一家之实权，至家长老废，不耐事或死亡，得以其长子为家长之相续，长子或有他故，则选择二男或三男中之贤者予以相续。倘仅为女子或无子时，当在同族间得选择养子以资继续，不使断续，假令家长有数子只留长男，他得出家为喇嘛僧，然近时有数子者，使分晰〔析〕而居，借以增加户数，不为喇嘛者亦不少。若夫男女关系，则男尊女卑，男子或勤国事而修武（即狩猎），女子则佐理中馈。男子除喇嘛外，概留发，日常之业务，在于牧放家畜，采取薪材，农耕地方，则从事耕耘，女子所任则轻〔朝〕夕榨乳，制造牛酪、干酪、奶皮子，汲水，拾兽粪而干之，贮于屋之周围，裁衣、制靴无不任之，乘马疾驰，行于原野，不亚于男子，其业务之勤奋，性质之活泼，有独立生活之资格；此为蒙女子之特色，较胜于汉女子百倍者也！然有救恤慈善之事，凡贫苦无告及寡妇、孤儿莫不慰抚而赖养之，蒙人中无乞丐更足异也。

① 　原文如此。——整理者注

（五）人民之阶级

蒙人民可分为三级，一台吉、塔布囊，二喇嘛，三黑人。台吉者太子之转音，其始为蒙古王公子弟称之，明清代则变为爵位之名，以授元裔，位次辅国公，秩分四等，头等台吉，秩二品，次则三品，最下为四品，即褪袱中亦皆为四品秩。塔布囊者，为元代贵戚之裔，位次与台吉同，惟土默特左翼祺〔旗〕、喀剌沁三族〔旗〕有此爵，余均称台吉，二者皆系贵族，最有权势，清代每岁均轮班入京，富家蓄奴三四百户，家畜数千头，贫者亦有奴婢二三户云。蒙民迷信颇深，视喇嘛为神圣，高级喇嘛势倾王公，教务之外，或兼领政权，经营蒙古者不可不注意之也。蒙语谓平民曰黑人，凡满、汉之土著及往昔贵族奴隶之裔与蒙人之非喇嘛者皆属之，举动悉听王公、喇嘛之指挥，毫无知识，有若上古之民。

（六）衣服

热、察、绥蒙人居长城北一带地方者，衣服多摹做汉式，无大差异，渐北而渐粗野，王公着官服、补褂、袍套，略同清制，帽上犹缀红、蓝、白各色顶子。富人冬则轻裘，夏则锦帛。一般人民衣服用棉布，形式宽大，腰束条带，系以火石、烟袋、铁箸、食刀、木碗等物，冬则着老羊皮褂，并不上布面，皮帽、皮领、皮袜、皮手套，无一不为御寒之妙物。近来交通稍便，内地之毡鞋输入，厚半寸，形式粗笨，为踏雪之宝筏。帽形平扁，缘反折而上，亦有尖形者。夏日天气炎热，多有仅着长衫或系围裙于腰而不着裤者，赤足游走，尤为惯事。喇嘛喜红、黄二色，商〔高〕级喇嘛着黄衣，戴黄帽，小喇嘛衣紫衣，履布靴，诵经时多以黄或紫色布斜披肩上，两端下垂，名曰偏衫。女子服宽袖阔服，裙将及地，穿耳孔而坠耳环，编发为一辫，垂背后，嫁则束发髻，饰以金碧，犹中国之有个步摇，颜抹白粉，更点胭脂，实非本来面目，即汉代匈奴歌“夺我焉支山，使我匈奴无颜色”一语观之，亦可知其自古有好美之心。刺绣虽无江南之工致，而坚实可用，大兴安岭东南部女工称巧，靴帽、荷包多由自制，就中以靴鞋底为佳，制法用布（多白色）折叠数层，以线绳实之，联络缝固，号曰千层底（或千层板），中国之有靴，实赵武灵王变胡服时由塞北所传来者也。蒙人衣服，又因各地方之不同，可分下列几种：

（一）大兴安岭之东南部，在蒙古人中为文化最为进步部落，若以之比于西北，颇觉进步，但其中仍可分为下列三级：

（甲）介在开拓地方，殆与汉、满同风，几与内地无分；

（乙）住于开垦地之邻近者，[在] 比于汉、满稍为粗野；

（丙）住于大兴安岭山麓地方者，比于前者更为粗野，且服装不洁特甚。

（二）大兴安岭之西北部，比于东南更为粗野，除一部地方外（如归化一带），其远隔市场者，以土〈地〉硗确，资产缺乏，服装之差甚著，故此等地方为纯蒙古族之根据，尚留蒙古旧有之遗风。

（甲）住于锡林郭勒、乌兰察布、伊克昭各盟之蒙民，比于大兴安岭东南部，在外蒙古住民之中间一部同于外蒙，大体与内蒙相去无几。

（乙）察哈尔南部及归化城之蒙民，因迩来移民之增进，渐次同化于汉族，与内地无异。在以上区域中，前者靴帽多由自制，鲜用市售品，妇女工刺绣制靴，故此处妇红稍巧，若受远客赠与，常以所谓之荷包为答。后者则除邻近内地外，革靴、荷包、帽服大半购自汉商，其能自制者鲜矣，普通一般之衣服，一经新差

〔着〕，洗濯修缮，均不经意，至污垢褴褛不堪时，始弃而新制，食后指污或食器之秽无不拂之以袖或衣服之一端，加以日饲家畜，跨马走沙漠中，无间于风雨，衣服之难以保存清洁，非偶然也。妇人服装随地不同，今举其显著者，则为哲里木盟之妇女，衣服比于满装则为广袖、阔服，裙几蔽地，靴有长短两种，皆为自制，头发则于前头部分为两方，后头部则加以结束，常插美丽之簪，不用帽子，外出多乘车，昭乌达、卓索图二盟略为相同。然既婚女子，则后头部突出为握拳，及附以簪饰者焉，若至锡林郭勒、乌兰察布、伊克昭、察哈尔地方。多用珊瑚或磁料、璎珞自前方垂向后方，由耳侧至头而下垂，通常不用短靴，所穿者概长靴也。穿耳孔而垂耳环，又与汉地无异，特异者妇人女子大半多携旱烟管，亦习俗之一端也。

（七）饮食

蒙古人之饮食料，以兽肉、乳类、面粉、茶、酒为大宗，视鱼鸟肉为秽物，不喜食之，颇嗜砖茶，饮时和黄油、咸盐，沃以沸汤，饮量或至十六碗。家多畜羊，有全羊席，巧于用刀，食量大者一昼夜或尽羊一头；普通以一羊腿为常，例如我国由南而北，食量恰为递升式，实即北强南弱之主因。至于鹿尾、驼峰、山兔、野雉，称为此邦之珍味，非特别宴会，不常用也（土人谓冬食驼肉能御寒）。好酒者颇多，饮不度量，往往醉于酒馆，席地卧，口呜呜若念经，若骂人，见者无不笑之。三省蒙人通常之饮食若此，然地域广大，物产不无异同，食料即因地而少殊，分述如次。

（一）大兴安岭之东南部

（甲）开垦地方均为汉、满移民，多用高粱、粟、小麦、黍，及其他之杂粮、野菜等类，鲜有用牛乳及相似之制品者。

（乙）邻接于开垦地方者，常食黍、粟及野菜，或混用牛乳及相似之制品与兽肉类。

（丙）大兴安岭由〔山〕麓地方，群山绵延，不适农耕，谷类罕有，故多食牛乳、兽肉，食黍与野菜者甚稀。

（二）大兴安岭之西北部

（甲）锡林郭勒盟地方，诸堆起伏，间有水草，只可牧畜，杂谷、野菜全无耕作，黍价甚昂，食之不易，有食之者，亦仅盈握等于量珠，故是地之主要食物为乳茶、羊肉等，至小麦粉干、馄饨，非王公富者之晏〔宴〕会，鲜有用之者。

（乙）察哈尔南部及归化城之住民，近来开拓进步，渐有杂粮之交易，且与市场接近，故食粟能亦渐增加。如上分类原难为确然之区别，不过综合各旅行家之所见耳。再叙其食品之种类，及制法如左：

牛乳　蒙人巧用牛乳，普通榨取之时，是在夏季，榨取之前，先止犊牛于家，仅放母牛于野，纵使饱啖青草，当夕牵至乳房，出一犊牛，使吸乳之后，即别犊牛于他所，而榨取其乳，至尽后，复使犊牛恣意吮吸，一日间之榨取量，平均约五四合。一家之中，大抵有四五头或十余头，榨乳之事，是为女子专责。

乳皮（奶皮子）　榨取之乳，谓之生乳，饮之易致下痢，必入乳釜中以火煎煮，沸二三次以上，则成为熟乳，以时脂肪分凝集上浮成皮，是为乳皮，乃乳中之精华，最为贵重，款上等客多用之。

　　牛酪　色清澈若水，制法先置牛乳于器中，及其腐败，水分分离，然后入金属罐中（多用铁罐），封以泥土，以温火徐徐煎之，罐上有细管，管之一端垂下入瓷碗中（碗之位置低于罐数尺），乳经火煎，自管端下滴入碗，是为牛酪，和炒米（详后）食之最佳，蒙人多用为赠答品。长城北一带地方，市场有贩卖者。罐中所余稠厚之质，另置一桶，杂以麦粉，以食佣者。

　　奶豆腐　乳质强煎，俟水分除净，置器中晒之，以刀切为块形，如豆腐，是称奶豆腐，恒备以御冬，且便于储藏携带，故旅行家及行商恒珍重之。

　　乳酒　盛乳汁于皿中，使之酸酵，恰如制造烧酒，是名乳酒。色清若水，无味无臭，如饮醇醪，不觉自醉，蒙民好嗜之。

　　乳茶　长城附近地方，蒙民饮茶之法与华人同，大兴安岭山岭及戈壁南带之蒙民，平生正见饮茶者，遂自作饮法，甚为奇异，于茶（茶全由内地输入）中和牛乳、咸盐，谓之乳茶，亦称奶子茶，又称蒙茶，煮肉时亦加茶，胡饮胡食可哂也矣！

　　炒米　制法，将穄子（即糜黍，黍属之不黏者，亦称散糜子）置锅中煮熟，取出曝以日光使之干，或炒干之，然后以碾去其皮糠，所余之粒，是为炒米，藏之久不坏，和牛乳、白糖，用沸水冲而食之，每日一次，即不觉饿，诚旅行家及行商必备之食料，兵士尤珍视之。

　　牛乳、炒米为蒙人食品中之最贵者，凡王公之晏〔宴〕会，以及富家之款客，桌上必先置炒米、白糖、牛乳各一碟，食毕然后大餐，又常以此二者为赠礼，其珍视之意可知。

　　鸟兽肉　主用牛、马、羊、鸡、豚与其他如鹿、兔、野羊、山雉及野鸟等类，牛非富者大宴会时，屠宰者甚稀，平常不过食已毙之牛、马而已。羊肉各地通用，为数极巨，鸡、豚则只开垦地方用之，野兽之肉，以兔为最，鹿、狼、野羊仅用于狩猎地方，山雉较多。至生〔其〕烹调之法，仅加少许之盐耳，惟开垦地方有使用榨酱油以调和之，但无论牛、马、羊、豚，每干其肉而贮之，以备不时之需。兽皮则除自用为垫、被、衣类外，多卖与行商，或以交换必需之品焉。

杂谷及野草类　杂谷以黍为主，小麦粉亚之。又有少数地方，略同于移住民之用高粱、粟者，野菜如白菜、葱、胡瓜等仅用于开拓地方，若乌珠穆沁迤西北，野菜绝无，只生野韭，食之者鲜。杂粟产自热河、察哈尔之南部各地，耕作无法，殆同野生之草也，惟蒙人食事无定，纵极粗恶，亦甚甘之，偶得美味，宜其大嚼无厌也。

薪材　蒙古通常薪材，厥为兽粪，其最良好者羊与小羊之粪是也，干者燃烧容易，火力亦强，能用以制造铁器。次于羊粪者为牛粪，再次为马粪、骆驼之粪，为最下等云。彼兽粪之散在于各处者到处皆是，若至沙漠地带，牧草绝乏，兽粪难得，则有灌木丛生，以供采伐，但其生长不高即行枯死，然握根而焚，亦甚良好，天之配剂，诚有不可思议者已。热河省西喇木伦河流域，桦、柏、杨、柳，生殖甚荣，取材殊便。倘至扎赉特方面，富有广大之森林，岂〈止〉为薪火，即资建筑之材料亦备，开垦地方，大抵多用高粱杆。

（八）住居

热、察、绥地域广泛，人烟稀少，加以生涯端赖牧畜，孳养生息，应须广泛之地域，聚族而居，实阻生业，并且起居于极为简陋之毡幕，习以为常，上古草昧之遗风，盖犹存焉。然汉、蒙交通逐渐开化，家居之华质，亦未可一概论也，分述如左：

（一）穴居　上古穴居而野处，今热、察、绥犹有此风，或依沙丘或傍土崖，凿地为穴，栖息于内，俗谓之土窑。其形式方圆互异，概以粘土葺茅藗〔蒿〕为覆盖，穴居内铺毛毡以为冬御寒之妙计。今察哈尔部犹有穴居者，愈北愈陋，更无论矣。

（二）陋室　热河汉、满移民日多，蒙民渐渐进化，架筑家屋，多用木石瓦砖，数十户或数百户之村落所在恒有，大小市镇，商贾云集。但规模狭陋，污浊不洁，猪羊圈马牛棚建于住室近旁，圈棚外积畜粪如小丘，四周围土石墙，墙外植树（多榆、柳），并以赤布或白布上书经文悬于门前或树上，风徐吹，布飘扬，遥望之若万国旗然。沙漠中及兴安岭之住民居住为蒙古包，或类似蒙古包及土筑之屋，然亦不常迁徙。屋之四围，圈以树枝，停放车辆，牛粪之积，比于前者其状稍小，经幡多揭于屋顶。兴安岭西北居住概为蒙古包，自春雪初融，即择低湿地随水草而迁徙，屋之四围常备车辆五六部，或十余部，以为迁徙之便，天署〔暑〕草稀，牧养之事，三四日即尔迁居。至冬季冰结则选择山阳以居之，故此种家屋终无何等设备，不过积牛粪以御冬而已。

（三）蒙古包　游牧之民，栖息帐幕，以其便于逐水草也。帐幕之中有一种圆形者，特称之曰蒙古包，此为热、察、绥蒙人最普通之住所，有移转、固定二种，前者以锡林郭勒盟为多，后者则昭乌达盟为多，大小不一，构造法略同通常，高度约在十尺、十五尺之间，就地划直径丈余之圆圈，周围立十余木柱，其间用木棍纵横组织如格，钳着柱上成一围墙，柱顶上架木为梁，成伞之屋盖，全部包围毛毡数层，以马尾绳束缚之，惟顶上毡子系以绳，俾得自由启闭，透日光通空气，宛若天窗，烟筒亦中出。南面设门，高约三尺五寸，宽约二尺五寸，装小扉垂毡帘，足以蔽风雨。穹庐毳幕诚沙漠中之利器也，内部配置，中央置地毡，富者于屋之正面设炕，室左为男子所居，礼来宾应立于此。其正面偏左通置木柜，上设佛橡〔像〕与活佛肖像，前置佛器并列乳肉祭品，是为佛坛，朝夕膜拜无间，室右即为妇人居室，有大小柜以存纳贵重物事。厨所用具如水桶及食品等列于中央之空地，并设有尺余高铁制之灶，中盛兽粪，生火炊爨、取暖于是焉赖。屋内不过四五人居住，富者有屋数间，亦甚清洁，惟有羊肉、乳之膻气耳！毡上虱类繁生，无贫富大小皆然。若夫结屋一事，乃女子职务，其动作极神速机敏之妙。至其家具仅二三箱或户棚、垫子、锅碗、皮囊、水桶、木碗、铁架、火箸等耳。

夏季虽随水草繁多以居住也，区域究有一定，不能随意，是因旗内土地均有界限，某旗由某地至某地，某地又为某台吉所有，倘越疆界以事牧畜，则当受处罚也。

每包价值约三十余元，人口多而富者或分居数包，行旅抵暮辄投其包而宿，无拒之者，且为饮食以供客，盖蒙古之地向无旅店，露宿恐遇猛兽，其势亦不得不然也！

（四）王爷府　内蒙虽改隶三省之内，而蒙民仍为自治，集若干村落而为旗，旗进而为盟，盟有盟长，旗有扎萨克，各理治内政务，为世袭之职秩，统率部众，俨若王者，其住舍俗呼之为王爷府，建筑概用木石砖瓦，式样略出清代之宫殿。堂中暖阁为宝座，坐褥用行龙，穹庐之柱，雕漆蟠□状，元旦受朝贺，如升殿仪注，与喇嘛同其壮丽。惟乌珠穆沁部拖〔迤〕北极为荒鄙，王公亦住蒙古包，特形较大，包顶饰红绒毡以示异别而已。

（五）喇嘛庙　蒙语谓喇嘛庙为满蒙，其规模之大小，虽因所在人民之贫富有所不同，其构造概系砖瓦，极宏壮之观则一也。中央建立正寺，周围复设陪寺，为大小喇嘛之住室，鳞次栉比，宛若市街。俗呼之曰喇嘛庙之四周，多筑土壤，上立小竿，竿上悬书经文之布幡，用别灵域于俗界。在蒙古境内之建筑，以王爷府与喇嘛〈庙〉为最华丽，比之一般人民住所，实有霄壤之别，尊卑之级，甚为显著云。

（九）嫁娶

蒙人有早婚之恶习，男子十二即娶十八岁之妇者不少见。普通十六以上男子，无不有妻，通常女长于男三五岁。配合不拘行辈，大率父母主婚，由媒妁介绍二家之意义。间有彼此钟性而实行自由结婚者。其实行之结婚手续及仪式分述如左：

门第相当人家，由媒妁介绍之，其双方合意，则女子之父及其亲友，先访于男家，入室礼佛，佛前供羊头、乳、绢布等物，并由男子设晏〔宴〕款待。后男子与其亲友亦访于女家，但必携赠品（牛羊等），此为相当门户又合意则婚约成立。此后每逢年节或婚丧之大典，男子必亲往女家，以重礼仪，岳父母对于婿亦若对于子女，然并不若汉人以为高亲贵客，致极端恭敬，而婿对于岳父母须处处谨慎，倍加虔恭，同席不敢上坐。聘礼富家或以饰〔绢〕帛金银，普通为牲畜，以马二头、牛二头、羊二十头为常额。又热河一带以九头为起点，至多不得过八十一头，取九九长寿之意，异地异俗，殆无足奇。极贫不能具九数，则一头、三头、五头、七头不等，尚奇数与汉人对偶之意正为反比。娶期之前，由媒妁与男子之亲友，送聘物于女家，女家备酒饭晏〔宴〕客，是为纳采；纳采后由喇嘛径定合卺之期。亲迎之前，男子着马褂，履官靴，戴红缨帽，束白腰带，背弧矢，骑走马，往女子家，随行之人，多则百余，少亦数十。至门，女家佯作闭门不纳状，俟亲友再三关说，始延入，婿以哈哒进谒岳父母，岳父母设全羊席进奶酒以晏〔宴〕之，晏〔宴〕毕女子背面端坐，姨姑、姊妹陪坐其四围，男子向女子背跪地下，问女子名，女子佯不语，陪坐者多与男子谐谑，三四小时后，由其姨姑或自己语其名，男子谨记之，然后起立，是为讨小名。是夜宿于女家，翌晨女子出户乘马绕宅三回，随男子而往，名义上遂变为新妇人矣。至男子家，亦作闭门不纳状，必俟女子之亲友再三关说，始开门延入，行婚礼，此时院中置木桌，桌旁生火一盆，桌上放弧、矢、羊骨，或桌旁置一羊，夫妇二人向之跪拜，有汉族古牵羊之礼焉（相传李牧大破匈奴，蒙人皆被诛，仅余一女，与神羊合而生，故今之蒙古人结婚时拜之，示不忘本也）。然徒见翁姑，拜佛像、火皂〔灶〕，及生尊长，答亲友礼，喇嘛诵经唔唔不休，喇嘛乐丝竹有声，亦有一番盛况。婚式既毕，设晏〔宴〕款客，送亲者信宿而去，临行必留其母居十数日而后返。洞房之夜，谓本屋有魔鬼，夫妇同宿草栏内，并倩一口吻犀利善诙谐之老妇，为之关说一切，盖恐其羞而不合也。次夜归本屋。赠嫁之物极为简单，一般无装奁，三年内生子则与家产之半或三分之一，近则富家给车辆、牲畜、奴婢及一切之装食品者，亦受汉族之同化也。离婚自由，谓之"罢刀"，此意出自妇人则须返还聘礼半数，少则三分之一，出于男子则否。平时男女交际极自由，男子可自由纳妾，或有外缘，女子亦可自由养妍。家庭污浊，不以为羞，诚天然人群之世界。与汉族通婚素所不禁，蒙女好生男，故近来长城一带汉人，多买以为妾，俗为之"抓鞑"，貌仅中资，即可值大洋三百元，因而贫困蒙人喜生女而不喜生男，岂蒙人之性乐卖女以为食哉？亦生活问题使之然也。

（十）丧葬

内蒙葬礼极为简单，无灵床无供献，不用音乐（喇嘛念经时之鼓号不在此限），不着丧服，并无纸钱、刍灵等风。惟无论贫富均须请喇嘛诵经，此其与汉人独异也。至其葬法有天葬、火葬之别，分述如左：

（一）天葬　大兴安岭附近地方，蒙民谓土葬恐触怒龙王，不利家畜，因之人死载其尸于车，或置马、骆驼背上，惊〔快〕速疾驰，尸坠之处，即以为葬所，暴以风雨，任鸟兽之啄含〔食〕，大有上古委诸沟壑之遗风。三日后往视之，尸亡则以升天，天葬之名昉此，家人无限欢喜，谓生前无罪之结果，独不知葬尸于饥禽饿兽腹中矣。倘或尸体犹存，则以为死者生前有无限之罪恶，遂致有昊天不受，即请喇嘛诵经为忏悔，必待鸟兽略尝一脔，诵经始已，则曰喇嘛之功也。五族之一，愚且至此，彼蒙人不自悲，而吾悲之，宜如何化导，是在教育。

（二）土葬　土葬之风，惟长城附近地方有之，盖受汉人之同化而始然。其法，买汉商之棺椁，纳尸于内，送墓地，掩以土，与汉人无异。惟富且贵者，以木板制坐棺（上下大小若汉人之棺而立者然），尸缠白布，坐于其中，卜葬地以砖石砌塔形，坟高数尺或丈余不等，此则土葬之与汉人异者也。

（三）火葬　蒙俗妇女病死者多以火焚其尸，痨病或产病死者，无论贫富人家概用火葬。而王公之家又少异也，尸上涂黄油，缠白布，投以烈火，拾其灰烬，粘麦粉制为饼形，收入大喇嘛庙之宝塔，或奉送山西五台山之灵域，以为无上之光荣。但必多献金帛、牲畜，否则喇嘛不纳。谚云"出家人不爱财，愈多愈好"，吾于喇嘛见之矣。按火葬之俗，今西洋及日本皆盛行，我国杭城亦有此风，而蒙古不开化之地，竟有此风，或者受孔子死欲速朽之义耶？抑实行佛道重灵魂轻体魄之说耶？则吾不得而知之矣。

（十一）娱乐

蒙人娱乐之法，仅唱歌与单音之乐器，及角力、竞马等数种：

　　乐器及唱歌　乐器为胡弓、月琴，就中以胡弓为多，音律颇低，类似西欧之律，然必集合数人共为弹唱。大抵一村落有二三乐器，唱歌之本色，含有男女恋爱之意，颇流于靡靡鄙猥矣。

　　角力　肇自古者，为蒙族最嗜之游戏，今即盛行于北蒙古，若逢鄂博祭日即必举行此技。角者着皮制之单衣，跨长靴，东西各一人，登场而斗，以推倒对手方为胜。族长及王公临而观之，授胜者以奖品，平时则其部之少年集二三人而行之。

　　竞马　亦于鄂博祭日行之，其外每于狩猎或牧放途次有机会时行之，又或验乘马之速度，时时行之，某马性质精悍，某某地段之距离仅平日通过，且立标准以比较其迟速，故日日乘马，且于群马之中交换而趋乘之，同时使其劳动均一，乃通晓其性质，而调教之。惟鄂博祭日，必在马群中精选良马而乘之，是名"走马"，并以娴骑术者控策而竞走，借以博得王公之名誉奖焉。居常门前每系马备鞍，以为办理牧事之预备，故老幼妇女均谙控驭，小儿至五六岁则随父兄于牧场，往复帮助，而时缒于马背，故至十岁前后，大皆独立乘驭，不必鞍镫，少成若天性然也。骑术上体垂直，膝下向后方少曲，无论若何运动，仅上体少动，下体之位置全然不变，策马而驰，则直立鞍上，腰不及鞍，纵终日马上，亦无倦容，即妇人骑术亦毫不异于男子，然限于代男子服务时，平常骑者甚少。苟至热河东南开拓之地，则渐次柔弱，妇人殆无乘马者，若在喀喇沁、土默特地方，多控驴置小鞍，男子执鞭而随其后，已脱蒙风矣。故健妇喜骑，当自兴安岭山脉之东南侧与西北部地方始见之。

（十二）祭祀

　　蒙民之大事，祭其一端也。凡宇宙间自然之现象，皆以为出于佛之支配，不祭之恐有灾殃，遂以天地、日月星辰、高山大川、雷鸣电光皆为神之所凭，莫不祭之。举行祭祀，多请喇嘛念经，多则数十，少则一人，以家之贫富而有差。临行酬以金帛、牲畜，贫者答以一羊，犹以为憾。兹就其祭祀中之最著者举之如左：

（一）祀佛　蒙人以佛为世上之主宰，自黄童以迄白叟，弥不崇拜，焚香磕头，视为要务，男女外出之前，必拜佛求佑，回家之后，又叩首谢安，老妇剃发为尼，终日手持念珠，口诵"唵嘛呢叭咪"，状似疯癫，不自知也。每家至少必供三佛龛，于屋之西北隅，佛前置一香炉，炉中继续焚香，佛像熏成黑色，上浮灰尘，若总理万机，操劳过度，面带枯灰者然，并以炒米五碗，牛油灯数个，陈于香炉两旁，时或燃灯膜拜，磕头有声。所用佛像，富家均为铜质或镀金者，贫家则用泥制之。而金佛之出产者，殆为张家口及北京琉璃厂之铜匠铺，由汉商或喇嘛输入蒙古，获利颇厚云。

（二）祭星星　星星光辉灿烂，悬于天空，蒙人以为神，每年于阴历正月初八日晚举行祭祀。至期无论大小村落，必请喇嘛（以村落之贫富，定喇嘛之多少）若干，于屯达（蒙古各村有首领，人俗谓之屯达）家中，团聚诵经。斜阳一抹，由大喇嘛命小喇嘛净手，以芝麻油和小麦粉做面人、面塔、面碗、面灯等物，就中以面灯为多。当十点钟前后，置□桌于街，大喇嘛捧面物至桌前诵经，命蒙人立桌上放鞭炮（买自汉商），声如雷震，火光四射（面灯燃烧之光，鞭炮之光），与明星相辉映。此际大喇嘛掷面物于地，四屋再诵经，其费用以地租充之。

（三）祭鄂博　鄂博俗称奥包，堆石为之。初各族〔旗〕间无自然界线（山水），立鄂博以标识之，近则各村落无不有之，多设在山环水绕之处，高丈余或数丈不等，有一村共有者，有数村共有者，富家亦有自设者，若庙然。建设之日，喇嘛诵经，令蒙民休息一日，以资庆祝。沙漠地方，以柳条为之，形圆而顶尖。大兴安岭附近，垒石而成，石堆之数不等。长城附近一带形式整然，中间一大石堆，东西各七小石堆，南北各一小石堆，全面积约占五十方丈，祭期为阴历七月十三日，至期举行祭祀。询之，则曰祭十三太保李存孝也。插细书经文之白布旗于上，大石堆南方置木桌，小喇嘛坐桌之两旁，或吹喇叭，或打大鼓。大喇嘛坐正位，南面诵经，祭品或宰牛羊或陈瓜果，因人民之贫富而异。观者围于四周，未几众喇嘛立起，由东向西绕鄂博转行，且走且诵经，诸蒙民提男抱女，踵随其后，愈后方而人愈多，状若彗星。转三周，弃所做之面品及祭物于地，贫民争食之，食毕角力、竞马，次第举行，极为热闹，胜者由王公或屯达颁给奖品，用资鼓励。并有设临时粥锅者，以全羊或牛肉与米同煮，名曰肉粥，以食众人。平时蒙人每至鄂博前，必磕有声头若干，然后行，骑者过其旁，亦下马膜拜，蒙人极尊之一大祭也。

（四）祭坟墓　内蒙大兴安岭附近及漠南一带，或弃尸于野，或举火焚之，无所谓坟墓，即无所谓祭祀，故蒙民祭坟墓之事，仅见于长城附近地方，盖汉族同化然也。而其祭祀之仪式，颇与华俗不无小异，举行之日，为死者之周年、百日、清明等日，至期请喇嘛念经为亡者免苦，做面头（形如馒头，中空无底）抛弃于坎旁，俗谓之打鬼馇馇，贫民及犬多争食之，此其祭坟之大概形式也。

（十三）礼仪

蒙族之祖先以武鸣一世，严军律，整军容，明上下之分，故其尚贤敬上之风，至今不替。王公及长上之命令，无论事之若何，绝对服从，即家常琐事，亦秘不示人。王公或有不德，非但不自怨，且对人亦欲隐之，至诚至忠之风，洵足尚也。现今仪式之礼节，仿自前清，同于满风，按事务可分公务、私务二种，按行动可分递哈哒、嗅鼻烟、装烟、问安、打签五种，就中以打签为最普通，为最恭敬，分述之如左：

（一）递哈哒　哈哒二字，本西藏之名词传入蒙古及内地者也，为绢布之一种，形长方，不甚厚（长一尺或一尺二三寸），四周褶襞，多用白蓝二色，淡青色亦有之。蒙人甚敬视之，用为礼品，或献之王公，或供之佛前，人民亦常复递为礼，吾人莫解其用意，或习惯使然耳。

（二）嗅鼻烟　蒙古人民颇喜嗅鼻烟，无论家居外出，怀中必携烟壶。客来由主人出鼻烟壶，鞠躬敬献，客嗅之后，如礼以答，遇知者于道路亦然。鼻烟之珍美者，每［两］有值纹银数十百两者，王公、大喇嘛之烟壶，价值尤高云。

（三）装烟　蒙人受汉人传染，颇有喜旱烟者，烟袋、火石多系于腰带上，或插入靴中，行路时且口衔烟管，喷云吐雾，殆与汉人同其风气，客来由主妇装烟敬客，为礼仪之一种云。

（四）问安　西洋人相见多握手致敬，蒙古人亦然，会晤之时必曰"门德"（译音），且以握手点额，或打签（见下）节等仪式，加重其致敬之意，以尚未开化之人民，而有极文明之礼仪，实一特色也。又蒙人从事游牧，各家均有畜牲，故相见亦常问"家畜安否？"颇有古人数畜以对之遗风，亦犹农人相见问"年景丰否"之意也。

（五）打签　蒙人之打签，殆效自满清者也，相见至接近数步之处，左膝小曲，右膝折下，为打单签，双膝屈地，为打双签。此为最敬之礼，凡四品以上之官员，戴官帽，着制服，面谒王公时，率用之。

以上五端为蒙人礼仪中之最著者，他若入人屋包时，必置马鞭于户外，既入室，须坐左边，客去则家长及妇人齐出欢送，以视内地妇人之闭置若囚，其相去其远。平常起居不裸裎，不出足向火，不向有佛之方大小便。拜佛像时，则五体投地，连续起伏数十次或数百次不等。此外琐屑礼节，殆难尽述，兹从省略。

（十四）岁时

蒙古位于塞北，荒鄙未化，向以鸟兽孕乳而别四时，无历法之可言。清代每岁由北京颁发满洲黄历四十本，宣统元年满历停发，蒙民靡所适从，真有"塞尽不知年"之慨。近则交通便利，华文历书多输入塞外，蒙民之识华字者（沿边城一带）率遵用汉历。惟以阴历为标准，而不知阳历之为何事。正月拜亲友、会年会殆同华俗。初八日晚间祭星星（见前），十五或十八日为大喇嘛庙会期，举行跳鬼，与唱戏同，亦有出幕，至期，庙喇嘛饰以龙头、鹿角等假面具，衣彩色衣，手执武器（铁器与木器），聚集场内械斗、歌跳，即吹喇叭鼓铜锣者，亦涂其面，望之不似人形，故曰跳鬼。该鬼卒接近买食品者即夺而食之，不给价，观者如云，商贾麇集，任意赌博，无人禁止，颇觉一时之盛，实蒙古一奇观也。三月三日或招喇嘛诵经祭祖。五月五日休息饮馔，男妇多登山打猎，但无食角黍之风。七月十三日祭鄂博，十五祭坟墓（见前）。八月十五、九月九日，近来亦有休息一日者，但饮馔、行猎而不供月，盖染自汉人而犹未尽同化也。以岁冬十二月终日为年，年前半月余或乘马车，或驱骆驼，络绎不绝，率赴市镇购买过年一切衣用物谓之办年货，近来沿边一带蒙民一意模仿华人，供皂〔灶〕神、贴楹联、贴门神、放鞭炮等习气殆与华人无大异矣。

（十五）日常行事

蒙人日常行事极为简单，大略如左：

1. 每晨起后，各取茶碗中少量之水，以漱其口，再用水以洗其面。

2. 牧放家畜。

3. 频频喝茶。

4. 日中驱畜饮水（住近川湖侧者，任其自饮）。

5. 榨乳。

6. 夕食。

7. 就寝。

其他不时到寺院礼拜与奉役于王公府耳。至其素常绝无休息，效华例阴历正月外，三月三日、五月五日、七月十五、八月十五、九月九日是为五节，为休息之时，此外暇期则清洁屋包内外，招喇嘛行祖先祭典或举行鄂博祭典，部落之民，各集围于野外而恣其欢乐，又或旱魃水灾被除不祥与新立鄂博皆有休息也。

（十六）旅客之接待

凡外来入蒙之人，一经查问，蒙民即以旅客之数，及携带之物，直策马而报告于所管佐领，或当呈明王府，则由佐领派人报之于他处，或邻近发生事件，一经知悉，互相传达，顷刻殆遍，速于置邮。但旅客受有官厅之保护者，则待遇甚优，且有护卫兵向导，随处可以寄宿，诸般物事，容易置办，盖蒙人服从王公命令，无论何事不能拒绝，且乐应之。惟旅行须有规定，先由护卫者通知前去，则屯分出宿舍，集村内之羊与所需品，指挥村民奔走尽力。客到者先出茶以犒远来者，村民交互出而应酬，并进羊膳，异常恭敬。翌日启行，所需人马，可命屯长准备，又途中需马，可称王命征发，无不自由。若单独旅行，无官之保护，无论何处均不肯留宿，常有托病与佛事而辞却者，纵使留宿，亦不亲切，甚有乞牛乳而靳与者，即门前野宿，且因汲水而亦厌之。

（十七）卫生

蒙古民族，绝无卫生之感〔概〕念，优胜劣败，依然适者生存，则其强壮之体魄足与风沙、病魔抵抗之故，盖其生长寒带，旅行者亲见其初秋之节，冷气侵人，小儿赤裸走游，父母了不爱怜，与以衣着，是其身体之锻炼，匪伊朝夕矣。维其间小儿之死者极多，至其留存于人间者必为强壮健好者也无疑。观其〈冒〉霜冲雪，驰逐牧野，毫不觉困惫，其具备战士之体格者至高，乌可轻忽视之！

然而蒙人非绝对不用医药也，又非全不解医术也，在喇嘛中夙以研究医术称，且有多少之发达，所谓医学之研究地即在西宁附近之塔尔寺也。喇嘛之到其处修学者不少，毕竟喇嘛者在以布教而欲修得仁术，然其流弊所至，每引病气为恶魔作用，故主退治恶魔，歉用医药，专事祈祷，并贪逾分之报酬，故只富在〔者〕受喇嘛医之诊治，贫者仅读经以祈平愈而已。然以如此状态疫厉不致猖獗者，以其群居者少也。其传染最多者首为梅毒，眼疾次之，其他头痛、腹痛、腰痛者不少云。若欲欢联蒙族，用资捍卫，先施医术，以博其悦服，将来备干城之选，非不可能。

蒙古地方之害虫为蝇、蚊、臭虫、虱、蚤等类，蚊之数不多，不至有妨安眠，臭虫则砖土家屋虽有亦少，惟蝇与虱、蚤到处滋生足以困人。但至游牧地则蝇之生存者少，盖以家畜每于日出离屋包而牧放之，蝇群随之以去，以其远于屋包故也。其外土地干燥，地面蔽以浅草，且部落之为数甚少，害虫发生亦少。然至包内之牛羊体上向有寄生虱类，然比之内地市场为少。蚊虻多半存在谿谷之中，蛇及毒虫各处皆稀，饮水多借天然，在张家口、库伦之官道上各驿及开拓地方均有井泉，约深五六尺，水质良好。

游牧地方，则井泉与潴水混用，然其所在往往隔绝有一二日行程始能得水者，故旅行家必携水以行。至其井之构造，甚不完全，其开口处，仅覆以树枝或编条，而防其崩坏，井侧之土及污浊时能浸入，且掘不甚深，又不浚渫，因之井底泥积甚深，饮用之先，须候清澄后，方可煮沸。若夫湖沼之水，虽为清莹，然附近为家畜之集合所，混入粪尿，且含盐分，水量甚少，若人员之前往过多，不可不预为设备，此通行所以困难也。

（十八）社会之状况

蒙古社会之现状，极为单纯，其阶级为三大列〔别〕，王族、喇嘛及平民（蒙语为之黑人）是也，先已略述梗概，兹再叙之如左：

王族者，元朝之后裔或其重臣之子孙，曾受封爵，自各旗之酉〔酋〕长以及台吉以下，其总数不一。

喇嘛在蒙族中与上流伍，其势力至不可侮，高德之喇嘛，片言折狱，虽王公亦不得反背。喇嘛又为蒙中之稍解事理者，经营蒙古，断不可轻视之。

黑人其类不一，有往昔蒙族奴隶之子孙，有汉、海〔满〕之土著者，有旗人所生庶子与非喇嘛者皆属之。

若夫政治上虽隶于各旗长之下，然其精神实被支配于喇嘛，渐脱强健之风，沦于懦弱，至各旗间反目争斗之事绝无仅有。特其爱小利食珍奇，每有窃取行为，不过好奇心之表现而已。若其社会之单纯生存竞争不甚激烈，利欲之观念殊弱，以视内地之匪盗层出，乞丐满街者，大大不同。惟住于近黑龙江省边界之蒙古人，所称索伦族者，为绝未开化之族，殆以窃盗为生，盗取牛马，技殊巧妙，且巧射耐苦，生长山林中，即俄人亦颇畏惮，近者黑省长官有绥服索伦设学施教之举，巩固疆宇，重有攸赖，岂独靖蒙已哉，亦所以保中华者也。

（十九）交易

蒙民交易，多用食物交换，或以砖茶为准，或以皮张计算，一般人民尚不知货币流通之妙用。惟长城附近与汉人交通，渐渐用钞票，颇重视银块，谓之元宝，王公富豪或大喇嘛庙，率盛之以器，深埋地中，盖恐胡匪之强夺也。汉商因其不谙市情，动多欺以数量，有用布一匹易牛犊一，仍归原主喂养，四年后长大，买主取之，可卖八九十元，取利不为不厚，而蒙民反以得其溲乳寄养为得计，殊可哂也。

（二十）奴婢

内蒙地广人稀，以农耕、牧畜致富者颇多（长城北一带蒙民，富户有地数百顷者颇多，入冬河道冻后，一家或有十数辆大马车，每日往市镇卖粮者），乞丐实所罕见，而奴婢则所在多有，亦一特点也。中户（种地三四顷者）或有奴婢三四人，王公富豪更不待论。大喇嘛庙必有土地，耕种收获多资奴婢。如库伦大喇嘛庙，畜奴婢数千人，上行下效，成为风气，或且虐待奴婢，惟工作年深，性行诚实者，主人或由众奴中选年龄相当者配为夫妇，赐以姓名、土地、房屋，令其自居，主人有事，尤须格外效劳，所生

子孙俗呼之曰奴羔，仍不脱其世袭之奴籍。奴婢之于主人，须绝
对服从，其命令每值年节必虔诚叩拜，倘得主人瞥见，便以为无
限光宠，蒙人之不叛清室，亦由奴婢之不背主人也，其人民程度
从可知矣。以塞外空虚之地，而奴婢多有，释以实边，非上策也？

《西北》（月刊）

北平西北文化促进会

1929 年 4、5 期

（李红权　整理）

最近之外蒙古

天 任 撰

外蒙古为我北壁屏藩，这是谁都知道的，该地出产富饶，金矿甚旺。外蒙区域，本分六部，就是（1）车臣汗；（2）土谢图汗；（3）三音诺颜汗；（4）札萨克图汗；（5）科布多；（6）唐努乌梁海。其地东通黑省，西控新疆，南出内蒙，北邻俄国，为元朝发轫之地，乃朔方扼塞之区，非若海外荒远之地可以存而不论。由此看来，我们可以明了外蒙之重要较甚于他处了。

为了此种原因，竟引起俄人之觊觎。犹忆俄帝制政府未倒以前，外蒙种种越轨行动，未始不由俄人之唆使煽惑而成。嗣后暴俄自组织苏维埃政府以来，其侵略之野心，实较帝俄时代为尤甚！我们素知暴俄从前在蒙古实行侵略，尚系暗中活动，对于我国，仍有所顾忌；乃自东铁事件发生之后，苏俄因图北满不得，并屡遭挫折，乃一变而向外蒙公然实行侵略政策，最近值得我们注意的，莫如以下重要的几点：

（一）库伦政治强行俄化　自东铁事件发生以后，中俄交涉濒于决裂，所有库伦各政务机关，均系俄人供职，一切制度悉依俄式，甚至度量衡，亦改为俄制，并调动俄兵，驻在俄蒙交界，扣留张家口库伦路汽车备充运输之役，通蒙电报用英文，华商在蒙者，人货均禁止出境。

（二）俄人实行经济侵略　俄人排斥华商，把持商业，组织俄蒙协和贸易公司及苏联贸易公司，以抗制我商之货物，近并渐减我商人数目。向例华商赴蒙，每人领护照一张，年换一次，现在仅限于旧照可以如期换领，新领护照，绝对不可能，是以华商日少，俄商日多。此外如限制华商买货，有指定之种类，营业有限定之范围，又如税捐之重，名目之繁，或定率，或估抽，虽为蒙人执行，实为俄人主动。

（三）训练青年共产军　俄人最近招募蒙古青年二千余人，编成蒙古青年共产军，由俄人积极训练，将来即出发往前线作战。

（四）厉行勒收苛税　蒙古财政权之主脑人，皆换成俄人，最奇者收取各种捐税，按照国籍而分别轻重，如苏俄籍商人之捐税，仅取百分之一，蒙古及他国商人，取百分之五，中国商人则取百分之二十，华人受此苛税之勒收，现在声明停业者，已有十分之二三，其他亦逐渐结束，咸谓俄人既如此对待华侨，恐将来中俄实行宣战，库伦华商之财产，殊有被其没收之危险。

（五）发行空头不兑现之纸币　蒙俄合组之蒙俄银行，发行一种不兑换之纸币，禁用现金，故将钞价强制提高，而俄人则不收用，专以此钞及〔吸〕收华商现金，对于华商，则禁现金出境，此项纸币，乃由俄人承印，至发行时蒙人不明手续，并不签字盖章，而券之两面，亦无一俄文字，其居心欺骗，已属显然。

总观俄人在外蒙之侵略行为，无事不在压迫我民族，侵夺我民权，危害我民生！我们闻讯之余，莫不痛愤填膺！若不严重抗议，从速制止，则国防、外交，均受极大之影响。为此，我们不得不希望中央政府及蒙藏委员会对于此点，应加以严重的注意，同时，我们应进一步，利用蒙古内向之殷，努力到蒙古民间去，从事宣传工作，则收复外蒙，便可迎刃而解。

《时代》（半月刊）
国民党上海特别市党部宣传部
1929 年 1 卷 4 期
（丁冉　整理）

外人之蒙古近状观

S. M. Wolf　撰　　赵简子　译

自暴俄侵掠边疆以来，满蒙问题益见紧张，而关于蒙边一带之情形，国人知者绝鲜。兹篇为有名研究国际政治之作家渥尔夫（Serge M. Wolf）所作，原登本年春间纽约出版之《现代评论》（The Contemporary Review）杂志，近由赵简子君译登广州《民国日报》。兹值边疆问题紧张之时，苏俄且有煽感〔惑〕蒙古青年党在呼伦贝尔等处起事消息；兹篇虽如明日黄花，然亦可供参考，爰为转录此文，以促留心边疆问题者之注意焉。

记者

蒙古原为中国最后之满清王朝所统治，迨一九一一年，在地理上和人种上始分为外蒙古或北部蒙古及内蒙古或南部蒙古。外蒙古位于中亚细亚之东北部，在北纬占有四十二度至五十五度，及在东经横有八十八度至百十六度。自一九一一年满清政府推翻后，北部蒙古即宣告其自治之权，随之于一九二一年即发独立之宣言。可是，南部蒙古仍在中国势力统治之下。

蒙古族不仅居住于蒙古区域，如外蒙、内蒙，且遍布于外面与俄属地相接。在西伯利亚即有一种所谓 Mongolia Buriat Republic，这个蒙古共和国即是组成苏维埃共和国联邦之一部分，而苏维埃国家的这一部分发出谬妄的意见，所以在事实上蒙古之人民共和国（People' Republic of Mongolia）即是一个苏维埃联邦。从东方亚细亚的地图上研究，我们就知道蒙古之人民共和国——就是外蒙古——在中俄两大国方面形成一个缓冲。这个地理位置使蒙古政治地位完全陷于纠葛纷乱中，并且表示她的左右为国之难。那些情形确是不幸的，但是，在事实上，她在她与中俄两大国之间复有少数微小的缓冲地域。那些微小的地域为蒙古族所居住，这种蒙古族始终专诚的和蒙古友善的。

独立的蒙古国之面积约一，二八五，〇〇〇立方基罗米达，或是实事上说，有西欧全面积二分之一。这个博大的国家人口涵有七〇〇，〇〇〇到八〇〇，〇〇〇蒙古人及一〇〇，〇〇〇非蒙古人；而非蒙古人即是以中国人和俄国人为最多。人口的密度显然的是这样的极其低下的。蒙古之首都为库伦（Urga），而自一九二四年后即改称为 Ulan Bator Hoto（其意为"赤色英雄之都市"）。这个都市现有人口一〇〇，〇〇〇，并设有电力厂、戏院、影戏院、银行、邮局、电报局及印刷局。库伦有三种报纸，一种每周出两次，其他两种则为一周出版一次，及一月出一次。摩托车交通亦属发达，就是电话及无线电亦已建设装置了。

库伦市内有两大庙宇，有一五，〇〇〇喇嘛之众。那两个喇嘛庙名为 Gondan 和 Dsun Hune。Gondan 以其为佛教之最高的一派，故颇著名东半球。国内各处，喇嘛庙所在多有，而喇嘛僧占人口概有百分之十五，又占其全男人口百分之三十以上。喇嘛僧对于蒙古国之生命颇关重要，虽然近来他们势力日渐减削，但其势力犹未消失呢。有的那些庙，如在独尊的亲王之手，领有无数的畜类。要表明那种所有物的意义，我们只须稍稍叙述即可知道了：在一九一七年，库伦有一喇嘛庙领有三〇，〇〇〇匹马、一五，〇〇〇牲畜，及一〇〇，〇〇〇头羊。

直到现在，蒙古尚未有铁道。运输概由马及骆驼负送，但摩托车则日渐众多，而且现在航空还在筹划呢。

蒙古人口包涵各种种族，其中最纯粹而最占势力者则为
Khalkha，斯族居于北部蒙古。各种种族皆以他们的宗教得以连合
一齐，此不必再言其他的原因。他们的宗教信仰，知之甚少；但
在十三世纪，蒙古人及中央亚细亚民族，皆行 Shamau（近于巫医
之意）的宗教之业。十六世纪末，佛教传入于蒙古，初犹保持佛
教之原来形式，后来如在西藏一样，则变其名为喇嘛教
（Lamaism），或称为"黄智"（The Yellow Wisdom）。这个就是直到
现今和蒙古人结不解之缘的宗教之起源。直到最近为止，蒙古喇
嘛之最高首领是普通所名为库伦之呼图克图（Hutukta of Urga）
（即库伦活佛）。他是喇嘛教的教主，又一时曾掌握行政之权。呼
图克图之起源当回说到西藏哲人达拉拿陀（Taranata），而呼图克
图即是达拉灵魂之再生。最后的活佛（呼图克图）是第八代达拉
灵魂之再生，当活佛于一九二四年去世，他便没有由他人来继承。
蒙古具有完美的佛教文学，虽然这种文学是印度、西藏的基调。
当石板刻印流传佛教，及各喇嘛僧开设学校与图书馆时代，一〇
八卷的 Ganjin 还保存着。而学习佛教之历史用西藏文字印行，并
翻译为蒙古文，连注解共有一二〇卷，有名的 Darjur；现今犹保存
的蒙古文抄本尚藏于库伦图书馆中。这个抄本是很宝贵的，因为
当中国战乱之时，抄本所从印的木板被焚毁了。但佛教时期——更
正确地说，喇嘛时代——却使蒙古人之教育，不能发展，因为喇嘛
教不但是清净消极的，复反阻挠进步，喇嘛教完全是苟安的、惰
性的。凡此影响，为时有三百年之久，可是我们对于这历史上的
世界的征服者尚不能不部分的赞许呢。

一九一一年新世纪开场了——在中国及蒙古总是彰然的事实
——时满清皇朝为中国民族所推翻而拥戴了共和。同时，库伦在一
九一一年十一月十八日革命之后，蒙古亲王及库伦活佛便宣言外
蒙古为一统治国家，而脱离中国。此后，他们复获得俄国的资助，

而俄国立即和蒙古结政治条约，并劝他们不要牵及内蒙，使之亦独立而加入他们的战线。一九一二年末，库伦活佛 Dgebdsun Damba 便以"由众所举"（Raised by Many）名义被推戴为蒙古的大可汗（Great Khan）了，又在首都庄严地戴王冠了。这个变革使蒙古科学发展、欧洲思潮、日常智识，及专门与普通教育皆流布发达。同时喇嘛势力的消降是很卓著的。蒙古科学委员会这时便产生了，科学委员会的首领便驻居于库伦。科学委员会的目的是使蒙古的教育及科学与西洋发生关系。一个图书馆、博物馆及学校皆早已建设起来了。

至于蒙古内部的教育的组织，民众教育行政处（Ministry of Public Education）现正遣派蒙古青年到欧洲去，费用由公家供给。那些青年男女是在学校研究普通及专门教育，但同时他们又自由学习技艺，从事实际建设。在他们的教育中及活动中，他们皆受柏林委员会之监督与管理。一九二六年，在柏林蒙古贸易委员会（Mongolian Trade Delegation）便开始经营了。因此蒙古得各种机器，而许多德国专门学者便被雇为蒙古建设工作。这个重要的计划，直到现在尚在继续和发展中，自一九一二年同意后，蒙古曾数次向俄借款，总数概有五，一〇〇，〇〇〇金卢布之多，而蒙古因之能改善国内经济状况。可是，俄国却没有完全获得利益。从一九一七年以后，当卢布开始日渐跌价之时，俄国在蒙古的势力之减削变为非常明显的，而同时中国的势力复占优势了。这件事的结果，在一九一九年中国便和活佛政府结一种条约，由此外蒙古便取消其自治权。中国当时能获得如此结果，全系处理手腕之敏捷。中国人同时又利用蒙古反抗共产主义，视之为一工具，蒙古政府便移入中国军人、官吏之手中了。

可是，当时有许多蒙古人却不满意新的政治状况。一九一九年蒙古人民党（Mongolian People's Party）便产生了，其目的在再努力于"蒙古独立"。一九二〇年一白俄将军谢米诺夫（Semenoff）威逼中国人，侵攻库伦，又用"蒙古独立"政策，遂占领首都。故一九二一年全国皆在白俄军队诸首领之手。一九二一年三月十三日，在恰克图（Kiakhta）便选举了第一次临时国民革命蒙古政府（First Provisional National Revolutionary Mongolian Government）。在同年中，此临时政府得苏维埃俄罗斯之奥援，扫除蒙古之白俄军队。新政府又第二次拥戴库伦活佛，加以金冠。但是他的势力仅是形式而已，待活佛于一九二四年三月去世，蒙古即自宣告为一共和国，直至今日，尚复如此。依据蒙古国民政府（Mongolian National Government）之决定，共和宪法已起草来了，此宪法即立法部在于国民议会（National Huruldan Parliament）及政府所代表之最高权力。同时又发宣言，以一九一一年为蒙古独立之纪元年。

一九二四年十一月便招集大国会（Great Huruldan），此会涵有每年由人民选举的一百被选举者。蒙古共和国的公民，无论男女，在十八岁以上，皆有选举及被选举权，大国会独有修改及通过共和政体之基本法律，又如小国会（Small Huruldan）招集开会，则大国会每年仅招集一次。小国会有议员三十人，由大国会本部中推举的，并且对于大国会完全负责。而小国会自身轮流选举五个永久的委员，此五委员即执行国家之最高权能，在大国会休止期中，最高政权便由小国会行使，若小国会亦在休止期中，则五个委员便行使最高政权。

蒙古人口可分为三种社会团：亲王及贵族，喇嘛，平民或是Arats，而平民占全人口百分之七五。虽然无数的牲畜为许多喇嘛庙及亲王所领有，然而这样却不能使他们占优势的，因为全国百分之八十的牲畜财富尚为平民所有呢。

国家收入，全由税收，此蒙古之普通情形。税收及关税收入使蒙古经济达于收入〔支〕相抵的平衡状态，此实可喜。蒙古财富之渊源惯是饲养牲畜：羊、山羊、马及骆驼。蒙古因有高山、沙漠之隔绝，使国家陷于孤独地位，不能与他国往来，故蒙古人今日犹保有其往日游牧之特性。寒冬凛冽，有时百分之三的牲畜便冻死了。所以，为蒙古增加牲畜起见，则寒灾的事实不当视为天时自然，而应有以防御之。依一九一八年统计报告，蒙古动物增加之数每年达于五九〇，〇〇〇头，其数殊足惊讶，而在此数中，马及牛类各占百分之十，而其他则全为羊及山羊，骆驼为数则颇少。可是一九二四年的统计，却报告蒙古有牛类家畜十七兆头之多。

羊及山羊的豢养是一切蒙古人家庭经济的基础。肉、脂肪、牛乳、羊毛（主要的输出物）、兽毛、皮、肉〔内〕脏、各种毛发——这些一切家庭经济或是输出的物品，皆是蒙古人从他们的畜类羊群获得的。至于牛乳，一半为家中食用，其他则制造为干酪、乳油及 Araki，或是用为牲畜之食料。蒙古人既不善于喂饲牲畜，寒冬又没为牲畜庇护，因此很多的牲畜便损失了。或者就因为如此，及输出于俄国的大数目的牛类，因此蒙古牛类的总数目增加便日渐低降了。蒙古不顾及那些损失，所以现今的蒙古的经济状态、牲畜饲养，尚未过多的冒险，盖在冬季，牧场殊不能充分供给。倘使，在另一方面，整个制度完全改革合理了——倘使在冬季把干草储藏了，温暖的厩房建筑了，又为牲畜防御狼群与各种传染病，——则普通物产定必日渐增加。那改革无疑地能使蒙古在世界牲畜的供给居于首要的位置，并且使物品的供给多取得于此。现政府即能显然见到于此，视豢养牲畜为最重要，及以那些改革视为国民实业之改进。从下面输出品统计之概状看来，这一部分的国民经济是如何重要啊！输出品的统计概如下：

牛类	一〇〇，〇〇〇头
马	一〇〇，〇〇〇头
羊及山羊	一，〇〇〇，〇〇〇头
骆驼	三，〇〇〇头
羊毛（除每年总产额九，六〇〇吨外）概有	六，〇〇〇吨
骆驼毛（除每年总产额八〇〇吨外）概有	六五〇吨
牛皮及马革概有	一三〇，〇〇〇条
羊及绵羊概有	一，〇〇〇，〇〇〇头
兽皮	五〇〇，〇〇〇件

在那些生货的交易中，蒙古从中国获得砖茶（Brick-tea），从俄国获得麦粉、五谷、米、丝、棉布及皮革，而从德国蒙古购得机器、械物、教育物品、纸及教授用的影片。一九一八年，这一年外蒙古之输出和输入贸易相抵，其金额概有五〇，〇〇〇，〇〇〇墨西哥银币。可是，这种经济状态尚不足以代表全蒙的贸易，又生货输出的状态亦不能表示全蒙的供给的。

农业颇为幼稚，仅荒瘠之区，加以开辟。这个开辟的土地大都培种蔬菜，由居住于蒙古之中国人从事经营。现政府正努力于农业，从事改良。

至于工业，可说蒙古在实际上直到现在尚谈不到。在 Altan Bulach 有一制革厂，此厂方始开工，作各种制造，有一砖瓦制造所，锯具厂及其他许多葺修店铺。或者那些可称为达于工业发达的初步吧。蒙古有许多矿产，此在意想之中，而矿业的发展可为蒙古前途之最紧要处。国内需要，即取给于国家自身：皮革（皮带等等）及羊与绵羊之皮（制造尚在初步）、一种特别种类的薄毡帽（从羊与骆驼的毛织造成的），而纺织尚在进行中。

有一个时期，中国人曾掌握蒙古商业的大权，许多重要的中国商号皆在蒙古设立支店。除中国人以外，俄国及其他国商人现在亦获得立脚处，但蒙古本地人日渐处于占先的地位。蒙古私人向少经营商业，但自一九二一年，蒙古中央合作社（The Mongolian Central Co-operative Society）成立，其目的即为交易。这个组织由政府及私人资本而成。这个 Moncencop 合作社在全蒙古概有一百分社，即在中国与俄国亦有分社，一九二一年概有社员六十人或七十人，一九二四年有社员三，〇〇〇人，而今则有一〇，〇〇〇社员，发展亦称顺利。Moncencop 除资助其社员及从事贸易外，复善为处理重要生货工业事件。合作社的活动多在蒙古、中国及俄国。一九二三年，蒙古国家银行（Mongolia State Bank）颁布执权后，即由昔日贸易及工业银行（The Trade and Industrial Bank）改称今名。蒙古货币昔为银、铜及 ingots（金钢混合币），如中国、墨西哥银元。但是，现在，蒙古另制定货币 Itukhrik，概有二先令，分为百分，名为 Mungotukhriks 是银票，由国家银行发行。银币由国家铸造，而现在又欲铸造金币。独立蒙古又自设立邮政事业。

　　在现在，蒙古前途如何，吾人实难以预言。俄国，虽然她和蒙古已结二种条约，只承认蒙古之人民共和国"为中华共和国之一部"。俄国与中国的协约中如此说："苏维埃联邦共和国政府承认外蒙古为中华共和国之独立一部分，并在这里（指蒙古）尊重中国之主权。"可是，苏俄承认蒙古之自治权，意殊广泛；所以，苏俄不但不欲中国干涉外蒙之内政，即外蒙之外交政策亦为独立的。这个是一种陷阱的外交公式，欲作种种解释，以为淆混，殊为可能。（下略）

《东方杂志》（半月刊）

上海商务印书馆东方杂志社

1929 年 26 卷 23 号

（侯超　整理）